"十一五"国家重点图书出版规划

法律科学文库
LAW SCIENCE LIBRARY

总主编　曾宪义

物证论
——从物证技术学层面及诉讼法学的视角

李学军　著

On Physical Evidence:
Criminalistics and Procedure
Law Perspectives

中国人民大学出版社
·北京·

总　　序

曾宪义

　　"健全的法律制度是现代社会文明的基石"，这一论断不仅已为人类社会的历史发展所证明，而且也越来越成为人们的共识。在人类历史上，建立一套完善的法律体制，依靠法治而促进社会发展、推动文明进步的例证，可以说俯拾即是。而翻开古今中外东西各民族的历史，完全摒弃法律制度而能够保持国家昌隆、社会繁荣进步的例子，却是绝难寻觅。盖因在摆脱了原始和蒙昧以后，人类社会开始以一种"重力加速度"飞速发展，人的心智日渐开放，人们的利益和追求也日益多元化。面对日益纷纭复杂的社会，"秩序"的建立和维持就成为一种必然的结果。而在建立和维持一定秩序的各种可选择方案（暴力的、伦理的、宗教的和制度的）中，制定一套法律制度，并以国家的名义予以实施、推行，无疑是一种最为简捷明快、也是最为有效的方式。随着历史的演进、社会的发展和文明的进步，作为人类重要精神成果的法律制度，也在不断嬗变演进，不断提升自身的境界，逐渐成为维持一定社会秩序、支撑社会架构的重要支柱。17世纪以后，数次发生的工业革命和技术革命，特别是20世纪中叶发生的电子信息革命，给人类社会带来了天翻地覆的变化，不仅直接改变了讯息交换的规模和速度，而且彻底改变了人们的生活方式和思维方式，使人类生活进入了更为复杂和多元的全新境界。在这种背景下，宗教、道德等维系社会人心的传统方式，在新的形势面前越来越显得力不从心。而理想和实际的选择，似乎是透过建立一套理性和完善的法律体制，给多元化社会中的人们提供一套合理而可行的共同的行为规则，在保障社会共同利益的前提下，给社会成员提供一定的发挥个性的自由空间。这样，既能维持社会整体的大原则、维持社会秩序的基本和谐和稳定，又能在此基础上充分保障个人的自由和个性，发挥每一个社会成员的创造力，促进社会文明的进步。唯有如此，方能达到稳定与发展、整体与个人、精神文明与物质进步皆能并行不悖的目的。正因为如此，近代以来的数百年间，在东西方各主要国家里，伴随着社会变革的大潮，法律改革的运动也一直呈方兴未艾之势。

中国是一个具有悠久历史和灿烂文化的国度。在数千年传承不辍的中国传统文化中，尚法、重法的精神也一直占有重要的位置。但由于古代社会法律文化的精神旨趣与现代社会有很大的不同，内容博大、义理精微的中国传统法律体系无法与近现代社会观念相融，故而在 19 世纪中叶，随着西方列强对中国的侵略，绵延了数千年的中国古代法律制度最终解体，中国的法制也由此开始了极其艰难的近现代化的过程。如果以 20 世纪初叶清代的变法修律为起点的话，中国近代以来的法制变革活动已经进行了近一个世纪。在这将近百年的时间里，中国社会一直充斥着各种矛盾和斗争，道路选择、主义争执、民族救亡以及路线斗争等等，使整个中国一直处于一种骚动和不安之中。从某种意义上说，社会变革在理论上会给法制的变革提供一定的机遇，但长期的社会骚动和过于频繁的政治剧变，在客观上确实曾给法制变革工作带来过很大的影响。所以，尽管曾经有过许多的机遇，无数的仁人志士也为此付出了无穷的心力，中国近百年的法制重建的历程仍是步履维艰。直至 20 世纪 70 年代末期，"文化大革命"的宣告结束，中国人开始用理性的目光重新审视自身和周围的世界，用更加冷静和理智的头脑去思考和选择自己的发展道路，中国由此进入了具有非凡历史意义的改革开放时期。这种由经济改革带动的全方位民族复兴运动，也给蹉跎了近一个世纪的中国法制变革带来了前所未有的机遇和无限的发展空间。

应该说，自 1978 年中国共产党第十一届三中全会以后的 20 年，是中国历史上社会变化最大、也最为深刻的 20 年。在过去 20 年中，中国人民高举邓小平理论伟大旗帜，摆脱了"左"的思想的束缚，在政治、经济、文化各个领域进行全方位的改革，并取得了令世人瞩目的成就，使中国成为世界上最有希望、最为生机勃勃的地区。中国新时期的民主法制建设，也在这一时期内取得了令人惊喜的成就。在改革开放的初期，长期以来给法制建设带来巨大危害的法律虚无主义即得到根除，"加强社会主义民主，健全社会主义法制"成为一个时期内国家政治生活的重要内容。经过近二十年的努力，到 90 年代中期，中国法制建设的总体面貌发生了根本性的变化。从立法上看，我们的立法意识、立法技术、立法水平和立法的规模都有了大幅度的提高。从司法上看，一套以保障公民基本权利、实现司法公正为中心的现代司法诉讼体制已经初步建立，并在不断完善之中。更为可喜的是，经过近二十年的潜移默化，中国民众的法律意识、法制观念已有了普遍的增强，党的十五大确定的"依法治国"、"建设社会主义法治国家"的治国方略，已经成为全民的普遍共识和共同要求。这种观念的转变，为中国当前法制建设进一步完善和真正以法治国目标的实现提供了最为有力的思想保证。

众所周知，法律的进步和法制的完善，一方面取决于社会的客观条件和客观需要，另一方面则取决于法学研究和法学教育的发展状况。法律是一门专业性、技术性很强，同时也极具复杂性的社会科学。法律整体水平的提升，有赖于法学研究水平的提高，有赖于一批法律专家，包括法学家、法律工作者的不断努力。而国家法制总体水平的提升，也有赖于法学教育和法学人才培养的规模和质量。总而言之，社会发展的客观需要、法学研究、法学教育等几个环节是相互关联、相互促进和相互影响的。在改革开放的 20 年中，随着国家和社会的进步，中国的法学研究和法学教育也有了巨大的发展。经过 20 年的努力，中国法学界基本上清除了"左"的思想的影响，迅速完成了法学学科的总体布局和各分支学科的学科基本建设，并适应国家建设和社会发展的需要，针对法制建设的具体问题进行深入的学术研究，为国家的立法和司法工作提供了许多理论支持和制度上的建议。同时，新时期的法学教育工作也成就斐然。通过不断深入的法学教育体制改革，当前我国法学人才培养的规模和质量都有了快速的提升。一大批用新思想、新体制培养出来的新型法学人才已经成为中国法制建设的中坚，这也为中国法制建设的进一步发展提供了充足和雄厚的人才准备。从某种意义上说，在过去 20 年中，法学界的努力，对于中国新时期法制建设的进步，贡献甚巨。其中，法学研究工作在全民法律观念的转变、立法水平和立法效率的提升、司法制度的进一步完善等方面所发挥的积极作用，也是非常明显的。

法律是建立在经济基础之上的上层建筑，以法律制度为研究对象的法学也就成为一个实践性和针对性极强的学科。社会的发展变化，势必要对法律提出新的要求，同时也将这种新的要求反映到法学研究中来。就中国而言，经过近二十年的奋斗，改革开放的第一阶段目标已顺利实现。但随着改革的逐步深入，国家和社会的一些深层次的问题也开始显现出来，如全民道德价值的更新和重建，市场经济秩序的真正建立，国有企业制度的改革，政治体制的完善等等。同以往改革中所遇到的问题相比，这些问题往往更为复杂，牵涉面更广，解决问题的难度也更大。而且，除了观念的更新和政策的确定外，这些复杂问题的解决，最终都归结到法律制度上来。因此，一些有识之士提出，当前中国面临的难题或是急务在于两个方面：其一，凝聚民族精神，建立符合新时代要求的民族道德价值，以为全社会提供一个基本价值标准和生活方向；其二，设计出一套符合中国国情和现代社会精神的"良法美制"，以为全社会提供一系列全面、具体、明确而且合理的行为规则，将各种社会行为纳入一个有序而且高效率的轨道。实际上，如果考虑到特殊的历史文化和现实情况，我们会认识到，在当前的中国，制度的建立，亦即一套"良法美制"的建立，更应该是当务之急。建立一套完善、合理的法律体制，当然是一项极为庞大的社会工程。而其中的基础性工作，即理论的论证、框架的设计和实施中的纠偏等，都有赖于法学研究的进一步深入。这就对我国法学研究、法学教育机构和广大法律理论工作者提出了更高的要求。

中国人民大学法学院建立于 1950 年，是新中国诞生以后创办的第一所正规高等法学教育机构。在其成立的近半个世纪的岁月里，中国人民大学法学院以其雄厚的学术力量、严谨求实的学风、高水平的教学质量以及极为丰硕的学术研究成果，在全国法学研究和法学教育领域中处于领先行列，并已跻身于世界著名法学院之林。长期以来，中国人民大学法学院的法学家们一直以国家法学的昌隆为己任，在自己的研究领域中辛勤耕耘，撰写出版了大量的法学论著，为各个时期的法学研究和法制建设作出了突出的贡献。

鉴于当前我国法学研究所面临的新的形势，为适应国家和社会发展对法学工作提出的新要求，中国人民大学法学院和中国人民大学出版社经过研究协商，决定由中国人民大学出版社出版这套"法律科学文库"，陆续出版一大批能全面反映和代表中国人民大学法学院乃至全国法学领域高品位、高水平的学术著作。此套"法律科学文库"是一个开放型的、长期的学术出版计划，以中国人民大学法学院一批声望卓著的资深教授和著名中青年法学家为主体，并聘请其他法学研究、教学机构的著名法学家参加，组成一个严格的评审机构，每年挑选若干部具有国内高水平和有较高出版价值的法学专著，由中国人民大学出版社精心组织出版，以达到集中地出版法学精品著作、产生规模效益和名著效果的目的。

"法律科学文库"的编辑出版，是一件长期的工作。我们设想，借出版"文库"这一机会，集中推出一批高质量、高水准的法学名著，以期为国家的法制建设、社会发展和法学研究工作提供直接的理论支持和帮助。同时，我们也希望通过这种形式，给有志于法学研究的专家学者特别是中青年学者提供一个发表优秀作品的园地，从而培养出中国新时期一流的法学家。我们期望并相信，通过各方面的共同努力，力争经过若干年，"法律科学文库"能不间断地推出一流法学著作，成为中国法学研究领域中的权威性论坛和法学著作精品库。

1999 年 9 月

序言一

　　李学军博士的专著《物证论——从物证技术学层面及诉讼法学的视角》是在其博士学位论文基础上修改形成的。坦率地说，修改博士学位论文到最终定稿出版专著，李学军博士花去的时间有点长。但尽管如此，当她邀请我为该专著的出版作一个序时，我还是欣然应允，因为她的博士论文在当初答辩之时就以优秀的成绩获得了答辩委员会全体委员的一致通过，在经过较长时间的修改、完善后，内容上也是更为丰满——她没有浪费由论文到专著的这几年时间，而是将其对始于 2005 年 2 月 28 日全国人民代表大会常务委员会《关于司法鉴定管理问题的决定》出台且至今仍在继续的我国司法鉴定制度改革的看法和思考融入专著中，并增加一些图片以帮助读者理解相关表述或辅佐自己的论述。

　　物证是一种重要的证据。随着人类文明程度的提高，随着科学技术的发展，物证在司法证明中发挥的作用也越来越大。但受传统观念和思维习惯等因素的影响，我国司法实践中在运用物证时还存在着各种各样的问题，如对物证及其鉴定结论的认识过于浅显、过于机械，相关的法律、法规和规则还不够完善，等等。实事求是地说，当有关证据法学的研究在近十年成为一门显学和热门学科时，也有一些研究涉及物证；同时，作为一种"无声证据"，物证出现在诉讼的舞台往往离不开专门技术的帮助，因而从理论上研究物证技术者也大有人在。但是，前者的理论研究往往从诉讼法学、证据法学的证据形式之本体视角而展开，后者的理论探索更多只是关注物证技术的研发和革新。从事前述理论研究者通常不具备相关的自然科学知识，并不清楚物证所要依赖的技术其原理何在、技术运作环境有怎样的特殊要求；从事后述技术研发、革新的研究者则缺乏相应的法律知识，难得去关注其专门技术所指向的物证及随后得出的物证鉴定结论最终在诉讼中有着怎样的命运。这种两班人马各自为政、各以自己的背景知识和喜好研究着同一标的物的做法，不能不说是物证及其鉴定结论在当前我国实务中还时时难以发挥应有功效的原因之一：法律对物证的发现、收集和保管做了一系列的程序性规定（有的还很粗略），但却忽视了物证的发现、收集和保管还需要技术方面的支持，否则，物证及其鉴定结论的可靠性便难以得到保障。与物证相关的技术目前有些已经发展成熟并可称得上是高超了，但却可能因为这些技术在操作层面未得到充分的约束和规范，或者因为实施相关技术者对法律了解不多，或者不善言辞、不熟悉对抗制的运作机制，而使得相应的物证及其鉴定结论最终不被法庭采纳、采信。

　　不论是物证技术，还是与物证及其鉴定结论的证明作用密切相关的法律规定和法律制度，其存在的最终目的均是要最大限度地发挥物证及其鉴定结论的证明作用。因此，将二者有机地结合起来，充分考虑物证技术的基本原理、基本特点，科学地设置相关的法律、法规，是当前我们的理论研究和实务运作应该提倡的。

　　当初李学军博士就博士论文的选题征求我的意见时，我即刻表示同意。她本科毕业于中国刑事警察学院，接受过与物证及其技术相关的最为基础、最为系统的专业训练，获得理学学士学位；她硕士研究生时代师从徐立根教授，对物证的相关理论和原理有了深入的掌握，并充分利用人大法律系的资源，开始了对法律知识的汲取，最终通过全国律师资格的统一考试获得律师资格；此后，她以在职的身份攻读刑事诉讼法学的博士学位，相关法律知识的积累也达到一定的程度。自硕士毕业留校任教至今，她不仅一直从事着物证技术学、物证仪器分析、证据法学等相关学科的教学和理论研究，而且始终以兼职鉴定人的身份从事实际的物证鉴定工作；由她担任律师的一些案件，也多与物证鉴定密切相关。因此，我相信李学军博士有能力将技术与法律相结合，能从一个综合的视角探讨物证及其鉴定结论的理论及实务问题。

　　事实上，她的博士论文在答辩前接受专家评审时，就在这种综合视角的新颖性、独创性方面得到充分的肯定。在博士论文基础上修改而成的这本专著对"物质可分性原理"的评介、对"物质交换原理"的再思考、对"同一认定和种属认定理论"的体会等等，无不对我国的物证运用实务有很好的指导意义。本专著提出的从技术角度和法律角度同时关注物证在发现、收集、保管时的安全性和可靠性的想法，是我们防止因物证及其鉴定结论的不可靠而导致各种错案发生的一种有效路径。本专著就物证及其鉴定结论接受质证、认证的必要性的分析及程序性设置，充分考虑了物证及其鉴定结论的特点，对我国诉讼制度今后的改革和完善有一定的启发。为防止物证鉴定结论质量低、不可靠进而妨碍其在司法实践中发挥应有的功效，本专著还以专门的章节论述了物证鉴定的质量干预问题，其对物证鉴定质量干预路径的探索及措施的设置，对我国物证鉴定质量干预现状的分析和思考，无疑有益于指导我国现阶段正在进行的司法鉴定机构的认证认可试点工作的开展。

　　李学军博士的这本专著的付梓显得有些姗姗来迟，但却是其在听取博士学位论文答辩时评阅专家和答辩委员会意见的基础上，认真思考、综合研究的结果。而且，将物证作为核心研究对象，跨越文、理两大学科，从技术的层面和法律的视角进行研究，匠心独具，是理论研究的一种新尝试、新举措。其提出的一些新颖、独特的观点值得我们细细一读。

　　是为序。

陈卫东

于中国人民大学法学院明德法学楼

2010 年 4 月 3 日

序言二

　　物证是司法活动中一种常见的证据。从理论上讲，物证存在于每一个案件之中，因为任何案件都发生在一定的物质环境之中，当事人的行为都会对周围的物质环境产生不同形式的影响并留下与案件事实有某种关联的痕迹或物体。例如，在一起入室盗窃案件中，犯罪分子在进入现场、实施盗窃、逃离现场的过程中都有可能留下足迹、手印、工具痕迹、车辆痕迹等物证，而他使用的作案工具和盗窃的物品也是当然的物证。即使犯罪分子在作案后采取毁灭现场痕迹等反侦查措施，但是他在毁灭物证的同时，往往又会留下了新的痕迹物证。因此，物证是普遍存在的。侦查人员在有些案件中没有发现或提取到物证，并不等于那些案件中没有物证，只是因为受技术手段和取证能力等主客观因素的限制而未能发现或提取而已。

　　人们在司法活动中遇到的物证是多种多样的。这些物证都以不同方式记载着与案件有关的信息，从而反映着相应的案件事实。美国著名法庭科学家赫伯特·利昂·麦克唐纳曾经说过，"物证不怕恫吓。物证不会遗忘。物证不会像人那样受外界影响而情绪激动……在审判过程中，被告人会说谎，证人会说谎，辩护律师和检察官会说谎，甚至法官也会说谎。唯有物证不会说谎"。我以为，物证自己当然是不会说谎的，但是，物证自己也不能直接去证明案件事实。物证的证明价值往往要借助一定的科学技术手段才能实现。一方面，物证的发现和提取往往需要专门的科学技术手段；另一方面，物证中储存的与案件事实有关的信息往往也需要一定的科学技术来解读。于是，提取、解读、使用物证的人便可能"帮助"物证"说谎"。在司法活动中，物证"说谎"并不可怕，可怕的是司法人员以为物证都不会说谎，于是就盲目地相信物证，迷信地使用物证。

　　李学军博士所著的《物证论——从物证技术学层面及诉讼法学的视角》一书从物证技术和诉讼法这两个角度对物证进行了系统深入的研究，全面阐述了司法活动中运用物证的原理和规律，努力揭示了物证由客观存在的物质性客体转化为主观的物证鉴定意见时自身的运行规律，分析了其中可能导致物证"说谎"的因素，探讨了防范物证"说谎"的措施和识别物证"谎言"的方法。我以为，这部专著既有理论价值也有实用价值，对于法官、检察官、警察、律师、司法鉴定人员，以及对物证问题感兴趣的理论研究人员，都是极有裨益的。

　　李学军博士是与我共事近二十年的同事。她是中国刑事警察学院的首届本科生，以优秀毕业生的身份毕业后到湖北省公安专科学校担任教师，并随后到基层县公安局技术科锻炼大半年。她考入中国人民大学法律系攻读硕士学位后，师从我国物证技术学的奠基人徐立根教授，并获得硕士学位留校任教。多年来，她一边从事教学科研，一边从事司法鉴定和律师实务。她既有精深的理论造诣，也有丰富的实践经验。然而，她的工作较为繁重，她的家务也不轻松，且在获得博士学位后她又到美国访学了一年，以至于她在五年前就完成的博士学位论文，却没有像许多博士那样很快就转化为专著。我以为，她的这部学术专著确实来得有点儿晚，亦如她的孩子。不过，沉淀的是精华。

　　在李学军博士这部专著即将付梓之际，我欣然命笔，是为序。

何家弘

于北京世纪城痴醒斋

2010 年 4 月 2 日

前　言

　　"佘祥林杀妻冤案"是一起在全国引起极大轰动，且至今还时常被理论界、实务界提起的刑事案件。固然如同多方有识之士分析的那样，佘祥林冤案的出现有着众多原因，但《佘祥林冤案本周重审，警方后悔未进行 DNA 鉴定》① 却明确地告诉我们，DNA 物证及其鉴定结论的使用原本可以有力阻止佘祥林蒙受十余年不白之冤：只要从该案中出现的那具无名女尸身上提取适宜的检材，并与取自佘祥林妻子张在玉的母亲的生物比对样本一并提交进行线粒体 DNA 鉴定，就能得知该无名女尸不是张在玉，"佘祥林杀妻"之事实也就不可能存在。但遗憾的是，该案从侦查到起诉直至最后的审判却均忽视了这么重要的生物物证及其鉴定结论！事实上，这其中任何一个环节中如若意识到此问题，都是完全可以避免佘祥林的牢狱之灾——那具无名女尸并没有火化，佘案经历的数次审判均可以启动无名女尸的 DNA 鉴定并实际运作，而佘祥林被定罪的 20 世纪 90 年代中、后期，我国的 DNA 技术业已成熟，能够满足这样的需求。

　　存在同样问题的案件，如美国的辛普森案及我国的杜培武案件，不仅巧合在两名被告均涉嫌杀妻，更为重要的是，这两个案件均与案件中对物证和物证鉴定结论的处

理、使用有着密切的关系。辛普森案缘于警方在现场提取血液等重要物证时未能做必要的记录，相应的物证保管链未能得以建成，故控方提供的这些证据不被法庭采纳。杜培武案中"现场勘查笔录"及"现场照片"中均没有提及或显示出刹车踏板和油门踏板上存在泥土，且这些泥土被科学、可靠地提取下来，但诉讼中却出现了以刹车踏板、油门踏板上的泥土为鉴定对象的泥土鉴定结论；杜培武衬衣袖口处检出的射击残留物，在没有排除可能是其正常合理射击的结果的情况下——杜培武本人即是一名警察，其所在的工作单位也给他提供了实弹射击的便利——便被用作定案的依据。

"人类的司法证明活动已经进入了以物证为主要载体的'科学证据'时代。"[①]但为什么当我们实际运用物证时，却又出现了种种问题呢？依笔者看来，主要原因如下：一是，依赖口供的传统诉讼证明心理还未能得以根本改变——这使得诸如佘祥林之类案件的办案人员根本"想不到"去收集、利用物证。二是，法律对物证及其鉴定结论的规范或关注程度远远满足不了现实的需要——故而许多案件中的物证及其鉴定结论只因物证在发现、收集及保管的过程中未能得到规范化处理而丧失应有的价值。三是，对物证及其鉴定结论的作用或价值的认识过于机械、僵化，进而导致实务部门盲目相信物证及其鉴定结论，而不对物证及其鉴定结论加以质证、认证。四是，学界对物证及相关法律问题的研究不够多、不够深入。平心而论，我国围绕物证检验技术或物证鉴定技术本身而展开的研究还是称得上丰富、繁多的，但从物证技术的层面对物证、物证技术的基本原理及基本理论进行研究，以揭示物证由客观的物质性客体最终"动态地"发展为有主观意味的物证鉴定意见的运行规律，并同时从法律视角深入探讨物证的发现、收集、保管和最终的运用者，却不多见。

当然，扭转这种局面，力争物证及其鉴定结论能在实务中发挥最大的证明效力并非容易之事；笔者更深知这不是某个人能左右之事。但笔者认为，如果从事物证技术工作的技术人员只是专注于相关技术的研究、改进、推广，从事法学理论研究、法学实务及立法的人员则仅从法学的角度为物证及其鉴定结论的运用架设相关法律程序，他们之间或疏忽于相互了解，或懈怠于相互了解，以至于物证技术人员提供的物证及其鉴定结论满足不了诉讼的需要、法学人士设置的法律规定有可能违背物证技术的运作规律，那么，类似于佘祥林、杜培武的案件将还会继续出现。

笔者曾就读于中国刑事警察学院，学习过较为系统、完整的物证技术基础知识和接受过相关技术的教育、培养和训练，并在公安机关所属的鉴定部门前后从事过将近一年的物证技术工作。在中国人民大学法律教师从我国物证技术学奠基人徐立根教授攻读法学硕士学位时，笔者在物证技术的基本理论和相关技术方面得以较为深入地研究和探讨，并开始接受法学知识的熏陶、开始法学思维方式的养成。因为长期从事物证技术学、物证仪器分析、证据法学等证据学学科的教学、科研工作，特别是在中国人民大学法学院攻读并获取了刑事诉讼法学博士学位，在中国人民大

---

① 何家弘：《神证·人证·物证》，169 页，北京，大众文艺出版社，2003。

学物证技术鉴定中心任鉴定人、在北京地石律师事务所任律师，并时时以物证鉴定专家的身份应邀到法院去解决诉讼中的一些与物证及其鉴定结论有关的问题，所以笔者有了将理论与实务相结合的可能，有了从技术和法学两个维度思考物证及其鉴定结论的技术问题、法律问题的可能。当然，笔者并不认为自己因此就是一个"多面手"或"复合人"，因为笔者深知自己的毛病，即思想不乏肤浅、看问题常常片面，更不勤于动笔。但我想，如果将对物证及其鉴定这一技术层面的肤浅了解，与对物证及其鉴定结论在法律框架下的应用实况结合在一起一并讨论，或许能引发有识之人的关注，或许能裨益于物证及其鉴定结论在今后的运用。本书的写作初衷即在此。

全书共 8 章，依次为：

"第 1 章　物证的界说"。本章分析了立法中与物证有关的条款较为稀少的缘由，对学界关于物证的概念进行了分类，区分了物证与实物证据、物证与证物、物证与物的证据等相关术语，界定了物证的内涵、外延并对物证进行了分类，讨论了物证独有的四大特点及物证在诉讼中的作用。

"第 2 章　物证技术"。本章就物证技术的概念、种类，物证与相关术语的区别与联系等进行了讨论，并以物证对科学技术的依赖为主线简要回顾了物证技术的发展史，认为物证技术的诞生和发展既有必要性也有现实可能性。

"第 3 章　物证技术中的物质可分性原理和物质交换原理"。本章对美国物证技术学家新近提出的"物质可分性原理"做了评述性的引进，并对已经诞生 90 年、但在学术著作/论文中均一直只是被一带而过的洛卡德物质交换原理做了长篇幅的讨论和思考。笔者认为，物质交换原理不仅适合于指导刑事案件中的物证技术工作，同时也是民事或行政纠纷中某些物证发挥证明作用的理论基石：以 DNA 技术为手段的亲子鉴定，同样以该原理为基础——意欲证实子女与疑似父亲间的亲权关系，唯有在子女身上寻找到疑似父亲的遗传物质，而这一遗传物质显然是疑似父亲与子女的生母发生性接触时转移的。物质交换必须具备相应的条件，在运用物质交换原理时需考虑那些影响物质交换的因素，而物质交换原理适用范围的延伸和扩展更使我们要充分理解并掌握物质可分性原理的基本内涵："当施以足够力量时，物体就会分裂为小的碎块。这些小碎块将会获得分裂过程中其自身形成的性质，同时还会保留其原有物体的物理化学特性。"物质可分性原理对物质在转移之前应有或通常会有怎样的变化做了说明，对分析、解释因转移而成为物证的物质有重要的意义，更能科学地表明，"×类纠纷必解决"、"×类案件必侦破"只能是鼓舞士气的政策性口号，并不能百分百地成为现实。

"第 4 章　物证技术中的同一认定和种属认定"。本章围绕物证技术中的同一认定、种属认定理论及概率问题给出笔者的研究体会，认为概率在同一认定、种属认定中可以加以利用，但概率对同一认定、种属认定的辅佐作用是有限的，不能被无限夸大。

"第 5 章　物证的发现、收集和保管"。物证的发现、收集和保管是物证得以适当发挥证明作用的前提和基础。本章即基于这样的理念，从法律的视角和技术的视角讨论了如何确保物证具有合法性,确保物证的关联性不因法律程序的不完善、技术手段的不得当而丧失。这其中,物证比对样本的重要意义也从法律的视角一并得到了讨论。

"第 6 章　物证的鉴定"。本章就物证鉴定的概念、种类、基本程序等问题给出了笔者的观点,并着重讨论分析了我国现行民事诉讼、行政诉讼、刑事诉讼中物证鉴定的启动问题:认为我国现行民事诉讼和行政诉讼中,当事人已经可以启动物证鉴定;而刑事诉讼中的物证鉴定由侦查机关启动,符合打击犯罪的现实需要,更是符合侦查的规律。本章还专门讨论了物证鉴定的主体资质与官方色彩的问题,认为物证鉴定由谁进行,取决于相关人员是否具有相应的专门知识;我国公安机关系统所属的物证鉴定机构虽说从表面上看可能会因具有官方色彩而影响物证鉴定结论的中立性、公正性,但公安机关担负侦查的职能及物证鉴定本身的规律均决定了,公安机关内部所属的物证鉴定机构不能被撤销。

"第 7 章　物证鉴定的质量干预"。本章分析了对物证鉴定予以质量干预的必要性,探讨了物证鉴定质量干预的路径及措施,坦陈了我国物证鉴定质量干预的现状并给出了管见。笔者认为,物证鉴定结论的可靠性与物证鉴定的质量密切相关,唯对物证鉴定从不同路径给以不同的干预,才能初步保证物证鉴定结论的可靠性;我国现阶段已经开始重视物证鉴定的质量干预问题,并正在采取一些措施,这其中同时也存在着一些问题。

"第 8 章　物证及其鉴定结论的质证和认证"。本章陈述了物证及其鉴定结论接受质证和认证的必要性,分析了物证及其鉴定结论的质证如果要得到真正的落实,那么在质证的主体、质证的程序性支撑和质证的内容选择上均应周密考虑。本章最后对物证及其鉴定结论的证据能力和证明力的认证给出了管见。

目　　录

第1章 物证的界说

1.1 物证的概念和特点

1.1.1 物证的概念

1.1.1.1 立法上有关物证的规定

我国的《刑事诉讼法》、《民事诉讼法》及《行政诉讼法》都明确规定，物证是一种法定的诉讼证据。但无一例外的是，这三大诉讼法均未明确界定何为物证。

纵观英、美、日、德、法、加、俄、意等主要国家的诉讼法或证据法，我们发现，除了《俄罗斯联邦刑事诉讼法典》第74条第2款明确视物证为一种证据①、《俄罗斯联邦民事诉讼法》第49条第2款认可物证是确定证据的一种手段之外②，多数国家均未在其成文法中提及物证这一词汇，少数国家则是在其判例中才出现被我国某些学者一律翻译为"物证"③ 的数个英语词汇或词组，即 exhibit, physical evidence, real evidence, demonstrative evidence, au-

---

① "……2. 允许作为证据的有：（1）犯罪嫌疑人、刑事被告人的陈述；（2）被害人陈述、证人的证言；（3）鉴定人的结论和陈述；（4）物证；（5）侦查行为的笔录和审判行为的笔录；（6）其他文件。"黄道秀译：《俄罗斯联邦刑事诉讼法典》，64页，北京，中国政法大学出版社，2003。

② "……证据用以下手段予以确定：当事人和第三人的陈述、证人证言、书面证据、物证和鉴定结论……"张西安、程丽庄译：《俄罗斯联邦民事诉讼法、执行程序法》，19页，北京，中国法制出版社，2002。

③ 薛波主编：《汉英法律词典》，745页，北京，外文出版社，1995。

toptic preference，material evidence 等。① 与我国的三大诉讼法有所不同的是，《俄罗斯联邦刑事诉讼法典》不仅在第 81 条第 1 款以列举的方式罗列了物证的具体种类，"1. 以下任何物品均被认为是物证：（1）充当犯罪工具的或保留着犯罪痕迹的物品；（2）犯罪行为所侵害的物品；（3）可以成为揭露犯罪和查明刑事案件情况的手段的其他物品和文件"，而且还在第 82 条就物证的保管问题作了明确的规定。② 此外，《俄罗斯联邦民事诉讼法》第 69 条至第 73 条则就民事诉讼中"索取和提供物证的程序"、"提供物证的义务"、"物证的保存"、"易腐物证的勘验"、"物证的归还"等问题作出了相应的规定。③

---

　　① 如："…trail evidentiary hearing on the admissibility of physical evidence seized from the apartment of appellant's…"（United States v. Ford，312 U. S. App. D. C. 301）；"…correctly applies the exclusionary rule to the physical evidence seized from Jones's residen-ce…"、"…violated the most fundamental rule of real evidence in that no adequate…"（Howland v. State，51 Wis. 2d 162）；"…cases applying the exclusionary rule to real evidence obtained as a product of an…"（People v. Nelson，233 Cal. App. 2d 440）；"…Court of Appeals is to the rule that if there is any material evidence to support the award，it should not…"（Campbell v. Rust Engineering Co.，927 F. 2d 603）；"…complaint，we begin with the general rule that whether material evidence which could have been received as part of the case…"（United States v. Sadler，488 F. 2d 434）；"…took testimony and viewed demonstrative evidence. He issued an order on July…"（Peterson Novelties，Inc. v. City of Berkley，No. 00−2037，United States Court of Appeals for the Sixth Circuit，305 F. 3d 386）；"…Since 'seeing is believing'，and demonstrative evidence appeals directly to the senses of the…"（United States v. Perrotta，No. 00−2427，United States Court of Appeals for the First Circuit，289 F. 3d 155）；"…potential testimony as well as exhibits showing documentary evidence that…"（Unites States v. Chiapetta，No 03 C 2886，United States District court for the Northern District of Illinois，Eastern Division，2003 U. S. Dist. ）；"No one supposes that it applies to circumstantial evidence，and no one should suppose that it applies to that third source of proof，namely，autoptic preference，real evidence，or the tribunal's observation of the thing itself. "（D. B. Starr v. State，No. A−722，Court of Criminal Appeals of Oklahoma，5 Okla. Crim. 440. ）就这些名词之间的关系，诺曼·M·加兰德（Norman M. Garland）在其《刑事证据》（第 5 版）一书中的解释或许有助于我们的理解："……有许多种证据，其中之一即是物证（physical evidence），或物质性客体（material objects）。在刑事审判中，物证（physical evidence）可能是把枪，是把刀，是件血污的衣服，是枚潜在的指印，或是一张照片。physical evidence 有两种形式，一个是 demonstrative evidence，另一个是 real evidence。Real evidence 是真实的物质其自身；demonstrative evidence 则是真实东西的代表：是一个拷贝、一个仿品、一个模型或者一个复制品。例如，用于射击的真枪是 real evidence，而同样生产出的其他枪和模型则是 demonstrative evidence。Demonstrative evidence 的另一个例子是犯罪现场的一幅简图，它是某名侦查人员在就该现场的情况出庭作证时当庭绘制出的。然而，这种区别通常而言其实都是学理上的，术语'physical evidence'、'real evidence'和'demonstrative evidence'往往是交替使用。"参见 Norman M. Garland，*Criminal Evidence*，5th ed.，New York，The McGraw Hill Companies，2006，p. 404。

　　② 参见黄道秀译：《俄罗斯联邦刑事诉讼法典》，67～68 页，北京，中国政法大学出版社，2003。

　　③ 参见张西安、程丽庄译：《俄罗斯联邦民事诉讼法、执行程序法》，24～25 页，北京，中国法制出版社，2002。

但即使这般注重以法律来规范物证的种类及物证的保管活动的《俄罗斯联邦刑事诉讼法典》，却也没有给予物证一个明确的定义；而颇为关心物证之索取和提供程序，颇为在意提供物证的义务、物证的保存、勘验、归还等具体操作问题的《俄罗斯联邦民事诉讼法》，也只是泛泛地在第 68 条第 1 款规定，"对于查明案情有意义的物品都是物证"①，而未能更为详细地明示物证区别于其他证据的本质内涵。

立法上有关物证之规定的稀少或许可作这样的理解：（1）社会生活纷繁频变，法律只能以概括的方式就一些需要由法律来调整的问题作出粗略的规定。（2）物证作为一种证据，其客观存在，不像证人证言、被害人陈述等人证那样易变、那样缺乏真实可靠性，司法实践中不会出现太多的问题，因而不必由法律就物证作出具体详细的规定。②（3）英美法系国家更为关注证据的关联性、合法性，并不看重证据的外在表现形式或存在状态，而只需从关联性角度、合法性层面考虑某物品是否可成为证据，是否能提交陪审团接受审视。所以英美证据法从来不规定证据的种类，也就不会在立法中明确界定何为物证。（4）大陆法系国家奉行自由心证制度，法官拥有广泛的自由裁量权，秉持其对法律的忠诚、对法律的理解，法官有权自由判断哪些材料或物品可用作证据，法律不必专就物证作出束缚法官手脚的规定。

1.1.1.2　学术界对物证的看法③

法律或没有、或只是简略规定与物证有关的问题自有其缘由，但司法实践则已现实地表明，就物证的收集、保管、提交，物证的质证、认证，存在着众多问题。

---

①　张西安、程丽庄译：《俄罗斯联邦民事诉讼法、执行程序法》，24 页，北京，中国法制出版社，2002。

②　"本书没有讲到'实物证据'（real evidence）……这种证据没有什么太独特之处要多讲……"杨良宜、杨大明两位学者在《国际商务游戏规则：英美证据法》一书中的此观点，可以说是立法者在成文法中淡漠物证的做法在学界的折射。参见杨良宜、杨大明：《国际商务游戏规则：英美证据法》，613 页，北京，法律出版社，2002。

③　学术界对物证的前三种观点是笔者从源自美国、英国的三本专著中概括而成的。这三本专著均是有关物证技术的实务性著作，但却无一例外地未明确界定何为物证。盖作者们认为"物证"已能为人意会又何必再去言说？! 同样的思想在国内的一些实务性专著中也有体现：如刘耀主编、群众出版社 1998 年 8 月出版的《物证鉴定科学》几乎囊括了诉讼中常见的所有物证的发现、收集、提取、检验及鉴定技术，但却只在其第 2 页蜻蜓点水般地提及了一句"严格地说，任何类型的物质都可以成为物证"。这显然无助于读者掌握物证的内涵及外延，进而深入理解物证的本质特点。当然，国内出版的证据法学、证据学或诉讼法学等专著、教材都对物证作了界定，但笔者并不认为这是学界对物证这一证据的重视，相反却认为这是囿于我国诉讼法明确规定物证为法定证据种类之一而不得不为之的结果。但这毕竟比国外少有著作从法学的角度而非纯技术的角度研究物证要好得多。此外，在由美国 Bryan A. Garner 主编、法律出版社于 2003 年出版的《牛津现代法律用语词典》（第 2 版）（影印本）中，这种思想也可窥见一斑：我国有学者认为，"物证"在英文中的对应词汇可以是：exhibit, physical evidence, real evidence, demonstrative evidence, autoptic preference, material evidence, probation mortua（拉）（参见薛波主编、外文出版社 1995 年出版的《汉英法律词典》第 745 页），但 Bryan A. Garner 编纂的这本《牛津现代法律用语词典》却未能提及其中的任何一个词汇。这显然不能以疏忽来解释。

特别是在我国，因三大诉讼法将物证与书证、视听资料以及证人证言等并列为证据的数种表现形式，而法律又未就物证作出明确的界定，未就物证与同属物品类的另两种证据——即书证、视听资料——之间的异同作出具体的解释，故人们难免对究竟何为物证心存疑惑，法官难免在审查判断物证、书证或视听资料的证据效力时，就应适用何种质证、认证标准的问题而困顿，进而影响对物证、书证、视听资料等证据的有效使用。

为更好地发挥物证在诉讼活动中的证明作用，学者们就何为物证给出了五花八门的观点，概括地说，有以下几类：

1. 提供线索说。即视物证为提供线索的证据。

持这一观点的学者并没有界定何为物证，而是在行文中，将"physical evidence"与"physical clue evidence"交替使用，如："……marking and packaging physical evidence and transporting it to a crime laboratory require specialized training"，"……and what types of information the crime laboratory examiner might obtain from different physical clue material"[①]。如此，读者难免从字面上认为，物证即提供线索的材料。

诚然，物证能提供一定的线索，但如若认为物证只能提供线索就有失偏颇。事实上，物证确实能提供线索以确定刑事案件的侦查方向、范围，以确定嫌疑人的特征，但除此以外，物证还能证明事实、还能用作评判其他证据真伪的手段。故这种视物证为提供线索的证据的观点过于狭隘。

2. 断裂痕迹适合说。赞成这一学说的学者将物证视为需要比较其断裂物理形态是否彼此相适合的证据。

同样，该学者也未具体陈述何为物证，只是在标题"4.7　PHYSICAL EVIDENCE"下写道"another aspect of forensic science that can provide significant evidence is a physical fit"[②]。也就是说，该学者将物证仅仅局限于其外部形态能相互适合的证据，而从其后文来看，所谓的外部形态相互适合的证据，即彼此吻合的断离物体（物品），如断成两段的锯条、相互分离为柄与头的改锥、撕成若干块的塑料袋等。

但笔者认为，如此这般注解"物证"（physical evidence），实际上将绝大多数物证排斥在外，难以满足实践的需要。

3. 科学检验说。即认为物证乃其科学检验结果能对确定犯罪性质、犯罪环境产生相当影响的各种物品。[③]

持这一观点的学者也没有具体阐释何为物证，但其显然认为，物证发挥证据作

---

① Richard H. Fox and Carl L. Cunningham, *Crime Scene Search and Physical Evidence Handbook*, Colorado, Paladin Press, 1988, p. 1.

② Peter White, *Crime Scene to Court：the Essentials of Forensic Science*, Cambridge, The Royal Society of Chemistry, 1998, p. 95.

③ See Richard Saferstein, *Criminalistics：An Introduction to Forensic Science*, 5th ed., New Jersey, Prentice Hall, 1995, p. 61.

用离不开科学检验，这无疑从一个侧面揭露了物证的特点——对科学技术的依赖性。而为了进一步说明何为物证，该学者还给出了常见的 20 种物证①，这显然能使读者直观地理解案件中哪些材料属于物证。但是，该学说有着如下的不足，即可能将不需依据科学检验、仅以其具体的存在形式便能直接发挥证据作用的物证——如赃款、赃物、凶器等——排除在外。

4. 事物本身或直接观察说。即认为物证乃事物本身提供的证据，它不必经由证人的口头描述而可由事实认定者直接观察进而形成自己的认识。②

当然，一部分物证能够直观地发挥证明作用，如持该观点的学者列举的人的外貌、疤痕、伤口、犯罪所用的武器、工具或其他有关物品、发生事故地点的外形等，但是，相当多的物证却要借助一定的技术、一定的手段，特别要经由一定人的解说、评判才能被事实认定者认识并了解，进而发挥证明作用，如指纹、笔迹、毒物毒品、射击弹头弹壳、油漆、油脂等。因此，有关物证概念的"事物本身或直接观察说"可谓是以偏概全，有可能将相当多应属于物证范畴的证据排斥在外，并使事实认定者过于依赖自己对物证的直接观察而潜意识地拒绝去获取或接受专家的帮助。此外，认为物证乃"事物本身提供的证据"的此观点还有一软肋之处，即对"事物"一词的不同理解将会影响对"物证"这一概念的把握："事物"显然可分解为"事"和"物"；"物"无疑是指"物件"、"物品"、"物质"、"物体"，而"事"却可理解为"事情"、"事件"、"事务"、"事项"。依汉语的习惯，人们是很难将"事情"、"事件"或"事务"与人的外貌、疤痕、伤口、犯罪所用的武器、工具或其他有关物品、发生事故地点的外形等画等号的，或者很难将外貌、疤痕、伤口等视作"事情"、"事件"或"事务"。

5. 存在状态或表现形式说。即认为物证之所以为物证，乃因其存在状态或表现形式为物体、物品、痕迹等。例如："以物为证据者，为物证（real evidence）。"③ "证据可分为两大类：（1）言辞证据和（2）物证（real, or physical, evidence）……物证是有客观存在形式的证据，也就是有大小、形状和维度的任何东西。"④ "物的证据，乃以物之存在或状态为其证据。称其物，为证物，其性质，有为物者，有为人之身体者。物，又分为一般之物及文书二种……"⑤ "以物理的方式客观存在的证据方法则称

---

① 即（1）血液、精斑和唾液；（2）文书；（3）毒品；（4）爆炸物；（5）纤维；（6）指纹；（7）武器和弹药；（8）玻璃；（9）毛发；（10）印痕；（11）器官和体液；（12）涂料；（13）石油产品；（14）塑料袋；（15）射击残留物；（16）序号；（17）泥土和矿物质；（18）工具和痕迹；（19）车灯；（20）木头及其植物碎片。See Richard Saferstein, *Criminalistics: An Introduction to Forensic Science*, 5th ed., New Jersey, Prentice Hall, 1995, pp. 61—63.

② 参见薛波主编：《元照英美法词典》，1149 页，北京，法律出版社，2003。

③ 陈朴生：《刑事证据法》，重订版，45 页，台北，三民书局，1995。

④ Barry A. J. Fisher, *Techniques of Crime Scene Investigation*, 7th ed., Baca Raton, CRC Press, 2003, p. 1.

⑤ 陈朴生：《刑事证据法》，重订版，375 页，台北，三民书局，1995。

物证，或物的证据。"① "物证是证据的一大类，是指能证明案件真实情况的一切客观存在实物。"② "凡是能够证明案件真实情况的物品或者物质痕迹都是物证。"③ "物证既有无生命的物品和物质痕迹，也包括人体的特征和人体上的与案件有关联的伤痕等，同时还包括其他动物的形态、特点、动物体上的痕迹等。"④

该学说无疑强调了物证之客观存在的表现形式或状态，也即将物证的形式固定为"物体、物品或痕迹"，使人能够直观地将物证与以言语为其表现形式的证人证言、当事人陈述、犯罪嫌疑人或被告人供述等区分开，但此学说并不能很好地说明，物证与同样被称作物品、同样客观存在的视听资料、书证有什么区别。

6. 证据特性说。即认为物证之所以为物证，是因为它是以其外部特征、物质属性等发挥证据作用的。例如："物证……它主要是指以其外部特征、物质属性和存在场所证明案件真实情况的物品或痕迹。"⑤ "物证指能够以其存在形式、外部特征、内在属性证明案件真实情况或其他待证事实的实体物和痕迹。"⑥ "物证是依法收集的，与案件有联系的，能以其外形特征及所载字迹、符号、图像、声纹特征或物质属性证明其与受审查的人、事、物、时、空存在联系，从而能证明案件真实情况的各种物质性客体。"⑦

该学说不仅注意了物证的表现形式或存在状态，而且突出了物证发挥证据作用时所依据的证据特性：外部特征、所载字迹特征、物质属性等，从而使人既易于从物证的证据特性去认识物证，又能够方便地与同属物品、同样客观存在的书证、视听资料加以区分。这与某些学者认为，在界定何为物证时既应关心物证的形式、又应着眼于物证对案件的证明方式的观点有异曲同工之效。⑧ 笔者赞同这种观点，基本理由见后文中"1.1.1.4　物证的概念"部分。

1.1.1.3　与物证有关的术语的厘清

在谈到物证时，还有数个术语不得不提及，那便是，"实物证据"、"证物"及"物的证据"。从字面上看，这三个术语与物证均有一定的关联，且司法实践中或学术界也时有混用，而为了准确界定物证的概念，有必要先研究一下，看物证与实物证据、物证与证物、物证与物的证据之间究竟有无异同。

1. 物证与实物证据

随便拿起一本证据法学著作或证据学著作，总能在该著作中见到"实物证据"这样的字眼及相应的定义，如："所谓实物证据是指以物的外部形态或者物的内容所

---

① 陈浩然：《证据学原理》，90页，上海，华东理工大学出版社，2002。
② 孙言文等主编：《物证技术学》，4页，北京，中国人民大学出版社，2000。
③ 纪敏主编：《证据全书》，210页，北京，中国民主法制出版社，1999。
④ 纪敏主编：《证据全书》，215页，北京，中国民主法制出版社，1999。
⑤ 卞建林主编：《证据法学》，85页，北京，中国政法大学出版社，2000。
⑥ 何家弘主编：《新编证据法学》，180页，北京，法律出版社，2000。
⑦ 徐立根主编：《物证技术学》，2版，3页，北京，中国人民大学出版社，1999。
⑧ 参见汪建成、刘广三：《刑事证据学》，80～82页，北京，群众出版社，2000。

表达的意思来证明案件情况的证据，包括物证、书证、视听资料、勘验笔录、检查笔录以及有生命之物（动物、植物）等均属实物证据。"① "实物证据是指以实物形态为存在和表现形式的证据，又称作广义上的物证。"② "所谓实物证据，是指以实物形态为表现形式的证据。"③ 单看前述引文中 "实物证据是……证据" 的定义，而不从其后续的解释来理解，我们是很难将实物证据与物证区分开的。但从本质上说，物证与实物证据是既相区别又有联系的一组概念：

（1）物证是包括我国、俄罗斯在内的国家的诉讼法律明文规定的证据种类之一，是一种法定的证据形式。在我国，物证可与书证、视听资料、勘验检查或现场笔录、证人证言、当事人陈述、犯罪嫌疑人或被告人的供述、鉴定结论等法定证据形式并存；而实物证据则是理论界依据一定的分类标准提炼、浓缩出的一种证据类别，它并非法定的证据形式之一，其对应物只能是以言辞来说明案件事实的言辞证据，别无他物。

（2）简单地说，实物证据即以实际的物质形式而存在或表现的证据，它通常是客观的、不以人的意志为转移的有形存在，或者是人对客观存在的如实写照及记录，而非人的感官对客观存在的口头反映或意见。因此，从这个意义上说，物证属于实物证据，是实物证据的一种具体体现，而书证、视听资料、勘查检查或现场笔录也因具有具体的物质形式而与物证同属实物证据的范畴。

（3）有学者认为，物证有广义和狭义之分，广义的物证包括书证、视听资料，而狭义的物证则仅指能以其外形特征及所载字迹特征、物质属性等证明案件真实情况的物质性客体。④ 据此，也可得知，实物证据是指广义的物证，而非狭义的物证：狭义的物证不包括能**直接*** 以其所记载、所录制的内容发挥证明作用的书证、视听资料等证据，但**却包括**需要借助物证技术在确定其真实性、完整性之后才能发挥证明作用的书证、视听资料等证据——这便是本书论及的物证。

2．物证与证物

在一些学术专著及影视片中，我们常能见到或听到 "证物" 这一词。但就 "物证" 与 "证物" 到底有无异同，却少有学者关注之。从纪敏主编、中国民主法制出版社出版的《证据全书》一书第 1542 页就 "物证" 及 "证物" 所作的界定⑤来看，"物证" 与 "证物" 似乎并没有实质上的差异，只是 "物证" 一词侧重于物证这类证据与其他形式证据的本质区别，即物证以其 "物的外形、性质、特征以及物的存在本身"

---

① 宋世杰：《证据学新论》，429 页，北京，中国检察出版社，2002。
② 樊崇义主编：《证据法学》，136 页，北京，法律出版社，2001。
③ 卞建林主编：《证据法学》，239 页，北京，中国政法大学出版社，2000。
④ 参见徐立根主编：《物证技术学》，2 版，2～3 页，北京，中国人民大学出版社，1999。
⑤ "物的外形、性质、特征以及物的存在本身，能够确定对案件具有意义的某一事实的，叫做物证。充任物证的物件或物体，叫做证物。"参见纪敏主编：《证据全书》，1542 页，北京，中国民主法制出版社，1999。
* 为表示强调，相应文字改为黑体并加下划线——笔者注。

发挥证明作用；而"证物"一词则强调了部分证据的存在形式是物件或物体。但笔者认为，"物证"与"证物"是有着本质差异的两个不同概念，不应混淆：（1）"物证"的最终落脚点为**证据**，"证物"的最终着眼点为**物件或物体**；（2）"物证"在我国是合乎法律规定的规范性术语，而"证物"则不是；（3）最为重要的是，"证物"一词译自英文"evidentiary item"，"evidentiary"有"证据的"、"凭证据的"、"提供证据的"之意，因此由"evidentiary item"而来的"证物"一词不能狭义地仅视作"充任物证的物件或物体"，而应指所有具有证据作用的物件或物体，这当然包括物证，但同时还包括视听资料、书证等以物件或物体形式存在但却以其所载具体内容证明相关事实的证据。从这一意义上看，"证物"应等同于"实物证据"，而非"物证"。

3. 物证与物的证据

除实物证据、证物等与物证有关的术语外，还有学者提出了"物的证据"这一概念："物的证据（real evidence）即有形证据，也称'实物证据'（real and demonstrative evidence），凡是物理性的存在，并且以其物质结构、外部特征、存在方式或变化形态提供证明力的证据都属于物的证据。"① 从该学者给"物的证据"所下的定义看，"物的证据"与"物证"应是同义词。但是，该学者在肯定"物的证据与物证这两个概念在通常的情况下意义基本相同"之后，紧接着又认为，物的证据与物证"在涉及的领域上存在一定的区别。物的证据包含物证，但物证并不等同于物的证据，在特定的条件下不能简单地混用。首先，物证必定是一种独立存在的客观实在物，并且只能通过其物质的本来属性提供证明力，而物的证据则既包括独立的客观物质证据，又包括具有具体存在形式但并非独立存在的实在物……其次，物证必定以其具体的存在方式直接提供证明力，而物的证据的证明力则既可能直接产生于物质的存在方式，也可能间接形成于关于物质存在方式的认识与判断……再者，物证所可能提供的证明集中在行为事实上，而物的证据则既能证明一定的行为事实，又能证明一定的事实关系……"② 笔者认为，（1）从"物证"、"物的证据"两个词汇的字面及中文习惯来看，两者实在没有什么区别。（2）如此区分"物证"及"物的证据"并不具有实际意义，相反却使概念复杂化，令人难以理解、难以具体操作，从而潜在地增加"普法"成本及诉讼成本。

1.1.1.4　物证的概念

笔者认为，物证是指以其外部形象特征、所载字迹特征、符号图像特征、声纹特征、物质属性等客观存在，证明案件事实的物质性客体。

显然，该概念更接近于有关物证的"证据特性说"，它能同时准确地反映物证的本质内涵及必要的外部表现形式，便于人们整体地把握、并严格与其他形式证据种类相区别。具体地说，该概念同时强调的是：

（1）物证乃物质性客体，由此区分于以言辞作证的证人证言、犯罪嫌疑人及

---

① 陈浩然：《证据学原理》，217 页，上海，华东理工大学出版社，2002。

② 陈浩然：《证据学原理》，217～218 页，上海，华东理工大学出版社，2002。

被告人供述、当事人或受害人陈述等。正如前述，有相当多的学者将物证的表现形式定位于物质、物品及痕迹，当然，这种界定能使大家直观地认识物证归根结底是什么，但这种逐一列举的方式难免会挂一漏万，而将物证的表现形式概括为物质性客体则能避免这种遗漏——物质性客体既包括肉眼可见的种种物品、形象痕迹，也能涵盖需借助外部工具才能认识了解的物质的内在属性以及看不见、摸不着却可闻及的气味痕迹特征。

（2）物证以其外部形象特征、所载字迹特征、符号图像特征、声纹特征、物质属性等客观存在发挥证明作用（参见图1—1至图1—4）。例如，指印、足迹即以其外部形象特征证明某人是否到过现场并触摸了保险柜；印文也可以其外部形象特征证明该印文不是某单位公章盖印的结果；某文书上的字迹特征可证明该文书非某人所写；某录音带的声纹图谱可证明该录音带录制的确实是某人的声音；某粉末的化学特性可证明其为海洛因；某斑痕的DNA图谱证明该斑痕确实不是某人所遗留的；某人的皮肤组织碎片位于受害者紧握的手掌内说明该人曾与受害者有过直接接触，等等。

图1—1

注：印文在其外部形象特征及字特征方面的差异，决定了红、蓝色两枚印文并非来源于同一枚印章。（彩图见本书插页）

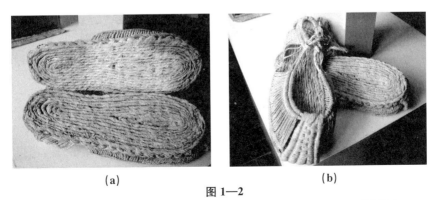

(a) (b)

图1—2

注：（a）草鞋独特的鞋底、（b）鞋边缘等外形特征决定了其留下的鞋印将异于其他鞋印。

图 1—3

注：两份文书上的签名几乎完全重合，表明其中一份文书上的签名（红色部分）为套摹而成——笔迹以其笔迹特征证明案件事实。（彩图见本书插页）

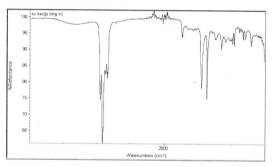

(a) 塑料

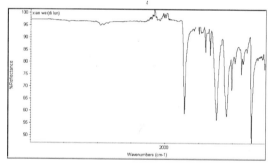

(b) 纤维

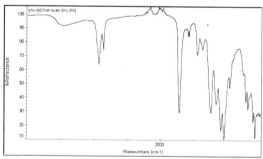

(c) 油漆

图 1—4

注：塑料、纤维、油漆的红外光谱图明显不同。这表明，借助红外光谱分析技术，可以区分不同的化学物证。

物证对案件事实的这种证明方式，使得其能区别于书证、视听资料、勘验检查或现场笔录等其他或依文字表述的内容、或依图像声音等表述的内容发挥证明作用的实物证据。

1.1.2　物证的特点

作为证据的具体体现形式之一的物证，显然应具有证据共有的各个特性，即关联性、合法性等，但作为一种特殊的证据形式，物证更应具有其独一无二的特点，如此，才有将物证与其他种证据相区分的必要性，才能更加充分地发挥物证的证明效力。笔者认为，物证有以下特点：

1.1.2.1　物证以其外形特征、所载字迹特征、声纹特征、物质属性等客观存在证明案件事实

作为证据，无疑均具有证明性，即某材料之所以能成为证据，是因其具有证明性（从证据法学的角度言，"证明性"又可称为"关联性"①），能够证明某一争议事项是否存在。但是，虽均被称作证明性，但不同类别的证据其发挥证明作用、呈现证明性的方式各不相同。例如，书证，是以其文字符号等记载的内容证明某一法律关系是否存在；录音带，则以其录制的声音信号等构成的内容证明某人是否说过某句话；证人证言，则以其口头陈述证明其所看见的事实发生的过程；勘验、检查笔录，则以笔录中记录的文字、绘制的图表及拍摄的照片等证明其在现场的观察所见。事实上，正是基于在发挥证明性时这些方式上的差异，我们才将证据进一步细分为物证、书证、视听资料、当事人陈述、证人证言、勘验检查笔录等。

掌握物证的这一特点，能够便捷地将物证与证人证言等人证区分开来，更能准确地将物证与同属实物证据的其他证据如书证、视听资料、勘验检查或现场笔录等实物证据相区别：（1）书证、视听资料、勘验检查或现场笔录等虽然也是客观存在，但它们或以文字记载的内容证明案件的事实（如书证）②，或以连续播放的图像、声音（如视听资料）、或以笔录制作者制作的图文笔录（如勘验笔录）证明相关事实；而物证则是以其特殊的外部形态特征，或者承载的独特字迹特征、或者所拥有的内在化学属性、或者所表现出的声纹特征，等等，来证明某一事实的存在与否。（2）书证、视听资料、勘验检查或现场笔录在发挥其证据作用时，通常只需朗读或阅读、播放、出示即可；而物证以其各类特征发挥证据作用时，通常需要一定的技术手段

---

① 何家弘、刘品新：《证据法学》，115页，北京，法律出版社，2004。

② 国外学者就物证与书证的区别也作了类似的解释和说明："When a document in question has relevance simply because of its very existence, it remains an item of 'real' evidence. For example, a document that has been stolen, or forged, and then forms the basis of a criminal charge, would be an item of real evidence when lodged in court. When a document is adduced for its content it falls into a separate class of evidence known as 'documentary' evidence." Fiona E. Raitt, *Evidence*, 3rd ed., Edinburgh, W. Green & Son Limited, 2001, pp. 193—194.

来解释、说明、"翻译"——物证发挥证明作用的各类特征要么过于专业、不为常人所认知，要么过于细微或内在、不为常人直接观察并理解，所以需要借助技术手段的揭示、解释、说明、"翻译"。图1—5是对某人之声纹特征的揭示或"翻译"，图1—6则为经薄层层析后各种有色笔笔油在成分属性上的差异。

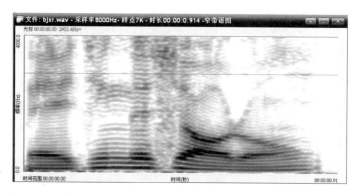

图1—5　某人说"北京的笑容"时的一种声纹谱：窄带三维语图①

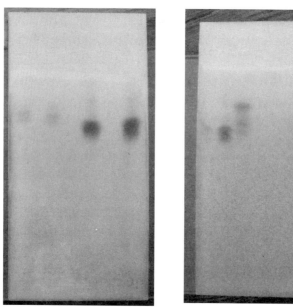

图1—6

注：经薄层层析后各种有色笔笔油在成分属性上显示出明显的差异。（彩图见本书插页）

---

① 该谱图源自徐立根主编：《物证技术学》，3版，317页，北京，中国人民大学出版社，2008。

但是，司法实践中往往出现这样的情况，即遗嘱、合同等文书，或者录音带、录像带等视听资料被呈送至物证鉴定部门进行鉴定，那么这是否表明这些遗嘱、合同、录音带、录像带等就只是物证而不是书证了呢？回答是否定的。事实上，遗嘱、合同、录音带、录像带等被送到物证鉴定部门请求鉴定，并非遗嘱、合同不再是书证，录音带、录像带不再是视听资料，相反，鉴定却是它们成为书证、成为视听资料的前提条件：只有确认遗嘱上的字迹确实是立嘱人亲笔所书，遗嘱之内容才能被相信为真实可靠，才能说明立嘱人处理其遗产的真实意愿；只有确认合同上的印文为真印章盖印的结果，才能认定合同并非伪造，其确立的事项是合同双方合意的表示；只有确认录音带、录像带没有剪辑拼接特征，其声纹、图像等特征前后同一，才能判断录音带或录像带没有被篡改，才能依据录音带、录像带所记载的内容证明某事实是否存在；只有确认录音带或光盘等介质记录的声音确实是某人的，才能判断录音带或光盘等记录的内容是该人的真实意思表示。换言之，遗嘱、合同、录音带、录像带送交物证鉴定部门鉴定时，其需要证明的事实是遗嘱、合同等的内容是否真实可靠，而物证鉴定部门就遗嘱、合同的字迹特征、印文特征、就录音录像带的外部拼接特征、声纹特征、图像特征等所作的鉴定，实际上即以物质客体上承载的字迹特征、印文特征、声纹特征等，来证明遗嘱或合同等的内容有无伪造、篡改，这恰恰是物证发挥证明作用的特点，因而此时的遗嘱、合同、录音带、录像带属于物证。如果物证鉴定部门的鉴定结论表明，遗嘱、合同、录音带或录像带乃伪造，那么遗嘱、合同、录音带、录像带便是伪造事实的物证，而遗嘱、合同、录音带、录像带就不再可能成为书证或视听资料；相反，如果物证鉴定部门的鉴定结论表明，遗嘱、合同、录音带或录像带真实无误，那么遗嘱、合同、录音带、录像带既是它们无伪造这一事实的物证，还将是案件中相关待证事实的书证或视听资料。

显然，物证以其独特的方式发挥其证明作用进而证明案件相关事实的特点，决定了当实物证据中的文书、视听资料、勘验检查或现场笔录等证据之真伪引起人们的质疑时，这些文书、视听资料等首先要被当作物证处理，要接受物证鉴定，唯有此，它们才有可能进一步发挥书证、视听资料之证明作用。

1.1.2.2　物证对科学技术具有依赖性

人证可以自我言说、自我表述，因此人证发挥证明作用通常只需以言语的方式便能完成，而不需要借助科学技术手段或设备。① 但是，除少数物证可经辨认而

---

①　当然，给出人证时有时会使用录音、录像设备，但此时使用录音、录像设备只是固定人证的方式之一，并不是人证发挥证明作用时的必备因素。此外，目前在国内外均有所应用的测谎仪似乎与人证有一点关联，但使用测谎仪的目的是为了衡量人证的真实可靠性、而不是提升人证的证据力。

发挥证明作用外，绝大多数物证的证明作用要依仗科学技术的介入才能得以发挥。① 对一些简单的、明显突出的特征，如人的高矮、眼睛的大小、汽车的颜色、特定物的外形、外貌等，人们利用自己的各种感觉、知觉器官便能认识进而加以区分，但多数物证的一些细微形象特征、物理属性、化学属性、生物属性、字迹特征、声音特质等，却不是我们的目力能看见、听力能听见、触觉能知悉的。相应地，这些物证通过其细微形象特征、物理属性、化学或生物属性、字迹特征、声纹特点等对案件中某一事实的说明、解释或固定——也就是这些物证与案件有关联的具体体现——便不是物证本身能做到的，也不是普通人徒手所能为的。以枪弹痕迹为例，没有显微镜、特别是比较显微镜，别说比较可疑弹头与物证弹头上来复线的异同进而断定两者是否由同一枪支发射，就连弹头上来复线痕迹也可能辨不全或看不清；没有提取射击残留物的专有技术、没有原子发射光谱、原子吸收光谱、高频电感等离子光谱等现代分析仪器，显然难以从嫌疑人虎口、脸颊等处提取可能的射击残留物并最终断定嫌疑人是否开过枪。同样，没有血液分型技术、没有分子水平的现代生物技术，显然无法判断个体的各种血型、无法确定某个体与其他个体间的血亲关系。再如，没有显微镜、特别是偏光显微镜和电子显微镜等仪器设备，显然无法鉴别供货方提供的羽绒是鸭绒还是鹅绒。还如，没有声纹仪，便无法识别录音带录下的声音是否某人的；没有笔迹鉴定技术、伪造变造文书鉴定技术，便无法识别合同、遗嘱等的真伪。诸如此类物证的性质、特征等的揭示、认识及比较，无一能离开科学技术的介入（参见图1—7至图1—8）。

事实上，顺应物证的证明需要而诞生、发展的物证技术史，更从实例的角度印证了物证对科学技术的依赖：（1）物证技术诞生于自然科学发展水平领先的西方国家，而非史书中最早对物证有文字介绍的中国。（2）自然科学、医学等学科领域的进步在物证技术中得到了相应反映，如分析化学对无机元素砷的检测方法延伸至物证技术领域便促生了毒物分析技术，使得砷中毒之类的中毒案件能及时破解；借助原子核反应的中子活化分析法运用于物证技术便使得多种微量元素的同时定性定量问题迎刃而解；DNA双螺旋结构的发现、电泳技术的诞生等使得遗产继承、抚养纠纷等案件的公正处理不再遥不可及。（3）在科学技术发展水平相对落后的国家或地区，其物证技术不可能站在世界的最前列独领风骚。②

---

① 就此依赖性，美国学者皮特·R·佛瑞斯特（Peter R. De Forest）等人在其合著的《法庭科学：物证技术导论》中有颇为精辟的一段话："尽管科学事实与法律事实是两个颇为不同的概念，但运用科学方法能为诉讼提供有关的事实信息；而离开了科学的介入，诉讼便无法进行。"参见 Peter R. De Forest and et al.，*Forensic Science*：*An Introduction to Criminalistics*，New York，McGraw Hill Book Company，1983，p. 4.

② 后文中的"物证技术简史"，以及"物证技术中的同一认定和种属认定"将从不同层面进一步论及物证对科学技术的依赖。

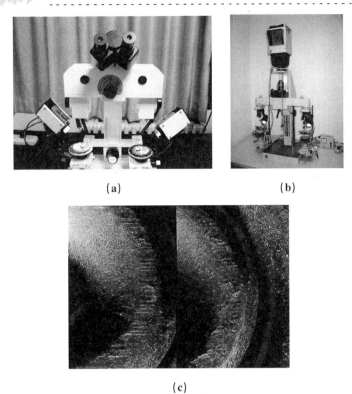

图 1—7

注：(a)、(b) 为两种比较显微镜，(c) 为用 (a)、(b) 比较显微镜揭示出的弹壳后膛加工痕迹。
（彩图见本书插页）

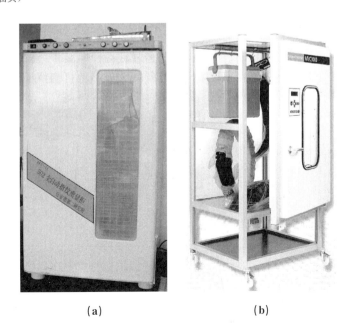

（c）

图 1—8

注：（a）为 AFC－1L502 全自动指纹熏显柜；（b）为 MVC3000 大型指印熏显柜；（c）为借助 AFC－1L502 全自动指纹熏显柜显示出烧杯上的指印。502 胶熏显法的诞生使得某些无色指印的显现成为可能，而熏显柜的出现更使熏显率得以很大程度的提高、熏显时间更是大大缩短。

1.1.2.3　物证具有较强的客观可靠性

证人证言、犯罪嫌疑人及被告人的供述等人证，是以人的言辞证明案件中的相关事实，受主观或客观因素——如证人主观上害怕打击报复或为了袒护犯罪嫌疑人、被告人，客观上因目击时光线较暗、角度欠佳或因记忆力、表达力较差等——的影响，证人证言、犯罪嫌疑人及被告人的供述等人证往往与真实情况有出入或者前后自相矛盾，表现出客观真实性较差、容易改变、容易出尔反尔的特点。但是，物证乃以其外形特征、所载字迹特征、物质属性等客观存在证明案件中的待证事实，且这些客观存在并不以人的意志为转移，其本身便能够如实地再现或反映案件中的某一行为或某一结果，因此较人证而言，物证的真实性强、可靠性高、说服力大。这就如同美国的赫伯特·利昂·麦克唐纳先生所言："你可以引导陪审团走向事实，但是你不能保证让他们相信这些事实。物证不怕恫吓。物证不会遗忘。物证不会像人那样受外界影响而情绪激动。物证总是耐心地等待着真正识货的人去发现和提取，然后再接受内行人的检验与评断。这就是物证的性格……"①但是，由于物证本身并不能"言说"，需要人"去发现和提取，然后再接受内行人的检验与评断"，也就是如同前述，物证对科学技术具有依赖性，需要专门人员携科学技术而介入，因此，发现、提取者及对之进行检验、评断的内行人或专门人员的技能、学识、其拥有的

---

① ［美］阿尔弗雷德·阿伦·刘易斯著，何家弘译：《血痕、弹道、指纹、探奇》，1 页，北京，群众出版社，1991。

技术设备甚至恪守的职业操守等，均将在一定程度上影响着物证之本质特征的展现和揭示，故我们只能说，物证具有较强的客观可靠性。而赫伯特·利昂·麦克唐纳先生声称的"……在审判过程中，被告人会说谎，证人会说谎，辩护律师和检察官会说谎，甚至法官也会说谎。唯有物证不会说谎"①，只能说是单就物证本身所作的评判，并没有将人利用科学知识介入其中进行"加工、翻译"的因素考虑在内。换言之，麦克唐纳先生的论调只适用于理想状态，只能是人们追求的理想目标。

1.1.2.4　物证较为脆弱

因物证以其客观存在证明案件事实，所以众多人士认为物证是"稳定不变的"。但笔者认为，物证的这种稳定不变并不真正存在，相反，恰恰因为物证要以其客观存在证明案件的相关事实，才决定了物证较为脆弱、较不稳定——一旦物证的这种客观存在因为主、客观原因遭到破坏或自然消失，那么该物证就不再能发挥其应有的证明作用。例如，油脂很易挥发，如果未能及时提取油脂、或者提取的油脂未能密封保存，那么油脂就有可能因为挥发殆尽或挥发得只剩少许而不再能接受检验鉴定，也就无法发挥证明作用。又如，生物组织极易腐败、变质，而腐败、变质后的生物组织有可能无法给出准确的生物信息进而再也不能发挥证明作用。还如，打折了的木棍的断茬、从死者脖子处提取的弹头等将以其外部形态特征证明相关事实的物证，如果因为我们的处理不慎而增加一些新的形态特征，那么它们同样也不再能用于案件中某些事实的证明。因此，从物证较为脆弱这一特点来看，无论哪种性质的案件，我们对相关物证的处置，如发现、提取、保存、保管等，均要格外小心，均要严格以不破坏或防止其客观存在发生变化为前提。

在论及物证的特点时，有学者认为，"物证存在一定的……和被动性"②。单从**"被动性"**这三个字来看，似乎"被动性"应是物证异于前述三大特点的又一新特点，但从该学者对"物证之被动性"所作的解释来看，"物证是以某种物品特殊存在形式来证明案件真实事实的，这种物品自身不可能去作证，要依靠人去发现和利用。一旦可作为物证的物品不能被人发现，就失去了其证据价值，这就是物证的被动性"。这种"被动性"似乎有两层含义：一是物证"自身不可能去作证，要依靠人去发现……一旦可作为物证的物品不能被人发现，就失去了其证据价值"。另一层含义则是物证"要依靠人去……和利用"。笔者认为，就第一层含义而言，要依赖人的发现才能作证的并不限于物证，事实上，相当多的人证也需要人的发现，试想，若不是侦查人员四处走访，查找、发现可能的目击证人，又有几个人会主动作证？因此，从这一层意义的"被动性"来看，它实在不是物证独有的。至于第二层意义的"被动性"，笔者认为则是物证之第二大特点，即"物证对科学技术具有依赖性"之说法的另一表述方式：人证等言辞证据可以直截了当地证明某一事实，但物证则要仰仗

---

① ［美］阿尔弗雷德·阿伦·刘易斯著，何家弘译：《血痕、弹道、指纹、探奇》，1 页，北京，群众出版社，1991。

② 纪敏主编：《证据全书》，1544 页，北京，中国民主法制出版社，1999。

掌握了相应科学知识的人去发现并利用其拥有的各种特征、属性，才能迂回、周折地证明某一事实。因此，要表述物证的这一作证特点，显然以"物证对科学技术具有依赖性"较以"被动性"更不易产生歧义、更为准确。

　　还有学者认为，物证具有"局限性"① 或物证具有证明范围比较狭窄②的特点。笔者认为，这也值得商榷。理由是，无论是物证等实物证据还是人证等言辞证据，都应能证实一定的案件事实，否则其不可能成为案件中的证据。而被证实的案件事实，则既可能是案件的主要事实，如刑事案件中是谁在何处实施了某犯罪行为，或民事案件中原、被告之间是否存在某种民事法律关系，也可能只是全案中的某一局部事实或某一片断。当然，物证通常只能证明案件中的某一局部事实或某一片断，如物证能表明某医疗事故纠纷中患者的腹内有一胶皮管存在，但它却无法说明此胶皮管是医生因疏忽而遗忘在患者体内的、还是出于治疗的需要而放置在患者体内的；又如，物证能表明犯罪嫌疑人手提包中纸盒内装的是海洛因，但却不能说明犯罪嫌疑人是有意携带、持有该物品，还是在不知情的情况下受托为朋友转交该物品。因此，从这一点来看，物证的证明作用往往局限于案件中的某一个事实、某一个片断，而不能完整地说明整个案件的关键事实、主要事实，物证需要与其他证据（含其他物证）一起共同构成一个环环相扣的证据链，才能证明案件的关键或主要事实。但是，以此就认为物证具有局限性或证明范围比较狭窄的特点则有失偏颇，因为现实中大量物证以外的其他证据往往也只能证明案件中的某一个事实、某一片断，如某人证实其看见张三到过盗窃现场、某录音带录有一种独具特色的背景音乐、某人陈述其看见原告给被告 3 000 元现金，显然，这些证据均只能说明案件中的某一事实，而不能反映案件的全貌。因此，证明作用的局限性或证明范围比较狭窄并不是物证独有的特点，而是相当部分证据共有的特点，只不过在物证上表现得更为明显一些。

1. 2 物证的作用和分类

1. 2. 1 物证的作用

1. 2. 1. 1 物证在诉讼中的作用

　　物证的作用最早是在刑事案件中得以显露、并在刑事诉讼中得到高度重视的，但一因民事争议行为、行政违法行为在发生、发展等衍变过程中同样会对周围事物产生相应影响进而留下各种痕迹物品、引发各种变化，二因物证以及其他实物证据较言辞证据而言客观性较强、真实可靠性较高，进而证明力较强，所以随着社会的发展、科学技术的进步，物证的作用已由刑事诉讼扩展并延伸到民事诉讼、行政诉讼，并得到广泛的认可，表现之一便是，相当多的民事或行政诉讼当事人均积极收

---

① 纪敏主编：《证据全书》，1544 页，北京，中国民主法制出版社，1999。
② 参见卞建林主编：《证据法学》，239 页，北京，中国政法大学出版社，2000。

集、出示物证，而经法官认证并最终得以成为断案依据的证据中也有相当数量的物证。事实上，物证在诉讼中的作用逐渐得到认可并渐渐成为诉讼中的主力证据，是人类进步的体现，是诉讼证明由野蛮、感性走向文明、理性的标志。

尽管诉讼的性质不同，物证的具体作用相应会有一定的区别，但综观国内外司法实践可以发现，物证在诉讼中的主要作用表现如下：

1. 物证能为查明案件事实提供线索和依据

查明案件事实是正确、公正处理涉诉案件的前提。但因案件事实已成为过去，办案人员不可能亲历之，故所谓的查明案件事实从实质上看是"回溯"或"重建"事实。受认识能力、诉讼资源等因素的影响，这种"回溯"或"重建"只能依据案件事实发生时产生或形成的各种证据来进行，而不可能漫无目标、信马由缰。换言之，案件事实的"回溯"或"重建"必须受益于一定的线索或提示、依仗于相关的证据。而物证往往便是办案人员赖以得到"灵感"的线索并据以完成回溯或重建工作的重要依据。这一点，在刑事诉讼中表现得尤其突出：某事件是否是刑事案件，某刑事案件是仇杀、情杀还是劫财，某刑事案件应从何处入手侦查，某刑事案件的作恶者应有哪些个人特征，某刑事案件的作案地点、作案工具、作案动机、作案时间、作案人数又如何，等等，诸如此类需要重建的事实，通常能从诸如火灾现场发现的死尸之肺脏内的焦炭、被盗财会室门锁锁芯上的工具痕迹、死者体内检出的氰化物、现场的足迹或指纹、涉案文书的笔迹或书面语言特征、现场的血痕或精斑等物证中获得线索或得到证实。

2. 物证能成为验证案件中其他证据真实可靠与否的有效手段

相对于以言辞为表现形式的证人证言、当事人陈述、犯罪嫌疑人或被告人供述而言，物证是一种客观存在，其真实可靠性要么可凭借人的感官直接加以验证，要么可用技术含量较高的科学方法或手段予以明示，因此，物证通常不会"说谎"。但是，受各种主客观因素的影响，证人证言、当事人陈述、犯罪嫌疑人或被告人供述等言辞证据却可能有虚假的成分存在，尽管严格遵循直接言词原则并确保质证活动实质、公正地进行可以去伪存真，尽管目前国内外均在尝试着用"测谎仪"揭露这些言辞证据中的虚假内容，但因前者的实施有赖于一个良性的司法环境、后者的可靠性却尚有争议，故以物证来验证案件中其他证据的真实可靠性应是一个切实可行的做法。大量中外司法实践也证明，物证在这一方面发挥着非凡的作用。例如：被盗房屋由屋里至屋外被击碎的窗玻璃表明被盗者的报案陈述有假；屋中间死者身边抹布里含有的与凶手鞋底相同但只在入口处出现过、在死者周围却没有的砂土颗粒表明凶手的供述——死者自己在死之前即将身边的砂土用抹布擦拭干净了——是真实的；经公证封存的白酒经鉴定为假酒表明原告的陈述——其向被告提供的该酒质量绝对可靠——是虚假的。但是，切不可机械地理解物证的这一验证作用。将物证绝对视为真实可靠、不需加以质证、认证的东西必将引发错案，只有当物证经查证属实无误之后，才能发挥其验证同案其他证据的功用。

3. 物证通常是认定案件事实并对案件作出公正处理的可靠凭证

回溯或重建的案件事实必须经证据证明之后才能得到认可。换言之，认定案件事实必须基于各种证据。作为各类诉讼中较为常见的一种证据，物证在认定案件事实时往往不可或缺，如认定亲子关系的 DNA 纹、证明被告开枪射击过的射击残留物、证实伪造或变造事实的异常纸张或涂改痕迹、确认存在侵权行为的被撕毁衣物、表明违反合同约定之质量标准的货物等等。可以说，如果没有各种物证，那么司法实践中将有相当多的案件事实无法得以认定。

在认定案件事实的基础上，案件均将得到相应的处理，如刑事案件定罪量刑、民事案件判定赔偿或行政诉讼案件变更所诉的具体行政行为等。同样，对案件的处理也应基于各种证据、而不得随心所欲，而物证则可能成为案件处理时需要依据的重要证据。如对伪造货币案定罪量刑时需依据伪造的货币及数量，在处理理赔、清欠、抵债等经济纠纷和破产案件时要依据有关的物证计算经济价值，在确定行政赔偿诉讼应支付的赔偿金时往往要依据被损坏的物品及被损坏的程度。

1.2.1.2　物证发挥作用的方式

无疑，物证在当代诉讼中所起的作用越来越大。但正如前述，除了少数物证——如人身上的伤口、被盗的汽车、遗失的衣服等——能直接被人们认识、能直白地发挥其应有的作用之外，多数物证——如指纹、枪痕、弹痕、射击残留物、毒物毒品、玻璃、泥土、纤维、文书制作材料、血痕、精斑、毛发等——只能经由专家的检验鉴定才能将其隐含或附有的、不能被普通人直接发现、认识并了解的特征挖掘展现出来。因此，诉讼中的物证发挥其应有的作用时，往往不是直观的、一目了然式的，而是要借助有关专家的检验鉴定，间接地进行。这种间接地发挥作用的方式决定了物证与物证鉴定结论有着密切的联系，决定了物证与物证鉴定人的学识、经验及所享有的技术手段、仪器设备以及所处的物证鉴定制度有着相当的关系，决定了物证与其他证据一样要接受质证、认证后才能成为定案的依据。

在论述物证以间接的方式发挥其应有作用时，有必要提及直接物证和间接物证。我们说，物证多是以间接的方式发挥作用，并不是说物证因此便通常是间接物证、而非直接物证。事实上，物证属于直接物证还是间接物证并非是依据其发挥作用时的直接性或间接性来划分的，正如后文将讨论的那样，某物证属于直接物证是因为其能够直接单独证明案件的主要事实——如刑事案件中谁实施了犯罪行为这一事实、民事案件中原、被告之间存在着怎样的民事法律关系这一事实等，而某物证属于间接物证是因为其只能单独证明案件的一些次要事实——如刑事案件中的作案时间、地点、工具、手段、结果、动机等事实，民事案件中赔偿额的计算依据等事实。显然，物证以间接方式发挥其作用所称的"间接"与间接物证中的"间接"有着不同的含义：前者指多数物证发挥作用时不能直观、一目了然地进行，需依赖专门人员的介入、"翻译"，通过转化为鉴定人员的鉴定结论才能"物尽其用"；而后者则是强调物证通常只能单独地证明案件中的一些次要事实，它往往需要与其他证据一道形成完整的证据链之后，才能证明案件中的主要事实。因此，这两种"间接"并不能混为一谈。

1.2.2 物证的分类

通常地说，分类，即根据被分类对象的具体特点将其分别归入不同类别的活动。就物证而言，分类，也即根据物证的具体特点将物证划分为不同种类的活动。显然，依据的准则不同，对物证特点予以分析的角度不同，则物证被归入的类别也就各不相同。综合学界的观点及实践中的通行做法，对物证可作如下分类：

1.2.2.1 直接物证和间接物证

这是根据物证与案件主要事实间的相互关系、或者说是根据物证是否具有单独证明案件主要事实的能力、特点而对物证进行的分类。如果说，某物证能单独证明案件的主要事实，那么该物证就属于直接物证（direct or prima facie physical evidence）；如果说，某物证不能单独证明案件的主要事实，只能证明案件中的一些次要事实，或者说只能与案件中的其他证据一道共同证明案件的主要事实，那么该物证便是间接物证（indirect or circumstantial physical evidence）。所谓"案件的主要事实"，"是指对确定案件或诉讼具有关键意义的事实"[①]。显然，案件或诉讼的性质不同，"案件的主要事实"之内涵也就会有所区别，如刑事诉讼中的案件主要事实是指被告是否实施了公诉方指控的、触犯刑法的犯罪行为，而民事诉讼中的案件主要事实则是指原、被告之间存在着怎样的民事法律关系、双方争诉的行为或事件是否存在。所谓"单独证明"，也就是"独自证明"，即指仅依据单一的物证去证明某一事实。由于物证系以其外部形象特征、所载字迹特征、符号图像特征、声纹特征及物质属性等证明案件事实，而这些外部形象特征、所载字迹符号特征等均属于一种静态的客观存在，是某一行为或活动的结果和反映，通常只能说明这一行为或活动出现或发生过，但却无法表明是谁实施了这一行为或活动、为什么要实施这一行为或活动，因此，**物证一般是很难单独证明案件的主要事实的，通常属于间接证据，归于间接物证的范畴。**

将物证区分为直接物证和间接物证虽说只是见诸著述中——实践中几乎不存在直接物证，更常见的是间接物证——但对实务工作却也有着实际的指导意义，它能告诫实务工作者，仅仅依据某一物证是无法确定案件的主要事实的。例如，在现场被盗的保险柜上发现了被告的指纹，并不证明被告便实施了盗窃行为；在被告的家中发现了毒品海洛因，并不表明被告一定实施了私藏毒品的行为[②]；原告的外衣被撕破，并不说明被告与原告之间一定发生了侵权纠纷；原告有贫血的症状，并不表明这便是服用被告生产的某种药物的结果。由于物证通常只能单独证明与案件主要事实有关的一些

---

① 孙言文等主编：《物证技术学》，16页，北京，中国人民大学出版社，2000。

② 对非法持有毒品的行为，有学者认为，只要证明持有的物质是毒品，如海洛因、克瑞克、冰毒等，就可视为触犯刑律，故此时的毒品也为直接物证。See Keith Inman and Norah Rudin, *Principles and Practice of Criminalistic*：*The Profession of Forensic Science*，Baca Raton，CRC Press，2001，p. 122.

次要事实，也就是说只能与其他证据共同证明案件的主要事实，因此，在使用物证时，应以联系的观点，将之纳入整个案件的证据链中，使之成为完整证据链中的有机组成部分，才能最好地发挥其应有的作用。

1.2.2.2　物体、物品类物证和痕迹物证

这是根据物证的表现形式特点而对物证进行的分类。所谓物体、物品类物证，即由占有一定空间的物质性实体及日常生活中的各种物品本身构成的物证。所谓痕迹物证，即以物体、物品上承载或空间中拥有的痕迹来证明案件事实的一类物证。

有关物体、物品类物证和痕迹物证各自包括的内容，可参见图1—9。

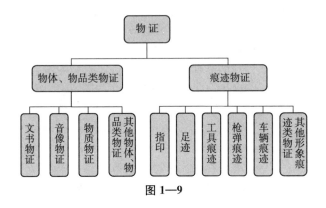

图 1—9

1. 物体、物品类物证

由于占有空间的物质性实体及日常生活中的各种物品种类繁多，因此，案件中的这类物证颇为多见。为了便于研究，更因为此类物证中某些物证通常拥有共同的表现形式，并在发现、记录、提取方面，在接受专家的检验鉴定方面，往往需要运用相同或相似的技术，因此物体、物品类物证还可被进一步细分为以下几类：

（1）文书物证

文书物证是以文书这一特殊物品形式而存在或表现的物证。由于以文字、符号、图案等方式在纸张上表达思想或意思的物品均可视为文书，因而遗嘱、合同、发票、借条、各类证件、货币、邮票、车船票、投保单、存折等均可能成为文书物证。一般而言，这类物证通常需要专家从笔迹、打印字迹、复印文字、印章印文、印泥印油、书写墨水、印刷油墨、复印墨粉、纸张等与文书的书写、制作以及文书的书写制作材料有关的方面入手，判断文书的书写者、制作者、制作工具、制作方式、制作时间、原始状态以及文书的真伪等问题。例如，根据签名判断某遗嘱是否为立遗嘱者亲笔书写；根据打印字迹鉴别某打印文书是否用某打印机或打字机打印；根据某文书上印文的特征判断该印文是否系用某印章盖印；根据某文书上印文的成分判断该印文是否为拼接变造；根据书写文书所用墨水随时间发生的变化而分析该文书的书写时间；根据文书上交叉存在的文字和印文判断该处文字与印文的形成先后顺序；根据某钞票表现出的各种特点判断其是否为伪造；根据某变造文书的具体特点

而恢复其上被涂抹、被擦刮、被消退的文书内容，等等。

文书物证在案件中发挥作用的历史已悠久绵长，但检验鉴定文书物证的技术却只在近一百多年里才得以形成、发展并成熟，突出的表现是，最初对文书物证的检验鉴定通常只能从笔迹、印章印文等一些外在的物理特征入手，但现在不仅可以继续利用文书拥有的这些外在物理特征，而且还可以从文书的纸张、书写或制作文书所用的油墨、印泥、墨水、墨粉等文书制作材料的内在化学成分特征入手，对文书的真伪、制作时间、制作者等问题作出回答。这与现代科学技术、特别是现代分析化学技术的迅猛发展密不可分。

（2）音像物证

音像物证，也可称作音像证据，乃以音像材料——如录音带、录像带、CD、VCD、DVD、MP3等——这一特殊物品形式为其具体表现或存在方式的一类物证。在我国，现行法律中并没有音像物证、音像证据或音像材料这样的用语，刑事诉讼法、民事诉讼法及行政诉讼法中与"音像物证"一词有同样内涵的是"视听资料"[1]。从字面来看，"视听资料"一词能在一定程度上体现这类证据的特点，即能够被人"视"、可供人们"听"，并以"可视"和/或"可听"的方式发挥证明作用。[2] 但笔者认为，至少出于两个原因，"音像证据"、"音像资料"或"音像物证"较"视听资料"一词更为适宜：第一，"视听资料"一词深究起来并不科学严谨，有可能使人产生误解——以"可视"或"可听"的方式发挥证明作用者即视听资料，那么何为"可视"或"可听"？书写在纸张上的文字内容无疑属于"可视"，是否便是视听资料呢？显然不是。事实上，"视听资料"强调的"可视"是指图像的可视、特别是可连续播放之图像的可视，"视听资料"强调的"可听"是指声音的可听。当然，我国三大诉讼法已施行了数年，人们基本上已能理解并分辨何为视听资料，但从规范及更便于人们直观、准确认识并把握此类证据的本质特点的角度来看，"音像"较"视听"更为准确、形象。第二，"音像"一词较"视听"一词更为通用，在实践中使用得更为广泛、更易为人们所接受——"我要到某音像商店去买几盘磁带或录像带"，这是口语中经常出现的话语，又有谁会说"我到某视听资料店买了几盘视听物品"？事实上，2001年12月30日最高人民法院民一庭负责人就民事诉讼证据的司法解释答记者问时，记者提出的一个问题中使用的也是"音像"资料、而非

---

[1]　"视听资料"一词在我国首次出现在1989年4月4日经第七届全国人民代表大会第二次会议通过的《中华人民共和国行政诉讼法》第五章"证据"第31条第3项中，这是我国第一次以立法的形式认可录音带、录像带等音像制品在诉讼中的证据地位，表明了我国立法顺应时代的进步而发展的积极态势。随后，我国于1991年4月9日第七届全国人民代表大会第四次会议通过的《中华人民共和国民事诉讼法》，以及于1996年3月17日经第八届全国人民代表大会第四次会议修正的《中华人民共和国刑事诉讼法》也认可了视听资料的证据地位。

[2]　英美法系中表达同样意思的词汇有"audio and video recordings"或"audio and visual"。分别参见：William Bojczuk, *Evidence Textbook*, 4th ed., London, HLT Publications, 1992, p. 305；Fiona E. Raitt, *Evidence*, 3rd ed., Edinburgh, W. Green & Son Limited, 2001, p. 191.

"视听"资料。① 这表明，"音像"较"视听"一词更贴切于我国的生活实践、更易为人们所接受。基于上述理由，本书中论及的音像物证也就是指需要借助物证技术解决其是否完整（即有无增删、改动等），并就语音、图像、话者、人像等进行识别②的各种磁带、磁盘、光盘等资料。

诉讼实践中，常见的音像物证有录音带、录像带、相片，但随着科技的迅猛发展，随着数码相机、数码摄像机的出现，以数码技术而非传统的模拟技术或照相技术制作的各种音像材料也日益需要解决其是否伪造、是否有增删、其话者是谁等专业性问题。从目前的情况看，物证技术专家已基本能从录音带、录像带、相片等的信息承载体的物理状态以及其承载的信息本身（如声纹）入手鉴别录音带、录像带等的完整性、话者等问题，但对利用数码技术而生成的音像材料的增删问题的判断却还处于研究、探索阶段。

我国的理论及实践将文书物证与音像物证作一定的区分，顺应了我国三大诉讼法将书证与视听资料相区别的规定。但在国外，不乏将书证作广义的理解进而将视听资料或音像证据包括在内者③，因此也就少有将文书物证与音像物证再作区分的。例如，1988 年《苏格兰民事证据法》第 9 节便将文书证据定义为以文字、图表、计划和地图等来表示的手写及印刷物，以及相片、光盘、磁带及胶片。而 1995 年《苏格兰刑事诉讼法》程序表 8 则将文书证据的定义扩展至还包括"贮存声音或其他数据的声道……负片、光盘或其他能记录一至多个可视图像的装置"④。相较而言，我国将文书物证与音像物证加以区分，可促使物证技术人员能更好地针对文书物证及音像物证的各自特点，采取专门的技术力量、技术手段对文书物证或音像物证作出更为准确、科学的检验鉴定。例如，在我国公安部物证鉴定中心，便是由两部分互无隶属关系的人员分别从事文书物证鉴定工作、音像物证鉴定工作及各自的科研活动。

（3）物质物证

这类物证的表现形式既非文书也非音像材料，而是除文书及音像材料之外的其

---

① 记者的问题之一是"依据司法解释，未经对方同意录制的音像资料能不能作为证据？"参见最高人民法院民事审判第一庭编：《民事诉讼证据司法解释及相关法律规范》，34 页，北京，人民法院出版社，2002。

② 参见刘耀主编：《物证鉴定科学》，395 页，北京，群众出版社，1998。

③ 从严格意义上说，书证的这种广义理解并非没有道理。因为视听资料或音像证据也是以其内容来证明案件事实的，这与传统的纸质书证以本身所载内容证明案件事实的定义极为吻合，所不同的只是：传统书证是以纸张上的文字或符号等表达其内容，而视听资料或音像证据则是以电脉冲或磁性介质记录的图像及声音表达其内容；前者可以直接由人来阅读，而后者通常要借助一定的工具才能被人所了解。当然，将视听资料或音像证据涵盖其内的广义书证概念可能冲击英美法的最佳证据规则——何为原件？对视听资料或者音像证据而言，这是一个颇难确定的问题。但在我国，视听资料独立于书证，使得对其的利用更为便利。当然，此问题超出了本书的论述范围，但无论是书证还是视听资料或音像证据，一旦其真伪难辨，需要借助物证技术加以解决时，它们均成为物证，因此在此略加说明也是必要的。

④ Fiona E. Raitt, *Evidence*, 3rd ed., Edinburgh, W. Green & Son Limited, 2001, p.194.

他各种物品物体，但它与下面要谈到的"其他物体、物品类物证"有着本质的区别：物质物证需以其本身具有的物质属性而不是外观状态证明案件中的有关事实。换言之，即物质物证并不依赖于其表现出的具体存在形式即可证明案件，而"其他物体、物品类物证"则是以其外在表现形式的独有特点证明案件事实。例如，前者中的油脂、涂料、泥土、纤维、玻璃、塑料、橡胶以及各种毒物毒品等，通常以其化学物质属性证明案件中的有关事实，前者中的血液、精斑、毛发、脏器组织等则通常以其生物物质属性证明案件中的相关事实。事实上，不管这些化学或生物物质是以何种物体、物品形式存在，不管它们是微量的、还是常量的，均不影响它们以具体的物质属性证明案件中的相关问题。可以说，随着科学技术的发展，随着化学分析技术、生物技术的突飞猛进，物质物证在诉讼中发挥的作用愈来愈大，相应也愈来愈受到人们的重视。

（4）其他物体、物品类物证

相当多的物体、物品类物证没有文书或音像材料这样的外在存在形式或表现形式，也不以其拥有的化学物质属性或生物物质属性证明案件中有关的问题，而是以其外在表现形式方面所具有的独特特点证明相应的案件事实，因而被归为"其他物体、物品类物证"。例如，杀人用的匕首、菜刀，交通事故中被撞毁的汽车，盗窃案中被盗的电视机、冰箱、摄像机、首饰，受贿案中受贿得来的手表、字画、古玩，保险索赔纠纷中遭受冰雹袭击的农作物，等等。显然，这类物证独特的存在形式或外在特征是其发挥证明作用的基础。将此类物证区别于文书物证、音像物证以及物质物证有着积极的意义：这是一类通常不需要借助专门人员的检验鉴定技术便能发挥证明作用的物证，在运用此类物证时只需依常规出示、辨认、质疑即可。因此，诉讼的裁判者、诉讼双方当事人及其代理人或辩护律师等，凭借自己对这些物体、物品的观看、观察、分辨，便能就案件中的有关问题形成自己的看法或得出自己的结论。

对比国外证据法学专著对物证的分类，可以发现我们在此讨论的"其他物体、物品类物证"类似于英美法中的"exhibit"，即"展示证据"。在威廉姆·伯吉扎克（William Bojczuk）所著的《证据教科书》（第 4 版）第 12 章"实物证据"（real evidence）① 中，伯吉扎克认为实物证据包括文书、视听资料、展示证据和场景证据（views）。② 尽管作者伯吉扎克未就何为展示证据给出明确的定义，但从其行文来看，

---

① 我国有学者将"real evidence"译为"物证"或"物的证据"，但笔者认为，将"real evidence"译为"实物证据"更为贴切，因为作者伯吉扎克在文中所提及的"real evidence"显然不是指我国诉讼法中与书证、视听资料等并列的（狭义）物证，而是指我国学界所称的涵盖书证、视听资料等证据在内的实物证据。此外，佛奥那·莱特（Fiona E. Raitt）在其《证据》（第 3 版）一书中也认为，依据不同的标准，证据可分为不同的种类，其中一个分类便是"oral evidence"与"real evidence"（See Fiona E. Raitt, *Evidence*, 3rd ed., Edinburgh, W. Green & Son Limited, 2001, p. 190）。显然，与言辞证据相对应的只能是实物证据，而非我国诉讼法中所言的物证。

② William Bojczuk, *Evidence Textbook*, 4th ed., London, HLT Publications, 1992, pp. 296—311.

展示证据即我们现在所称的"其他物体、物品类物证"："审理一起谋杀案时，如果不在陪审团面前出示致受害者死亡的刀具或棍棒，那么陪审团将感到愤愤不平……刑事案件中出示展示证据的目的是为了在陪审团的面前再现案件，并允许陪审团据此评价证人的证言。"① 显然，其他物体、物品类物证或展示证据是诉讼中不可或缺的物证，它能直观地再现案件中的某些情节，使观者能得出正确的判断或相应的推论。

2. 痕迹物证

痕迹有广义和狭义之分。所谓广义痕迹，"泛指由于人（有时也可能是动物）的活动而在客观环境中物质性客体上形成的各种物质性变化，包括客体形态结构的变化、物体的移动、物质的增减，等等"②。所谓狭义痕迹，即形象痕迹，是一个客体在力的作用下，与另一个客体相接触后在另一客体表面留下的印痕。③ 对照《现代汉语词典》（第 5 版）对"痕迹"一词所作的解释④，徐立根先生对"痕迹"所给出的前述界定不仅与之相吻合，而且更为准确、周延，更易于为人们把握。

按照广义痕迹的观点，气味的增减、形象痕迹的形成、射击残留物或爆炸残留物的出现、物质交换的发生、客体的断裂或分离等均会导致痕迹的形成。但是，如此形成的这些痕迹中有相当多的痕迹是以其特定方式发挥证明作用，如增减的气味、发生交换的物质、残留的射击物或爆炸物、断离的纤维油漆或玻璃碎片等往往是以其物质属性来证明案件的相关事实，且通常并不将这些物证冠以"痕迹"之名，因此，本书所说的痕迹物证是指狭义的痕迹物证，即形象痕迹物证，包括指印、足迹、工具痕迹、枪弹痕迹、车辆痕迹、牙痕、唇印、耳郭印等。

根据形象痕迹的定义，我们可以知道，形象痕迹的形成必须具备三要素：造型体、承受体和作用力。（1）所谓造型体，又称留痕体或造痕体，即留下形象痕迹或印痕的客体，如手指头、鞋子、汽车轮胎、牙齿、嘴唇、耳朵、改锥、锤子、剪刀等工具、枪栓、击针、阴或阳膛线、退壳挺、排壳窗、弹匣等等。（2）所谓承受体，又称为承痕体或载体，是指承载形象痕迹或印痕的客体。只要具有相应的大小、具有一定的细密度、一定的可塑性，或其表面能附着或减少一定的物质而发生相应变化，那么该客体便能成为承受体而"记录"造型体在作用力作用下留下的印痕，例如，雪地、泥地、水泥地、墙体、桌子、油漆未干的家具、沙滩、玻璃、人体皮肤、弹头、弹壳、织物等等。（3）所谓作用力，即能使造型体与承受体相接触或相互作用并形成形象痕迹或印痕的机械力，如人或物体的重力、打击力、按压力、摩擦力

---

① William Bojczuk, *Evidence Textbook*, 4th ed., London, HLT Publications, 1992, p. 308.

② 徐立根主编：《物证技术学》，2 版，160 页，北京，中国人民大学出版社，1999。

③ 参见徐立根主编：《物证技术学》，2 版，160、162 页，北京，中国人民大学出版社，1999。

④ 痕迹：（1）物体留下的印儿；（2）残存的迹象。参见中国社会科学院语言研究所词典编辑室编：《现代汉语词典》，5 版，559 页，北京，商务印书馆，2005。

等等。作用力的大小、作用方向、作用角度将影响到所形成的形象痕迹的深浅、粗细、明显程度以及形象痕迹的形状和特征。

1.2.2.3　物理物证、化学物证、生物物证

一般情况下，很多物证均需要施以一定的检验鉴定手段、需要专家的介入才能发挥证明作用。国外学者佛奥那·莱特所言"某项实物证据的重要性往往要借助专家的证言才能得以明了"[①] 表达的正是这样的观点。此处，即可根据物证对各种检验鉴定手段的依赖程度，将物证分为物理物证、化学物证和生物物证。

1. 物理物证

所谓物理物证，即主要依赖物理检测手段而揭示出其独特特性、进而发挥其证明作用的物证。此类物证，通常包括各种痕迹物证如指印、足迹、枪弹痕迹、工具痕迹、车辆痕迹等，包括文书物证中不需借助化学检测手段揭示其物质属性的部分如笔迹、印文等，包括音像物证，等等。对这类物证的检验鉴定，可能需要用到放大镜、显微镜、各种光源、声纹仪等物理工具。因所用的手段是物理性的，所以接受这种检验鉴定的物证不会因为检验鉴定而发生变化，不会受到损坏。

严格地说，"其他物体、物品类物证"是不依赖任何检测手段、仅需人们的观察、辨认便可发挥证明作用的，但因人们的观察、辨认不能不说是一种物理检测手段，所以可将这类物证归属于物理物证中。

2. 化学物证

所谓化学物证，即主要依赖化学检测手段、特别是现代分析化学检测手段来揭示或比较其化学属性、进而发挥其证明作用的物证。严格地说，只要主要是借助化学检测手段以其化学成分、或通过比较其化学成分的异同或化学现象的异同来发挥证明作用的物证均应属于化学物证，如文书物证中需要分析或比较其成分的纸张、墨水、圆珠笔油、复印墨粉、印泥印油、油墨等文书物质材料，枪弹痕迹物证中需要阐明成分组成及各自含量的射击残留物等，除此之外，毒物毒品、爆炸物证、泥土、纤维、油漆涂料、油脂、粘合剂、玻璃、橡胶、塑料等也均归于化学物证的范畴。

"主要以化学检测手段揭示其化学属性"并不排斥在此过程中使用一些物理检测手段。事实上，对化学物证的检验鉴定往往要先使用一定的物理检测法，如颜色、荧光现象、比重、厚度、白度、折光率、透光率等的观察或测定，这能为我们随后进行的化学检测提供有用的信息或指明大致的方向，但归根结底，化学物证只有通过化学手段揭示出其独有的化学属性，或者将其化学属性与样本相比较，才能发挥证明作用。正是基于这类物证的化学属性对证明的重要性，笔者认为，化学物证也可从另一角度加以界定，即"通常是指案件中提取的量少体微、能以其自身的化学

[①]　"Often, the significance of an item of real evidence is only apparent with the assistance of expert testimony." Fiona E. Raitt, *Evidence*, 3rd ed., Edinburgh, W. Green & Son Limited, 2001, p.192.

属性证明其与受审查的人、事、物、时、空存在联系，从而能证明案件真实情况的各种有机物质和无机物质"①。

3. 生物物证

所谓生物物证，即主要依赖生物学检测手段来揭示其生物属性、进而发挥其证明作用的物证。各种来源于人体、动物体或植物体的生物物质，如指甲、毛发、血液、精斑、唾液、骨头碎片、皮肉屑、脏器组织碎块、孢子、花粉、叶片、种子等，均可能因其具有某种生物属性而能证明案件中的相关问题。

对生物物证的检验鉴定离不开各种生物学检测手段，如血型、酶型的判断，DNA多态性的测定，人血与动物血的区分，人的毛发与动物毛发的鉴别，植物细胞形态的确定等，均要利用多种生物学检测技术。同样，对生物物证的检验鉴定有时也会使用一些物理及化学方法，但这种使用并不妨碍将该类物证归入生物物证而非物理物证或化学物证的类别中，因为如果没有生物学检测手段揭示出的生物属性，仅凭一些物理或化学方法揭示出的些许特性，生物物证是无法解释案件中诸如亲子关系、血液或脏器组织等的来源、花粉孢子的生长地之类的相关问题的。因此，生物物证也可界定为，"是指案件中提取的能以其生物属性证明其与受审查的人、事、物、时、空存在联系，从而能证明案件真实情况的各种来源于生物体的物质"②。

在论及化学物证和生物物证时，还有一个术语不得不提及，那就是"微量物证"。这是一个在学界及实务界经常出现的词汇，例如，《浅谈微量物证的寻找与提取》③、《计算机在微量物证定量分析中的应用》④、《从投毒杀人案件的多样性谈检验鉴定对策》⑤、《微量物证分析的发展及其人才的培养》⑥、"第九部分　微量物证"⑦，等等。那么，微量物证是否是一类新的物证，而本书在分类时未涵盖之或在分类时将之遗漏了？对这个问题的回答显然是否定的。事实上，微量物证是化学物证的**近义或同义词**；但本书之所以更多地使用"化学物证"而非"微量物证"这一词汇，

---

①　徐立根主编：《物证技术学》，2版，490页，北京，中国人民大学出版社，1999。

②　徐立根主编：《物证技术学》，2版，491页，北京，中国人民大学出版社，1999。

③　参见滕桂兰：《浅谈微量物证的寻找与提取》，载公安部科技局论文编审组、公安部科学技术情报研究所编：《微量物证鉴定技术论文报告选编》，253页，北京，群众出版社，1988。

④　参见白纪云等：《计算机在微量物证定量分析中的应用》，载微量物证检验学术交流会论文编审组编：《第二届微量物证检验学术交流会论文汇编》，457页，北京，中国人民公安大学出版社，1990。

⑤　参见张惠芹等：《从投毒杀人案件的多样性谈检验鉴定对策》，载《中国人民公安大学学报》（自然科学版），2003（2），11页。

⑥　参见张文清：《微量物证分析的发展及其人才的培养》，载微量物证检验学术交流会论文编审组编：《第二届微量物证检验学术交流会论文汇编》，451页，北京，中国人民公安大学出版社，1990。

⑦　中国刑事科学技术协会论文编审组编：《中国刑事科学技术协会第二届学术研讨会论文汇编》，595页，北京，中国人民公安大学出版社，1998。

是基于如下理由：（1）"微量物证"一词易让人产生歧义。除非从事物证技术工作，否则单从"微量物证"一词是很难了解它究竟指的是哪些物证。因为该词汇的"微量"二字仅提示了这类物证在数量方面的少、在体积方面的小，却没有提供任何其他关于此类物证的独特信息。如此便会使得人们仅将一些数量少、体积小的其他物证区别归入此类，如将血痕、毛发、精斑、骨头碎屑、指甲屑等微小、量少的生物物证视作微量物证。但事实上，许多物证，如纸张、油漆、塑料、橡胶、玻璃、衣服等，在某些案件中并非是"量小体微"只有一丁点儿，而是数量不少、体积可观，如纸张有数页、油漆有一桶、塑料有一车、橡胶是一个轮胎、玻璃是一扇窗、衣服是一整件、泥土有一堆……但这些物证无论是理论上还是实务中仍被归入"微量物证"而接受化学分析检测。显然，油漆、塑料、橡胶、玻璃、纤维、泥土是否可归属于同一类物证不应从这些物证的具体大小来衡量，而"微量物证"一词本身却易于令人从这一角度看待此类物证的特点。（2）"微量物证"一词未能准确反映此类物证与其他物证相区别的本质特点。作为一个专业术语，所用词汇本身应能在一定程度上准确反映该词汇的内涵和外延，可"微量物证"一词显然无法做到这一点。但是，"化学物证"一词则从字面上便提示了该物证的本质特点：以化学手段揭示物证的化学属性进而证明案件有关事实。因此，相较而言，"化学物证"一词比"微量物证"一词能更为科学、准确地反映那些需要借助化学手段、以其拥有的化学属性证明案件中相关问题的各种物证；同时，"化学物证"一词还能与"物理物证"、"生物物证"这两个术语相呼应，从而分别从化学手段、化学属性，物理方法、物理性能，以及生物学手段、生物学属性，界定各自应包括的物证。

但是，我们也应看到，"微量物证"一词因与洛卡德原理有着相当密切的关系，简单说便是，物证或物质非常微小、能够不经意地发生转移，所以在本书第三章探讨洛卡德原理时，我们还是时常使用"微量物证"这一术语。

除了以上几种分类外，美国学者则还将物证分为以下四类[①]："犯罪的成果"（fruits of a crime）、"犯罪的工具"（instrumentalities of a crime）、"违禁品"（contraband）和"犯罪的证据"（evidence of a crime）。按照该学者的解释，（1）所谓犯罪的成果，即犯罪所获，如盗窃案中盗得的电视机、抢劫案中抢得的钱或珠宝；（2）所谓犯罪的工具，即犯罪者实施犯罪时所用的器具，如劫车案中的枪、盗窃案中用来撬开后门的撬棍或者银行抢劫者抢银行时所驾驶的汽车；（3）所谓违禁品，即对某人而言，持有即属非法的物品，如非法锯短的枪或诸如克瑞克可卡因（crack cocaine）的非法药品；（4）所谓犯罪的证据，即能显示说明一个犯罪已经发生了的物品。

这种分类无疑是将物证在案件中的形成原因、所起作用及法律对其的约束等作为分类标准，比较直观、易于把握，但这种分类法至少有两点不足：（1）未将物证的本质特点即客观存在性及物证对科学技术的依赖性加以突出；（2）若从证据的概念而言，前三种物证均可划归于第四种物证中去。

---

① 　See Norman M. Garland, *Crime Evidence*, 5th ed., New York, The McGraw Hill Companies, 2006, p. 407.

第 2 章　物证技术

2.1　物证技术的概念和种类

2.1.1　物证技术的概念

何为物证技术？就此，关注的学者并不多。即使是书名为《物证技术：法庭科学导论》（第 5 版）①、《法庭科学：物证技术导论》② 等专著，作者也并未界定何为物证技术。盖美国加利福尼亚物证技术学家协会（The California Association of Criminalists）、美国法庭科学学会（The American Academy of Forensic Sciences）已有界定，而学者们均认可之故吧。按照美国加利福尼亚物证技术学家协会的定义，物证技术"乃一项专业性工作（职业）。它关心物证的科学分析和检验，物证在法庭的解释和出示；涉及自然科学原理、技术和方法的运用，其基本目的是确定对案件而言可能较为重要的确切事实"③。而美国法庭科学学会认为，物证技术"乃分析、比较、鉴别并解释物证。物证技术学家的主要作用是客观地运用自然科学的技

---

① Richard Saferstein, *Criminalistics：An Introduction to Forensic Science*, *5th ed.*, Englewood Cliffs, Prentice Hall, 1995.

② Peter R. De Forest and et al., *Forensic Science：An Introduction to Criminalistics*, New York, McGraw Hill Book Company, 1983.

③ **转译自**：Keith Inman and Norah Rudin, *Principles and Practice of Criminalistic：The Profession of Forensic Science*, Baca Raton, CRC Press, 2001, p. 11。

术去检验物证，进而证明犯罪的存在或确定某些关联"①。

在我国，占主导地位的"物证技术"观是，"利用科学技术方法研究不同类型物证的发现技术、记录技术、提取技术及检验和鉴定技术，这些技术方法的总称，就是物证技术。"②

对比以上三个观点，可以发现它们虽是从不同的角度解释何为物证技术，但均毫不例外地揭示了物证技术的一些本质内涵：（1）物证技术作用的对象是案件中的物证；（2）物证技术是自然科学的具体应用；（3）物证技术的目的是确定一些与案件有关的事实，或确定某些关联性。

当然，在对比中也发现这三个观点之间还是有一定差异的，最突出的差异在于，美国的定义着重强调了物证技术的方法是分析、比较法，主要内容是检验、鉴定；而我国的物证技术观则认为，物证技术的内容不仅有物证的检验、鉴定，而且包括物证的发现、记录和提取。显然，我国的物证技术观能使人们更清楚、全面地理解物证技术的具体内容，进而更好地利用物证技术为诉讼服务。但因我国的物证技术观并非以严格的定义形式出现，因而有必要作一定的修饰、补充：所谓物证技术，即为了解决案件中的同一认定、种属认定或其他与技术有关的问题，进而证明相关的案件事实，而对案件中的物证或可能成为物证的物质性客体予以发现、记录、提取及检验、鉴定时所利用的各种技术、方法的总称。

从本质上说，物证技术是一门应用技术，它将物理、化学、医学、生物学、统计学等学科的原理、方法及成果应用于案件中的物证之上，通过解决与该物证有关的同一认定、种属认定或其他技术问题，进而发挥该物证的证明作用——即证明案件的相关事实。无疑，各种物证是物证技术作用的具体对象，但接受物证技术作用的并不仅限于物证。事实上，相当多的物质性客体是因其**可能**与案件有关联而成为物证技术作用的对象。换言之，物证技术往往要针对一些潜在的物证，也就是可能成为物证的各种物质性客体。之所以会如此，是因为这些物质性客体将要发挥证明作用的种种特征或属性颇为隐蔽、深奥，其与案件之间的关联性不那么直白、一目了然，因而非常人依普通的学识、心智能判断，它必须依靠物证技术的力量予以揭示、甄别、确定。唯有如此，这些物质性客体才能成为物证。③ 例如，在现场发现了许多指纹，其中唯有被告人的指纹才能成为证实被告曾到过现场的物证，但因指

① 转译自：Keith Inman and Norah Rudin, *Principles and Practice of Criminalistic*：*The Profession of Forensic Science*，Baca Raton，CRC Press，2001，pp. 11—12。

② 徐立根主编：《物证技术学》，2 版，8 页，北京，中国人民大学出版社，1999。

③ 在学界已达成的共识是，作为证据其必须与案件有关联，简言之，即该证据必须能实质性地证明案件中的某一事实，否则就不能称之为证据。参见卞建林主编：《证据法学》，73～75 页，北京，中国政法大学出版社，2000；何家弘主编：《新编证据法学》，105～108 页，北京，法律出版社，2000；［美］Thomas A. Mauet、Warren D. Wolfson：《Trial Evidence》，2 版，影印本，2～3 页，北京，中信出版社，2003。作为证据的一种具体形式，物证显然不能例外，也应具有关联性。

纹的特征并非常人就能分辨，因此往往要借助物证技术才能将那些非被告人的指纹甄别、剔除出来——众多的指纹接受了物证技术的处理，唯有物证技术确立了其与案件有关联、能够证明某一事实的那枚指纹才成为物证。

无论是揭示、甄别、确定物质性客体与案件的关联性，还是具体发挥物证对案件的证明作用，物证技术都要通过解决同一认定、种属认定或其他技术问题来完成。也就是说，解决同一认定、种属认定或其他技术问题是物证技术的核心或终极目标。例如，现场发现的指印是否嫌疑人留下的、现场发现的弹头是否嫌疑枪支发射的、合同上的签名是否某人书写、电话录音录下的话语是否某人说的、某人与其父亲是否有亲子关系、嫌疑人是否开过枪、死者是否因某物质中毒而死、汽车发动机上被锉掉的号码原本是多少、某文书是否是在其标示的制作日期制作的。诸如此类问题，便是各类诉讼中经常出现的、需要解决的同一认定、种属认定或其他技术问题。

2.1.2　物证技术与相关术语的区别与联系

2.1.2.1　物证技术与刑事技术

"物证技术"是 20 世纪 80 年代始出现于我国高等学校法学教材中的一个术语。而"刑事技术"则是一个在此之前就已存在、且至今仍与物证技术一词一道被广泛使用的专门词汇。从词汇本身看，"物证技术"与"刑事技术"共有的是"技术"两个字眼，不同的则是"技术"之前的限定语："物证技术"中的"物证"表明该技术是针对物证这种证据的专门技术，并不涉及诉讼的性质；"刑事技术"中的"刑事"则表明该技术明确服务于刑事诉讼或刑事案件，其针对的对象并非仅仅指向物证或其他证据，还有可能涉及其他与刑事案件的查处密切相关的技术。从概念来看，"物证技术"如前所述是对案件中的物证或可能成为物证的物质性客体予以发现、记录、提取及检验、鉴定时所利用的各种技术、方法的总称，而"刑事技术"则"亦称'刑事科学技术'、'犯罪侦查技术'。运用现代科学技术成果同各种犯罪活动进行斗争的一种专门技术。刑事侦查工作的重要手段之一。其任务是发现、收取罪犯在犯罪过程中形成的各种痕迹和遗留的物品、物质，并进行勘验、检验或鉴定，为侦查破案、检察起诉、法庭审判提供证据。在我国，已经开展有刑事照相、痕迹检验、枪弹检验、刑事理化检验、法医检验、文书检验、警犬鉴别、步法追踪、刑事登记以及技术防范等"①。显然，"物证技术"与"刑事技术"在内涵上有部分重叠，在外延方面有一定交叉，是一对既有关联而又相互区别的词汇：它们均服务于诉讼，均是为诉讼活动的顺利进行提供有力证据，但物证技术可服务于各类诉讼如刑事、民事和行政诉讼，而刑事技术则只应为刑事诉讼服务；物证技术针对各类诉讼中的物证发挥其作用，而刑事技术则主要针对刑事诉讼中的物证但也可能针对非物证而发挥作用；物证技术不包括法医承担的伤情检验、死因判断等法医学技术，也不包

---

① 《法学词典》编辑委员会编：《法学词典》，2 版，297 页，上海，上海辞书出版社，1984。

括警犬识别、技术防范等非针对物证而为的技术工作，其涉及的具体工作要较刑事技术少。

在我国处于计划经济、特别是未实行对外开放政策时，诉讼活动几乎均是围绕预防犯罪、打击犯罪的目标而开展，因此，使用"刑事技术"这一词汇还是比较贴切的。但是，随着我国改革开放政策的确立，特别是随着社会主义市场经济在我国的建立、发展，诉讼已不再是单一的刑事诉讼，相当多的民事主体间的纠纷、正常经济秩序的维护均需要走向诉讼环节，民事诉讼、行政诉讼在我国全部诉讼活动中所占的比例越来越大，此时再让一个虽实质上也能解决民事或行政诉讼中各种物证的专门性问题、但表面却明确服务于刑事法律之实施的词汇频繁出现于民事或行政诉讼活动甚至出现于裁判书中，显然不妥。可以说，"物证技术"这一词汇在我国的出现有着积极的意义：物证技术不仅涵盖了刑事技术最为重要也是最为主要的内容，即物证的发现、记录、提取、检验或鉴定，而且不带任何专属性色彩，能够便利地为各类诉讼提供必要的帮助，并与我国三大诉讼法均有明文规定的具体证据种类——物证紧密地联系在一起。①

2.1.2.2 物证技术与法庭科学

"法庭科学"，译自英文 forensic science，是英语国家如英国、美国、加拿大等国的专业期刊或专著中经常出现的字眼。近十几年来，我国业内也时有使用这一词汇者，如由我国公安部物证鉴定中心主办的双月期刊《刑事技术》，其英文译名即"Forensic Science and Technology"；《刑事技术》2003 年第 1 期第 7 页"消息"栏的标题即"第 17 届国际法庭科学大会将于 2005 年在香港举办"。从期刊《刑事技术》的中英文刊名似乎可略知法庭科学与刑事技术的联系，而要明晰法庭科学与物证技术的关系则显然要从法庭科学的定义及其相关问题入手。

"广义的法庭科学是指科学在法律中的运用。我们的社会变得日益复杂，它愈来愈依赖于规范其成员活动的各种法律。法庭科学为这些法律的界定和实施提供科学的知识和技术。"② "通常我们说的是狭义的法庭科学，即将科学运用于由刑事司法体系中的警察机构加以贯彻实施的刑事及民事法律中。"③ "法庭科学，从其本质上看，与法庭事务和法庭问题有关。"④ "法庭科学是一门应用科学。对物证的法庭分析即是一种

---

① "物证技术"对应的英文词汇是 criminalistic。在将它译成中文时，中国人民大学法学院的徐立根教授显然颇费了一番心力：它不仅牢牢地把握了该技术的核心特征——利用自然科学知识解决案件中与物证有关的专门性问题，而且还顺应了我国改革开放实施之后、特别是市场经济确立之后，各类诉讼对物证技术的依赖和需要。

② Richard Saferstein, *Criminalistics：An Introduction to Forensic Science*，5th ed.，Englewood Cliffs，Prentice Hall，1995，p. 1.

③ Richard Saferstein, *Criminalistics：An Introduction to Forensic Science*，5th ed.，Englewood Cliffs，Prentice Hall，1995，p. 2.

④ Peter R. De Forest and et al.，*Forensic Science：An Introduction to Criminalistics*，New York，McGraw Hill Book Company，1983，p. 7.

应用科学，它紧密依赖于物理学、化学及生物学的基本科学原理。法庭科学分析者获取的是与一件证据有关的事实，该事实随后将与其他事实和假定一道构成案件中已发生之事件的理论。"① "术语**法庭科学**有时用作**物证技术**的同义词。但这两个术语包含了不同的活动范围。从更宽泛的角度来定义，法庭科学包括法医学、法庭齿科学、法庭人类学、司法精神病学，以及物证技术。而物证技术则是在处理具有法律意义的事务中，用自然科学的方法去识别、鉴别、认定并评价物证。它包括痕量证据检验的各个领域及法庭化学，也包括基于对物证所作的分析而对事件的重建，还包括武器及工具痕迹的检验、可疑文书检验等等。尽管物证技术（criminalistics）一词源自 criminal，但物证技术活动不限于刑事案件，它们往往被用于民事案件及相关事务中。"② "法庭科学是出于法律的目的而被使用的一门科学。因此，用于解决法律争端的任何科学分支均是法庭科学。这一宽泛的定义涵盖了最为广泛的刑事诉讼，包括消费者和环境保护、工作中的健康和安全，以及违约和疏忽之类的民事诉讼。然而，一般而言，法庭科学这一术语被用来仅指警方在调查犯罪时使用的科学，以及法庭在随后就此犯罪进行审理时因证据问题而使用的科学。"③

　　从不同学者对法庭科学所作的以上界定，特别是从美国学者佛瑞斯特等人就法庭科学之范围所作的简要说明④，我们可以得出这样几个结论：（1）法庭科学是较物证技术宽泛得多的一个概念，只要是用来解决在法律的制定、实施中出现的问题，那么任何科学的知识和技术均可被称为法庭科学。从这个意义上看，物证技术无疑隶属于法庭科学。（2）尽管"法庭科学"一词本身并不暗示着其服务的对象是刑事法律还是民事法律，但却有学者认为，法庭科学更多的是为刑事法律服务、特别是为刑事司法体系中的警察机构服务。从这个意义来看，法庭科学可视同于我国的刑事技术。（3）尽管法庭科学除包括物证技术以外还包括法医学、法庭齿科学、法庭人类学、司法精神病学等亚学科技术，但因物证技术是法庭科学的最为主要的分支，所以有学者认为法庭科学即物证技术并不为过。例如，我国公安部物证鉴定中心就曾被译为"Institute of Forensic Science, Ministry of Public Security"，而实际上，该中心还承担着相当多的法医鉴定工作。（4）尽管法庭科学更多用于刑事法律的贯彻实施，但它与"物证技术"一词一样，其词汇本身并不带有专为某类诉讼服务的色

---

① Keith Inman and Norah Rudin, *Principles and Practice of Criminalistic*: *The Profession of Forensic Science*, Baca Raton, CRC Press, 2001, pp. 7—8.

② Peter R. De Forest and et al., *Forensic Science*: *An Introduction to Criminalistics*, New York, McGraw Hill Book Company, 1983, p. 4.

③ Peter White, *Crime Scene to Court*: *the Essentials of Forensic Science*, Cambridge, UK, The Royal Society of Chemistry, 1998, pp. 1—3.

④ "从广义的范围看，法庭科学包括法医学、法庭齿科学、法庭人类学、司法精神病学、毒物学、可疑文书检验、武器工具痕迹和指纹鉴定，以及物证技术。" Peter R. De Forest and et al., *Forensic Science*: *An Introduction to Criminalistics*, New York, McGraw Hill Book Company, 1983, p. 4.

彩，因而更易于被用于民事案件、行政案件及相关事务的解决中。英美等发达国家更是早于我国便将法庭科学特别是物证技术用于解决民事纠纷。

当然，我国也有学者认为，法庭科学中的"法庭"二字有误导之嫌疑：令人产生此科学仅服务于法庭审理阶段、而不作用于法庭审理之前的诉前阶段；而事实上，法庭科学是要同时服务于诉前的侦查等阶段及诉讼的审理阶段的。因此，"法庭科学"一词本身并不大科学。但笔者认为，"法庭科学"一词是基于其特殊的诉讼土壤而产生的。在英美法系，无论是民事诉讼还是刑事诉讼，其奉行的均是当事人主义诉讼模式，一切以法庭审判为中心、一切围绕法庭审判而进行；"审判作为向法庭提供信息的阶段，其至关重要的地位远远超过其他程序阶段。无论审判之前或之后的程序是什么，那些程序似乎只是辅助性的，其设置好像只是使其有助于审判的正常开展"①。基于这样的理念，无论在诉前以何种技术获得证据，或以何种技术去诠释、说明证据，这均不重要，重要的是要在庭审的对抗中用某种技术去帮助裁判者认识问题的本质，进而在法律的框架下作出判断。因此，在法庭上公示出来的、用于解决诉讼中某些专门性问题的技术被冠以"法庭科学"之名，应是颇为贴切而非不大科学之举。我国更多地奉行职权主义诉讼模式，诉讼特别是刑事诉讼自侦查立案起至法庭宣判止，各个阶段均为诉讼的有机组成部分，若在这期间的各个阶段均就物证而使用了专门的技术，那么似乎以"物证技术"来命名之要比"法庭科学"更为合适。

2.1.3　物证技术的种类和基本内容

2.1.3.1　物证技术的种类和基本内容

如前所述，物证技术以物证为其具体工作对象。由于物证可分为不同种类，因此根据案件中常见物证的具体类别，可将物证技术分为：文书物证技术、音像物证技术、痕迹物证技术、化学物证技术和生物物证技术。

尽管各个案件中，物证的具体种类可能有很大的差异，但在其最终发挥证明作用之前，每一物证通常均要经过发现、记录、提取以及检验、鉴定这样一系列工序，而这些工序均有物证技术的介入，例如潜在指纹最终作为某嫌疑人到过现场的证据，就必然经过指纹的显现、记录、提取及检验、鉴定技术的处理。因此，从这一角度来看，无论是文书物证技术、音像物证技术、痕迹物证技术还是化学或生物物证技术，它们均包括这样的基本内容，即物证的发现技术、物证的记录技术、物证的提取技术以及物证的检验、鉴定技术。相对于物证的发现、记录和提取技术而言，物证的检验、鉴定技术显然最为核心、最为重要，因为，物证属性的揭示、物证特征的明确，均需依赖物证的检验、鉴定才能完成，无怪乎相当多**同时涉及**物证之收集、提取和检验、鉴定的专著被冠上的却是"物证鉴定"之名，如刘耀主编、群众出版

---

① Mirijan R. Damaška, *Evidence Law Adrift*, New Haven & London, Yale University Press, 1997，pp. 59—60.

社 1998 年出版的《物证鉴定科学》，何家弘主编、北京大学出版社 2002 年出版的
《司法鉴定概论》等。但是，这并不是说，物证的发现、记录、提取技术就不重要。
相反物证的发现、记录、提取却在很大程度上决定着物证检验、鉴定结论的正确性、
科学性，换言之，如果物证的发现、记录、提取处理不当，便会得出错误的、不科
学的物证检验、鉴定结论。本书将就此问题专门论述。

2.1.3.2　物证的检验与物证的鉴定

在物证技术学界，不乏"物证的检验"、"物证的鉴定"这样的表述，如前文
提到的中外有关物证技术专著所给出的界定；实践中，也频频听到诸如此类的用
语："我们对物证进行鉴定时所用的检验手段有……"、"本人不服某机构就某物证
所作的鉴定"。就连笔者的前述行文中，也多次同时提及物证的检验和鉴定。那
么，物证的检验与物证的鉴定究竟有无区别？其关系如何？笔者试图在此作一定
的关注。

"检验"顾名思义，即检查、验别；《现代汉语词典》就"检验"一词所作的解
释与之基本相符，"检验：检查验看"①。同样顾名思义，"鉴定"乃鉴别、确定；而
《现代汉语词典》就"鉴定"以及"鉴定人"所作的解释分别是："鉴定：（1）鉴别
和评定（人的优缺点）；（2）评定人的优缺点的文字；（3）辨别并确定事物的真伪、
优劣等"。"鉴定人：受司法机关等指派或聘请，运用专门知识或技能对案件的专门
事项进行鉴别和判断的人"②。从字面之含义及词典就"检验"和"鉴定"所给出的
界定看，"检验"与"鉴定"是有区别的，其最为突出的区别在于"鉴定"强调"辨
伪识真"的功能，而"检验"则只是查一查、看一看，并没有刻意地辨识真伪之用
意。由此来看，"检验"似乎比"鉴定"的适用范围更为广泛。

从美国学者理查德·塞佛斯蒂因（Richard Saferstein）的行文来看，"检验"与
"鉴定"也是两种不同的活动，它们有包容与被包容的关系："法庭科学家检验物证
通常是为了鉴定或比较"③，"鉴定的目的是以许可的现有分析技术、以尽可能绝对
的肯定，确定某物质的物理或化学同一性。"④

同样，我国学者邹明理先生也注意到了区分物证的检验与鉴定之异同的重要性，
并作了如下论述："在侦查学和物证技术学领域内，检验是一个内涵极不确定的概
念，通常是指检查、勘验、分析、识别、鉴定等技术活动的总称。它与鉴定的关系，
科学家与法学家都未做过界定。在侦查与鉴定实践活动中，'检验'一词的适用范围

---

①　中国社会科学院语言所词典编辑室编：《现代汉语词典》，5 版，666 页，北京，商务
印书馆，2005。

②　中国社会科学院语言所词典编辑室编：《现代汉语词典》，5 版，673 页，北京，商务
印书馆，2005。

③　Richard Saferstein，*Criminalistics*：*An Introduction to Forensic Science*，5th ed.，
Englewood Cliffs，Prentice Hall，1995，p. 63.

④　Richard Saferstein，*Criminalistics*：*An Introduction to Forensic Science*，5th ed.，
Englewood Cliffs，Prentice Hall，1995，p. 64.

有以下三种情况，从中可以看出它与鉴定的联系与区别。当'检验'一词作为一种技术时，如痕迹检验、笔迹检验、尸体检验、毒物检验等，其内涵大于鉴定。这些技术检验手段中包括鉴定，'鉴定'是实现'检验'的任务之一。当'检验'一词作为反映鉴定的结果时，如'检验结论'、'检验报告'等，此时'检验'与'鉴定'具有同等的内涵——'鉴定'。因为检验结论是鉴定结论的一种类型，都是法定证据之一；检验报告是鉴定报告的一种形式，都是同等效力的法律文书。当'检验'一词作为鉴定的一个步骤或鉴定方法使用时，如'分别检验'、'比较检验'、'显微镜检验'、'不可见光检验'等，此时'检验'的内涵小于鉴定，'检验'是实现鉴定任务的手段。"[①]

　　从以上介绍，并结合我国三大诉讼法的相关条文规定，笔者可得出如下结论：

　　1. 尽管从词典看，鉴定更多是为了"辨伪识真"，但诉讼法言及的鉴定并不局限于"辨伪识真"，它更强调借助专门人员的专门技术解决诉讼中的一些专门问题，以使得诉讼得以顺利、科学地进行。因此，鉴定的内涵可以与检验一样丰富。

　　2. 物证的检验与物证的鉴定有一定的区别，其区别在于，鉴定是我国诉讼法明文规定的一种侦查和/或取证手段，是专门的法律用语，当针对的对象是物证时，即物证的鉴定；而检验只是鉴定实务部门在其实际工作中使用的技术专用术语，它也可针对物证而进行。

　　3. 物证的检验与物证的鉴定有一定的联系，其联系在于，物证的鉴定往往要通过具体的检验手段、检验步骤来完成，离开了这些检验手段、检验步骤，物证的鉴定无以为继；物证的检验以得出结论为终极目标，如若检验最终得不出一个明确的结论，那么物证的检验是徒劳无益的；而得出的这个检验结论完全可被称作鉴定结论，因为它是依照法律程序在鉴定的过程中得出的。当然该鉴定结论既可能体现于检验报告中，也可存在于鉴定书内。从我国的实务来看，检验报告与鉴定书是具有同等效力的法律文书。

　　基于以上理由，本人认为，严格从法律上说，应使用"物证的鉴定"这一词汇，但因"物证的检验"与"物证的鉴定"之间有着密切的联系，故不妨同时使用。

2.2　物证技术简要史

2.2.1　物证技术诞生和发展简要史

　　已出土的文物及现存的史书表明，我国是世界上最早使用指纹的国家：如夏代前后的陶瓷上留有手印，西安半坡遗址的陶器上有纹线清晰、凸凹明显的指印，周

[①] 　邹明理主编：《我国现行司法鉴定制度研究》，5 页，北京，法律出版社，2001。

代契约上有捺制的手印；《周礼·卷十五》有"同市，以质剂结信而止讼"①② 文字，《秦简·封诊式》"穴盗"篇写道"内中及穴中外壤上有郗（膝）、手迹、郗（膝）、手各六所"，等等。同样得到世界公认的是，我国湖南提点刑狱官宋慈（字惠父，福建建阳人，1186—1249）于公元1247年编著的《洗冤集录》五卷是世界上最早的与物证技术相关的专著。③ 但是，现代意义的物证技术并非诞生于我国，而是在西方国家问世，并在西方发达国家得以形成一定的规模。

18、19世纪，我们现在已拥有的大多数化学知识以及其他自然科学知识开始在欧洲国家出现，并被有心人士用于解决诉讼中的一些专门问题。1813年，被称为"毒物学之父"的西班牙籍科学家、巴黎大学的医学/法庭化学教授马修·奥菲拉（Mathiew Orfila，1787—1853）发表了至今在国际上仍占有重要地位的《普通毒理学》④；1821年他又出版了《法医学教程》，将毒物分为刺激性毒物、麻醉性毒物、麻醉—刺激性毒物和腐蚀性毒物。⑤ 但真正标志着法庭毒物检验技术诞生的，则是奥菲拉于1840年将当时的化学知识用于调查一名叫做蒙索尔·拉夫格（Monsieur Lafarge）的法国人的死因。在检验了开棺尸体的内脏器官后，奥菲拉根据化学实验的结果证实这些器官含有砷——它不是其实验室及墓地土壤污染的结果。这一证据随后导致拉夫格女士被控谋杀其丈夫，并提出了至今仍为物证技术学家广泛关注的检材可能被污染问题。⑥

借助当时出现的医学、人类学、统计学等科学知识，法国巴黎警察局的警察阿尔冯斯·贝蒂隆（Alphonse Bertillon，1853—1914）于1879年开始从事人类测量学研究，并形成了被后人称作"骨骼测量法"、"十一骨骼测量法"或"人体测量法"的一套专门方法——通过测量人体的骨骼长短来区分不同的人。尽管他的这一方法在20世纪初最终被更为科学、便捷、准确及可靠的指纹鉴定技术所取代，但贝蒂隆及其发明的骨骼

---

① 转引自刘文主编：《中国刑事科学技术大全刑事科学技术总论》，66页，北京，中国人民公安大学出版社，2003。

② "汉代郑玄注《周礼》，将'质剂'释为：'质剂谓两书一札，同而别之也，若今下手书。'唐高宗永徽年间（公元650年—656年）散大夫行大学博士弘文馆学士贾公彦在为《周礼》注疏时，又将'下手书'释为'画指券'：'郑云若今下手书者，汉时下手书即今画指券，与古质剂同。'"赵向欣主编：《中华指纹学》，7页，北京，群众出版社，1997。

③ 参见吴维蓉编：《刑事物证技术学》，12页，北京，警官教育出版社，1998；Peter White, *Crime Scene to Court：the Essentials of Forensic Science*, Cambridge, The Royal Society of Chemistry, 1998, p. 2; Keith Inman and Norah Rudin, *Principles and Practice of Criminalistic：the Profession of Forensic Science*, Baca Raton, CRC Press, 2001, p. 329。

④ Keith Inman and Norah Rudin, *Principles and Practice of Criminalistics：the Profession of Forensic Science*, Baca Raton, CRC Press, 2001, p. 330。

⑤ 参见张毅等：《刑事技术总论》，17页，北京，中国人民公安大学出版社，2001。

⑥ See Peter White, *Crime Scene to Court：the Essentials of Forensic Science*, Cambridge, The Royal Society of Chemistry, 1998, p. 2。

测量法在物证技术发展史上却写下了重重的一笔，贝蒂隆也因此赢得了"犯罪同一认定之父"的美誉。[①]

1823 年普鲁士大学生理学家约翰·伊文格利斯特·帕克杰（John Evangelist Purkinji）教授在《触觉器官及皮肤组织生理研究》一文中将指纹纹型分成 9 类，并绘图说明了 9 种类型的指纹。但他没有意识到指纹之认定人身的潜在价值。[②] 而清楚意识到指纹这一价值的苏格兰医生亨利·福尔茨（Henry Faulds）、美国显微镜学家托马斯·泰勒（Thomas Taylor）等人则显然受益于其拥有的医学知识或其掌握的显微技术。[③] 1892 年，弗朗西斯·高尔顿（Francis Galton）出版了世界上第一部指纹学专著《指纹》，介绍了指纹解剖学方面的内容，讨论了指纹的分类方法以及指纹的捺印技术，并把指纹分为弓型纹、箕型纹和斗型纹三大类，该书包含的第一手统计数据证明，他的这一个体识别法是独一无二的；而书中阐释的一些基本原理更是为现代指纹鉴定系统奠定了基础。[④] 至于沿用至今、已有一百多年历史的显现潜在指纹的硝酸银溶液法等技术的研发，更是当时已握有相当化学知识的西方国家对物证技术的贡献。

19 世纪以前，现场勘查和痕迹物证的记录往往采用手绘图、文字记录等书面形式，而这些方式既烦琐又粗略，因而效果并非很好。问世于 19 世纪初的摄影技术使得痕迹物证等的记录工作得以自该世纪中叶开始走向便捷、准确。又因为1841 年银板照相技术的发明，各国警察机关开始利用摄影技术拍摄人犯照片，并将照片建档储存；19 世纪 60 年代末照相技术已在记录文书物证的工作中广为利用；19 世纪 70 年代，各国警察局更是开始使用显微照相技术鉴别现场斑痕是否是血痕等。[⑤]

1900 年，奥地利的卡尔·兰兹泰纳（Karl Landsteiner）医生率先发现，人类血液可以分为不同类型，即 A、B、AB、O 型。为此，他获得了 1930 年的诺贝尔医学奖。而意大利图林（Turin）大学的法庭医学研究所的里恩·莱兹（Leone Latts）教授，借助兰兹泰纳的血液分型技术，于 1915 年设计了一个相对简单的方法以确定干燥血痕的血型，并迅速将之用于刑事侦查，且沿用至今。1901 年，德国的免疫学家保尔·乌恩哈斯（Paul Uhlenhuth）发明了确定种属的 precipiten 试验法，因而我们

[①]　See Richard Saferstein，*Criminalistics*：*An Introduction to Forensic Science*，5th ed. ，New Jersey，Prentice Hall，1995，p. 4.

[②]　See Keith Inman and Norah Rudin，*Principles and Practice of Criminalistics*：*the Profession of Forensic Science*，Baca Raton，CRC Press，2001，p. 330.

[③]　参见何家弘：《同一认定——犯罪侦查方法的奥秘》，70～72 页，北京，中国人民大学出版社，1989。

[④]　参见刘文主编：《中国刑事科学技术大全刑事科学技术总论》，84 页，北京，中国人民公安大学出版社，2003；Richard Saferstein，*Criminalistics*：*An Introduction to Forensic Science*，5th ed. ，New Jersey，Prentice Hall，1995，p. 4。

[⑤]　参见张毅等：《刑事技术总论》，19 页，北京，中国人民公安大学出版社，2001。

就有可能鉴别现场的血液是源于动物还是人体。①

法国梭伯恩（Sorbonne）的法庭医学教授维克多·巴尔塔扎（Victor Baltha-zard）最早研究了弹壳底、弹头上的射击痕迹，并于 1913 年利用显微镜对射击弹头、弹壳上的痕迹进行了观察并拍摄了照片。美国的查尔斯·怀特（Charles E. Waite）因对枪支同一认定作出了重要贡献（于 1920 年率先对枪支的生产数据进行分类），被誉为司法弹道学的创始人之一。② 根据射击弹头、弹壳上的痕迹认定发射枪支，是在 1925 年美国物理学家菲利浦·格雷威尔（Phillip O. Gravelle）发明了比较显微镜后才得以解决的问题。而美国军队一位名为卡文·高达德（Calvin Goddard）的上校，则利用菲利浦发明的比较显微镜奠定了认定发射枪支的技术。③

人类进入 20 世纪后，各种分析方法相继出现，各种高精尖仪器先后问世，使得人们对客观世界的认识也渐次深入，而这一切又进一步使得我们对物证的分析和利用有了长足的进步、发展：充当物证的物体、物品更为多样化，更加微量化；发现、记录、提取物证的手段更为丰富化，更加便捷化；检验、鉴定物证的手法已不再单纯是传统的宏观比对，更有深及物证之内核的微观测试。这一切，在物证技术的各个方面均有所体现。

20 世纪后半叶始频频出产的各种制作精良、灵敏、高效、准确的分析仪器，如付利叶红外光谱仪、气相色—质谱联用仪、显微分光光度计、高效液体色谱仪，等等，使得毒物毒品、油漆、油脂、玻璃、泥土、纤维、橡胶等化学物证的检验发生了翻天覆地的变化；利用并开发出的针对特定毒品的抗体进行的免疫试验法使得毒物的检验有了质的飞跃。而 1954 年，美国印第安纳州警察局 R. F. 伯克斯泰恩（R. F. Borkenstein）发明的用于现场醉酒测试的呼吸检测器，更是影响着普通人的每日生活。④

"当血污的指纹印在泥土、杯子等东西上留下痕迹时，它们就能导致用科学方法来证明罪犯的身份。"⑤ 1880 年苏格兰医生福尔茨（Faulds）给英国杂志《自然》写

---

① Keith Inman and Norah Rudin, *Principles and Practice of Criminalistics：the Profession of Forensic Science*, Baca Raton, CRC Press, 2001, p. 332; Richard Saferstein, *Criminalistics：An Introduction to Forensic Science*, 5th ed., New Jersey, Prentice Hall, 1995, p. 5.

② 参见张毅等：《刑事技术总论》，18 页，北京，中国人民公安大学出版社，2001。

③ See Richard Saferstein, *Criminalistics：An Introduction to Forensic Science*, 5th ed., New Jersey, Prentice Hall, 1995, p. 6; Keith Inman and Norah Rudin, *Principles and Practice of Criminalistics：the Profession of Forensic Science*, Baca Raton, CRC Press, 2001, p. 333.

④ See Keith Inman and Norah Rudin, *Principles and Practice of Criminalistics：the Profession of Forensic Science*, Baca Raton, CRC Press, 2001, p. 40.

⑤ 转引自何家弘：《同一认定——犯罪侦查方法的奥秘》，71 页，北京，中国人民大学出版社，1989。

的这段话表明，对指纹的利用离不开指纹的显现；在无法显现潜在指纹的当时，唯血污等有色指纹能有助于破案。而随着化学、物理学研究的兴起、发展，诸如硝酸银法、碘熏法、粉末法、宁西特宁法、"502"胶法、DFO（1，8－二氮芴－9－酮）法、激光法、定向反射照相法等显现方法先后出现，在现场发现潜在指纹进而利用指纹认定人身已不再是难题。尽管早在 1888 年高尔顿（Galton）便开始着手指纹的分类、统计，但指纹的识别、分类、存档等方面的飞跃却受益于计算机技术的出现和进步：始于 20 世纪 60 年代美国、加拿大等发达国家的有关指纹自动识别系统的研究[1]，如今已得到广泛的应用；与指纹自动识别系统配套的活体指纹采集系统也于 90 年代推出。[2] 利用先进的光电扫描技术、网络传输技术、计算机技术将手印提取下来，直接输入指纹自动识别系统并进行查对，还节省了人力、时间，提高了工作效率。

枪弹痕迹的储存比对问题在科学技术发展的大潮流下也已得到很好的解决，加拿大、美国以及俄罗斯、德国已经成功地研制开发出了枪弹痕迹计算机自动识别系统，为射击弹头、弹壳上痕迹的查寻、比对等提供了方便。[3] 在一些国家还建立了枪支的数据库自动管理系统，只要从现场提取了弹头或者弹壳，将上面的各种与枪支作用的痕迹和特定标记录入数据库系统，就可以直接定位到某个区域内的枪支甚至是某个具体的发射枪支。而更为先进的是，配有扫描电子显微镜的 X 射线能谱仪能分析枪伤组织内或嫌疑发射者手上的粉尘，从而判断枪支种类和射击者。[4]

自 1900 年奥地利医生兰兹泰纳（Landsteiner）发现了人类第一个血型系统 ABO血型后，人类的其他血型系统如 MN 血型、P 血型等红细胞血型，以及白细胞血型、酶型、血小板血型、血清型等血型系统也相继被学者们发现。如果说，ABO 血型的发现使得依据血液进行的个体识别开始步入科学轨道，其他血型的发现使得这种个体识别的可靠性相对提高，那么真正做到依据血等人体体液或组织实现个体识别之最终目标的，却是分子水平的生物技术的卓越贡献。DNA（脱氧核糖核酸）发现于1868 年，适逢奥地利的格瑞戈尔·孟德尔研究出奠定现代遗传学基础的遗传定律——孟德尔遗传定律。但直到 20 世纪 50 年代初詹姆斯·沃特森（James Waltson）和弗朗西斯·克里科（Francis Crick）解开了 DNA 双螺旋结构之谜后，DNA 才有了

---

①　参见徐立根主编：《物证技术学》，2 版，204 页，北京，中国人民大学出版社，1999。

②　参见刘文主编：《中国刑事科学技术大全刑事科学技术总论》，84 页，北京，中国人民公安大学出版社，2003。

③　参见刘文主编：《中国刑事科学技术大全刑事科学技术总论》，88 页，北京，中国人民公安大学出版社，2003。

④　参见刘文主编：《中国刑事科学技术大全刑事科学技术总论》，92 页，北京，中国人民公安大学出版社，2003。

在诉讼中得以利用的可能。① 在奥地利兰兹泰纳医生发现 ABO 血型后堪称最伟大的发明是，英国学者阿勒克·杰弗雷斯（Alec Jeffreys）于 20 世纪 80 年代中期提出"多位点"限制片断长度多态性（"multilocus" restriction fragment length polymorphism，RFLP）测试技术。同样值得称道的是美国学者凯瑞·莫利斯（Kerry Mullis）于 1983 年推出的聚合酶链式反应（the polymerase chain reaction，PCR）。遗传学和生物化学领域中的这两项重大科研成就迅即在美国用于解决诉讼中的个体识别问题，并随即得到世界各国的认可。如今，借助 DNA 技术及相关手段，不仅能解决血型检测方法所不能解决的诸多个体识别之难题，而且能对微量血痕、部分降解的陈旧或污染血痕作出同一认定的结论。②

2.2.2　物证技术诞生、发展的必要性和可能性

1. 认识主体认识能力的不足使得物证技术的诞生有了必要性

就诉讼证明活动是否是认识活动，学界有两种观点：一种观点认为，诉讼证明活动即认识活动，如"证据的本质是认识，是基于一定的目的而形成的认识环节。从诉讼的角度上分析，证据既是一种认识的手段，面对的是主张与争议事实；证据又是一种认识目标，追求的是主张的可信性与事实的真实性"③。"所谓的证据和证明实际上是一种认定事实的基本方法，是人类在长期的社会生活中逐步积累起来的认识经验和认识手段。从诉讼法的意义上说，所谓的事实认定，指的是诉讼主体根据既有的证据材料对构成诉讼命题的事实所作的考证和判断，是客观情况与主观认识的高度统一。"④ 另一种观点则认为，诉讼证明活动包括认识活动，但不仅限于认识活动，如"围绕着证据的运用所进行的证明活动无论具有诉讼还是非诉讼的性质，都是以解决利益争端和纠纷为目的的法律实施活动，其中尽管包含着认识过程，但绝不仅仅等同于认识活动"⑤。诉讼的证明活动是否完全等同于认识活动，这显然不是本书要讨论的主题。但从学界这两种观点我们可以得出以下结论，即无论怎样，诉讼证明活动充斥着人的认识活动：在解决争端并公平适用法律时，认识主体要从证据入手形成自己对未知事实的认识、作出相应的判断。无疑，在这一过程中，认识主体的认识能力是相当重要的。

认识主体，如侦查人员、检察人员、律师，特别是审判人员，借助其听力、视觉等普通感官，凭借其自身对法律知识的熟识及相关业务经验的积累，是颇为容易认识到证人证言、当事人陈述、犯罪嫌疑人或被告人供述等非物证类证据要表达怎

---

① See Horard Coleman & Eric Swenson, *DNA in the Courtroom*：*A Trial Watcher's Guide*，Seattle，GeneLex Press，1994，p. xi.

② Keith Inman and Norah Rudin, *Principles and Practice of Criminalistics*：*the Profession of Forensic Science*，Baca Raton，CRC Press，2001，p. 35.

③ 陈浩然：《证据学原理》，16 页，上海，华东理工大学出版社，2002。

④ 陈浩然：《证据学原理》，2 页，上海，华东理工大学出版社，2002。

⑤ 何家弘主编：《新编证据法学》，25 页，北京，法律出版社，2000。

样的观点、要说明什么样的问题。也就是说，认识主体凭借其自身的认识能力是能够知悉这些证据可以证明或怎样证明案件中的哪些相关事实。

但是，就物证而言，其本身不会"言说"：（1）物证不会将其本身具有的化学属性、生物属性等主动展示出来，例如，某白色物品本身根本不可能告诉认识主体它是海洛因、蒂巴因、安非他明、可瑞可还是面粉，它的纯度如何；某褐色斑不会主动显示其是血痕还是酱油痕，是人血痕还是动物血痕，若是人血痕其血型又是什么。（2）即使某物证能直观地展示出其在承受外界作用时发生的改变和改变后的特点，但其自身却无法说明这些改变及改变后的特点与外界作用之间的关系，例如射击弹头上的来复线、射击弹壳上的击针痕可为常人所观察到，但它们自身却无法说明这些来复线、击针痕是否为嫌疑枪支发射的；雪地上的立体足迹能为普通人发现，但该足迹本身并不能说明其是否为嫌疑人穿嫌疑鞋子留下的。（3）更有一些物证，如汗液指纹、体液斑痕，其是潜在的，根本不能被人发现、观察到［参见图 2—1（a）］。因此，仅凭其听力、视觉、嗅觉、触觉等，诉讼主体是无法明了物证与案件事实之间究竟有何关联，究竟能说明怎样的事实。换言之，面对"沉默无言"、属性深藏的物证，诉讼主体自有的认识能力已不足以满足其认识的需求：物证本身并不能告诉认识主体曾经有过怎样的经历或发生过什么样的变化。

当然，在日常的认识活动中，当认识主体的认识能力不足以满足其认识需求、或者说不足以达到其认知目标时，认识主体可以放弃这样的认识需求。但是，诉讼过程中的认识主体却没有这样的自由：（1）认识主体无权自主选择具体的待证事实。就民事诉讼而言，诉争之事实是由双方当事人提交法院的，裁判者除了被动地接受，别无选择——"民事当事人有权力建构事实性问题。民事法庭不仅不得游离于当事人的主张范围之外，而且还要严格受限于他们的约定和自认。"①而刑事案件在查处、裁判时要证实的那些主要事实则由法律明文规定了，也不是认识主体能够以其意志为转移的。（2）认识主体只得被动接受可能证明待证事实的证据。这种被动性着重表现在两个方面：第一，证据通常是案件事实发生前或发生时形成的，形成怎样的证据、形成多少证据往往不依认识主体的主观意志而转移；第二，认识主体形成认识时更多要依赖诉讼双方提交的证据，而"由于由当事人决定哪些证据材料将在法庭上出示，那么对胜诉的渴望，尤其是当胜诉就意味着赢得金钱赔偿时——如在民事案件中——便会刺激他们对证据的选择"②，故认识主体很难在既要重建特定未知事实、而所能依据的证据又相当有限的情况下，再以自己认识能力有限，无法认识某物证的特点、属性为缘由而将该物证剔除。

基于前述理由，物证技术的诞生就有了迫切的必要性：诉讼认识主体之认识能

---

①　Mirijan R. Damaška，*Evidence Law Adrift*，New Haven & London，Yale University Press，1997，p. 106.

②　Mirijan R. Damaška，*Evidence Law Adrift*，New Haven & London，Yale University Press，1997，p. 84.

力在发挥物证作用时表现出的不足严重影响着其对未知事实的认识及重建，这需要借助一定的技术或手段加以弥补［参见图 2—1 (b)］，进而完成其查处或裁判案件的使命。而物证技术的诞生恰恰就是为了迎合这一需求。

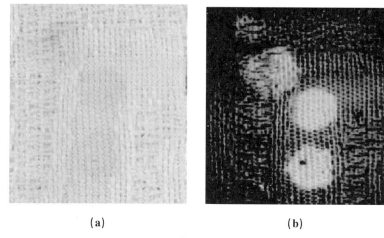

(a)　　　　　　　　　　　　　　　(b)

图 2—1

注：(a) 为自然光下毛衫上的体液斑痕；(b) 为 450nm 蓝光下毛衫上的体液斑痕。人的认识能力因蓝光灯的引入而得以提高。(彩图见本书插页)

2. 各种科学技术的出现及成熟使得物证技术的诞生成为可能，并使得物证技术的发展有了坚实的基础

我国是历史悠久的文明古国，但受封建制度的桎梏，自然科学等技术学科在我国古代并不发达。受制于落后于西方国家的生产力和科学技术，我国古代对各种物证的检验只能限于宏观形态的直观描述或浅显比对，无法形成系统、科学的物证技术。而化学、物理学、生物学等自然学科以及其他科学技术在西方国家的兴起、繁荣和成熟，却为物证技术的诞生提供了土壤和养分，并最终促成物证技术的形成和壮大。物证技术的诞生发展史不仅印证了物证的证明作用依赖于科学技术这一特点，它更说明是科学技术使得物证技术的诞生从必要转化为可能并成为现实。

物证技术的诞生发展史同时还证明，物证技术是一门开放性的应用学科技术，物理、化学、医学、生物学、统计学、人类学等学科领域的每一成果和进步都在物证技术的成长、壮大过程中或留下痕迹，或最终融合为物证技术的一个组成部分：没有化学基础知识、特别是现代分析化学技术的出现，毒物、毒品的检验难以为继，文书物质材料的成分分析无法完成，爆炸物证、射击残留物的定性和定量分析也将成为空谈；没有核物理知识，许多物证所含的多种痕量元素也就无法同时接受中子活化分析技术的分析；没有孟德尔遗传规律及 DNA 技术，依据血液等生物检材确定父权、确定个体的同一性也就只能是梦想；没有计算机技术，指纹的分析、存档、比对等还将停留在"刀耕火种"似的人工操作水平。物证有赖于物证技术才能被解读并最终发挥证明作用，而物证技术的诞生、成长又无不需要以科学技术的发展、

进步为前提。事实上，科学技术方面的每一成果、每一进步都有可能被用于解决物证技术所面临的难题或新问题，进而促使物证技术进一步向前发展（参见图 2—2）。例如，有学者预测，正在进行的人类基因组测序研究"就是测出人体细胞 23 条染色体上全部 30 亿个碱基（或称核苷酸）的序列，把总数约 10 万个基因都明确定位在染色体上，每一个都有自己的不同于别人的遗传基因。如果将这一科研成果用于人身识别鉴定中，不仅可以鉴别人身的性别，而且还能进行同一认定，甚至可以根据基因图谱找出毛发的主人来，为人们发现、获取、证明其他相关证据提供新的途径"①。因此我们说，物证技术以科学技术为诞生、发展的母体，当科学技术与物证技术更加紧密地联系在一起并巨大地促进物证技术的发展时，人们便更加认识到科技对物证技术进步的重要性和相对于物证技术而言的基础性。

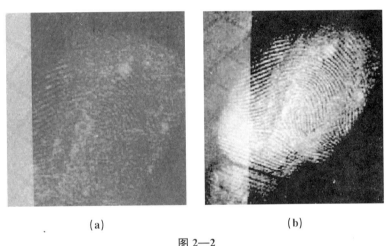

(a)　　　　　　　　**(b)**

图 2—2

注：（a）为白光下的灰尘指印；（b）为"闪电绿"粉末刷显并 460nm 蓝光灯照射下得到的指印。粉末显现技术的出现、蓝光灯的诞生、"闪电绿"粉末的研制成功，被用于解决实务中粉尘指印的清晰显现问题。（彩图见本书插页）

---

①　孙业群：《司法鉴定制度改革研究》，3 页，北京，法律出版社，2002。

第 3 章　物证技术中的物质可分性原理和物质交换原理

相对于物质的可分性原理而言，物质交换（转移）原理无论是其诞生的年代之早、还是其诞生后对物证技术的影响及被人们认可的程度，均是物质可分性原理望尘莫及的。但是，因通常而言，物质的交换或转移应在物质分离或断裂之后才能发生，故本书首先评介的是物质可分性原理，而非物质交换原理。

3.1　物质的可分性原理

即使是对物证技术学家而言，"物质的可分性原理"也是一个相当陌生的词汇，至于其具体内容，更是少有人知晓。事实上，物质的可分性原理是美国物证技术学家凯思·英曼（Keith Inman）先生和诺拉·路丁（Norah Rudin）女士于 2001 年在他们合著的《物证技术学的原理和实务：法庭科学业》一书中首次提出的。

英曼先生是美国物证技术学协会的会员，在加利福尼亚大学（伯克利）获得了理学士学位和犯罪学硕士学位。他曾在一个可为控辩双方提供法庭科学服务的公司，即加利福尼亚法庭科学社工作了 6 年。现今，他仍受聘为奥伦吉县治安官办公室（the Orange County Sheriff's Department）、洛杉矶县治安官办公室（the Los Angles County Sheriff's Department）、洛杉矶县首席医学检验官和验尸官中心（the Los Angles County Chief Medical Examiner-Coroner）、奥克兰市警察局（the Oakland Police Department）的物证技术学家。加州司法部 DNA 实验室也于《物证技术学的原理和实务：法庭科学业》一书问世之前就将英曼先生聘为高级物证技术学家。他的另一部合著《法庭 DNA 分析导论》，已成为律师和犯罪实验室工作者的重要参考书。此外，他还在位于哈瓦德（Hayward）的加州大学刑事司法执法部（the Criminal Justice Administration Department）执教，负责讲授加州大学伯克利函授部和远程教育部的各种基础法庭科学和法庭 DNA 课程。

路丁女士在婆摩那学院（Pomona College）获得理学士学位，在布兰迪斯大学（Brandeis University）获得哲学博士学位。她是美国物证技术学协会有资格证书的专家。在劳伦斯贝克利实验室（Lawrence Berkeley Laboratory）完成博士后的研究工作后，她作为全职顾问在加州司法部 DNA 实验室工作了 3 年。目前，她仍然是技术顾问中的领军人物而为爱德荷执法部 DNA 实验室（the Idaho Department of Law Enforcement DNA Laboratory）、圣·佛朗西斯科犯罪实验室（the San Francisco Crime Laboratory）和圣·迭哥县治安官办公室（the San Diego County Sheriff's Department）的 DNA 项目提供咨询。她在法庭 DNA、法庭科学方面从事咨询、写作和教学工作，同时也涉及一些生物学方面最为基础的问题。她也是《法庭 DNA 分析导论》一书的合作者，而且是 1997 年 Barron's Educational 出版的《现代生物学词典》的作者。路丁女士也在加州大学伯克利函授部和远程教育部讲授各种基础法庭科学和法庭 DNA 课程。她还作为顾问和专家证人而为控辩双方提供法庭 DNA 方面的服务。[①]

英曼和路丁均有着全职从事物证技术工作的经历，并仍然被多个司法实务部门聘为物证技术方面的专家和顾问，这使得他们积累了丰富的实践经验，并对具体的物证技术工作有着深刻的体会和具体的感悟。而执教于加州大学伯克利函授部和远程教育部，则使得他们得以从理论上总结实践经验、从理论上梳理种种体会和感悟。也恰恰是在执教时，为了回答学生的提问——"如何将物质的转移原理应用于断离物证或断离证据（physical match evidence，直译为'物理匹配证据'）"，英曼和路丁才提出了物证技术的一个新原理：物质的可分性原理。

3.1.1　物质可分性原理的基本内容和逻辑推断

"The principle of divisible matter"乃物质可分性原理的原文表述。从其字面来看，该原理似乎可译为"可分物质原理"。但是，基于以下因素的考虑，笔者认为，将其译为"物质可分性原理"更为合适：（1）该原理的诞生源自英曼和路丁对学生之提问"如何将物质的转移原理应用于断离证据"的理性思考。换言之，是物质转移原理催生了"the principle of divisible matter"。为铭记这一过程，可从语言表述方

---

① See Keith Inman and Norah Rudin，*Principles and Practice of Criminalistic：the Profession of Forensic Science*，Baca Raton，CRC Press，2001，p. xiii.

面套用"物质转移原理"的模式，将"the principle of divisible matter"译为"物质可分性原理"。（2）物质转移原理的最早阐述见诸爱德蒙·洛卡德于 1920 年发表的"L'enquete criminelle et les methods scientifique"一书。尽管自其诞生后的 90 年里，物质转移原理对物证技术产生的深刻影响可以说是有目共睹，但它仅涉及物质转移这样的过程及随后的结果，对转移之前物质应有或通常会有怎样的变化却没作任何说明。事实上，物质在转移之前的变化对分析、解释因转移而成为物证的物质而言有着重要的意义①，而"the principle of divisible matter"恰恰考虑了物质在转移之前的这种变化，从一定程度上弥补了物质转移原理的不足，进而与物质转移原理一道共同构成物证技术学的基本原理，因此笔者认为，这也要求我们遵从物质转移原理的表述模式将"the principle of divisible matter"译为"物质可分性原理"。（3）"可分的物质"与"物质的可分"在中文中有着不同的含义。前者中的"可分"用作定语，明确限定了"物质"的种类，进而将其区分于"不可分的物质"；后者中的"可分"则成为被限定对象——受"物质"一词的限定，强调的是，"可分"是指物质的可分、而非其他东西的可分，言下之意，佐以一定的外力，物质应该都可分。相较而言，"物质的可分"更能表达"the principle of divisible matter"的基本内容，故笔者采用了"物质可分性原理"这样的译法。

按照英曼和路丁的观点，所谓"物质可分性原理"，即："当施以足够的力量时，物体就会分裂为小的碎块。这些小碎块将会获得分裂过程中其自身形成的性质，同时还会保留其原有物体的物理化学特性。"

无疑，在《物证技术学的原理和实务：法庭科学业》一书第 87 页被作者英曼和路丁以黑体、黑框形式表示的前述文字，其本身是通俗、平白的，所阐述的道理从表面看也浅显易懂——或许正是这种通俗平白、浅显易懂，才使得大家对这种现象视而不见。但是，也就是从通俗浅显的该原理，英曼和路丁却得出了 3 个于物证的分析、解释有着重要功用的逻辑推断：

推断 1：小碎块保留的某些性质相对于原有物体或相对于分裂过程来说均是独特的。这些独特的性质在判断所有碎块是否源于原有物体时非常有用。

推断 2：小碎块保留的某些性质既与原有物体相同，也与生产（或生长）过程类似于原有物体的其他物体相同。我们依靠这些特点对物体分类。

推断 3：原有物体的某些性质在分裂和在随后的分散进程中，或在分裂、分散之后将会失去或改变；这使得有关共同来源的推定工作变得艰难。②

---

① 如：某一张碎纸片在被带离（也即转移）其原所属那张纸之前应先被从这张纸上撕下来，而"撕下来"这种变化对分析该张碎纸片的成因、该张碎纸片与其原来所属那张纸之间的关系显然是重要的。

② Keith Inman and Norah Rudin, *Principles and Practice of Criminalistic：the Profession of Forensic Science*，Baca Raton，CRC Press，2001，p. 87.

3.1.2　物质可分性原理的意义

物质可分性原理的诞生是必然与偶然的产物。言之必然，是因为该原理的提出者英曼和路丁有着多年从事物证技术工作的实际经验，对具体的物证技术工作有着深刻的、一线的感悟，这为该原理的诞生奠定了必要的基础。说其偶然，是因为如若没有学生的提问、没有学生的穷追不舍，英曼和路丁是不会有机会去思考、整理已有的感悟，是不会从一个已有 90 年历史、已被视作经典的物质转移原理出发，去探究物质转移之前的现象、过程及这些现象、过程对物证之来源的分析、解释所产生的影响。

当然，物质可分性原理也并不能普遍适用于诉讼中的各种物证，如，尽管英曼和路丁从确定物证之来源的视角入手，扩展了物质转移原理的适用范围，认为物质转移原理同样可适用于诸如指印、足迹、工具痕迹等印痕类证据[1]，可他们并不否认物质可分性原理不适用于印痕类证据——此类证据的形成并不需要物质的先行分离或断裂。但是，适用范围的有限性并不妨碍物质可分性原理对物证技术工作、对物证技术学的理论研究产生影响，而这种影响至少体现于下面三个方面：

1. 物质可分性原理的诞生，不仅丰富了物证技术学的基本原理，而且从一个层面表明，物证技术学的理论研究任重道远，不能仅限于对实验方法和实验技术的简单编纂。

现代意义的物证技术已有了百余年的历史。尽管在这百余年特别是近几十年里，中外有大量关于物证技术的著述出现，但严格地说，这其中却少有著述是专为从事物证技术工作的专业人士书写的——现有的大量著述均只是简单地将实验室的方法

---

[1]　See Keith Inman and Norah Rudin, *Principles and Practice of Criminalistic*：*the Profession of Forensic Science*，Baca Raton，CRC Press，2001，pp. 96－98. 物质本身的转移属于物质转移原理适用范围内调整的对象，这不需我们过多关注。但问题是，印痕证据的形成是否也能视作一种转移呢？按照英曼和路丁的观点，印痕证据的形成是物质拥有的空间特性通过与承受体的强烈作用（如钳子作用于铁丝），或者通过其他中介物质（如手指头上天然生成的汗液、油脂或手指头沾上的灰垢、血迹等）而留在承受体上的，其机制虽然异于物质本身的转移，但因从印痕证据，我们便能知晓造型物质的性质特点、便能判断某印痕证据来源于哪一个物质客体，也就是说，印痕证据如同被转移物质一样也富含对确定物证之来源至关重要的信息，所以可将印痕证据的形成视作一种特殊的转移——只是此时转移的不是物质本身、而是物质拥有的空间特性。当然，我们可以推测，英曼和路丁将物质转移原理延伸至印痕证据领域是基于"功能等价"的考虑：被转移的物质本身（如尘土、玻璃碎屑等）及被转移的物质之空间特性（如指印、工具痕迹等的特性）均能帮助我们确定物证的来源。但是，如果从信息论的角度来考虑物质及物质之空间特性的转移问题，那么物质转移原理之适用范围的延伸或扩展或许更为合情合理：被转移的是有关证据之来源的信息，至于承载该信息的是物质本身还是物质之空间特性，则无关紧要。

和技术加以编纂（这样做似乎更应是为普及物证技术知识服务的），而少有结合物证技术工作的特点从认识论、方法论的层面为专门的物证技术工作者提供理论指导。诚然，洛卡德转移原理作为物证技术学中的一个基本原理对中外物证技术工作者产生了至深至切的影响，但洛卡德最初也只是将其作为普通的观点表述于其在1920年发表的一本专著中，并没有将之作为一个基本原理而推出——是他的学生和同事将他的相关观点概括成物证技术学中的基本原理。而这，也从一个层面表明，物证技术的理论研究滞后于物证技术本身的发展。

当然，为了衡量、评价物证技术实验室的工作，有必要制定详细的程序、方法并使之标准化，但是，如果缺少科学、适当的认识观，这些程序、方法以及动用这些程序、方法而获得的各种结果、数据，也就丧失了存在的价值。因此，物证技术学领域有关认识论、方法论等的基础理论研究是不可或缺的。

但是，从现有的多数物证技术学专著[①]来看，我们得出的结论似乎只有两个：物证技术学的理论研究仅包括具体技术、具体方法的总结和开发，并不涉及其基本理论、基本原理的探讨；或者，物证技术学有关其基本理论、基本原理的探讨已"功德圆满"、穷尽所有，无须我们再费心。显然，现有著述反馈给我们的这两种信息势必会妨碍我们就物证技术学的基本理论、基本原理作深入、广泛而又持久的研究，进而有可能影响各种具体的物证技术在实务工作中的运用。

在这种情况下，物质可分性原理的提出不仅仅是对现有物证技术学基本理论和基本原理的实质性充实，更重要的是，它以其自身的存在告诉我们，物证技术学的理论研究并不局限于具体技术、方法的总结和开发，物证技术学就其基本理论、基本原理的探讨还任重道远——物质的断裂、分离，这只是一个非常普通、且没有任何特定物理规则加以界定的物理现象，但正是针对这样一个平常的物理现象而提出的基本原理，却能为我们分析解释物证、为我们判断物证的来源提供基本的指导。沉寂多年的物证技术学基本理论、基本原理的研究，终于在洛卡德原理诞生90年之后、在苏联学者帕托波夫于20世纪20年代第一次较为完整地提出同一认定理论之

---

① 行文至此，不得不提及何家弘先生的专著《同一认定——犯罪侦查方法的奥秘》（中国人民大学出版社1989年版）。诚如该专著之书名显示的那样，这是一本关于犯罪侦查方法的著述。但基于以下理由，笔者认为这也是一本涉及物证技术学之基本理论的书籍：尽管物证技术学在今天处于相对独立的地位，但物证技术学曾经是犯罪侦查学的有机组成部分，物证技术过去是、现在是、将来还会是犯罪侦查的重要手段，故何先生在揭示犯罪侦查方法的奥秘时不可避免地会论及相应的物证技术。事实上，该书为犯罪侦查学首次系统、全面、深入架构的同一认定理论也是适用、甚至可说是更适用于物证技术工作的。因此，《同一认定——犯罪侦查方法的奥秘》应算得上是现有的极为少量的仅言基本理论不论具体方法的物证技术学专著，它对我国物证技术学学界有关物证技术之基本理论、基本原理的研究所产生的影响是深刻的。但令人感到遗憾的是，这种纯理论的著述在现有物证技术学著述中所占的比重小而又小。

后，有了些许不凡的声响。①

2. 物质可分性原理动态地、辩证地研究了物质断离的内在成因（或机理）、物质断离时形成的特点及物质断离后被改变的性质等，使得我们对断离碎块之来源的分析和确定有了更为科学的认识——断离碎块之来源的确定是有据可依的，但断离碎块之来源的确定却并不是百分之百地能做到。

不可否认的是，发现、记录、提取物证无不是对物证进行鉴定，而物证鉴定的最终目的通常是对物证本身或物证的来源作出分析、解释及判断：某自行车是否就是某人丢失的那辆自行车——这显然是对物证本身作出的判断；某指印、鞋印、印文、工具痕迹是否是某手指头、某鞋子、某印章、某工具留下的，某衣服碎片、某玻璃碎片、某油漆碎片是否来源于某件衣服、某块玻璃、某一家具，等等，则无疑属于对物证之来源的确定。因此，物证技术中有大量工作涉及的是对物证之来源的确定——物证技术中的同一认定和种属认定归根结底就是解决物证的来源问题。

当然，完整体的同一认定或种属认定不是物质可分性原理涉及的问题，但断离体的同一认定或种属认定则毫无疑问地与物质可分性原理密切相关。尽管物证技术中的同一认定和种属认定理论也探讨了断离体的同一认定等问题②，但这种探讨受限于其所属专著的重点、篇幅，因而难免带有附带而为的痕迹，并不深入也不系统，更没有从物质本身的各种性质、物质断离的机理、物质断离时形成的特点及物质断离后被改变的性质等入手，动态地、辩证地研究物质的断离、断离碎块之来源确定的可能性等问题。

但是，英曼的物质可分性原理及相关的三个逻辑推断，却使得我们就前述与断离体有关的种种问题有了这样的思考：

（1）足够的外力便能使物质或客体发生分裂或断离。

构成世界的物质或客体按照物理和化学原理被各自有序地整合在一起，这其间，它们承受着来自内部和外部的各种力的作用。当外界的作用力大于使物质或客体各个部分彼此聚集、联结在一起的内部作用力时，或者说，当输入物质或客体的外部能量大于使物质或客体各个部分彼此聚集、联结在一起的内部能量时，物质或客体便会分裂或断离，随之便会有某一碎块或若干碎块脱离其母体，而母体则可能不复

---

① 苏联首次提出同一认定理论后，在随后的几十年里，又就同一认定的概念、同一认定理论在犯罪侦查中的作用、同一认定与种属认定的关系等问题进行了深入研究。我国虽在20世纪50年代即引进了苏联的同一认定理论，但直到1982年，才由徐立根先生统编的高等院校教材《犯罪侦查学》第一次阐述我国的同一认定理论；而系统、全面、深入阐述该理论的，当属何家弘先生借其专著《同一认定——犯罪侦查方法的奥秘》作出的贡献。

② 参见徐立根主编：《物证技术学》，2版，34页，北京，中国人民大学出版社，1999；孙言文等主编：《物证技术学》，22页，北京，中国人民大学出版社，2000；本书的第4章。

存在而完全分裂或断离为若干碎块。① 无疑，物质可分性原理从本质上揭示了物质或客体分裂、断离的机理或成因，阐述了物质或客体分裂、断离的普遍可能性，使我们能够从认识上高度重视这一物理现象。当然，物质或客体不同，其内部的聚集作用力②也各不相同。从物证技术的视角而言，我们不必探究、也不可能探究这一内部聚集作用力究竟是什么，但我们借助物质的可分性原理能得出的判断是，碎块的出现必然是其母体或原有物体受到了大于其内部聚集作用力之外部力量作用的结果。而这股外部力量往往正是诉讼中某方当事人的行为施予的。

　　（2）物质或客体本身的性质以及物质或客体在分裂、断离瞬间赋予碎块的性质，使得我们能够据以判断碎块之母体所属的种类，或者确定碎块是否来源于某一物质或某一客体。

　　就世界上的物质或客体而言，因其必须按照物理、化学规则允许的特定方式而存在，故其基本性质保持不变。当然，由于物质或客体的生成方式不同——有天然生成和人工制造之分，所以物质或客体的基本性质也各不相同。但无论如何，物质或客体的基本性质应包括界定该物质或客体的那些性质——这其中既有与别的物质共享的性质，也有其本身独有的性质。事实上，物证技术专家正是基于这些性质进行种属认定、同一认定，只是因为物质或客体的不同，所依据的性质不同罢了：进行种属认定，依据的是物质或客体的一般性质、通用性质，而进行同一认定，依据的则是物质或客体的个体性质、独特性质。哪些性质可用于种属认定，哪些性质可据以确定唯一来源，需要物证技术专家作出很好的分析判断。而物质的可分性原理及相关的三个推断，恰恰能够帮助物证技术专家作出科学的分析判断。

　　作为一个物理过程，受外力作用而脱离母体的所有碎块理应保留其母体或其原有客体的性质，如颜色、元素组成、微晶结构等。③ 因此，我们可以从碎块保留下来的颜色、元素组成、微晶结构等性质入手，去认识、了解其母体或其原有客体，或者去认识、了解与其母体或其原有客体有着相同生成过程的其他客体——这就是一种种属认定。

　　此外，物质或客体的分裂、断离本身，使得碎块在受外力作用而分裂、断离的

---

　　① 如交通事故中某油漆碎片因碰撞的发生而从汽车上脱离下来，玻璃自居室窗户上脱落下来在地上摔成碎片等。

　　② 从化学微观角度来说，这一聚集作用力大小、作用方式、类型因物质不同而各不相同：在分子晶体里，这一聚集作用力叫范德华力，离子晶体中叫离子键，金属晶体里是金属键，原子晶体中是共价键。

　　③ 但是，脱离于母体或来源于原有客体的碎块并不能完全承继其母体或原有客体的所有性质，如那些用来界定未分离物质或客体之完整性的大小、形状等性质。因此，我们无法根据那些没在碎块上保留下来的性质来判断母体或原有客体的某些同类性质，如我们不可能根据单一一块小碎玻璃片判断原有玻璃有多大，是方形、圆形还是菱形。

部位形成了于物质或客体本身、于分裂断离过程而言均非常独特的各种性质①；这些独特的性质不仅存在于碎块的边缘，而且还与其相邻的碎块或母体之边缘有着很好的物理互补性。在颜色、元素组成、微晶结构等性质与母体（或可能的原有客体）有着一致性的前提下，正是基于这种独特的、有着物理互补性的性质，我们才能确定某碎块是否来自某一母体，或者某些碎块原来是否属于同一整体（参见图 3—1 至图 3—2）。可以说，离开了这种独特的有着物理互补性的性质，我们便无法就碎块的来源作出唯一的肯定回答——如果没有玻璃碎块的边缘特征，我们就无法判断该玻璃碎块是来源于某特定汽车的前挡风玻璃还是来源于与该辆汽车同一批号生产的其他汽车的前挡风玻璃；离开碎布片的边缘特征，我们就无法判断该碎布片是源于某件上衣还是源于以同一厂家同一批号生产的布料缝制而成的裤子、窗帘、桌布。因此，在对物证及其比对样本进行发现、收集、提取、送检等处理的过程中，我们切不可人为地破坏物证及其比对样本的各个边缘，否则我们将陷断离体的同一认定于不能。

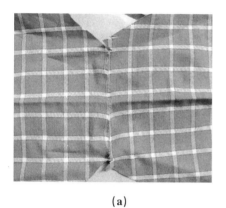

(a)

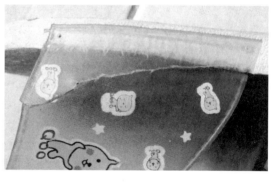

(b)

图 3—1

注：撕开的（a）布片及（b）塑料片的边缘特征在断离体的同一认定中有着至关重要的作用。

---

①　之所以认为这种性质是"独特的"，其原因在于，这些性质的形成极为随机——致使物质或客体发生分裂断离的外力大小、外力作用部位、分裂断离的位置等无不具有随机性。当然，我们也可从热力学角度就这种独特性作简单的解释。热力学原理告诉我们，世界上熵的总量总是在增加，也就是说，无序是事物自发"奔向的"终极目标。这便决定了，存在于真实世界的物体无时无刻不受到来自能量或其他物质之无序力的作用而向无序接近。这些无序力的影响致使物体的变化既无法预测也不能重复，也就有了独特性。

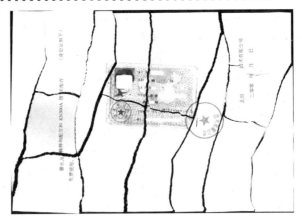

图 3—2

注：经拼复而成的被撕毁文书，其每一碎片的边缘特征在拼复中至关重要。

还需要提及的是，某些特征仅存于物质或客体的外层，而并非如同密度、颜色、微晶结构、元素组成等性质那般均质地充斥于整个物质或客体，例如陶器表面的特征性纹理、木器表面的雕刻花纹、墙壁上涂抹的装饰性彩绘等，但它们对碎片之来源的确定也有着极为重要的作用：如若陶器、木器破碎形成了若干较大的碎块，如若墙壁脱落下较大的墙皮，那么这些碎块或墙皮上难免会依然载有局部的特征性纹理、雕刻花纹或装饰性彩绘，而这些局部的纹理、花纹或彩绘就如同碎块的互补性边缘特性一样，是我们分析判断某碎块或墙皮是否来源于某件陶器、木器或墙体的有力依据。显然，使陶器、木器碎裂的外力也使其表面的特征性纹理等彼此分离，而这些纹理的相互依存关系也是我们在进行断离体同一认定时不应忽略的。但是，当碎块过小，无法清楚地显示出其依然承载的局部性纹理时，那么这些纹理也就不再是断离体同一认定的依据之一了。

（3）就碎块之来源进行分析判断的努力并非百分百地会有结果。

诚如前述，依据原有物质或客体自身的性质，以及受外力作用发生分裂断离时形成的性质，我们便可以分析并确定碎块的来源。但是，某些情况的出现却可能使得我们就碎块之来源的分析和判断变得复杂，甚至无望。物质可分性原理的逻辑推断 3 便清楚地阐明了这一点："原来物体的某些性质在分裂和在随后的分散进程中或在这之后将会失去或改变；这使得推断共同来源的努力变得艰难。"事实上，这样的例子并不少见。例如，因为被打破，一个陶罐的大小和形状不仅被破坏而且不能在其破碎的陶罐片上得到反映，所以我们不能从其中某一个碎陶罐片就分析出原属陶罐的精确大小和形状，也不能从该碎陶罐片就准确判断出还应有多少碎片才能组成原来那个陶罐。又如，在现场发现了理应是从织物上断离下来的一根纤维，但仅凭这一根纤维，我们无论如何是无法分析判断其原来属于的织物是床单、衣衫还是窗帘。还如，一张纸被撕成两半，其中一半被带至南方潮湿阴暗的地下室保存，另一张纸置于北方阳光灿烂的窗台边，过一段时间后再意欲将这两块纸片联系到一起就颇为困难——处于不同环境下的这两张纸片发生了不同的变化，它们不仅在破裂的边缘处呈现出不同，而且在外观、颜色等物理化学属性方面也偏离了原有纸张的性质。

当然，这些例子无疑从实务的角度证实了物质可分性原理及其逻辑推断3的正确性，而从热力学角度我们也能佐证这一点。

正如我们前面已在脚注中提到的那样，世界上不断增加的熵的总量，标志着物体在没有外界的干预下总是倾向于从有序步入无序。按照该热力学原理表述的思想，不仅母体或原有物体自身的性质在分裂断离的瞬间会发生变化，而且在分裂断离之后也会经由时间而持续改变；同样，分裂断离形成的每一个新的碎块尽管承继了其母体或其原有物体的基本性质，但其承继的只是一部分，且即使是这一部分性质也会各自不断地变化——自发地从有序步入无序；至于原本相邻的两个碎块，其尽管在分裂断离的瞬间获得了互补的边缘特点，但同样遵循前述热力学原理的是，它们原本互补的各自边缘特点也会因时间的延续而变得"互不相干"。如此说来，再依据物质原有的性质、碎块承继的某些性质、相邻碎块彼此互补的边缘特点等去分析判断碎块的来源，无疑难度骤增。"不能分析并确定碎块之来源"的结果也就会时不时地出现。当然，我们也能尽一定的力量以避免这种结果的出现，即：尽量早地发现并收集相关的碎块及有关的母体等，以便在各个部分的性质未发生过大变化的情况下及时进行分析判断；不要因我们的疏漏而导致碎块等的性质发生改变①，而使得分析确定其来源的工作变得艰难，甚至变得不能进行。但是，不管怎样，我们只能尽量避免"不能分析并确定碎块之来源"的结果出现——如尽量在收集、提取断离证据时避免破坏断离证据的边缘特征，但绝对不能杜绝这种结果的出现，因为自然界本身的运动规律是不以人的意志为转移的。只有充分认识到这一点，我们才能正确面对并坦然接受这样的结果，才能避免出现"×类纠纷必解决"、"×类案件必侦破"之类纯口号式的政策性用语。

3. 物质可分性原理的出现为我们更好地运用物质转移原理、更科学地解释物证的来源奠定了坚实的基础。

且不论物质可分性原理与物质转移原理之间到底有着怎样密切的关系，单从物质可分性原理诞生的起因，我们便能看出这两个原理之间有着一定的关联性——如果不是为了回答"如何将物质的转移原理应用于断离证据"这一问题，又怎会出现物质可分性原理？当然，这只是物质可分性原理诞生的诱因，并不能准确显示两个原理间的内在联系。但是，仔细研究物质的分离、转移及证据来源的分析确定，我们便能发现，物质可分性原理与物质转移原理承接紧密，并共同服务于物质之来源的分析确定。

---

① 例如，在现场提取到了一截打折了的木棍，我们就不能令该截木棍的断茬受到破坏：我们不能以携带不便为由而将其断茬去掉，也不能将该截木棍在没有妥善、细心包裹的情况下直接放入容器中搬动或运输。

作为已有 90 年历史的物质转移原理，其对物证技术学有着深刻的影响①，这是毋庸置疑的。尽管它已越来越多地被援引、使用，尽管在物证技术学界、乃至"在法庭科学界它已如公理；它被认为真实无疑而无须证明"②，但从严格意义上说，物质转移原理的核心应是，它（仅仅）解释了证据之发现的机理——也即我们为什么能发现证据。当然，就所发现的证据，我们也是从证据（实际上也就是物质）的性质入手进行分析，并依据物质转移原理、结合前面的分析结果来推断其可能来源于何处。但是，借助物质转移原理，我们却无法就证据某些性质的形成给出合理的解释，例如，发生转移之前的碎玻璃片为什么会形成独特的边缘特点？同样，凭借物质转移原理我们依然不能回答的问题是，花粉之类的物质为什么会**脱离**其母体（即花蕾）而转移到某人的裤脚上？此外，令物质转移原理"颇感力不从心的"问题是，已转移至某人裤脚上的花粉在被发现并接受分析检验之前其性质是否会有变化，此变化对判断花粉之来源有何影响？

显然，诸如此类的问题在实务工作中应该是不难遇到的，但却少有得到科学、合理的解决。而新近诞生的物质可分性原理却对上述种种问题作出了一定的回答：

（1）物质的转移以物质的分离为基本前提，没有分离便不可能有转移。

（2）分离的发生仰仗于外力的作用；只要输入的外力强度大于物质内部的聚集作用力，物质便会发生分离；而分离的物质伺"时机成熟"，也就是物质转移原理所言的"接触"出现时，便会转移。

（3）受外力作用而分离的碎块不仅会承继其母体或原有客体的某些基本性质，而且还会在分离的瞬间在其边缘处形成颇为独特但却与相邻碎块或母体之边缘互补的特点。前者是物质的基本性质受客观物理、化学规则约束的结果，后者则是热力学原理使然。前者有助于我们划定被转移物质或碎块的母体或原有物体之所属范围，后者则可能使得我们将该范围缩小得足够小，以至于其中只有一个母体或一个原有物体。

（4）同样是热力学原理作用的结果，被分离母体或原有物体的基本性质，以及分离而成的碎块性质均会经由时间的延续而发生持续的变化，这些变化有可能使得我们就碎块之来源的分析判断成为枉然。

无疑，有了物质可分性原理的铺垫，物质的转移或交换才有了可能，对物质之性质的分析、认识和利用也才有了更为坚实的基础，物质转移原理才可能最大限度地发挥效用——与物质可分性原理一道，共同服务于物质之来源的分析判断。

---

① 如有学者就认为，"物质交换原理对刑事案件侦破工作具有重要的指导意义"。罗亚平：《物证技术及物证鉴定制度》，17 页，北京，中国人民公安大学出版社，2003。

② Keith Inman and Norah Rudin, *Principles and Practice of Criminalistic*：*the Profession of Forensic Science*，Baca Raton，CRC Press，2001，p. 94.

3.2　物质交换原理

"物质交换原理"（the principle of material exchange）又称"物质转移原理"（the principle of material transfer）、"洛卡德交换（或转移）原理"或"洛卡德原理"，是法国一位名叫爱德蒙·洛卡德（Edmund Locard，1877－1966）的学者、专家提出的。

洛卡德是法国里昂大学法医系亚历山德·拉卡斯格恩（Alexander Lacassagne，法国法医学的奠基人）的学生，系统地接受了医学和法学方面的正规教育。他不仅受其恩师拉卡斯格恩的影响开始关注泥土、灰尘等微量物质，而且成为世界上第一个广泛研究这一类物质的人——1910年，洛卡德说服里昂警察部门允许其建立世界上第一个警察实验室，并自此开始了其对各种尘土进行系统、经久的研究。他还是里昂大学物证技术学研究所的奠基人、主任，他将尘土、纤维等微量物质的理论研究成功地运用于案件的侦破，进而促使维也纳、柏林、瑞典、荷兰和芬兰的警察部门在第一次世界大战后也纷纷建立起实验室。

不能否认的是，洛卡德对尘土等的研究受到了他之前的一些人物的启发，如阿瑟·柯南道尔（Arthur Conan Doyle）、汉斯·格罗斯（Hans Gross）[①] 以及其导师亚历山德·拉卡斯格恩，但只有洛卡德推广、普及了对这类微量物证的使用[②]，并提出了"转移"或"交换"的概念，使得物证技术学的研究步入了一个全新的时代，

---

① Hans Gross，奥地利学者，于1893年出版了被公认为世界上第一部侦查学专著的《预审官手册》（*Handbuch für Untersuchungsrichter*，英国1949年出版此书时译为 *Criminal Investigation*，即《犯罪侦查学》），他是"Kriminalistiks"这一概念及词汇的首创者，并将此词汇作为《预审官手册》一书的副标题而首次加以使用；当他的此书再版时，他已将书名变更为 *Handbuch für Kriminalistiks*，这一变动表明他对此词汇的钟爱，及此书的重点内容。他所称的"Kriminalistiks"兼有犯罪问题、侦查的策略和方法以及侦查中所用的某些技术之综合含义，如今英文中的"Criminalistics"、法文中的"Criminalistique"和俄文中的"Криминалистка"均源于此，译为中文即"物证技术"、"物证技术学"。参见徐立根主编：《物证技术学》，2版，14页，北京，中国人民大学出版社，1999。此外，汉斯创办的法庭期刊《Kriminollogie》，至今仍是报道先进的科学犯罪侦查法的媒介。参见 Richard Saferstein，*Criminalistics：An Introduction to Forensic Science*，5th ed.，New Jersey，Prentice Hall，1995，p. 5。

② 例如，面对一个伪造硬币的案件，洛卡德力劝警方将涉嫌的3名疑犯带至其实验室。经过仔细的检查，他在三名疑犯的外衣上均发现了细小的金属微粒，而化学分析结果表明，这些金属微粒的元素组成完全等同于那些伪造硬币的元素组成。参见 Richard Saferstein，*Criminalistics：An Introduction to Forensic Science*，5th ed.，New Jersey，Prentice Hall，1995，p. 6。

他也因此被后人视为物证技术发展史上最为重要的人物之一。①

3.2.1　物质交换原理及其意义

严格地说，现今被我们称作物质交换原理或物质转移原理的"每一次接触均留下痕迹"（"every contact leaves a trace"，也可译为"接触即留痕"），只是洛卡德之思想的精炼和浓缩，而非其原始的表述——精炼和浓缩洛卡德就物质交换或物质转移的普遍性及重要意义而作的相关论述，并将之上升为物证技术学重要原理的，是洛卡德的同事和学生。按照某些学者的观点，最能成为洛卡德原理之原始表述的文字，应该是洛卡德于 1920 年发表的 "L'enquete criminelle et les methods scientifique" 一书中的一段话：

Nul ne peut agir avec l'intensité que suppose l'action criminelle sans laisser des marques multiples de son passage，tantot le malfaiteur a laissi sur les lieux des marques de son activité，tantot par une action inverse，il a emporti sur son corps ou sur ses vetements les indices de son sejour ou de son geste.

该段文字对应的英文译文是：

No one can act ［commit a crime］ with the force ［intensity］ that the criminal act requires without leaving behind numerous signs ［marks］ of it：either the wrong-doer ⌊felon；malefactor，offender⌋ has left signs at the scene of the crime，or，on the other hand，has taken away with him-indications of where he has been or what he has done. ②

即："没有人能够在犯罪行为所需要的力度下实施某行为而没有留下大量迹象：或者是作恶者在犯罪现场留下痕迹；或者是，另一方面，作恶者将犯罪现场的东西经由其身体或衣物带走——这便能指明他去过哪或他干过什么事。"

显然，洛卡德本人的原始表述要较现今被称作洛卡德原理的"接触即留痕""冗长"得多。但这种"冗长"却有助于我们明了该原理的具体内容并深刻领会其最为基本的功用——我们可以据之推断罪犯曾经去过什么地方、曾经干过怎样的事情。当然，这种表述也有其局限性，即该原理似乎只适合于指导刑事案件中的物证技术工作，可事实上，民事纠纷中某些物证的发现及其证明作用的发挥，也需要以该原理为基础，例如：户外高悬的广告牌坠落砸伤行人，没有目击证人，被砸伤者若想

---

① Richard Saferstein，*Criminalistics：An Introduction to Forensic Science*，5th ed.，New Jersey，Prentice Hall，1995，pp. 5—6；Peter R. De Forest and et al.，*Forensic Science：An Introduction to Criminalistics*，New York，McGraw Hill Book Company，1983，p. 12；Keith Inman and Norah Rudin，*Principles and Practice of Criminalistic：the Profession of Forensic Science*，Baca Raton，CRC Press，2001，pp. 35—36，43—44，83—89.

② Keith Inman and Norah Rudin，*Principles and Practice of Criminalistic：the Profession of Forensic Science*，Baca Raton，CRC Press，2001，p. 44.

让自己的索赔主张得到支持，除了有医院方面的相关病情诊疗资料外，还可从广告牌及自己受伤部位的一些微量物证——广告牌砸中自己伤处的部位应附有自己的血痕和/或衣服纤维、自己受伤的部位也可能附有源自广告牌的油漆碎片和/或木质材料碎屑等——入手，进一步证实自己的伤情源自广告牌的坠落。又如：交通事故纠纷中，依据在被撞伤者身上发现的源自汽车前挡风玻璃的玻璃碎屑，以及在可疑汽车上发现的源自被撞伤者所穿衣服的纤维，就能推断该汽车与被撞伤者有过接触。还如，目前国内外频频见诸媒介的DNA亲子鉴定，表面上看是为了确定子女与可疑生父间的亲权关系进而维护相应的社会关系，但这何尝不是以物质交换或转移原理为基础？意欲证实子女与可疑父亲间有亲权关系，唯有在子女身上寻找到该可疑父亲的遗传物质，而这一遗传物质显然是该可疑父亲与子女生母发生性关系、性接触时转移的。因此，现今在物证技术学界占主导地位、表述既简洁平实又高度概括的"接触即留痕"之物质交换原理，更易为人们所接受，更易服务于各类性质的诉讼。

诞生已90年的洛卡德交换原理已得到物证技术学界的普遍认可，其作为物证技术学之基本原理的地位更是无人可以撼动，这不仅表现于国内外的实务工作者自觉感不自觉地将该原理广泛应用于实际的物证技术工作中——如在肯尼迪家族成员涉嫌强奸一案中，美国华裔物证技术学家李昌钰博士作为专家证人出庭作证时便用到了该原理："当两个物体的表面在运动中相互接触的时候，总会发生一定的微量物质交换。因此，我们可以根据这种微量物质转换的结果去重建事件发生的经过，或者说根据有关的痕迹去推断案件事实"[1]，更表现于有相当多的学者对该原理之意义所作的详细具体阐释——如：物质交换原理的指导意义"主要表现在以下几方面：第一，能够使现场勘查人员明确在案件现场勘查中应当寻找哪些痕迹物证，在什么地点、什么客体上寻找这些痕迹物证，这些痕迹物证能够证明什么问题，如何证明这些问题（参见图3—3）。第二，能够使侦查人员明确在案件调查过程中，对嫌疑对象的调查应当注意发现哪些问题，应当如何对嫌疑人衣物、住所、工作地点进行检查，重点检查哪些微量痕迹物证，这些痕迹物证对证明案件事实能够起到多大的证明作用。第三，能够使侦查人员在询问证人和讯问嫌疑对象时，分析、识别证言或供述的真实性，及时发现侦查线索，确定侦查方向。第四，能够帮助技术人员、侦查人员对案件中出现的复杂现象作出合理的解释。第五，能够使侦查人员意识到现场保护的重要性。案发后，所有在犯罪现场的活动都会使相关物证发生变化，尤其是微量痕迹物证，因此，首先到达犯罪现场的侦查人员应当尽量避免在现场活动。第六，能够使侦查人员意识到及时找到嫌疑对象的重要性。作案人从犯罪案件现场带走的微量痕迹物质，随着活动的增多可能会很快消失。及时发现嫌疑对象并及时检查是提高破案效率的关键。"[2]

---

[1] 何家弘：《犯罪鉴识大师：李昌钰》，180～181页，北京，法律出版社，1998。

[2] 罗亚平：《物证技术及物证鉴定制度》，18～19页，北京，中国人民公安大学出版社，2003。

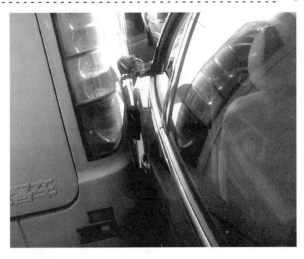

图 3—3

注：两辆车相撞时会发生物质的转移：在两辆车的接触部位可发现对方车辆的油漆，且在大车的对应部位能发现小车被撞坏镜子的玻璃碎片。

无疑，实务工作者的适时应用进一步佐证了该原理的科学性，而理论工作者对物质交换原理之意义的具体阐释更会推动我们去积极主动地应用该原理。但笔者认为，在探讨该原理的意义时，我们还可从另一视角，即撇开其服务的具体诉讼对象之刑事或民事性质，来讨论该原理最为核心、最为基本的意义。从这一角度而言，物质转移原理的意义有二：

1. 物质转移原理为我们发现物质类物证的活动奠定了坚实的理论基础。

现代诉讼的证明活动无不例外地需要利用物证来完成，这就要求我们在诉讼前或诉讼中注意寻找、发现物证。事实上，无论是刑事诉讼还是民事诉讼、行政诉讼，诉讼双方均会积极寻找、发现包括物质类物证在内的各种物证，但却少有人知晓为什么能寻找、发现物质类物证，如何寻找、发现这类物证。而物质转移原理无疑为我们回答了这个被视作"应该如此、却不知为什么会如此"的问题。换言之，物质转移原理为我们发现物质类物证的活动奠定了坚实的基础——在故意或非故意力的作用下，两个客体间的接触会导致这两个客体上的物质彼此向对方转移，转移是我们发现物质类物证的机理，而转移的物质便是我们要寻找、发现的物证。也正是基于该原理的指导，我们才能够发现并注意去利用一些仪器设备发现毛发、精斑、血液、口红、胭脂、纤维、油脂、涂料、玻璃碎屑、泥土灰尘、射击残留物等"量少体微"的微量物质或微量物质类物证。

2. 物质转移原理的出现或存在，使得我们对物证的利用"由表及里"、使得我们对从事物证技术实务和理论研究工作的人员的素质有了基本的要求。

从本书的第 2.2 节"物证技术简要史"我们便可清楚地看到，早在洛卡德于1920 年发表有关物质转移原理的论述之前，自然科学技术的一些原理和方法已被尝试着用来解决诉讼中与物证有关的专门性问题，例如：奥菲拉于 1840 年将当时的化学知识用于调查一个名叫蒙索尔·拉夫格（Monsieur Lafarge）的法国人的死因；贝蒂隆于 1879 年开始将医学、人类学、统计学等科学知识用于人类测量学研究，以实现通过人体骨骼的测量数据来区分不同人的目的；德国兽医学校教授威尔赫姆·埃伯（Wilhelm Eber）于 1888 年提出了用碘来熏显潜在指印的方法[①]，等等。尽管被称作毒物分析学之父的奥菲拉的开创性工作是从物质的化学属性着手的，但实事求是地说，各国刑事侦查实践对人体骨骼、指纹、相貌等外在形态学特征的重视，要远远超过对物质之内在属性的留心和关注。而洛卡德提出的"转移"或"交换"概念，却里程碑般地扭转了这种局面——各国警察恍然意识到，看似细小而又不起眼的泥土、灰尘、油漆、金属屑、纤维、花粉、毛发等物质类物证，却往往能以其内在的物理、化学或生物属性解决指纹、足迹等物证无从解决，或者因缺失指纹、足迹等物证而无法解决的问题（参见图 3—4 和图 3—5）。当然我们不能说，洛卡德原理诞生之前人们对泥土等微量物质的作用完全没有想法、人们对物质之内在性质的功能没有寄予厚望——如若真是这样，阿瑟·柯南道尔创作的文学人物福尔摩斯也就魔力大减，奥菲拉的功勋、地位也就不再，但只是在洛卡德系统地开始研究泥土、灰尘等微量物质并相应将研究成果及时推广于侦查实践之后，只是在洛卡德转移原理诞生之后，我们才在关注物证外部形态特征之证明作用的同时，细致、系统地考究物证之内在性质的证明价值，并积极、主动地在实务工作中印证这一价值。也就是说，是洛卡德交换原理改变了我们的认识观，使得我们能够"由表及里"、"由外至内"，全方位、多维度地研究物质的性质，并尽力发挥其相应的证明作用。

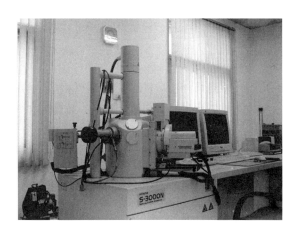

图 3—4　日立 S—3000N 型扫描电镜

注：扫描电镜能帮助我们"由表及里"地揭示"量小体微"的物证特征。

---

① 参见赵向欣主编：《中华指纹学》，35 页，北京，群众出版社，1997。

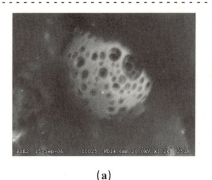

(a) **(b)**

图 3—5

注：扫描电镜下的（a）射击残留物、（b）白兰花花粉，能够表明，嫌疑人曾经开过枪，或到花粉所属植物的生长区域。

与此同时，物质交换原理对从事物证技术工作的实务人员及理论研究者的素质提出了最为基本的要求，那就是，从事物证技术之实务工作及理论研究的我们，必须能够从专业的角度"由外及里"地去认识、分析、解释物质的性质，而这就要求我们必须是接受过专门培养，有着扎实的物理、化学、生物、医学等自然学科知识的专门人员。诚然，无论从其最原始的表述还是从其经过若干年的演变而形成的最简洁精炼的表达来看，物质交换或转移原理本身并没有直白地明示这一点，但是隐含于物质交换原理字里行间的思想却无疑给我们提出了这样的要求：物质的转移或交换是一种现象、一种存在，我们不仅要关注这种现象或存在，更为重要的是，我们要对这种现象或存在的结果，即转移或交换的物质进行分析，进而推断该物质的来源，而这种分析是运用物理、化学、生物检测手段去揭示物质的内在性质，显然要基于对物质性质的充分认识和深刻理解。因此，只有具有扎实的物理、化学、生物学等自然学科基础知识，才能结合物质的性质研制出相应的检测手段，才能熟练地运用这些手段去分析判断转移或交换的物质是什么、转移或交换的物质来自何处。当然，物证对科学技术的依赖性这一特点也决定了从事物证技术实务工作和理论研究工作的人员必须有良好的自然学科基础知识，但洛卡德原理则是从物证技术学学科基本原理的角度提出了相关从业人员的素质条件①，虽然异曲同工，但显然高度不同、视角不一。

---

① 有学者认为，中国刑事警察学院的学生毕业后分配到公安系统的鉴定机构就拥有了鉴定权，这种做法不对。但就笔者看来，这种做法并非能如此简单地来评价。如果说，中国刑事警察学院办学目标并不包括向公安系统的物证鉴定机构输送后备鉴定人员，其培养的毕业生并不具有物证鉴定人员应有的物理及化学等自然学科基础知识、并不具有结合各种刑事案件的特点分析解决具体物证方面的专业问题的能力，那么该学院的毕业生一旦进入公安系统的物证鉴定机构就拥有了物证鉴定权，显然欠妥。但问题是，为公安系统的物证鉴定机构培养专门的物证鉴定人员是中国刑事警察学院的办学宗旨之一，其对学生的培养也紧紧围绕这个目标而进行，具体的表现便是，该校不仅为这类学生开设了高等数学、物理、化学等众

3.2.2　物质交换的复杂性[②]

"接触即留痕"，仅以五个字就可概括的洛卡德转换或交换原理极易且事实上也使我们产生了这样的错觉，即物质的交换或转移是一个简单的现象或过程，不需我们过多地探究，只要我们"照方抓药"即可——两个客体相接触，就会在对方留下有己方特点的物质，只要找到了被转移的这些物质并分析之，就能推断该物质源自何处。[③]但事实上，物质的转移或交换并非如此地简单，例如，惯犯在每一次新的犯罪中都会不断完善犯罪手段，留下痕迹的可能性就会减小。又如，精神变态的罪犯在实施犯罪时没有任何感情色彩，没有一般人犯罪时应有的压力和焦虑，因而该罪犯与现场间的物质转移或交换也可能有所不同。显然，实践的多样性使得物质交换呈现出纷繁的复杂性。而唯有充分认识其复杂性，才能更好地运用该原理指导物证技术实践，否则，我们很难回答诸如这样的问题：为什么在某些现场发现不了有价值的物证？为什么根据某个人裤脚上的花粉只能**推断**该人可能去过某个地方，但却不能肯定地说该人一定去过某个地方？

3.2.2.1　物质交换的必备条件

物质可分性原理告诉我们，在足够的外力作用下，物质的某一部分便会与其母体分离而出现被转移或被交换的可能，那么在怎样的情况下这种可能才会成为现实？换言之，具备了哪些条件，转移或交换才能发生。

（续前注）多必修的自然学科基础课，使学生拥有较为丰富的自然基础知识，更为可取的是，在第三、第四学年，这些学生还开始接受专门的物证鉴定方面的专业训练，并有相当的时日（至少3个月）必须在实务部门实习。因此可以说，这些学生通常都具备了洛卡德原理所要求的物证技术从业人员必需的基本素质。有了这种基本的素质，进入公安系统的鉴定机构便渐次开始实际的物证鉴定工作未尝不可。实践也证明，中国刑事警察学院的众多工作在物证鉴定机构的毕业生是能胜任并且相当胜任物证鉴定工作的。当然，该学者也许是主张，对从事物证鉴定工作的鉴定人员应有一个准入门槛，如设定某种形式的资格考试，但这是鉴定制度方面的是非问题，而非某高校培养的毕业生有无鉴定人应有的基本素质的问题。笼统地如同该学者那般去表述，则极易产生歧义。事实上，全国律师资格考试开始于1986年，全国统一司法考试也不过是这几年才开始，而在此之前，特别是在全国统一司法考试之前，各高校的法学毕业生不也是一进入检察院或法院就拥有了公诉权或审判权吗？探讨制度的建设、改革及完善所应当，但因某种制度的缺失就隐性质疑某高校毕业生的素质则有失公允。

②　本部分的写作在某些地方参考了英曼和路丁的观点（参见 Keith Inman and Norah Rudin, *Principles and Practice of Criminalistic：the Profession of Forensic Science*, Baca Raton, CRC Press, 2001, pp.84—85, 93—96），特此说明。

③　笔者多年来一直从事物证技术学的教学和理论研究工作。虽然学时有限是一个影响因素，但更多是因为笔者认为，物质的交换或转移是一个过于简单、不屑一谈的问题，故在教学时要么根本不提及该原理，要么一带而过，理论研究时则更是少有涉及。

从洛卡德就物质转移而作的原始表述来看，转移需要三种客体和一定能量，也即转移的必备条件是：（1）源物体，（2）源物体上分裂下的碎片（即被我们称作"微量物证"的物质），（3）碎片转移所至的目标物，（4）促使碎片从源物体转至目标物的能量。

外力的作用使得碎片物质从源物体上分裂下来，而源物体与目标物的接触则使得碎片物质自源物体转移或交换至目标物。一般而言，使源物体与目标物相接触的能量即是使碎片物质从源物体转移至目标物的能量，且它同时是使碎片物质自源物体上分离下来的外力。例如，疾行穿过长有大量苍耳的草丛，行走力使得我们的裤子与苍耳相接触、使得苍耳子与苍耳相分离并转移到我们的裤子上。又如，用铁钎撬保险柜的门，撬压力使得铁锹与保险柜相接触、使得油漆从保险柜上脱落下来并转移至铁锹上。但是有时候，使物质分离的外力并不是使源物体与目标物相接触并使碎片物质从源物体转移到目标物的能量。例如：大风使玻璃从窗框上掉下来摔在窗台上成为碎片及碎屑，再有人从窗户爬过时，使裤子与窗台接触并使玻璃碎屑从窗台转移到裤子的则是人的重力。此外，使分裂碎片从源物体转移到目标物的力量有时也可能并不是使源物体与目标物相接触的力量，如：为抢救生命而将受伤者抬起来，受伤者伤口喷溅出的血液落在了抢救者的脸部和衣袖上，此时，使血液喷溅转移的是伤者血管的压力、使抢救者与受伤者接触的却是抢救者手部的握持力。

因此，尽管都可被统称为"能量"，但使物质分离的外力与使源物体与目标物相互接触的外力以及使碎片物质从源物体转移到目标物的外力却有可能完全相同或者彼此相异。认识到这一点，在对微量物证的来源、形成原因、转移途径进行分析时，我们就可以给出多种推断，并依据其他证据而从中找出可能性最大的推断。

3.2.2.2　影响物质交换的因素

当侦查人员、诉讼当事人等在目标物上发现了转移而来的碎片物质时，碎片物质就有可能成为证据。而能否成为证据则取决于我们对碎片物质的来源、成因的分析判断。如果经分析，我们能断定该碎片物质一定来源于某特定物，或者推断该碎片物质的源物体与目标物之间有接触，那么我们便说该碎片物质即是证据；但如果经分析，我们就碎片物质的来源等问题不能给出任何回答，那么该碎片物质就不可能成为证据。

由于某些因素可促使或阻碍物质的转移，并同时影响我们发现该物质的能力以及我们对该物质之分析结果的解释。因此，在就转移物质进行分析之后，就分析结果进行解释、并得出结论时，必须将这些影响因素考虑进去，即：

1. 物质分离、破碎成碎片的容易程度以及物质在分裂前的瞬间所承受的作用力的大小。这些因素将影响到能够发生转移的碎片数量和大小。例如，玻璃与同样厚度的塑料板受到相似力量的作用时，玻璃更易于破裂，且破裂的碎片会更多、更小。

2. 两个客体相接触时，碎片物质是否容易转移以及转移所需的力量。这些因素决定了某一碎片粘附在其母体（即源物体）上或转移至目标物的可能性有多大。例如，在同样力度下，已碎裂的玻璃片一般情况下不如已与其母体植物分离的苍耳子更易转移至目标物。

3. 能够转移的碎片数量。这与前面几个因素一起决定了最终会有多少碎片转移到目标物。显然，目标物上承载的被转移过来的碎片数越多，我们发现碎片的可能性就越大，就碎片物质进行分析检验的可能性就越大。

4. 碎片依附在目标物上的能力。如果从源物体转移至目标物的碎片易于依附或粘附在目标物上，那么我们就易于在目标物上发现该碎片物质。

5. 二次转移的存在。所谓二次转移，即某碎片从其源物体 A 转移到目标物 B，然后再从目标物 B 转移到目标物 C 的过程。如果出现了二次转移，那么在目标物 C 上发现了源自源物体 A 的碎片，就有可能得出 A 与 C 之间有过接触的推论，而事实上并没有这样的接触。

6. 无关转移的存在。即可能存在与案件无关的碎片转移。

从以上因素我们便可明了，为什么在某些案件中我们寻找不到物证，为什么根据某些碎片物质我们**只能推断并不能肯定**某人必定有过什么行为、某物必定与其他物体有过接触。特别是前述最后两个因素，更应使我们充分认识到，当今世界物质极大丰富，人们的活动又极为广泛、多样，因而物质的转移或交换时刻都在发生，其中只有少数与诉讼有关联。我们的任务便是，充分考虑各种因素，如二次转移的可能性、无关转移的大量存在，等等，这样才能结合我们对碎片物质的分析结果给出最为合理的推断性结论。可以说，实务中某些冤案、错案的出现，与我们对物质转移或交换现象之认识的片面性、局限性不无关系。例如，杜培武一案中，在杜培武的衬衣袖口处检出了射击残留物，但这并不能证明杜培武就是开枪打死两名王姓受害者的凶手，因为杜培武本人即是一名警察，有证据证明案发前他曾两次参加其所在单位昆明市强制戒毒所组织的实弹射击。尽管这两次射击较"两王"被杀的时间早了近半年①，但因射击时形成的射击残留物颗粒细小、数量极多，且已转移到衬衣袖口的那些射击残留物与衬衣袖口这一目标物之间的粘附力可能并不低——这些颗粒极可能已"镶嵌"至衬衣之纤维织物的缝隙中，加上我们现有的现代分析检测手段有着极高的灵敏度，所以，在杜培武参加单位实弹射击的半年后再从其衬衣袖口处检测到射击残留物应该是极为正常的现象。无疑，杜培武在案发前的两次实弹射击是与"两王"被杀案无关的转移。将这种无关的转移视为有关，自然会促成冤案的形成。

此外，物质交换原理告诉我们，相互接触的两个客体应彼此留有源自对方的物质。但这只是应然层面的，实然的情况往往是，受前述前五个因素的影响，很可能在这两个客体上根本找不到源自彼此的碎片物质，其结果是，这两个客体间的联系被弱化、甚至被否定。而这也是我们不希望的结果：曾经有过的相互接触变成了没接触——有关联变成了无关联。

因此，我们应该深刻认识到物质转移或交换的复杂性，充分考虑客观世界可能出现的各种情况，尽量做到以下这一点，即要让有关相互转移的思想对证据的收集

---

① 参见王达人、曾粤兴：《正义的诉求——美国辛普森案和中国杜培武案的比较》，122 页，北京，法律出版社，2003。

所产生的影响、对已发现证据的解释所产生的影响是积极而非消极的。

还要强调的是，应该认识到物质转移或交换具有复杂性的，不应仅仅限于物证技术人员，办案人员，如侦查人员、公诉人员、法官，以及诉讼代理人、辩护律师等，都应对之有深刻的了解。否则，在运用物证技术人员的分析结果、在对已发现证据予以解释或作出推理时，就必然会出现偏差，就难免再出现类似于杜培武这样的冤案。

3.2.3　物质交换原理适用范围的延伸、扩展及相关的思考

"没有人能够在犯罪行为所需要的作用力下实施某行为而没有留下大量迹象：或者是罪犯在犯罪现场留下痕迹；或者是，另一方面，将犯罪现场的东西经由其身体或衣物带走——这便能指明他去过哪或他干过什么事。"尽管洛卡德就转移或交换所作的这一原始表述也许同时针对较大的实体物质的转移①，但不可否认的是，在此原理提出 90 年之后，任何人均难以准确判断，洛卡德所言的"犯罪现场的东西"到底是指包括宏观物体在内的各种物质，还是单纯指各种微小的物质？但是，从洛卡德本人研究的重点、推广的重心，特别是从洛卡德对"转移"或"交换"这一概念的强调，以及在强调"转移"或"交换"这一物理活动时对其"不经意性"或"不易被人察觉"之特点的关注来看，我们可以认为，洛卡德所言的"犯罪现场的东西"是指各种微小的物质。

然而，物证技术实践本身的需要、物证技术本身的丰富性和多样性却使得物质转移原理的适用范围已明显由微量物证扩展至宏观物证：（1）不经意或不易被人察觉的微量物质的转移或交换时有发生，这是毋庸置疑的。但是，一些宏观物质，如破纸片、破玻璃片、衣服碎片、半截木棍、破陶器碎片等，也时常被转移或被交换，只是这些转移或交换有可能不完全是不经意或不被人察觉的，即有些转移是人们故意为之，如从现场撕下半张纸写上电话号码后将这半张纸带离现场、将现场一段长木棍折成两截后取其中一截用作拐杖拿走、将现场的床单撕一块下来用作包扎伤口的绷带带走，但是，寻找、发现被故意带走的这些宏观物质（纸片、半截木棍或破床单等）的最终目的，与寻找、发现不经意间发生转移的微量物质的最终目的显然是一致的，即均是为了判断或解释这些已转移物质的来源。（2）判断或解释这些已转移物质的来源，无论是针对宏观物质还是微量物质，所采用的方法均是对物质成分或物质本身性质的分析检验。（3）物质的宏观与微量只是一个相对概念，其间难有一个泾渭分明的界限，如很难说肉眼可以看见的玻璃碎片与肉眼可能发现不了的玻璃碎屑究竟有什么不同，同样，也难说从某陶器上撞下来的陶器碎屑与同样是从该陶器上撞下来的陶器碎块有着本质上的差异，至于从床单上抽出的一根纱线就是

---

①　这只是笔者的一种推测，只是笔者这样一个受到现代意义物证技术学之深重影响的晚生就译自法文的那段英文文字"或者是，另一方面，将犯罪现场的东西经由其身体或衣物带走"的个人理解，所以只能用上"也许"这样的字眼。

微量物证、从同一床单上撕下的一角就是宏观物证的断言也很难令人信服。因此，将洛卡德转移原理之适用范围扩展至宏观物质应是顺理成章的事，但这一扩展，首先，使得我们实践中经常遇见的断离体同一认定工作也能在相关的基本原理的指导下有条不紊地进行——断离体同一认定针对的对象通常是一些宏观物证；其次，更使得物证技术学中的两个基本原理，即物质可分性原理与物质转移原理能够有机地、逻辑地衔接起来——不管物质是宏观还是微量，在相当外力的故意或非故意作用下，均能发生分裂、断离，而分裂、断离后的碎块或碎屑，才可能因其母体与其他客体的接触而发生转移或交换，根据转移或交换的碎块或碎屑，我们便能推断发生了怎样的事件，便能推断碎块或碎屑源自何方。

显然，由微量物质至宏观物质应是物质交换原理适用范围的第一个扩展或延伸。而第二个扩展或延伸则表现在由物质本身的转移发展到物质之痕迹特点的转移：

从现代意义的物证技术学角度来看，洛卡德最初就物质交换原理之思想所作的表述理应适用于包括形象痕迹和物质在内的种种物证，即"没有人能够在犯罪行为所需的作用力下实施某行为而没有留下大量迹象：或者是罪犯在犯罪现场留下痕迹；或者是，另一方面，将犯罪现场的东西经由其身体或衣物带走——这便能指明他去过哪或他干过什么事"。但洛卡德本人的研究及推广工作更多是以泥土、灰尘等物质类物证为切入点，更因洛卡德的思想使得我们对物质类物证、特别是微量物质类物证的利用给予了极大的重视，故后人将洛卡德原理又称作物质交换或物质转移原理，这一普遍被接受的原理名称无形中便将该原理的适用范围局限于物质本身的转移了；而且事实上，洛卡德之后的学者们在论述物质交换原理时，无一不是将该原理与微量物证一块讨论的。

但是，英曼和路丁却一改物证技术学界对洛卡德原理和者众但深入探讨并倾力发展者寡的局面，认为洛卡德原理可适用于印痕类物证[1]，也即我们常称的"狭义痕迹物证"、"形象痕迹物证"或"痕迹物证"。显然，英曼和路丁的观点与笔者的看法不谋而合，即洛卡德原理应能够适用于痕迹类物证，只是笔者的该看法是基于对洛卡德之原始表述中"痕迹"二字的广义理解[2]，但笔者的这种理解虽极具现代物证技术学的味道，却似乎难以令人信服，而英曼和路丁则分以下几个层面论证了他们自己的观点。

首先，除了转移的（实体）物质，也即微量物证之外，物证技术工作中涉及的许多物证均是痕迹，即客体（该客体被称为"造型体"）在承受体上留下的反映客体之空间性状的变化，如指印、鞋印、工具痕迹、轮胎痕迹、咬痕，等等。这些痕迹的形成有两个途径：当造型体作用于承受体时，一是通过极度的力量，使承受体发

---

①　Keith Inman and Norah Rudin, *Principles and Practice of Criminalistic: the Profession of Forensic Science*, Baca Raton, CRC Press, 2001, p. 96.

②　即如同本书第1.2节"物证的作用和分类"中所介绍的那样，"痕迹泛指由于人（有时也可能是动物）的活动而在客观环境中物质性客体上形成的各种物质性变化，包括客体形态结构的变化、物体的移动、物质的增减，等等"。

生一定变化而形成痕迹，如各种工具痕迹以及咬痕、雪地或稀泥地上的鞋印、轮胎痕迹等被我们称为立体痕迹的痕迹即是这样形成的；二是借助中介物质，如灰尘、血液、油漆、手指头分泌出的汗液、油脂等，而在适度力量的作用下，在承受体表面留下一定变化，如黑板上的粉笔指印、水泥地上的粉尘鞋印、家具表面的血指印、粉尘地面上被人坐过的印痕等被我们称为平面痕迹的痕迹便是如此形成的。① 其次，造型体的空间性状无外乎长度、宽度、深度（或高度）、形状等形态学特征。造型体在力的作用下与承受体相接触形成痕迹时，往往会"丢失"某些形态学方面的特征，但这并不影响我们的检验，也就是说这并不影响我们从承受体上的变化来认识造型体的特点，进而判断该变化是否是某造型体造成的。例如，"工具痕迹中，痕迹形成的机理往往使工具的某处缺陷痕迹留在了某些承受体上。该缺陷可能是半圆凿或一个突出物，有三维尺度。但在检验承受体上该缺陷留下的痕迹时，通常却只从宽度来比较了。在痕迹的形成过程中，长度这一信息被丢失了，而其深度在很大程度上取决于许多因素，如两种介质（造型体和承受体）的相对硬度及它们之间的角度。因此，三维的缺陷变成了一维的痕迹"② 显然，实践中我们经常遇到这类工具痕迹，而对这类痕迹的检验仅从工具上缺陷的宽度即能解决，至多还利用一下该缺陷的深度。再次，从形成机理来看，痕迹的形成也可视作"转移"——造型体在力的作用下使承受体发生变化，而这种变化便是造型体之空间性状从造型体向承受体的转移。最后，因为被转移的物质本身（如尘土、玻璃碎屑等）及被转移的物质之空间特性（如指印、工具痕迹等的特性）均能帮助我们确定物证的来源，所以从"功能等价"的角度考虑，可将物质转移原理的适用范围扩张至形象痕迹。而从信息论的角度来看待物质及物质性客体之空间特性的转移问题，也能视这种扩张为合理：转移了的空间性状同样富含着有关其来源的信息；无论是物质本身的转移，还是物质性客体之空间性状的转移，所转移的均是有关证据之来源的信息。

　　无疑，英曼和路丁就物质转移原理之适用范围所作的延伸或扩张有理有据，但笔者认为，除了前述分析以外，比较物质转移的必备条件与形象痕迹形成的基本要素，我们也能说明物质转移原理可适用于形象痕迹。按照本章第 3.2.2 节"物质交换的复杂性"所阐述的内容，我们知道物质转移必须具备以下几个条件："源物体"、

---

　　① 谈到印痕证据的形成时，有必要提及的是，在英文中，impression 可指 mark 和 print。虽然 mark 及 print 均被我们译为"痕迹"，但严格地说，这两者之间是有区别的，其根本的区别在于：前者是指承受体受到极度外力的作用发生了难以逆转的变化而形成的痕迹，如各种工具痕迹（toolmarks）、咬痕（toothmarks）等；后者则是指，在某些中介物质的参与下，承受体表面在适度外力的作用下发生了通常可以逆转的变化而形成的痕迹，如指印（fingerprint）等。虽然这种区分有咬文嚼字的嫌疑，但笔者认为，这种"咬文嚼字"还是有积极意义的，即我们能借此明了各种痕迹的形成机理，进而充分利用这些痕迹特征以证明案件中的相关事实。

　　② Keith Inman and Norah Rudin, *Principles and Practice of Criminalistic*：*the Profession of Forensic Science*，Baca Raton，CRC Press，2001，pp. 96—97.

"源自源物体的待转移物质"、"目标物体"、"使物质发生转移的作用力";而形象痕迹形成的基本要素是:"造型体"、"承受体"和"形成痕迹的作用力"。对应地比较这几个条件和几个要素,我们发现似乎物质转移所需满足的条件要多一个,即"源自源物体的待转移物质"。但是,从物质可分性原理我们可知道,"源自源物体的待转移物质"原本即是源物体的组成部分,只是在足够外力的作用下才发生分裂、断离而成为可能转移的物质,因此可将源物体与源自源物体的待转移物质视作一个整体,这样,物质转移需要满足的条件至少在数量上与形象痕迹形成的基本要素相同了。当然,我们也可从形象痕迹的形成要素入手,将其中一个要素加以分解,这样也可使物质转移的必备条件与形象痕迹的形成要素在数量上取得一致,即将"造型体的空间性状"从"造型体"中独立出来。诚然,物质的转移与形象痕迹的形成在必备条件与形成要素之数量上表现出的前述一致性并不能说明这二者遵从相同的基本原理,但笔者认为,数量上的一致性使得我们能够将物质转移之必备条件对应地与形象痕迹的形成要素进行比较,而比较的结果是,尽管它们使用不同的术语,但所表达的本质内涵却是相同的:"源物体"与"造型体"均是被转移之信息的来源体,"目标物"与"承受体"则均是承载被转移之信息的受体,而作用力——不管是使物质转移的力量还是形成痕迹的力量——却无一例外地可被称作能量,正是该能量才使得有关"源物体"或"造型体"的信息转移至"目标物"或"承受体",我们也就可以从"目标物"或"承受体"上"附着"的信息去分析、判断"源物体"或"造型体"的特点,或者去判断"目标物"或"承受体"上之信息的来源。

也有人认为,既然物质转移原理同时适用于物质的转移及客体空间性状的转移,且被转移的物质及被转移的空间性状均可为分析其来源提供信息,那么为了使该原理"名副其实",或者说为了使该原理的名称不致引发其适用范围仅限于物质的转移这样的歧义,有必要将物质转移原理更名为"信息转移原理"①。但笔者认为,如此更名固然解决了其适用范围与名称的一致性问题,但却极易让人将该原理视作信息产业而非物证技术学的专属原理,或者给人以这样的错觉,即"物质交换原理或物质转移原理已寿终正寝,已为新的原理所替代"。就笔者看来,适用范围的扩大并不一定非要通过更名的方式表现出来,只要实务部门能够自觉地将该原理用于印痕物证的寻找、发现和分析、判断就可;在物证技术学界,"洛卡德原理"与"物质转移原理"的叫法同样令人耳熟能详,若一定要更名,那就尽量推广使用"洛卡德原理"的提法即可,因为这一提法或名称不会令人将该原理的适用范围想当然地限于物质的交换或转移,而且还尊重了 90 年来人们的使用习惯。

作为一门学科的基本原理,如果其适用范围随着相关实践的丰富和需要而不断地扩展,那么该原理便有着旺盛的生命力。无疑,洛卡德原理就是一个这样的实例。而换一个角度来说,便是将洛卡德原理的适用范围扩充、延伸至形象痕迹,则巩固了该原理在物证技术学中的基本原理之地位。

---

①　笔者的研究生中就有人持此观点。

当然，我们可以预见，随着物证技术学基本原理、基本理论的研究的兴起及深入，随着物证技术实践的丰富和发展，洛卡德原理的适用范围有可能还会再一次扩张。但无论如何，仅仅是本次的扩张，就有了非凡的影响：对物证技术实践中大量遇见的各种形象痕迹，我们均可在洛卡德原理的指导下去寻找、发现、分析并利用。此外，这次扩张还使我们能够在对形象痕迹加以分析、利用时"双管齐下"地分析、利用形象痕迹的构成物质：构成形象痕迹的一些中介物质，如构成指印的汗液、构成鞋印的煤渣，与造型体的空间性状一并转移至承受体，在分析、利用承受体上承载的空间性状（也就是形象痕迹）的同时，我们可对这些中介物质加以利用。例如，我们不仅可从指印的一般特征、细节特征分析判断它是否来自某人的某一个手指头，而且还可利用 DNA 技术去分析构成该指印的汗液物质，以进一步确认该指印是否某人留下的。同样，我们可对鞋印的一般特征、细节特征进行分析，以判断该鞋印是否是某只鞋子留下的，而与此同时，我们还可对构成该鞋印的煤渣或粉尘进行分析，以判断该鞋子曾被穿到何处。诚然，这种双管齐下要求形象痕迹清晰、完整，构成形象痕迹的物质之性质已被我们认识，并能够被我们用某种手段去分析检验，否则也只能是"一条腿走路"。从目前的实践来看，已在尝试着通过分析构成形象痕迹的物质而获取有关信息的工作。而洛卡德原理适用范围的扩展，则使得这种尝试有了坚实的认识论之基础。

第 4 章　物证技术中的同一认定和种属认定

4.1　同一认定和种属认定的概念

作为专业术语，同一认定或种属认定这两个词汇令人颇感陌生或生僻，但若作为一种活动，特别是作为一种认识活动，同一认定和种属认定却广泛存在于我们的日常生活或学习中。如：从学校接回自己的孩子，从失物招领处找回自己丢失的钥匙，从正在播放的歌曲分辨出这是××歌手在歌唱，将撕破的书页重新拼贴好，将家中不小心打破的花瓶拼接复原等活动即是同一认定；而从书店为全班同学买回 50 本同一书名的教材，到商店购买一支某品牌某一标号的口红，看见天上以"人"字形排列的鸟儿飞过即知道这是大雁，校庆时在校友签到处的校友签到等则都是种属认定。也就是说，同一认定或者种属认定并非专属于犯罪侦查学及物证技术学①的一种特殊活动，它为人们所普遍实践着，只是因为人们对同一认定或种属认定的前述实践并不需要专门的技术或训练，更不需要专门的仪器或设备，而只是基于普通人的学识、经验即可完成，故人们并没有意识到这便是"同一认定"或"种属认定"。

　　尽管其他领域或行业也不可避免地从事着同一认定或种属认定的实务工作，如考古学家对挖掘出的文物碎片的复原②、野生动物考察时给某只动物烙上编号、大型灾难事故中受害者及其遗物的识别、珠宝行业对某颗钻石的鉴识，等等，但只是打击刑事犯罪这一特殊而又迫切的现实需要，促使犯罪侦查学及物证技术学领域的专家学者"创生"了"同一认定"、"种属认定"这两个专门术语，并开始去研究、探讨同一认定及种属认定的概念、种类、根据，同一认定与种属认定之间的相互关系等理论问题，在现代科学技术的帮助下、在人们的认识能力得以提高的现实条件下，逐渐形成了目前这样一个较为系统、完整的理论。

4.1.1　同一认定的概念③

4.1.1.1　同一认定的界定

何为"同一认定"？一些学者就此问题给出了自己的回答。例如：

"某些侦查人员可能会想，每一件物证均能与特定的人、场所或事物直接联系起

---

　　①　诚如本书第 48 页脚注①所阐述的那样，现今相对独立的物证技术学曾经是犯罪侦查学的重要组成部分。即使物证技术在今天的社会环境下已能广泛服务于各种诉讼或非诉讼争端的解决，但不可否认的是，它更多还是服务于刑事诉讼，也就是刑事案件的侦查。从这一点来看，我们便能知晓物证技术学与犯罪侦查学有着难以分割的联系。事实上，我国的物证技术学取得现今这样相对独立的地位始于 20 世纪 80 年代末，而同一认定理论则萌生于 20 世纪 20 年代，因此，在论及物证技术学中的同一认定及种属认定理论时，不能不提及犯罪侦查或犯罪侦查学。当然，从目前的理论研究情况来看，犯罪侦查学中的同一认定理论与物证技术学中的同一认定理论开始出现一定的差异，如前者已尝试着将认定的对象延伸至"行为"——这从刘昊阳先生的博士论文标题《犯罪行为同一认定理论与实践》就可窥见一斑，而后者仍只是将认定的对象放在客体之上。本书的题目决定了本书论及的同一认定或种属认定针对的均是客体而非行为。

　　②　如，据称可能是现存世界最早的、已有 35 000 年历史的德国笛子，便是德国考古学家用 31 块碎片复原而成："……当考古学家发现这件乐器时，它已经碎成 31 块碎片。考古学家经过努力，小心翼翼地将这 31 块碎片还原成一支精妙的笛子。"李岩：《德国象牙笛历史达 35 000 年》，载《北京晚报》，2004－12－17，37 版"世界新闻"。可以说，对该象牙笛的拼接复原与碎尸案中对碎尸的拼接复原并无二致，它们均是断离体的同一认定，所不同的只是，前者由考古学家完成且只是一般的考究历史的行为，而后者则由侦查人员及物证技术人员完成且与刑事诉讼有关的行为。

　　③　物证的同一认定、种属认定与物证的鉴定是既相区别又有联系的两组术语，它们间的区别及联系参见本书"第 6 章 物证的鉴定"。

来，会认为将一束头发或一根纤维与某一唯一来源相联系是可能的。但这不是普遍的情况。尽管某些类型的物证可能源自一个且是唯一一个来源，但多数物证只能与一组或一系列来源相联系。只有少数几种物证才可被同一认定。同一认定意味着某证据来自于唯一一个来源。"①

"同一认定即得出两个物体来源于唯一一个共同来源的结论（的活动）。它似乎应是一个过程，是一个依赖于化学和物理学原理而指向特定结果的过程。"②

"在物证技术领域中同一认定就是通过对先后出现客体留下的特征反映体进行检验，解决先后出现客体是否同一问题的一种方法。"③

"同一认定方法，就是在侦察过程中，主体通过对被寻找客体和受审查客体的特征的观察分析、比较，而对其是否同一作出认定的方法。"④

"以确定不同时间、不同空间中出现的两种或两种以上的客体是否同一为目的，采用科学方法进行的比较和鉴别是同一认定。"⑤

"同一认定是指具有专门知识、经验的人，通过对案件中多次出现的物品、物质或痕迹进行比较、分析，判断其是否来源于同一个客体的认识活动。"⑥

"同一认定是侦查学和物证技术学中的专门术语，指依据客体特征判断两次或多次出现的客体是否同一个客体的认识活动。"⑦

就"何为'同一认定'"作出的前述回答，可以看作是不同学者对同一认定这一专门术语的不同界定。但显然，这其间是有差异的，而其中最明显的差异表现为两个方面：

---

①　Barry A. J. Fisher，*Techniques of Crime Scene Investigation*，7th ed.，Baca Raton，CRC Press，2003，p. 5.

②　Keith Inman and Norah Rudin，*Principles and Practice of Criminalistic：the Profession of Forensic Science*，Baca Raton，CRC Press，2001，p. 115.

③　徐立根主编：《物证技术学》，2版，22页，北京，中国人民大学出版社，1999。

④　李锡海：《侦察方法学》，354页，北京，中国人民公安大学出版社，1993。

⑤　周欣：《再论同一认定》，载《侦察理论与实践》，116页，北京，中国人民公安大学出版社，2001。

⑥　罗亚平：《物证技术与物证鉴定制度》，19页，北京，中国人民公安大学出版社，2003。

⑦　何家弘、刘品新：《证据法学》，281页，北京，法律出版社，2004。不可否认，何家弘先生在其与刘品新先生的合著《证据法学》一书中就"同一认定"所作的这一界定，与其早期对"同一认定"的界定在字面上有着明显的差异，何家弘先生早期就"同一认定"给出的定义是："同一认定是一种专门的认识活动，即在犯罪侦查过程中，具有专门知识的人或了解客体特征的人，通过比较先后出现客体的特征而对这些客体是否同一问题所作出的判断。"（何家弘：《同一认定——犯罪侦查方法的奥秘》，138页，北京，中国人民大学出版社，1989。）但笔者认为，这种差异显然只是语言表述方面的变动，而非实质观点的改变。事实上，1989年前后，我国的犯罪侦查学仍然将物证技术学涵盖于其中，因而何家弘先生在当时的环境下界定"同一认定"时所称的"犯罪侦查"无疑包括物证技术工作，这从《同一认定——犯罪侦查方法的奥秘》一书的行文中能够多次得到印证；此外，何家弘先生早期的"同一认定说"至多只是具体化了同一认定活动的主体及同一认定的具体方法，并没有与其现在表述更为简要、精炼的"同一认定说"有本质上的不同。

一是"同一认定"是活动还是方法或其他？二是"同一认定"中的"同一"指的是不同客体之共同来源的唯一性，还是案件中先后出现的客体其自身与自身的同一性？

关于这两个差异，笔者的看法是：其一，同一认定只能是活动而非方法或其他，该术语所用的文字本身便清楚地表明了这一点："同一"二字是"认定"的修饰语，明示了该种认定的最终目的或可能达到的程度；而"认定"是该术语的核心用语，概括了该术语的核心内容或本质属性，即"确定地认为，明确承认或确定"[①] ——无论是"认为"还是"承认"或"确认"，均是主观对客观的认识反映，是人这一有机体接受并回应客观事物之影响的活动过程。当然，要做到"确定地认为，明确承认或确定"，以实现认定的最终目的，我们必然要借助一定的仪器设备，要无一例外地使用比较法（有关比较法对同一认定的重要性，参见表4—1）并遵循相应的步骤，但这只是表明这种认识活动所需要借助的外界工具，并不表明这种认识活动本身便是方法。此外，我们可以将同一认定用作一种方法以实现其他目的，如借助指纹的同一认定结果，我们可以证明某人曾经到过现场；借助DNA的同一认定结果，我们可以证明某人与某孩子有亲权关系，但这也只是说同一认定有着怎样的功用，并不表明同一认定本身即是方法。

表 4—1　　　　　　　检材笔迹与来自7个人的样本笔迹之间的比较

[①]　中国社会科学院语言研究所词典编辑室编：《现代汉语词典》（修订本），1066页，北京，商务印书馆，1996。

就表 4—1 进行同一认定时，唯有将物证（即检材笔迹）与不同来源的样本笔迹进行依次比较后，才能将某些嫌疑书写者排除并最终认定真正的书写者。

表中的争议笔迹经与 7 位嫌疑书写者的样本笔迹进行比较后，被认定与样本 3 拥有共同的书写者。

其二，"同一认定"中的"同一"既可表述为不同客体之共同来源的唯一性，也可表述为案件中先后出现的客体其自身与自身的同一性。从前面的介绍可以看出，国外学者对"同一认定"所作的界定可称作"来源唯一说"，而国内学者对"同一认定"的界定则几乎均可称为"客体同一说"——即使是那些认为同一认定是一种"方法"的学者，也无一例外地认为"同一"是指客体自身与自身的同一。事实上，无论是"来源唯一说"还是"客体同一说"，揭示的均是同一认定的目的，即判断"来源的唯一"或"客体的同一"，但它们只是在文字表述方面有所差异，只是学者在为"同一认定"下定义时着眼点或视角的不同：前者是从物证及其相应的比对样本[①]入手，看物证与比对样本有无共同而唯一的来源；而后者则是从被寻找客体与受审查客体着眼，看这两个在不同空间先后出现过的客体是否是同一个客体。当然，仅如此表述并不能证明"来源唯一说"与"客体同一说"的一致性，但如果我们将同一认定的基本形式图示如下（参见图 4—1），并佐以具体的解说，我们便可清晰地认识到这一点。

同一关系

A（被寻找客体）　　 == ？ == 　　A'（受审查客体）

↓↑（从属）　　　　　　　　　　　↓↑（从属）

B（A的特征反映体）　　⌒　　C（A'的特征反映体）

即：物证　　　　并列关系　　　即：比对样本

图 4—1　同一认定的基本形式

就"来源唯一说"的同一认定观而言，所谓的同一认定，即分析判断在现场提取的一枚指印（该指印无疑是案件中的一个物证）与用作比对的一枚指印[②]，它们二者是否来源于唯一一个手指头——是否来源于唯一一个人。

就"客体同一说"的同一认定观来说，所谓的同一认定，即分析判断去过现场并留下一枚指印的那个人（即我们目前正在寻找的一个人，他通常就是作案人），是否是我们目前已抓获并正接受审查的那个人。

"现场指印与比对指印是否来源于唯一一个人"与"被寻找的那个作案人是否就是目前我们已抓获的这个受审查的人"，从本质上看显然高度一致——都是要确认真

[①]　按照我国占主流的同一认定理论，物证与相应的比对样本统称为"供认定同一客体"。

[②]　用作比对样本的该指印既可能取自指纹档案，也可能在抓获犯罪嫌疑人后按规定令其捺印获得，还可能是侦查人员从别的场合提取到的确实是某嫌疑人的指印。

正的作案人。所不同的只是，"来源唯一说"直截了当地告诉我们，同一认定要涉及物证与比对样本之间的比较，要借比较来实现认定同一的目的，即判断物证与比对样本是否有着共同的唯一来源。"客体同一说"则突出强调了同一认定要解决的终极问题，即到过现场且留下物证的那个人是否就是目前已被我们抓获的这个人，而隐含了对物证及相应比对样本的比较式利用。①

由于"来源唯一说"与"客体同一说"在实质上有着前述高度一致性，因而笔者认为，它们之间没有孰优孰劣之分，所不同的只是，在为同一认定下定义时，切入点有别而已，而这种"有别"很可能是中外学者在语言、思维表达等方面的不同习惯造成的。

在阐明了同一认定是认识活动而不是方法或其他，在评价了国外学者与国内学者就同一认定所作的界定有着异曲同工的功效后，笔者认为，从我国的语言表述习惯出发，更为了与我国既有的有关同一认定问题的理论研究成果相一致，本书对同一认定的界定也采纳"客体同一说"，即：

同一认定是侦查学和物证技术学的专门术语，是指通过分析比较案件中先后两次或多次出现的客体的特征反映体之特征，而判断这些客体是否为同一个客体的一种认识活动。

无疑，该定义并非笔者个人对"同一认定"这一概念的独到界说，它显然是前述我国学者之观点的集成。之所以要集成而非直接将其中一个"拿来就用"，其原因在于，前述界定或多或少均有一点缺憾：要么视"同一认定"为方法，要么过于简洁、概括令人难以直观地明了"同一认定"的具体内涵，要么存有局部不确切的界定。因此，出于本书的写作需要，笔者就"同一认定"的定义作了如上的集成。

在对同一认定作了以上界定后，我们再看对同一认定这一概念的理解，而这关键在于对"同一"二字的深刻认识与把握，在于对需要进行同一认定的客体所出现的次数的特别或极端强调。

无论是从"自然永不重复自己"、"自然以无限多种形式而呈现"② 的奎特里特（Quetelet）思想说起，还是从"同一性自身包含着差异性与自身的同一，从一开始就必须有与一切别的东西的差异作为补充，这是不言而喻的"③ 这一恩格斯的论述来看，世间的万世万物均存在着绝对的差异。因为认识能力的有限，我们可能无视客体间的某些差异而认为某两个客体相似，但它们终归只是相似、相同，或者只是

---

① 当然，这是从刑事诉讼角度分析有关同一认定概念的来源唯一说与客体同一说之间的实质一致性。而从民事诉讼角度来看，它们之间也呈现着这样的一致性，如："合同上的签名与笔迹样本上的签名是否来源于张三"，与"在合同上签名的那个人是否就是张三"实质上并没有差异。

② Thornton, J. I., *The Snowflake Paradigm*, J. Forensic Sci., 31（2）399～401, 1986. 转引自 Keith Inman and Norah Rudin, *Principles and Practice of Criminalistic：the Profession of Forensic Science*, Baca Raton, CRC Press, 2001, p. 84。

③ 转引自何家弘、刘品新：《证据法学》，281～282 页，北京，法律出版社，2004。

被我们视为相似、相同，而一旦借助外界工具或者佐以"行家里手"的指点，我们的认识能力得到相应提高之后，我们便能清楚地看到它们之间的不同。例如，当我们以肉眼观察一枚红色印文以及该红色印文经彩色复印机复印出的红色复印印文时，我们可能会认为它们是相同的，但当我们在放大镜或显微镜下观察这两枚印文时，我们则会发现它们有着本质的不同：前者由印油或印泥构成、后者则由点状复印墨粉构成。又如，我们以常规物理方法测试两块玻璃的密度和折射率，发现这两块玻璃的密度、折射率均相同，应是相同的窗玻璃，但在高灵敏度分析技术下，这两块玻璃的密度及折射率却呈现出相当大的差异。还如，借助扫描电子显微镜（SEM），在其超强的放大功率下，任何两块被我们肉眼认为是相同的油漆碎片均会呈现出彼此相异的细节特点。同样，借助双胞胎母亲的指点，我们便能将外人看似一模一样的双胞胎区分开来。因此，基于事物的绝对差异性，基于一个层次的一模一样在另一个层次或另一个视角表现出的不同，我们说，"同一"只能是客体自身与自身的"同一"，是客体自身的同一性的具体体现。

既然"同一"是客体自身与自身的"同一"，是客体本身的事情，那又怎会需要我们对客体自身是否其自身作出判断？也就是说，那又怎会出现"同一认定"这样一种活动？对该疑问的回答恰恰是理解"同一认定"这一概念时应该注意的另一个关键问题——"同一认定"在怎样的条件下才会应现实的需要而出现？我们以一个案件来说明。某年 3 月 10 日，接到辖区发生强奸案的报案后，警方立即勘查了现场并从受害者的下体内提取混合物送检。送检后得出的结论是，该阴道混合物中含有精液，证实有性行为的发生；而勘查现场获得的其他证据则证明有强迫的性行为发生。于是，人们必然会认识到，有一男性在现场实施了强奸行为并逃逸。警方的首要工作是要将这名在现场实施了犯罪行为的作案人抓捕归案。3 月 15 日，经过多方努力，警方从某工厂抓到了一名犯罪嫌疑人。警方需要得到确认的是：这名犯罪嫌疑人是否就是 3 月 10 日在现场实施了强奸行为并逃逸了的那名作案人？显然，警方的这个疑问即是同一认定的一种需要，物证技术部门可应这种需要而展开一系列同一认定活动：借助从受害者下身提取的阴道混合物进行 DNA 分析获得作案者的DNA 图谱，从犯罪嫌疑人身上抽取适量血液进行 DNA 分析获得其 DNA 图谱，比较作案者的 DNA 图谱与犯罪嫌疑人的 DNA 图谱，看其是否一致。如果一致，那么这两份含有 DNA 遗传特征的物质（即本案的精液与血液）就是来自同一个人，换言之，警方 3 月 **15** 日在**某工厂**抓获的那名嫌疑人，正是 3 月 **10** 日在**现场**实施了强奸行为的作案人。注意以黑体下划线形式出现的前述文字，我们可以发现，被认定同一的客体，也即本案中同一认定所针对的对象，在不同的时间、不同的空间"**先、后出现过**"（或者说，"出现过两次"）。正是在不同时间、不同空间的先后多次出现，才使得本是同一个体的一个人在我们认识中"割裂"成了"两个人"甚至"多个人"，才需要我们通过同一认定活动来"回归"。因此，我们可以说，同一认定的客体在不同时间、不同空间的先后出现，或者说，同一认定的客体在我们认识中的两次或两次以上的出现，是我们进行同一认定的先决条件。而对同一认定的客体的出现次数作如此特别或极端的要求或强调，正是由自然界的客体其只能自身与自身相

"同一"的绝对性所决定的。轰动全国的"张君系列抢劫杀人案",在张君等人抢劫了重庆某商店的金银首饰及武汉广场的金银首饰之后,即产生了将抢劫者抓获归案并绳之以法的迫切需要,但是,无论是重庆警方还是武汉警方,因未能查获犯罪嫌疑人、未能找到可疑的作案工具,故无法将从抢劫现场提取的痕迹物证等提交鉴定部门进行同一认定。而在湖南某银行副行长夫妇被杀、凶手张君等人被抓获,其相关作案工具等被查获之后,警方才能分别将重庆现场或武汉现场发现的痕迹物证与查获的张君的作案工具进行同一认定,进而判断重庆抢劫案、武汉抢劫案与张君之间的关系。如果作案人或作案工具只在一个现场出现过一次,随后销声匿迹,警方始终没有找到嫌疑人或嫌疑工具,那么无论如何也无法进行同一认定。故,同一认定的客体在不同时间、不同空间的先后数次出现,或者说,同一认定的客体在我们认识中的两次或两次以上的出现,是我们进行同一认定的先决条件。

4.1.1.2 同一认定中的重要术语

对同一认定的理解,除了要把握"同一"的深刻内涵、要强调客体的先后出现这两个关键点之外,还要知晓何为"特征反映体"。此外,因"同一"乃客体自身与自身的同一,或者说是客体自身与自身的"复原"与"回位",所以在我们意欲将其复原或回位的过程中,为便于区分先后出现的客体——也就是在不同时间、不同场合出现的客体——有必要引入"被寻找客体"、"受审查客体"等一些只在同一认定活动中才使用的词汇。这些词汇也相当重要,对它们的界定和理解,有助于我们把握同一认定概念。

所谓"特征反映体",即来源于客体、能反映客体特征并能够被我们认识、了解的实体。例如:反映指纹特征的指印、反映鞋子特征的鞋印、反映工具特点的工具痕迹、反映牙齿特征的牙痕、反映人体遗传特性的血液、反映发射枪支之内部结构特征的枪痕等。

所谓"被寻找客体",即案件中初次出现并留下特征反映体后就消失、但却在被人们寻找着的那个客体。如在犯罪现场留下指印的人①、留下鞋印的鞋子,在交通肇事现场留下油漆碎片的汽车,在性行为中留下精液的人,等等,因为它(他)们是我们正在寻找并最终希冀通过同一认定加以确认的客体,所以在同一认定理论中称作"被寻找客体"。

所谓"受审查客体",即案件中与"被寻找客体"具有一定相似性、并在案件的处理过程中需要接受我们的审查,以确定其是否即是"被寻找客体"的某个客体。如被抓获的犯罪嫌疑人、被查找到的嫌疑汽车、被怀疑为孩子父亲的某个人等,就是受审查客体。

尽管笔者赞同以精炼的语言界定某一概念,但笔者还是认为何家弘先生、刘品新先生就"同一认定"所下的定义——"同一认定是侦查学和物证技术学中的专门

---

① 准确地说,应是"留下指印的那个手指头",但因手指头与人体密不可分,所以也可说是"留下指印的那个人"。

术语，指依据客体特征判断两次或多次出现的客体是否同一个客体的认识活动"[1]——过于精炼，这种精炼会导致非业内人士或初识同一认定者难以知晓并明了同一认定的具体做法或具体过程。

事实上，同一认定概念本身即决定了在同一认定的过程中，被寻找客体不具有现实性[2]，它在现场出现并留下特征反映体后即消失了，但因发现了它的特征反映体，故我们**认识到**有这么一个客体存在并致力去寻找这个客体，如：在现场发现了一枚鞋印，我们便能认识到一定是有一只鞋子到过现场；在现场发现了一枚指印，我们便能认识到一定是有人到过现场，无论是鞋子还是人，正是我们要寻找的客体。由于被寻找客体不具有现实性，因此对被寻找客体之特征或特性的认识和了解便只能从其在现场留下的特征反映体入手；对因时间及空间的变化而"割裂"成人们认识中的被寻找客体与受审查客体的"两个"客体间的比较，我们也只能借助它们各自的特征反映体来进行。因此，特征反映体不仅仅是同一认定中的重要术语，而且是同一认定中不可或缺的一个组成分子——离开了特征反映体，我们的同一认定即无以为继。

案件中的特征反映体可以有着不同的表现形式：它可以是指印、鞋印、工具痕迹、牙痕、印章印文等形态痕迹，也可以是笔迹、声纹等反映人的运动习惯特点的特殊痕迹，还可以是物质本身——如被转移的毛发、精液、血液、皮肤组织等。

此外，因其既可源自被寻找客体，也可源自受审查客体，所以特征反映体还可被分别称为物证（也可称作"检材"）或比对样本：

源自被寻找客体的特征反映体伴随着案件发生时人的具体活动而"天然形成"，它以其本身的外部形象特征、所载字迹特征、符号图像特征、声纹特征、物质属性等证明案件的相关事实，因而被称作"物证"。例如：现场的指印源自被我们通缉查找的那个作案人，是作案人在现场实施犯罪行为时不可避免地留下的，能证明作案人去过现场，是案件中的重要物证；又如：某合同上的公章印文源自某公司的公章，它是该公司签署该合同时盖的印，能证明该公司有着承诺遵守该合同规定之内容的意思表示，也是案件中的重要物证。由于在同一认定活动中，这些物证均要提交鉴定部门进行检验，是直接接受检验的材料，故也时常被别称为"检材"[3]。

源自受审查客体的特征反映体有时是"刻意制作"的，是同一认定活动中用来与物证进行比较的实体，因而被我们称为"比对样本"。例如：抓获犯罪嫌疑人后责

---

① 何家弘、刘品新：《证据法学》，281 页，北京，法律出版社，2004。

② "不具有现实性"并不等于"不具有真实存在性"。现场发现的被寻找客体的特征反映体决定了被寻找客体的真实存在；即使被寻找客体在现场留下自己的特征反映体之后被毁灭——如鞋子被烧毁，但在留下其自身特征反映体的瞬间还是真实存在的。因此，对"不具有现实性"的理解应从我们是否已掌握被寻找客体着眼，而不是从被寻找客体是否真实存在着眼。

③ 徐立根主编：《物证技术学》，2 版，22～23 页，北京，中国人民大学出版社，1999。

令其捺下指印送交鉴定部门以与现场指印进行比较，被捺下的这数枚指印即是比对样本；又如：某公司否认某合同上的印文是用其公司的印章盖印的，并向鉴定部门提交了公司的有关印章，鉴定部门用这枚印章盖出的印文是为了与该合同上的印文进行比较，故是比对样本。当然，实际案件的丰富多样性决定了比对样本不一定均是"刻意制作"的，它也有可能是受审查客体"天然生成"的，如公安机关从犯罪嫌疑人独自使用的茶杯上提取的供比对的指印，某公司平时用其公章盖印留下的印文，某人平时记笔记、填报表等书写的文字材料，等等。但不管是"刻意制作"还是"天然生成"，它们均源自受审查客体，均是为了满足同一认定的比较需要而向鉴定部门提供的，或者说在同一认定活动中它们均被作为比对材料，故均是比对样本。

从特征反映体与物证、比对样本的各自关系可以看出，同一个客体，它可能因为时间、空间的不同而形成不同的特征反映体，如某人的右手食指可在现场形成一个特征反映体——现场指印，还可在该人被拘捕后应侦查人员的要求而捺印形成一个特征反映体——比对指印。尽管它们都被称作"特征反映体"，但它们却有着本质的区别，即一个来源于现场、一个来源于人工捺印；尽管它们之间有着极大的相似性，如花纹类型相同、许多细节特征吻合，但它们终究是两个客体——是同一个客体在两次反映活动中留下的两个特征反映体。明确了这一点，我们就能更好地理解同一认定的概念，即"同一"只能是客体自身与自身的"同一"，只能是不具有现实性但在我们认识中却存在的"被寻找客体"与具有现实性的"受审查客体"的同一，而非物证与相应比对样本的"同一"；物证与相应比对样本是我们认识、了解被寻找客体和受审查客体之特征、特性并对被寻找客体是否就是受审查客体这一问题作出判断的依据，却不是我们同一认定的客体。换言之，即使我们同一认定的结果是肯定的，也即"受审查客体正是被寻找客体"，物证与相应的比对样本也只能是**两个彼此相似、而非同一**的客体。

4.1.2　种属认定的概念

种属认定也是物证技术中的一种常见活动，如判断现场发现的弹头是哪种枪支发射，现场发现的轮胎痕迹是哪种车留下的，死者胃中是否有氰化钾，某文书的书写水平与样本文书的书写水平是否相同，发票上某个文字笔画与其他部分文字笔画是否用同一支圆珠笔书写，等等。

尽管国内学者对种属认定的界定也有着谓之为"方法"或"活动"的差异，但总而言之，这些学者均认可种属认定即是将某物质归于某一类别中，或是确定某物质的属性，或是比较两个客体的异同。例如，"物证鉴定中的种属认定是指具有专门知识的人依据客体特征对与案件事实有关的客体的种类所属或者先后出现的客体的种类是否相同等问题所作出的判断。"[①] "种类认定是指在犯罪侦查过程中，具有专门知识的人或了解客体特征的人，依据客体特征对与案件有关的客体的种类所属或

---

① 　孙言文等主编：《物证技术学》，25页，北京，中国人民大学出版社，2000。

先后出现客体的种类是否相同等问题所作出的判断。"① "所谓种属认定就是通过检验未知物质本身或未知客体留下的物质性反映形象，确定物质属性或客体类型的一种方法。"② "种属认定是指具有专门知识、经验的人，通过对物质或痕迹进行检验，确定物质属性或遗留痕迹的物体的种类，或是比较两种物质属性是否相同的认识活动。"③ 与对同一认定的界定相同的是，国外学者对种属认定的界定同样粗略、且基本上也是从来源着手，例如："种属认定即得出某证据有多个可能的共同来源的推论，或确定某证据的物理化学属性。"④

同样尊重本土语言的表述习惯，并集成现有国内学者对种属认定之概念的界定，笔者认为，"所谓种属认定，即有资质的专门人员，为了确定客体的类型、物质的属性，或者比较两种物质的属性是否相同，而对客体留下的特征反映体或对物质本身进行检验的一种活动"。

对种属认定的理解，可基于对同一认定的把握来进行——种属认定是相对于同一认定而言的，种属认定走向极致即是同一认定。

我们无论是确定客体的类型、物质的属性，还是比较两种物质的属性是否相同，实际上就是根据客体的某些特征或物质的某些物理化学表象而将它们限定在一定的范围内。例如：根据弹头的口径、弹头的大小，可以判断该弹头是手枪弹头还是步枪弹头；根据某物质燃烧时是否产生大量的黑烟，可判断该物质是有机物还是无机物；根据合同上不同文字笔画在紫外线下的荧光现象，可判断这些文字笔画是否用同种圆珠笔油书写。显然，种属认定依据的特征（包括物质的物理化学表象）数量与特征质量直接影响到其所限定范围的大小。如果依据的特征数量越多、质量越高，则其所限定的范围就越小；如果依据的特征数量越少、质量越差，则其所限定的范围就越大。例如，当我们对一个人进行认定时，如果只依据性别这样一个特征，即"他是一个男性"，我们仅能将此人限定在一个很大的范围内，但随着我们所依据的特征数量的增加、质量的提高，如"他身高1米7"、"体重65公斤"、"年方28岁"、"有一对大大的眼睛"、"有一头卷曲的黑头发"、"会说英语、法语、西班牙、德语四国外语"、"在某某单位某某处室工作"、"家住东城区某胡同18号"、"其太太在某公司工作"、"有一名7岁的儿子"、"左耳垂上有一颗黑痣"、"其名叫张×"，等等，则该人被限定的范围就越来越小，并最终会小到只有张×这样一个人的程度。此时，种属认定"突变"或"质变"为同一认定。换言之，按照客体特征数量渐次增多、特征质量越来越高的顺序依次对客体进行限定，我们最终会走向极致。至此，我们

① 何家弘：《同一认定——犯罪侦查方法的奥秘》，167 页，北京，中国人民大学出版社，1989。

② 徐立根主编：《物证技术学》，2 版，42 页，北京，中国人民大学出版社，1999。

③ 罗亚平：《物证技术与物证鉴定制度》，22 页，北京，中国人民公安大学出版社，2003。

④ Keith Inman and Norah Rudin，*Principles and Practice of Criminalistic：the Profession of Forensic Science*，Baca Raton，CRC Press，2001，p. 115.

确定了某个客体其自身与自身的同一，也就完成了同一认定。但是，我们如若"反其道而行之"，也就是使本已被认定为同一的客体之特征依次减少，那么，该客体就会相应地融入一个较大的种属内，而这个较大的种属到底会有多大，则没有极限。

当然，我们也可从国外学者的"来源说"来理解种属认定：无论是进行种属认定还是进行同一认定，我们均是分析判断某客体的来源，如某纤维是否来源于地毯、某油漆碎片是否来源于汽车、某血痕是否来源于人体等。如果我们所用的分析手段保证我们能得出某客体只能源自某唯一来源的判断，那么我们便做到了同一认定；如果我们所用的分析手段只允许我们得出某客体可能源自两个以上的来源——也就是某一类来源时，那么我们做到的只是种属认定。例如，某油漆碎片依其颜色、成分及断层特点只能来源于某辆汽车是同一认定，某油漆碎片仅依其颜色、成分特点可能来源于某厂某一批次生产的某一型号的汽车则是种属认定。又如，我们依据两张碎纸片的颜色、成分及破裂之处的边缘特征等，可以判断它们原来是否属于同一张纸，而单单依据这两张纸片的颜色、成分等，则只能判断它们是否某厂家某批次生产的一批纸。无疑，国外学者从来源的视角对客体的同一认定或种属认定所作的界定，也表明了种属认定与同一认定的相对性，也表明种属认定或同一认定对客体之特征及质量的依赖。

此外，理解种属认定还需注意一点，也就是，即使是同一个客体，种属认定的种属级别也往往不同，而具体认定到哪一级别，取决于具体的案件需要，并与我们的认识能力以及客体本身的状况密切相关。例如，就纤维而言，我们可分别将其认定为：毛毯纤维；腈纶毛毯纤维；某某厂生产的腈纶毛毯纤维；某某厂于 1990 年生产的腈纶毛毯纤维；某某厂于 1990 年生产的汽车专用腈纶毛毯纤维等。这其间，所限定的范围越来越小，对我们认识纤维之性质的能力却要求越来越高。如果说，在当前物证技术水平的支撑下，我们对纤维性质的分析认识使得我们能够将某纤维所属的范围尽量缩小，那么其结果可能更能满足案件处理的需要，但在某些情况下，我们却没有必要将种属认定深入到如此细致的层次——现场发现的纤维为腈纶毛毯纤维，而嫌疑人家中使用的则是羊毛毛毯，这就足以将嫌疑人排除在外。因此，此时我们的认识能力虽然尚有"富余"，但我们已没有必要再将现场发现的那束纤维深入认定为"某某厂于 1990 年生产的汽车专用腈纶毛毯纤维"了。相反，某些案件迫切需要我们将对某客体的种属认定工作深入下去，甚至希冀我们能及至同一认定，但我们对该客体之性质的认识能力，以及该客体本身的状况如特征是否明显、特征的数量是否足够等，却使得我们不得不将种属认定活动停止在中间某个层次。例如，现场发现一颗弹头，如若能判断其是长枪还是短枪发射、是 54 式还是 64 式或 77 式手枪发射、是否是某支 54 式手枪发射，将对案件的侦查起到决定性的作用。但是，如果该弹头本身已被炸裂开花、严重变形，弹头上的来复线痕迹已残缺不全，或者我们没有比较显微镜，那么我们是无法准确判断该弹头是由哪类枪支发射、哪支枪支发射的。

4.2　同一认定和种属认定的根据和条件

在前面的论述中，我们已再三提到了客体的特征，这便暗示着我们，同一认定或种属认定离不开对客体特征的分析解释。但是，究竟怎样的特征才能用于同一认定、种属认定？这些特征如何才能用于同一认定、种属认定？从前面有关同一认定或种属认定概念的讨论中显然无法找到有关的答案。此外，实务中我们还常常遇到这样的问题：就普遍的认识来看，我们已知晓通过指印可对人体进行同一认定，但在某一个具体的案件中，依据现场发现的指印及已获得的比对指印却不能得出有价值的认定结论——怎么会出现这种与常规不一致的现象？诸如此类疑问产生于对同一认定概念及种属认定概念的思考，产生于对实务工作中具体问题的求解。正是这种思考及求解促使我们从理论上探讨同一认定和种属认定的根据及相应条件。

4.2.1　同一认定、种属认定的根据

所谓"根据"，即根本的依据，是我们得出某种结论或实施某一行为的前提、基础。按照这一解释，同一认定和种属认定的根据也即我们进行同一认定、种属认定活动，并最终得出结论时所依据的前提或基础。

如前所述，世间的万世万物均存在着绝对的差异。显然，正是因为有了这种绝对差异，我们才能理解并进行同一认定。换言之，同一认定的根据即是客体的绝对差异性——客体的绝对差异使得我们能够将某一客体与其他客体相区分并将该客体与其自身相等同。那么，客体的绝对差异又因什么而存在？按照我们的理解，客体的绝对差异无疑因客体本身的性质而存在。因此，探讨同一认定的根据，也就是要剖析客体自身的性质。

与同一认定不同的是，客体的种属认定是以不同客体间的相似性为基础的，而客体相似与否，同样要从客体的性质入手进行分析比较。因此，探讨种属认定的根据，同样需要剖析客体自身的性质。只是，同一认定着眼客体自身独特的性质，即特性；而种属认定关注客体间共享的性质，即共性。而无论是客体的特性还是客体的共性，它们均决定于以下因素，即：客体质的规定性、客体产生过程中形成的性质和/或客体在使用过程中形成的性质。

所谓客体质的规定性，即客体是此客体而非彼客体的根本的、内在原因，是客体本质的物理、化学或生物属性。如，某双鞋子是布鞋而不是皮鞋，某块污斑是人血而非油漆，某块碎片是玻璃而非塑料，某纤维是棉布而非涤纶，某白色颗粒是洗衣粉而非海洛因，等等，无不是取决于其自身质的规定性。对客体质的规定性的认识和识别，是我们进行同一认定或种属认定的原始出发点。以同一认定为例，如果我们通过对现场鞋印的观察分析，断定被寻找的鞋子应是皮鞋，也就是说该现场鞋印是皮鞋印而非布鞋印，那么侦查人员便不应去寻找布鞋，或者侦查人员寻找到的布鞋绝对不可能是那枚现场鞋印的造型体或"始作俑者"！尽管世间万事万物具有绝

对的差异性，但我们不能否认的是，有相当多的客体在质的规定性方面却存在着一致或相同，在当今工业化的大批量生产模式下，这种一致或相同更为突出、明显。[1]例如，造纸厂以同一配方造出一批质地完全一样的纸张，兵器厂以同一模具生产出一批手枪，纺织厂以同一工艺、同一组成成分生产出一批布料而服装厂又以这一批布料制作出同一款式的上衣，化妆品厂以同一配方生产出一批同型号的口红，等等。无疑，这种大批量生产的商品制造模式增加了我们对客体进行同一认定的难度，对我们认识客体的能力也有了较高的要求！好在是，客体的性质不仅仅取决于客体质的规定性，它还与客体的生长、形成过程，以及客体的使用、修补过程密切相关，因此，在当今我们的认识能力也随科技的发展而相应提高的同时，我们还是可以对客体进行多级别、深层次的种属认定甚至直到同一认定。

　　在客体质的规定性相同的情况下，客体的生长、形成将对客体的性质产生重大的影响。虽然"由某一个受控制的程序产生出的性质可能为一系列客体共享"[2]——该系列客体即为同类客体，而受控程序产生的性质便是我们就此类客体进行种属认定的根据之一，但在产生客体的该过程中，难免会因各种偶然因素而使其中某个客体随机形成一个或数个独特的性质——即特性。例如：自然界的物种按照孟德尔遗传规律而繁衍，但却可能出现 DNA 突变；自然界达到合适的气候时将形成雪花，但所形成的雪花却有着形态各异的外形；某平板玻璃或容器玻璃的生产流程完全一致，但生产出的玻璃却可能在某一局部有着气泡、结点或条纹等疵点；按照同样的书写规范练习写字，但练习者本身的心理、生理差异等主观因素以及书写规范的宽容性等客观因素却使得每人形成的笔迹细节特征各不相同；以同样的染料、按照同样的图案印制同样质地的布匹，则可能因为机器的故障、工人的误操作等偶然因素而使得布匹局部出现漏白、重影；树木生长时环境温度骤然改变、光照强度大大变化、病虫害的突然光顾等，则会使其年轮花纹等各具特色。诸如此类在客体生长、制造等形成过程中随机、偶然出现的问题便使得客体获得了"唯我独享"的特殊性质，进而使得我们能够依据这些特性进行同一认定。此外，对应于机械化的大生产，我们的生活中还存在着相当的手工制作，如农村妇女缝制的布鞋、裁缝手工裁剪制作的服装、街头工匠捏制的泥人、铁匠锻打而成的刀具等，这些手工制造

----

　　①　当然，客体在质的规定性方面的一致或相同不仅仅表现在人工制造的客体上，而且在天然生成的客体上也非常普遍。但无论如何，当今科技发展水平的大力提高，规模化生产方式的广泛使用，在降低生产成本、极大满足众多人口的各种需要的同时，却使得我们身处的环境有了更多的相似性——同样有着同一认定、抓获罪犯的现实要求，但封建社会时代的客体往往是独特的，而我们现今社会的客体却常常彼此相似、有着共享的性质。幸而科技的发展在提高所生产的客体的质量和数量、特别是客体的数量的同时，也大大提高了我们认识客体的能力，否则我们将比封建社会面对犯罪时更觉无能为力、更需要求助于神灵的帮助或血淋淋的决斗！

　　②　Keith Inman and Norah Rudin，*Principles and Practice of Criminalistic：the Profession of Forensic Science*，Baca Raton，CRC Press，2001，p. 118.

的客体或许质量并算不上上乘，但因整个制作过程难以精确、细致地重复，故我们面对的这些出自同一制作者之手的多个客体无不将彼此间的一致性绝对地排除在外。换言之，每一客体均有着因工艺不可重复而形成的独特性，这又为我们的同一认定提供了可能性。因此，客体的产生、形成过程既为我们提供了可用于种属认定的客体共性，也为我们提供了可用于同一认定的客体特性。

无论是天然生长还是人工制造的客体，其一旦形成、或在形成的同时，便会步入使用环节，如鞋子被人穿着走路，改锥被人用来镟螺丝，窗帘被人用以遮风挡日，玻璃杯被人用于喝水泡茶，印章被人用来盖印留戳，打字（印）机被人用来打印文字；即使是我们的牙齿，也要时常地咀嚼食物、品尝佳肴。此外，客体在被使用的过程中、或者未被使用而仅仅是贮藏着，也会遭受不同环境之侵蚀或"触摸"，如船体被海水锈蚀、牙齿被酸垢腐蚀、纸张被太阳暴晒。因此，即便是那些同批次生产出的同种类客体，一旦被不同人使用、一旦被暴露于不同环境下，那么也会生成彼此不同、互相各异的独特特性，这些特性更促使我们有机会对客体进行同一认定。至于一些较为经久耐用的客体，其因使用而形成的磨损或腐蚀，还可被我们修缮或弥补，而这种修缮或弥补又使得该客体增加新的特性，又为我们进行同一认定提供了新的依据。例如，鞋底后跟的修补、龋齿的填充治疗、打字机被损坏字丁的更换、复印机受损硒鼓的更换，等等，均使得我们可将这些客体区别于与其同时生成的那些同类客体。

综上，客体质的规定性、客体在形成过程中获得的性质以及客体投入使用并经历修补后得到的性质，是我们进行同一认定或种属认定的根据：同一认定始于客体质的规定性的相同，并必须依据客体在形成过程中随机获得的，以及客体在投入使用经历修补后得到的个性化或特性化性质；种属认定则既可依赖客体质的规定性，也可依据客体在形成过程中获得的共有性质，还可同时依据客体这两方面的性质。

客体的性质往往深含于客体的内部，它必须被一些征象或标志表现出来，也就是说它必须以一定的特征具体表现出来才能为我们所认识，才能被我们用于同一认定或种属认定。例如，某客体是铁做的，其在此方面的质的规定性是通过色泽、硬度、密度、特定吸收光谱等物理特征，以及与某些试剂发生特定化学反应等化学特征表现出来。又如，某人的书写动作呈现出某种连笔、笔顺习惯，则它必须通过连笔、笔顺等笔迹特征才能为我们所认识；某支枪的膛线有磨损，则磨损必须通过膛线起末端的圆滑、膛线棱边的平钝等残缺特征才能表现出来；某击针式打印机的个别击针受损，则受损必然表现为该击针的短缺或折断。由于客体的共性及特性要表现为各种特征，或者说，我们通过各种特征来认识、了解客体所具有的共性及特性，且作为客体共性和特性之征象的特征通常能准确地反映客体的性质，故我们常常将"客体的性质"与"客体的特征"混用，进而有了这样较为通俗的表述："根据客体的特征，我们的（同一或种属）认定结论是……"显然，"客体的特征"也指"客体的性质"。

4.2.2　同一认定、种属认定的条件①

从理论上言，客体的特征为我们的同一认定和种属认定奠定了基础，一旦客体在案件中先后多次出现，并分别留下了能够反映客体特征的特征反映体，那么我们就能根据这些特征反映体进行同一认定或种属认定。然而，实务部门的实际情况告诉我们，在相当多的具体案件中，即使客体已先后出现过两次或两次以上，且已获得了客体的各个特征反映体，但最终我们却没法作出同一认定或种属认定的结论。为什么会出现这种"理论与实际不大相符"的局面？是理论的错误还是实际案件的具体情况较为特殊？意欲回答这些问题，就必须探讨同一认定和种属认定的具体条件。

按照同一认定和种属认定的理论，客体在案件中先后出现并分别留下能够反映其特征的特征反映体，只是满足了同一认定或种属认定的程式要件，而要使同一认定或种属认定得以具体实施，则必须同时满足以下前置条件。

4.2.2.1　客体的特征必须较为明显突出

"明显"即明了、显著，"突出"即超出一般地显露出来。就同一认定而言，客体的特征必须较为明显突出，也就是要求某客体的特性相较于其他客体的特性能够较为清楚地显现出来并容易被人看到、觉察到，唯有如此，我们才能认识该客体的特性、才能从该客体与其他客体在性质方面的差异入手，对该客体作出准确的认定。双胞胎就是因为彼此间的特性不明显突出，才不易为人们所辨识。就种属认定而言，客体的特征必须较为明显突出，则是要求某类客体的共性相较于其他类别客体的共性能够较为清楚地显现出来并容易被人看到、觉察到，只有如此，我们才能认识该类客体的共性，进而将该类客体与其他类别客体加以区分。例如，我们之所以能够将油与水相区别，就是因为油的黏稠度明显大于水、油的比重明显轻于水。

某具体案件中，如若某个客体的特性/特征不明显，或者某类客体的共性特征不明显，以至于我们根本无法将之与其他个体或其他类客体相区分，那么即使我们获得了无数个该客体的特征反映体，我们也无法对之进行同一认定或种属认定。如新买的鞋子，其鞋底花纹与生产厂家同批次生产出的同型号鞋子的鞋底花纹无二致，那么我们显然无法从鞋印反映出的鞋底花纹入手就该鞋子进行同一认定。又如，碳素墨水书写的字迹与黑色签字笔书写的字迹外观均为黑色，两者的共性特征并不明显突出，因而我们通常难以将这两种字迹从颜色上加以区分。

4.2.2.2　客体的特征必须保持相对稳定性

无论是从哲学原理的角度还是从热力学理论出发，我们都能明了世间的万事万物均处于绝对地运动之中，而在这种绝对运动中，万事万物又会呈现出相对的静止

---

① 本部分的写作参考了徐立根先生、何家弘先生的观点。参见徐立根主编：《物证技术学》，2 版，32～33 页，北京，中国人民大学出版社，1999；何家弘：《同一认定——犯罪侦查方法的奥秘》，191～202 页，北京，中国人民大学出版社，1989。

状态。也就是说，从客体的产生到消亡之全过程来看，客体无疑处于运动状态，但如若在这一全程中截取某一个时间段，我们则发现客体又处于静止不动的状态。如果客体的产生到消亡之运动过程可以看作是客体特征的变化过程，那么客体的相对静止就可表述为客体特征的相对稳定不变。事实上，正是由于客体的相对静止状态、正是客体的特征能够保持相对的稳定性，我们才可能认识世界、才可能认识世间的万事万物——如若客体没有这种相对静止而是处于瞬息万变的变化中，那么我们对该客体的认识也就只能是空想。

就同一认定、种属认定而言，认定活动针对的客体显然要保持一定的稳定性，也就是说，这些客体的特征要在一定时间内没有什么变化，我们才能对之进行认定。当然，如果客体的特征保持稳定的时间越长，那么我们越有可能对之进行同一认定或种属认定。但是，这并不是说，案件中所有待认定的客体就必须在无限长的时间段内保持完全不变。事实上，客体的特征如若能够在同一认定或种属认定要求的特征稳定之必要时间内保持基本不变，那么就已满足同一认定或种属认定的需要。而所谓"特征稳定之必要时间"，实际上就是从被认定客体首次出现并留下物证这一特征反映体时起，到被认定客体被我们掌握并随即开始同一认定或种属认定活动时止的这段时间。只要客体的特征在此必要时间内保持大致不变，那么我们就能对客体进行相应的认定。例如，某辆轿车在交通肇事现场撞伤一行人并留下清晰的轮胎痕迹后逃逸，三个月后警方找到了一辆嫌疑轿车。在这三个月内如果该轿车一直停在露天车场内，那么其轮胎的特征应基本没变——之所以说轮胎特征基本没变是指轮胎特征没有发生大的根本性变化，但不排除因风吹日晒轮胎略有一些局部的、小范围的改变——因而我们可以从轮胎特征入手，就在现场留下轮胎痕迹的轮胎是否即是这辆轿车的轮胎来进行同一认定。但是，如果肇事轿车在案发后的三个月内一直处于使用中，或者在这三个月内车主故意人为地用刀割、划轮胎表面，那么警方在查找到该轿车后再意欲从其轮胎特征入手进行同一认定，就可能因轿车轮胎的特征有了大的改变而无法进行同一认定。同样，某枪支在发射现场子弹后三年才被警方发现，而这三年间该枪支一直藏于潮湿阴暗的地下室从而枪管内壁锈蚀严重，那么再用此枪发射子弹获得实验弹头，并与现场子弹进行比较，就有可能因枪管内壁特征变化过大而无法进行同一认定。

一般而言，客体的特征可能多种多样，其中某种特征或许稳定性差而无法满足同一认定或种属认定的条件，但其拥有的某种其他特征却可能极为稳定而能够满足同一认定或种属认定的条件。这就需要我们全方面、多视角地了解、认识客体的多种特征，并充分将现有的各种科技手段用于认定工作中。例如，人的头发生长速度较快，大约每日生长 0.27~0.44 毫米、每月生长 1~1.5 厘米，其无机元素组成也不大稳定，因而目前还无法利用无机元素组成对人的头发进行同一认定。但是，人的头发携带的遗传信息——头发毛囊携有细胞核 DNA、头发毛干携有线粒体 DNA——却可被我们用来进行同一认定或者种属认定：如果头发有毛囊，那么我们就可以利用细胞核 DNA 技术就该头发是否某人的作出同一认定的结论；如果头发无毛囊，那么我们还可以利用线粒体 DNA 技术就该头发是否源自相同母系的某些个体而给出结论。

4.2.2.3　客体的特征必须得到良好的反映

一般而言，客体的特征均能在其他客体上得到反映，如指纹的类型和细节特征能反映到指印中，书写动作习惯能从笔迹特征中表现出来，人的身高、体重、性别能寓于足迹中，人的相貌特征能在相片中得到体现。与此同时，我们也发现，即使是同一个客体，如指纹、改锥或者鞋子，在分别形成多个相应的特征反映体时，其各自的特征却没能得到完全一样的反映：有的指印同时反映了指纹的花纹类型特征与细节特征，但有的却只反映了指纹的花纹类型特征；有的工具痕迹一并反映了改锥之尖端部位的三维空间特征与改锥尖端处的缺口特征，但有的工具痕迹却只体现了改锥尖端部位的宽度特征；有的鞋印同时显现了鞋底大小、宽度以及磨损等细节特征，但有的鞋印却只显现出鞋底的大致轮廓。这种有反映、但反映的好坏不尽相同的状况提醒我们，在探讨同一认定、种属认定的条件时，更应关注客体特征被反映的好坏，即反映的容易程度、清晰程度和准确程度，而非客体特征能否被反映的问题。

同样是人体的组成部分，指纹特征就比唇纹特征、眼纹特征、脸纹特征等更易于在其他客体上得到反映。其根本原因有二：一是，手是人身体上使用频率最高的器官之一，各种各样的活动往往离不开手的介入；二是，手指头上的乳突线布满了汗孔，汗腺不断分泌出的汗液使得手指在与其他客体表面相接触时易于留下汗垢指印；此外，手指头还可能沾有血液、油脂、灰尘、油漆等中介物质，从而在与其他客体相接触时形成各种有色指印。尽管在某些案件中我们还能经常遇到唇印，但我们绝对不可能在某个现场发现人的眼纹或脸纹，其原因在于，眼纹或脸纹的反映必须借助眼纹拍摄仪或脸纹拍摄仪。

如前所述，同一认定、种属认定的实施通常离不开对特征反映体的检验。尽管某客体的特征较易在其他客体上得到反映，但如若这种反映并不清晰，例如我们仅提取到一枚模糊的指印，那么同一认定、种属认定仍无法进行（参见图4—2和图4—3）。而客体特征能否得到清晰的反映，主要取决于以下三个因素：客体特征本身的清晰与否、反映客体特征的其他客体的性质以及形成反映时的具体情况。以声音为例，声音若要得到清晰的反映，至少需要做到如下几点：说话者口齿清晰、录音设备及录音磁带质量高、录音时现场安静且离说话者距离较近。这其中任何一个因素的逊色均会影响到声音特征的反映。

通常而言，我们是从特征反映体的特征回溯其反映的那个客体的性质，并进而认识那个客体。这显然还要求特征反映体对该被反映客体之性质的反映应是准确的。如果这种反映有了歪曲，或反映的准确程度不高，那么势必会影响甚至妨碍我们进行同一认定、种属认定。因而客体的特征是否得到良好反映，还应从被反映的准确程度方面加以分析（参见图4—4）。

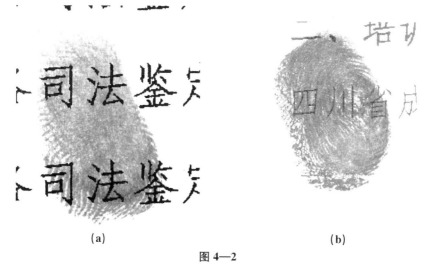

(a)　　　　　　　　　　　　　　　　　　(b)

图 4—2

注：模糊的指印不能清晰反映留印手指头的独特特征，因而无法进行同一认定。（彩图见本书插页）

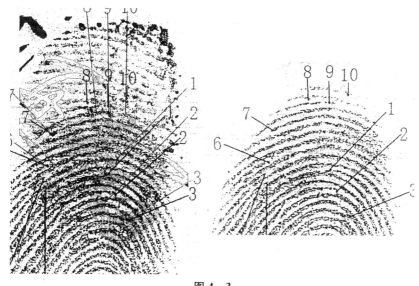

图 4—3

注：左侧黑色指印为争议文书上的物证指印；蓝色指印则为嫌疑指印；右侧为嫌疑指印。清晰的指印，即便其并不完整，却能供我们准确地认识其各种特征，进而可进行同一认定。（彩图见本书插页）

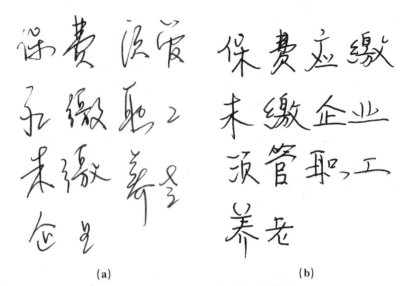

(a)　　　　　　　　　　　　**(b)**

图 4—4　某人先后书写的两份笔迹

注：图（a）为正常书写的笔迹，图（b）为伪装而成的笔迹。显然，图（b）中的笔迹不能准确反映该书写者的书写动作习惯，因而不利于我们依据它进行同一认定。

4.2.2.4　客体的特征必须是我们所认识的特征

对客体进行同一认定、种属认定，无疑要以认识客体的特征为前提。特别是同一认定，对我们认识客体特征的能力要求就更高。在还没有认识指纹特征时，我们不可能对指纹进行认定；当对指纹特征的认识仅限于花纹类型时，就只能对指纹进行种属认定；当对指纹特征的认识深入至细节特征时，我们才可以对指纹进行同一认定。同样，对声纹特征的深入认识，对弹头上来复线痕迹等特征的逐次认识，则使得我们已能够就声纹进行话者的同一认定，就弹头进行发射枪支的同一认定。

但是，我们必须意识到的是，我们对客体特征的认识能力与所处社会的科技发展水平密切相关。也就是说，某社会时期的科技发展水平决定了我们对客体特征的认识能力；我们不可能超越社会的科技发展水平而遑论提高我们的认识能力。

犯罪侦查学及物证技术学的发展历程已清楚地证明了社会科技发展水平对认识能力的影响，对客体之同一认定、种属认定的作用。

封建社会与现代社会有着同样的对罪犯进行同一认定的现实需要，所不同的是，封建社会落后的生产力、十分低下的科技水平使得人们无法认识客体的各种特征，因而只好采用在今天我们看来极为荒诞的"神灵"示意法，或极为残忍的"刺面"和"烙印"法来认定罪犯的身份。随着生产力的发展、科技水平的提高，人们的认识能力也相应有了很大的改观，人们已能逐渐认识各种客体的各种特征，如物质的各种理化性质，人体的外貌特征、骨骼结构特征、指纹特征、书写习惯特征、手掌花纹特征、耳郭特征、牙齿特征、唇纹特征、声纹特征、眼纹特征、脸纹特征和遗传基因特征（DNA纹）等，也就能够尝试着借用这些特征对物体或人体进行种属认定、同一认定（参见图4—5）。

图4—5　炮膛内的来复线

注：当认识到枪膛或炮膛里的来复线后，才有可能利用来复线的数目、方向、磨损、锈蚀等特征，对子（炮）弹头与嫌疑枪、炮的关系进行同一认定和种属认定。

这一过程中，客体的各种特征逐渐被人们揭示出来，许多曾经被认为是无法解决的种属认定或同一认定问题，在今天已经不再成问题。人们的认识能力对科技发展水平的这种依赖，使得我们可以预言，客体或许还有许多特征在今天不被我们所知晓，但随着科技水平的迅猛发展，人们的认识能力进一步提高，这些现今尚不被我们知晓的客体特征将会渐次被明了，现今尚不能解决的种属认定问题或同一认定问题在将来则可能迎刃而解。

诚如前述，对客体特征的认识与科技发展水平紧密相连，但我们还应注重的是，认识主体本身的素质——学识、经验及职业道德等对客体特征的认识也起着不可忽视的作用。因为任何科学原理或技术手段均不会自动地运用到种属认定、同一认定中，即使是高度自动化的仪器设备也离不开人的操纵、离不开人们对具体结果的科学解释，所以认识主体本身的素质对客体特征的认识程度也有着极大的影响。正是因为有着这种影响，我们才极为强调物证技术中的同一认定或种属认定要由专门人员来承担的问题；同时我们还强调，这些专门人员必定要是受过相关高等教育的人员，并且在从事物证同一认定、种属认定工作之后，还必须经常接受专门培训，以随时将科技发展中的新原理、新成果借鉴、吸收过来，进而进一步提高认识客体的能力——当然，这种培训也包括对某些专门人员之个人经验的总结与推广。

从同一认定、种属认定必须满足的前述前置条件来看，我们也应正确看待实务中这样的现实，即某些案件事实无法借助物证的同一认定或种属认定方式加以证明：当客体的特征在认定所必需的特征稳定之必要时间内发生了较大变化，当客体的特征在形成反映时未能得到良好的反映，当客体的特征还不被我们现在的认识手段所认识，那么任何脱离现实的努力均无能为力。我们所能做的工作只能是，尽早地发现受审查客体，尽量让受审查客体自我们发现后就不再被人为破坏，尽早地让受审查客体接受物证鉴定人员的认定，尽量及时地接受新的科学技术手段以提高自己的认识能力。也就是说，我们能尽量防止我们自身对客体特征的影响，但我们却无法改变他人或自然界对客体特征已造成的影响；我们能够在获取比对样本即形成受审查客体的特征反映体时尽量让这种反映达到良好的效果，但我们却无法干预物证形成时被寻找客体之特征被反映的好坏；我们能持续接受相关培训从而让新的科学技术原理或发明不断被我们用来提升我们对客体之特征的认识能力，但我们却无法超越我们所处时代之科技发展的现实状况而"随心所欲地跃进"。这再一次表明，实务界的某些提法，如"某类纠纷必解决"、"某类案件必侦破"实际上只是一些口号，可用作政策以鼓舞相关人员的斗志，却并不能完全实现。

4.3　同一认定、种属认定与概率

4.3.1　概率的含义及基本功效

从概率论与数理统计这门数学学科而言，概率有着较为复杂、晦涩的定义，"设 E 是随机试验，S 是它的样本空间，对于 E 的每一事件 A 赋予一个实数，记为 P（A），称为事件 A 的概率，如果集合函数 P（·）满足下列条件：

1. 非负性：对于每一个事件 A，有 P（A）$\geqslant 0$；

2. 规范性：对于必然事件 S，有 P（S）$=1$；

3. 可列可加性：设 A_1、A_2 是两两互不相容的事件，即对于 $i \neq j$，AiAj$= \emptyset$，i，j$=1$，2……则有：

P（$A_1 \bigcup A_2 \bigcup$）$=$P（A_1）$+$P（A_2）│……"①

这种定义无疑科学、严谨，但因过于抽象而不便于我们理解、掌握。而如若能够将之通俗化，则无疑有助于我们本书的讨论，因而笔者撇开数学的思维理念而将概率通俗、简化地定义为，概率乃"出现某一现象或事件的可能性大小"。概率，也可称为"几率"、"或然率"，是我们研究自然中、社会上那些不确定现象或事件的工具或手段。而所谓的不确定，是相对于确定而言的。如果在一定条件下，某现象或事件必然发生，那么该现象或事件称为确定现象或确定事件。例如，成熟的苹果必然落到地上、同性的磁铁必然相斥、太阳必然从东方升起西方落下等就是确定现象。相反，还有一些现象，在相同的条件下，却可能出现、也可能不出现，或者以这样的结果出现或以那样的结果出现，而在此之前，我们并不能对之加以确切地预测，故此类现象或事件被称作不确定现象或不确定事件。例如，即将抛出的 5 分硬币到底以哪一面着地、刚刚受精的胚胎是发育成男性还是女性、已发射出的子弹最终会击中哪个目标、已转动起来的摇奖装置到底会开出哪个奖号等，便是不确定现象或不确定事件。

---

① 盛骤等编：《概率论与数理统计》，9～10 页，北京，高等教育出版社，2001。

如果说，这些不确定现象或事件的最终结果完全是"无章可循"，那么也就不会出现概率和统计的概念，也就没有了此处被我们讨论的话题。但事实上，人们长期实践及深入研究的结果表明，这类不确定现象在大量重复的情况下，其结果呈现出某种规律性，如：多次重复抛掷硬币，其正面朝下的次数基本上占一半；某人多次朝同一个目标掷出的垒球，其着地点按照某种规律分布；人类繁衍出的后代基本上男女各占一半。显然，这些在个别试验或观察中其结果呈现出不确定性的现象，在大量重复试验或观察时却又表现出相应的规律性。数学上将这种规律性称作统计规律性，将这类不确定现象或事件称为随机现象或随机事件。而概率正是研究、探讨随机现象中相关结果的统计规律性，以使之服务于人类的基本工具之一 ——天气预报中的降水概率就是佐证：在对降水现象进行大量的统计分析后，我们可根据其统计规律而以概率的形式预言未来的雨雪情况。

就此，我们能明了的是，概率是与不确定现象或事件紧密相连的。但是，概率，也就是"出现某一现象或事件的可能性大小"，到底有着怎样的功效？怎样与不确定现象或事件相连？从概率的前述数学式定义我们便能窥见一斑：既然概率可用数学公式来表示，那么它便是一个可以量化的概念，一旦我们将相关的合理数字填入公式中，那么概率便会成为具体的数据。借此数据，我们可以具体把握"出现某一现象或事件的可能性"，从而决定我们将要采取的行动——由"明天的降水概率为10％"这一预报我们得知，明天降雨的可能性或者说降雨的机会只有一成，因而我们不必携带雨具。因此，可以说，概率的基本功效是，以数字来量化不确定现象或事件的可能性。

具体而言，概率可以体现为 0 与 1 之间的某个实数。即：如果将对随机现象的观察称为随机试验，那么随机试验中每一个随机事件 A 均有一个表示可能性大小的确定数字 P 与之相对应。衡量 A 出现的可能性大小的 P 即是事件 A 的概率，用数学表示也就是 $P（A）＝p$。通常，某一必然发生现象的概率被赋值为 1，某一必然不发生现象的概率被赋值为 0，而介于必然发生与必然不发生之间的一般随机事件的概率也就只能在 0 与 1 之间取值。由此，我们常常将随机事件 A 的概率表示为 $0 \leqslant P（A）\leqslant 1$。

将一个试验重复独立地进行 n 次，事件 A 出现的次数 μ 称为事件 A 在这 n 次试验中的频数。比值 μ/n 称事件 A 在这 n 次试验中出现的频率。当试验次数足够多时，频率 μ/n 在 P 数值附近波动，故常用事件 A 的频率 μ/n 作为其概率 P 的近似值。[①]

4.3.2　概率对同一认定、种属认定活动的辅佐

在明了概率是什么、概率有何功效等最为基本的问题之后，我们显然会提出这

---

①　视事件 A 的频率 μ/n 为其概率 P，其实质便是认为概率即为频率。也就是说概率的实质是频率。对概率的这一解释被称为"概率的频率主义"。除此之外，对概率之实质还有其他解释，如"概率的主观主义"、"概率的逻辑主义"。参见刘昊阳：《犯罪行为同一认定理论与实践》，37 页，中国人民大学博士学位论文。

样的问题，即：概率能否运用于物证技术中必不可少的同一认定或种属认定活动？概率为什么可用于物证技术中的同一认定或种属认定活动？概率怎样运用于物证技术中的同一认定或种属认定活动？这无疑是我们讨论同一认定、种属认定与概率间关系时不可回避的问题。而对这些问题的依序回答可以始于下面一个案例。

4.3.2.1 同一认定中概率的实际应用

1985 年英国遗传学家杰弗瑞斯（Jeffreys）首次将 DNA 指纹技术应用到亲权鉴定中——对一个要求到英国定居的加纳男孩之生母进行认定。该男孩的母亲和一个兄弟、两个姐妹在英国，其生父在加纳。英移民局怀疑该男孩不是在英国的那位母亲所生，故要求进行亲子鉴定。对其已进行了 ABO、Rh、MN、Se、Pi、Lu、K、Fy、JK、Gm、Hp、EAP、ALOI、PGM1、Gc、EsD 及 HLA 等 17 种血型的测定，结果表明，该男孩与他在英国的疑是母亲有一定的亲缘关系（99%）。但移民局仍认为不能确定男孩是该女人所生、还是男孩居住在加纳的姨妈所生，故拒绝其移居英国。

杰弗瑞斯教授接手了该鉴定工作，但换用了 DNA 技术。因男孩在英国的疑是母亲拒绝提供其父亲的情况，故杰弗瑞斯只得分别采取了该男孩、其在英国的疑是母亲、兄弟、两个姐妹以及一例与之无血缘关系的个体的血样，并分别提取 DNA，应用 HinfI 限制性内切酶酶解，以小卫星探针 33.6 与 33.15 杂交，获得了具有高度特异性的 DNA 指纹图。从 DNA 指纹图上，杰弗瑞斯教授观察到加纳男孩有 61 条谱带，其在英国的疑是母亲也有 61 条谱带。分析男孩的兄弟和两个姐妹的 DNA 指纹图，发现其中有 39 条谱带来自父亲，占父亲谱带的 7/8，而其父的杂合子谱带有 1/8 没能传给子代。通过计算而知，父亲特有的谱带数为 $39 \times (1+1/8) \approx 45$ 条。因父、母亲的谱带数基本相等，即均为 61 条，所以父母之间共有谱带数应为 $61-45=16$ 条。由此可知，随机个体间共有一条谱带的概率应为 $16 \div 61 \approx 0.26$。假若该加纳男孩与此家庭无亲缘关系，则他与该父母双方共有一条谱带的概率应为 $1-(1-0.26)^2 \approx 0.45$，共有 61 条谱带的概率则为 $0.45^{61}=7 \times 10^{-22}$。如此小的概率表明，前面的假定即"该加纳男孩与此家庭无亲缘关系"是不正确的。同样，可计算出该男孩与其在英国的疑是母亲没有亲子关系的概率为 2×10^{-15}、为其姨妈所生的概率为 6×10^{-6}。依据这些数字，杰弗瑞斯肯定了该加纳男孩是其在英国的疑是母亲亲生。[1]

本案例中，无论是对加纳男孩进行的 17 种血型的测定，还是杰弗瑞斯教授首次动用 DNA 技术对男孩生母进行的确认，均是同一认定，因为他们最终要解决的问题是，加纳男孩在英国的疑是母亲是否其生母？再反观杰弗瑞斯教授以及其之前的专家所进行的工作，我们发现无论是利用血型、还是利用 DNA 指纹图技术，这些教授或专家在得出最终的同一认定之肯定结论时均极大地依赖了他们所获得的概率。据此，我们无疑可得出这样的结论：

概率可以运用于同一认定或种属认定活动中。

既然概率适用的对象是不确定现象或事件，而前面的案件又从实务的角度证实

---

① 参见孙言文编著：《生物物证技术》，103 页，北京，中国人民大学出版社，1995。

概率实际已用于同一认定或种属认定活动中，那么我们能否从理论上论证同一认定或种属认定活动的不确定性，从而视概率在同一认定或种属认定活动中的运用为顺理成章之事？这显然是一个必须进行而又不难进行的工作。事实上，从同一认定、种属认定活动的定义着手，我们就能完成这一工作。

如前所述，无论同一认定还是种属认定，其实质就是要判断物证与比对样本在来源方面有着怎样的关系。如果经过比较分析，我们判断物证与比对样本来源于同一个客体，那么便是同一认定。如果经过比较分析，我们判断物证与比对样本来源于两个或两个以上彼此相似的客体，那么便是种属认定。无疑，我们得出的这些"判断"或结论只是推论而非事实，即"某现场指印是嫌疑人手指头所留"、"某遗嘱不是张三书写"或"某交通肇事现场的油漆碎片是酚醛树脂漆"等，只是我们基于对客体特征的认识、了解、分析、比较以及我们已有的经验得出的推论，是对已发生之事的回溯或重建。既然是推论，那就具有一定的或然性，而此"一定的或然性"正是一种不确定性。换言之，同一认定或种属认定是具有不确定性的现实活动：在进行任何一个同一认定或种属认定活动之前，我们均无法预料最终的结果会是什么，这种事先的无法预料即是不确定性的具体表现；但无数次同一认定或种属认定的结果却又现实地表明，同一认定或种属认定的结论无外乎"肯定"、"否定"或"无法判断"（也可称为"真伪不明"）。因此，从数学的角度看，同一认定或种属认定也应属于随机事件，因而也就可用概率来量化。

从加纳男孩移民案来看，以 17 种血型测定法及 DNA 指纹图分析法对该男孩生母的确认无一不以概率为依据。换言之也就是，当男孩之英国母亲主张该男孩乃其亲生子时，我们所进行的同一认定活动实际上是通过概率的计算来判断该主张的真实性。其间，我们动用血型测定法及 DNA 指纹图分析法等生物技术获得了一系列数据，并按照统计分析的要求计算出了相关的各种概率：99％、7×10^{-22}、2×10^{-15} 等。无疑，在诸如此类的具体案件中，这些概率数据不再仅仅只是一些空洞的数字，而是有着丰富内涵的"证据"。"99％"指的是，加纳男孩是那名英国母亲之子的可能性高达 99％；"7×10^{-22}"表明，加纳男孩与其父亲及那名英国母亲没有血缘关系、但却与他们有完全相同的 61 条 DNA 谱带的可能性低至 7×10^{-22}；"2×10^{-15}"则意味着，加纳男孩与该英国母亲没有亲子关系的可能性小至 2×10^{-15}。正是基于这些以具体数据量化了的可能性，杰弗瑞斯等专家才能够得出加纳男孩乃那名英国母亲亲生儿子的推论。因此可以认为，概率能够辅佐我们的同一认定或种属认定。当然，就概率对同一认定或种属认定的这种辅佐作用也可从另一角度加以认识：概率辅佐我们得出相应的结论，实际上便定量表明了我们对该结论所持有的确定或不确定态度。这不仅使我们自己清醒地意识到工作中的不足，而且向其他人——如诉讼当事人——明确转达了这样的信息：我们的结论是意见、是推论，而非百分之百的事实。

前面是以两个具体案例来表明，概率能够辅佐我们的同一认定或种属认定。如果撇开案件的具体情节，单纯从 DNA 鉴定技术的角度通俗地分析诸如"99.99％"之类数据的意义，那么我们就可能进一步理解这种量化了的确定性或不确定性于同一认定结论或种属认定结论的积极意义。

人体含有 46 条即 23 对染色体，约 60 亿碱基对。染色体上的基因是由 DNA 分子构成，而 DNA 分子是由四种碱基不同的核苷酸组成的多聚体。正是染色体上的基因决定了人体的遗传，并为人体的个体识别奠定了基础。人类作为一个生物种群，其 DNA 的绝大部分结构是相同的，因此 DNA 鉴定并不需要也无可能针对全部 DNA 进行鉴定。DNA 鉴定只是从 DNA 链上选取某些特殊的、具有多态性的基因位点进行鉴定。

如果经鉴定，两个 DNA 分子的这些基因位点结构不同，那么就表明，这两个 DNA 分子并非来自同一个个体，即并非来自同一个人，所进行的同一认定便得出了"否定"的结论，用概率表示就是"100%"的否定。此时的"100%"便完全确定了这两个 DNA 分子之间的非相关性。

但是，如果经鉴定，两个 DNA 分子的这些基因位点结构相同，却不能轻易得出"肯定"的结论，即不能轻易地认为，取自现场的生物物质就来源于嫌疑人。因为从 DNA 鉴定理论上说，仅仅就 DNA 分子上的某些基因位点进行鉴定，那么只是这些被鉴定的基因位点的结构相同，而不是全部 DNA 结构相同，这就无法排除因偶然重合而导致的二者某些基因位点结构相同的情况。"偶合概率"即 DNA 鉴定中用以表示这种"巧合"的一个专用术语：它表示，在一定人群，如汉族人、高加索人、朝鲜族人、蒙古族人、满族人、回族人等人群中，随机抽取两个个体，其 DNA 在特定基因位点结构偶然相同的概率。这种相同只是在某些特定基因位点，如 D1S1656、D2S441、DHFRP2、D8S1132、D10S2325、DXS6804 等 STR 位点的结构相同，并不表示其 DNA 分子完全相同。出现这种偶然重合的原因是，一定人群的基因库是由其所有个体的全部基因组成的。在遗传进化的进程中，该基因库总量在一定时期内保持恒定，而每个个体的基因都是该人群基因库中基因的随机组合。当两个不同个体获得了相同的基因组合，"偶然重合"就形成了，而偶然重合的概率，被称为"偶合概率"。虽然从目前最新的 DNA 鉴定技术来看，这种偶合概率非常低[①]，有时仅达 $1/10^{16}$（当前的短串联重复序列技术，即 STR 技术，便可使得偶合概率达到这一数值），但当 DNA 鉴定结果表明，两个 DNA 分子某些基因位点结构相同，我们要得出"肯定"同一之结论时，仍需以 100% 扣除相应基因位点结构的偶合概率，即肯定同一的同一认定率＝100%－偶合概率，所得到的小于 100% 的同一认定率，如"99.999 987%"、"99.39%"等，即表明了所做的 DNA 鉴定工作对个体的认定程度。显然，这些量化的确定性能使我们更好地理解并运用相应的同一认定结论。

---

① 偶合概率的大小取决于被鉴定的基因位点数目及个体基因型在特定人群中的出现率：(1) 鉴定的基因位点数越多，偶合概率就越低——以 STR 技术为例，就可实现 16 个基因位点的检测，大大降低了偶合概率。(2) 被鉴定的个体基因型在人群中越是稀少，其偶合概率就越低；通常而言，同一个体基因型在不同人群中的出现率并不相同，在当前无罪推定原则的约束下，计算同一认定率时扣除的是某基因型在不同人群中的最高出现率，其结果，无疑有利于犯罪嫌疑人。

4.3.2.2　同一认定、种属认定中最常见的两种量化不确定性的方法

就同一认定、种属认定的实际情况来看，我们通常以概率与数理统计中的频率估计法或可能性比率法量化我们对某结论的确定程度。也即，当我们需要就物证及相应比对样本的来源作出判断时，——物证与相应比对样本有多大可能来源于唯一一个客体、有多大可能来源于一类相似客体——我们往往是以频率估计法或可能性比率法来量度这种可能性。

1. 频率估计法

所谓频率估计法（Frequency Estimates），也可称为出现率①估计法，即根据某客体或某特征在其全部可能来源中重复出现的次数来估计或判断我们单独、偶然遇到该客体或该特征的难易程度。例如，在我国汉族人口中，弓型纹占 2.5%、箕型纹占 47.5%、斗型纹占 50%②，那么在现场发现弓型纹指印的可能性就要比发现箕型纹或斗型纹的可能性小得多。换言之，从前述各种纹型的出现率我们便能得出这样的推断，现场发现的所有指印中，来源于斗型纹、箕型纹的可能性，要远远高于来源于弓型纹的可能性。又如，在我国华东地区汉族人口 D16S3391 基因座和 D10S676 基因座分别检出 7 个等位基因和 5 个等位基因。其中 D16S3391 基因座的 7 个等位基因是等位基因 8、9、10、11、12、13 和 14，其各自的频率分别是 0.028、0.165、0.085、0.137、0.335、0.179 和 0.071，D10S676 基因座的 5 个等位基因是等位基因 14、15、16、17 和 18，其各自的频率分别是 0.252、0.466、0.209、0.039 和 0.034。③ 还如，在我国鄂温克族人群 D3S1358 等 15 个 STR（short tandem repeats，人类短串联重复序列）基因座分别检出数十个等位基因，其中在 D3S1358 基因座的 6 个等位基因分别是等位基因 14、15、16、17、18 和 19，其各自的频率分别是 0.050 5、0.323 2、0.404 0、0.151 5、0.065 7和0.005 1。④ 利用这些数据，我们可以说，在我国华东地区汉族人口中，在 D16S3391 基因座发现等位基因 8 的可能性是 2.8%；在我国鄂温克族人群中，在 D3S1358 基因座发现等位基因 14 的可能性是 5.05%。也就是说，依据这些数据可以简单地估计，如果该物证与时下案件中样本

---

① 频率或出现率在证据实务中也可称为"危险覆盖率"。参见陈浩然：《证据学原理》，72 页，上海，华东理工大学出版社，2002。某现象或某特征在一定基数中的重复出现无疑就是频率或出现率，而它同时也即意味着该现象或该特征在此基数内可能被多个客体所共享——这种共享显然是我们在进行同一认定时必须考虑的一种危险性。

② 参见徐立根主编：《物证技术学》，2 版，173、174、176 页，北京，中国人民大学出版社，1999。

③ 参见高玉振等：《华东地区汉族 D16S3391 和 D10S676 基因座的遗传多态性》，载《中国法医学杂志》，2004（5），291 页。

④ 参见黄玉立等：《中国鄂温克族人群 15 个 STR 基因座多态性研究》，载《法医学杂志》，2004（3），162 页。

的来源不相同时，我们单独地、偶然地遇见该物证的可能性有多大。①

2. 可能性比率法

就案件中的某一事实，我们至少可以给出两个假设：一个是，该事实存在；另一个是，该事实不存在。究竟这两个假设中哪一个更可能接近于真实，则可以用可能性比率法（Likelihood Ratios，LR 或 LRs），即该事实存在的可能性与该事实不存在的可能性之比，进行判断。以某一民事案件为例可较为容易地理解可能性比率法的含义。原告张三称被告李四借了自己 10 万元逾期未还，希望法院判令李四归还 10 万元的本金和约定的利息。原告在提交诉状时还一并向法院提供了在"借款人"处写有"李四"二字的借条一张。但被告李四答辩称，自己未向原告张三借过钱，张三向法院提供的有自己之名"李四"的借条并非本人亲笔签名，而系伪造，所以自己不需要还钱给张三。那么被告李四是否向原告张三借过钱便是一个待定的事实。就此，我们可以给出的两个假设是：李四向张三借过 10 万元；李四没有向张三借过 10 万元。将李四向张三借过 10 万元的可能性与李四没有向张三借过 10 万元的可能性相比，通过得出的比值来判断这两个可能性哪一个更大，便是可能性比率法。当然，推理判断被告李四是否向原告张三借过 10 万元是法官的职责，是整个诉讼证明活动的最终目的。② 但在实现这一最终目的、在法官依法行使职责进而形成自己内心确信的过程中，无疑需要借助物证技术人员的同一认定活动所得出的结论——原告张三向法院提交的借条是否伪造。而物证技术人员在本案中的同一认定活动，其实质是要判断那份借条上写在"借款人"处的"李四"二字是否被告李四亲笔所写。围绕该问题，物证技术人员显然要考虑这样两种可能性：即假设一，借条上"借款人"处的"李四"二字是李四亲笔所写；或者假设二，借条上"借款人"处的"李四"二字是李四以外的其他人所写（该假设等同于"借条上'借款人'处的'李四'二字不是李四亲笔所写"的命题）。借助相应的仪器设备和已有的经验，按照同一认定的步骤和方法，物证技术人员在将本案中借条上的"李四"二字与李四本人亲笔签写的比对样本"李四"进行比对分析检验后，便会依据可能性比率法而对前述两个假设进行取舍，形成鉴定结论。此时，假设一是分子、假设二是分母，如果物证技术人员认为假设一的可能性是 99％、假设二的可能性是 1％，那么它们的可能性比率即为 99％∶1％。显然，假设一成立的可能性要远远高于假设二成立的可能性；

----

① 但需要说明的是，在生物物证技术中，我们并不是简单地、单纯地利用各个 STR 基因座的等位基因出现率进行种属或同一认定。事实上，我们在获得不同 STR 基因座的各个等位基因的出现率后，还要借助相关的计算公式获得诸如"基因座多态信息量（polymorphism information content，PIC）"、"杂合度（heterozygosity，H）"、"个体识别力（probability of discrimination，DP）"及"非父排除率（probabilities of paternity exclusion，EPP）"等数据后，再对照哈蒂—温伯格（Hardy-Weinberg）平衡定律加以使用。

② 严格地说，在整个诉讼证明活动过程中讨论可能性比率法的适用问题超出了本书的研究范围，但因该诉讼证明过程与本书讨论的物证的同一认定活动有着密切的关联，故不妨一并提及。

物证技术人员得出的相应鉴定结论应是："借条上'借款人'处的'李四'二字是李四亲笔所写。"无疑，以可能性比率法量化了的不确定性，使得物证技术人员得出同一认定结论（也即鉴定结论）时有了明确的依据，也使案件中的其他人员对该同一认定结论的证明力度有了清楚的认识。

可能性比率法适宜于评判二选一的假设中哪个假设的可能性更大，在许多领域均有所使用。但仔细研究并形成数学模型以评价诉讼中的证据，却只是近25～30年的事。① 按照英曼和路丁的观点，可能性比率法比单独使用出现率估计法能更精确、更完善地描述证据的力度。并且，英曼和路丁还在其合著《物证技术的原理和实务：法庭科学业》中结合物证及物证技术的特点和任务，将可能性比率法的公式予以了明确的表述和阐释：

$$LR = \frac{P(E \mid H_1, I)}{P(E \mid H_2, I)}$$

其中：P＝可能性；

　　　E＝待定来源的物证；

　　　H＝假设（H_1 和 H_2 为物证技术人员考虑到的两种假设）；

　　　I＝信息（它涉及围绕分析认定而存在的其他间接信息）；

　　　符号"｜"为：假定；

　　　圆括号被读做"……的"②。

按照本书前面部分内容对同一认定及种属认定的界定，我们可以将这两种认定活动均视作对物证之来源的判断活动，也即同一认定或种属认定实质上是判断物证与相应的比对样本是否有着共同的唯一来源、或者是否有着共同的相似来源的一种认识活动。为此，物证技术人员在每接受一次有关物证的同一认定或种属认定任务时，均会就该物证形成两个假设：

假设一，比对样本的来源为物证的真正来源——也即，物证与相关比对样本有着共同的（唯一）来源。

或者：

假设二，另外的来源为物证的真正来源——也即，物证与相关比对样本没有共同的（唯一）来源。

有了这种假设，那么可能性比率公式的分子部分读做："假定我们推定的某来源是真正的来源时，物证源自该共同来源的可能性。"同样，可能性比率公式的分母部分读做："假定别的来源是真正的来源时，物证源自该共同来源的可能性。"③

---

① See Keith Inman and Norah Rudin, *Principles and Practice of Criminalistic：the Profession of Forensic Science*, Baca Raton, CRC Press, 2001, p. 143.

② Keith Inman and Norah Rudin, *Principles and Practice of Criminalistic：the Profession of Forensic Science*, Baca Raton, CRC Press, 2001, p. 143.

③ Keith Inman and Norah Rudin, *Principles and Practice of Criminalistic：the Profession of Forensic Science*, Baca Raton, CRC Press, 2001, p. 143.

　　此外，英曼和路丁还认为，如果将贝叶斯理论考虑在内，则可能性比率法还可以将物证的检验结果与案件的其他部分融合在一起加以考虑，进而可以更为充分地考虑每一案件的个性特点，更具逻辑性地思考复杂的案情。①

　　尽管笔者前面所举的张三诉李四的借款纠纷案已阐述了可能性比率法的运用过程，但该例子过于简单，而英曼和路丁举出的案例却清楚无疑地凸显了可能性比率法在物证技术实务中的重要性、运用过程及在出现率估计法过于烦琐时的特殊价值：

　　"一名妇女声称，她与男友在早上发生了性关系，随后她目送他去上班。当她站在阳台上时，她受到了来自后方的袭击。袭击者从后面将其拽入房间并强奸了她。被害的该妇女立即告发了强奸案并在当地医院接受了检查。获取了阴道擦拭物并做了 DNA 分析。所采用的分析法，也即 RFLP（Restriction Fragment Length Polymorphism，限制性片段长度多态性）的分析结果表明，精液碎片中有混合的 DNA。在每一位点均发现了三或四条谱带，暗示这些谱带来源于两位授者。取自该妇女之男友以及本案之嫌疑人的比对样本表明，物证中的所有谱带与他们各自谱带的混合体相一致。因此，不能排除嫌疑人是精液的可能授体。这导致我们得出这样的推论：嫌疑人是该精液的授体之一。

　　现在的任务便是，评估该推论的力度或可信度。某些物证技术人员坚持，概括所有可能之授体（有时被称为随机的未被排除者，或 RMNE）的计算式才是最为贴切的表达式，且该计算式确实也提出了被告（该被告或许是一起有着数名强奸犯的案件中唯一被逮捕的一个嫌疑人）所关心的问题，即他想知道："从那些不被排除为潜在授体的人群中随机找出某个人的可能性有多大？"然而，RMNE 法却忽视了这样的事实，即只有两个授体存在，且一旦有一个授体的基因型被鉴别出了，那么另一个授体的基因型也就固定了。纯粹地概括每一个潜在授体的出现率，忽视了我们就此数据已得到的信息，且不能充分表达物证的复杂性。

　　取而代之的是，我们能够用可能性比率法去比较彼此相反的两个假设。就本案例而言，最为有关且最为合理的两组共四个假设是：

　　第一组：

　　假设 1：混合物是该妇女的男友（B）和嫌疑人（S）留下的；

　　假设 2：混合物是该妇女的男友（B）和一名未知的随机无关者（X）留下的。

　　第二组：

　　假设 3：混合物是嫌疑人和一名无关的人（X）（即不相信该受害妇女的陈述）留下的；

　　假设 4：混合物是由两名未知的随机无关者（X）和（Y）（即不相信该受害妇女的陈述）留下的。

　　以本案中分析检测的基因位点在高加索人口中的出现率为例，我们可先分别计

---

　　① 就此，可详细参见 Keith Inman and Norah Rudin, *Principles and Practice of Criminalistic*：*the Profession of Forensic Science*, Baca Raton, CRC Press, 2001, pp. 143－145, 147。

算出前述两组共四个假设的各自可能性，然后用可能性比率法来分别比较它们，即：

LR1.假定两个假设中受害妇女的男友均存在：

$$\frac{P（E｜男友＋嫌疑人）}{P（E｜男友＋随机的其他人）}=15亿$$

LR2.假定两个假设中受害妇女的男友均不存在：

$$\frac{P（E｜嫌疑人＋随机者）}{P（E｜两名随机者）}=45\ 000\ 000$$

计算的结果表明，假设1之下（男友和嫌疑人）的证据可能性较其他任何可能性均高出若干个数量级。其深刻的含义是什么呢？以LR1为例，其实质便是：

• 物证DNA图谱是受害妇女之男友及嫌疑人留下的可能性至少是男友及其他人留下的可能性的15亿倍。或者说：

• 假定受害妇女之男友确实存在，那么其他人而不是嫌疑人具有构成所观察到的混合谱带所要求的图谱的可能性是15亿分之一。

本案中，尤其应注意以下两点：（1）取自受害妇女之阴道的擦拭物的DNA分析结果表明，有两名且只有两名授者存在；（2）能影响分析认定结果的案件其他间接信息是，受害妇女明确表示她与一名已知的授者（其样本是可以得到的）发生了性关系。如果我们忽略了这两点，那么在分析认定时至少会失去3个数量级的重要信息。"[1]

无疑，该案例详细、具体地阐释了可能性比率法在实务中的重要性，以及案件中的实际情况对演算的深刻影响；它还从一个侧面表明了当不确定性能用数字来量化时，我们的推论是非常有分量的！

4.3.2.3 同一认定和种属认定对概率的有限利用

如前所述，概率显然可以应用于同一认定和种属认定活动中。但前文未能明了的是，概率能否适用于所有的（物证）同一认定或种属认定活动？在同一认定或种属认定活动中，我们能否单纯依靠概率公式计算出的数据而作出结论？在探讨这两个问题之前，我们先来看一看美国诉讼证明史上颇为著名的"克林斯案"。

1964年6月某日的中午，阿尔克斯夫人在购物回家的途中，突然被人从身后猛地推倒在地，随身携带的装有刚买来的物品及内有约35美元至40美元现金的钱包的小皮箱被人抢走。阿尔克斯夫人挣扎起来发现，一名年轻的金发女郎正仓惶逃窜。而在附近草地上浇水的证人巴斯听到阿尔克斯夫人的呼叫后，则发现一名金发女郎正迅速钻进一辆黄色小汽车中。当该辆小车从巴斯身边快速驶过时，巴斯清楚地看到，驾驶者为一名胡须及鬈发均很浓密的黑人男性，金发女郎则坐在副驾驶座上。

检察官将阿尔克斯的陈述及巴斯的证词结合在一起，请一名大学的数学老师进行概率分析。而该名老师借助数个相对独立的项目的独立概率（一辆黄色小汽车、

---

[1] Keith Inman and Norah Rudin, *Principles and Practice of Criminalistic：the Profession of Forensic Science*，Baca Raton，CRC Press，2001，pp. 145—147. 笔者在翻译时做了必要的意译和增删。

胡须较长的男性、头发较长的女性、鬈发较浓的黑人、金发白人、一辆汽车中同时坐着不同种族之异性的各自独立概率分别为：1/10、1/4、1/10、1/10、1/3、1/1 000），按照概率学上的乘法计算规则得出这样一个数据：在一辆黄色小汽车上同时坐着一位胡须较长、鬈发较浓的男性黑人及一名头发较长的金发女性白人的可能性（也即危险覆盖率）是 1/12 000 000（1/10×1/4×1/10×1/10×1/3×1/1 000=1/12 000 000）。而嫌疑犯克林斯夫妇恰恰有一辆黄色小汽车，丈夫为胡须较长、鬈发较浓的黑人，妻子为一名自然的金色长发白人；案发第二天，克林斯夫妇因交通违章被交警处以 35 美元的罚款，一向贫困的克林斯夫妇支付了这笔罚款但却无法说明用作罚款的 35 美元来源于何处。

根据被害人阿尔克斯的陈述、证人巴斯的证词、数学老师的概率分析过程和结果以及有关嫌疑夫妇的一些情况（外围）证据，检察官以抢劫罪和伤害罪将克林斯夫妇诉至法庭，并得到了一审法院之陪审团的支持。

被告克林斯夫妇不服一审判决而以犯罪行为发生时两人均不在现场、检察官提供的证据存在明显瑕疵为由上诉。加利福尼亚州最高法院采纳了被告人的上诉意见，以证据不足和一部分证据不具备可采性为由，驳回了洛杉矶地方法院的一审判决，裁定被告人克林斯夫妇无罪。[①]

上诉法院的判决理由是：（1）检察官呈交的证据中，所谓的独立项目概率只是一种理论上的假设，并不能得到证实。相反，黑人男性的胡须、鬈发及白人女性的长发、金发等项目却并非能相对独立，但对大幅度降低最终的概率值却起着不关重要的作用。（2）检察官罗列的抢劫者及共犯的六大特征均来源于被害人和证人，虽然被害人的陈述与证人的证言就此可以相互印证，但陈述或证言本身却各自并未得到补强。将未得到补强证实的项目作为独立概率分析的基础，难以防止得出错误的概率数据。（3）即使检察官提供的证据和主张从概率的角度而言正确无误，但只要存在一定的危险覆盖率，就可能存在人身特征完全相同的其他男、女性。因此，这种建立在数理分析基础上的证据仍然具有假定性，并不能为被告人是否实施过抢劫和伤害等行为提供有力的证明。（4）概率学分析结论从逻辑上说只是一种推断，而被告方提供的犯罪行为发生时被告人不在现场的证据则是一种实质证据。这两者的证明对象互异，不属于同一事实的相反证据，因而不能简单地采用数理推论来直接推翻实质证据。

"克林斯案"无疑告知我们，**同一认定或种属认定活动中对概率的利用应是有限的、节制的，一旦我们机械地、教条地、不从深层次去具体分析个案的案情，就有可能造成错案、冤案。**

事实上，下列因素表明，在进行同一认定或种属认定活动时，我们只能有限度地利用概率。

1. 依概率理论计算出的数据是统计数据，它反映了大量重复试验或观察所呈现

---

① 资料来源：陈浩然：《证据学原理》，75～78 页，上海，华东理工大学出版社，2002。本书在使用时做了一定的删改。

出的一般性规律，但对某个具体试验或观察而言——本书中也即指我们讨论的某个具体同一认定或种属认定活动——则可能存在背离。这从理论上说明，我们在个案中利用概率统计数据时，必须注意这种一般与个别相冲突的现象，必须由认定主体根据具体案件的其他间接信息适时、适量地进行思考和评判。否则，我们对概率统计数据的运用和依赖便具有了机械性、教条性和盲目性。

认识主体必须借助必要的专业知识和已有的实践经验对概率数据进行适当修正，必须结合具体的案件而在一定程度上排斥概率统计数据之纯数理性的渗透。这从一个侧面也阐明，同一认定或种属认定活动对概率的运用是有限的。

2. 概率只能应用于与生物体——如人体、动物体、植物体等——有关的物证的同一认定及种属认定中。

生物体例如人具有相对稳定性，且我们不仅了解各种人种的分布——如撒拉族是我国信仰伊斯兰教的少数民族之一，主要聚集在青海省循化、化隆以及甘肃省积石山的大河家一带①，不仅有获得具有代表性的样本的能力，而且我们还能够利用基因法则检测人的遗传因素的独立性，因此，我们可以进行各种人口调查，并就人体拥有的各种特征，如指纹、基因纹、声纹等建立多种数据库。② 借助这些数据库，我们就能将概率及数理统计理论中的一些原理和方法用于生物物证的同一认定或种属认定活动中，就能合理地估计随机遇到具有某特点的生物物证的可能性。

然而，对非生物物证特别是微量物证而言，我们通常面临两种情形：要么无法就出现率进行相关研究，要么就出现率进行的研究所获得的数据只有瞬间意义。而出现这两种情形的根本原因在于，非生物物证可能的来源物在制造材料、制造形式、制造工艺上变化极快且无法预料，我们尚来不及针对它进行有意义的统计计算，或者刚针对它获得某个出现率数据它们便已经发生了根本的变化——而后者使我们不得不顾虑这样的问题：计算该出现率时的基数是否还是在估计、评价某件在另一时间、另一地点发现的物证之可能来源时的那个数据。此外，非生物物证之来源物的材料组成在很大程度上与地理位置有密切的关系，且可能极具地方色彩，因此，我们难以保证调查时所取得的抽样确确实实公平代表了全部制作材料的总体情况。当然，我们可以竭尽全力、想尽办法紧随非生物物证之来源物的材料组成、制造工艺等重要因素的基数变化而迅即得出某些特征的出现率，但这种动态值对我们判断某物证是否来源于某个工具、是否来源于某件衣物等问题没有多大的帮助。

----

① 参见王占海等：《中国撒拉族 9 个 STR 基因座的遗传多态性》，载《中国法医学杂志》，2004 (3)，171 页。

② 这其中，又尤以建立基因纹数据库为甚：仅在我国，就有相当多的理论及实务工作者在从事着建立基因纹数据库的基础工作，其具体表现就是，大量这方面内容的论文发表于相关期刊上，如仅《中国法医学杂志》2004 年第 3 期上就有《中国内蒙古达斡尔族 15 年 STR 基因座的多态性》、《南京地区汉族 9 个 STR 基因座的遗传多态性》、《山西地区汉族人群 D8S1179 和 FGA 基因座的频率调查》、《DCP1 基因座 I/D 遗传多态性及法医学意义》、《中国撒拉族 9 个 STR 基因座的遗传多态性》5 篇文章，占该期期刊全部文章的 18.75%。

　　还需要考虑的问题是，对非生物物证之某些特征出现率的估计还需仰仗于其来源物之生产厂商的密切配合：这些厂家应就其生产的各类产品的质地、批次、销售区域等问题建立详细的档案或数据库，但出于各种原因，这些厂家却可能无意或不愿建立这样的档案或数据库，进而障碍我们就非生物物证之特征的出现率进行必要的数理统计。例如，美国的物证技术实验室曾经出于枪弹痕迹鉴定的需要而吁请生产子弹的厂家就其生产子弹所用的弹药进行一定的标记并建档，有些厂家也确实开展了这样的工作，但这些厂家中的个别厂家却因此陷入巨额索赔诉讼中——某涉枪案件的鉴定结论表明，该案的死者死于某厂生产的弹药，而死者家属据此便起诉这一生产厂家——如今，也就不再有厂家愿意进行这种标记及建档工作。①

　　最后，阻碍概率在非生物物证的同一认定或种属认定活动中的应用的，乃是非生物客体之间的独立性问题。按照概率理论，当统计的各事件或各现象具有相对独立性时，我们可以按照乘法原则而将各事件或各现象统计所得的独立概率直接相乘，进而得到多维随机事件或多维随机现象的总概率。但是，因为没有任何物理法则能够控制非生物客体的分布，也没有什么方法可供我们对两个非生物客体之间的独立性作出分析、判断或衡量，因而我们难以保证概率理论的乘法原则能够完全满足了实施条件的前提下得以应用——前述"克林斯案"的一审判决之所以被二审法院纠正，在一定程度上就是因为，控方聘请的那位数学老师在利用概率乘法原则计算多维事件的总概率（该案中，即某人同时拥有被害人阿尔克斯夫人和证人巴斯所描述的犯罪行为人之特征的可能性）时，所谓的独立事项并非完全独立。②

　　总之，难以将概率运用于非生物物证的同一认定或种属认定中。但是，这只是一般的结论或看法，并不排除个案中，因情况的特殊，而可能在就非生物物证的同一认定或种属认定时运用了概率理论。例如：1979 年 7 月始其后的 22 个月时间里，美国佐治亚州亚特兰大市发生了若干起共约三十名黑人儿童和青年失踪或被谋杀的案件。该系列案件的侦破与在受害者尸体和衣服上发现的黄绿色纤维有着密切的关系。这些纤维横断面粗糙，被认为很可能来自地毯；再经分析比对，则在外观形态方面表现出与 1981 年 6 月在嫌疑人威廉斯家中发现的黄绿色地毯纤维高度一致。经努力，从受害者身上发现的黄绿色纤维的来源也被确认了：马萨诸塞州的韦尔曼公

---

　　① 该信息来源于美国的物证鉴识专家李昌钰博士于 2004 年 11 月 26 日在中国人民公安大学以"枪击案件之调查"为题而做的讲座。该讲座不仅涉及了 2004 年年初发生在我国台湾地区的陈水扁枪伤案，而且讲述了发生在美国历史上、迄今仍被视为未解之谜的"萨克与范哲提（Sacco-Vanzetti）枪击案"。有关陈水扁枪伤案鉴定的一些内容可参见：《壹周刊》，2004－04－01，30～36 页；有关"萨克与范哲提枪击案"的鉴定及疑点则可参见：Henry Lee ＆ Jerry Labriola, *Famous Crimes, Revisited：from Sacco-Vanzetti to O. J. Simpson*, Southington, Strong Books, 2001, pp. 1－98。

　　② 当然，"克林斯案"涉及的证据还包括了生物物证，而非完全是本书在此处探讨的非生物证据，但它阐释的道理却是相同的：在应用概率的乘法原则时，被乘的各个事项概率应是独立事项的概率。

司将其生产的181B尼龙产品以纤维纱的形式卖给了佐治亚州多尔顿市的"西点佩珀雷尔"地毯公司，后者则用这种纤维纱生产出了黄绿色的"拉克塞雷"地毯，而该地毯以有限的数量在亚特兰大地区销售。据查，"西点佩珀雷尔"地毯公司1971年和1972年两年向美国东南部10个州的零售商销售了16 397平方码的"拉克塞雷"地毯。假定在这10个州的分销量是均等的，每个房间铺地毯的尺寸为12×15英尺，那么佐治亚州可能共有82个房间拥有这种地毯。统计数字表明，亚特兰大地区有638 995栋有人居住的房屋，那么拥有类似地毯的房屋可能性是：82/638 995 ＝1/7 792。实际上，有些住户购买的地毯尺寸可能大于估计的前述尺寸，且在1971年至1981年的这十年间某些地毯已被住户所抛弃，故拥有这种地毯的住户将会更少。再加上本系列案件中还发现了大量其他的物证，如在受害者身上发现的嫌疑人威廉斯汽车上的地毯纤维及威廉斯家中狗的狗毛等，威廉斯最终被判有罪。[①] 无疑，本系列案在对受害者身上发现的黄绿色纤维进行种属认定时运用了概率理论，但其前提条件显然是，黄绿色纤维的原始生产厂、地毯生产厂已被确认，且这些厂家的销售范围及销售量也极为明确、极为有限，否则，我们很难得出科学、令人信服的概率数据。

3. 同一认定的实质决定了即使是在针对生物物证的同一认定活动中，我们对概率的运用也是有限的，其间，离不开认识主体依其学识和经验而进行的理性的主观干预。否则，我们就无从满足实务工作的现实需要。

如前所述，同一认定的实质就是判断物证与相应的比对样本是否拥有唯一一个共同的来源。因此，从理论上说，这种判断应建立在100％（或者说是0）的可能性之上——物证与相应的比对样本有百分之百的可能性是来源于唯一一个共同的来源（或者说，物证与比对样本没有唯一一个共同来源的可能性为零）。但是，事件发生后的不可溯性以及我们认识能力的有限性，决定了我们无法以百分之百的可能性得出肯定的同一认定结论。也就是说，无论如何努力，我们以概率量化了的可能性也只能是无限趋近于但却不能等于100％或0。即使概率结果告诉我们，现场发现的那枚指印与用作比对的那枚指印来源于同一枚指纹的可能性是99.999 9％，但我们仍然可以明确地知道，这两枚指印来源于不同指纹的可能性还是达0.000 1％；即使概率结果告诉我们，张三是某孩子之父亲的可能性是99.999 7％，但我们仍然可以明确地说，张三不是该孩子之父亲的可能性还是有0.000 3％。面对如此具体化了的概率结果，我们在给出某一结论时就难免会踌躇不定。但是，诉讼的实务性却不允许我们就此踌躇不定，而是迫切要求我们给出一个"是"或"否"的结论。侦查员、检察官、法官及律师等的渴求的目光更是使我们深知肩上担子的分量！幸而人们对下列两个问题的回答似乎均倾向于后者，"对于每一个具体的诉讼案件，人们追求的究竟是一种哲学上的完美无缺，还是事实上的不能否认？究竟是以发现绝对的真相

---

① 参见［美］乔耶·尼克尔等著，贾宗谊等译：《犯罪案件侦破》，99～108页，北京，新华出版社，2002。

为宗旨，还是以合理的解决纠纷为目的?"① 于是，我们可以慎重地将自己的学识、经验应用于同一认定活动中，并给出明确的"是"或"否"的认定结论。而这一过程无疑是将在其他领域有着广泛运用范围及较佳运用效果的概率及统计学作了有意的放弃或故意的忽视。之所以会有如此的结果，其原因恐怕是，以概率量化了的可能性、出现率或危险覆盖率使得人们能够明察那些哪怕只是微乎其微的秋毫，并有了言之凿凿的"把柄"——前述的那些0.000 1‰或0.000 3‰的可能性是轻易就能计算出来的，而以扎实的专业知识、丰富的实务经验为基础的主观判断，却无法以任何公式来量化，也就无人能够真正体会并具体把握其中是否存在错误的可能。于是，许多案件中，物证技术人员给出的同一认定结论并没有具体的概率数据做支撑。

需要明确的是，笔者在此处阐明的观点——相当多的同一认定活动摈弃、排斥了概率的量化功用——并非表明我们的物证同一认定活动多么地不科学、多么地主观随意! 相反，笔者却是为了表明以下看法：即我们也期冀有确定无疑的数据支撑我们所有的结论，但这只不过是期冀、而非现实。事实上，正是诉讼之定纷止诉的目的性、正是诉讼之事实不被否认的标准性，使得我们在某些案件中放弃了可以省心省力的概率工具，而代之以劳心费神、责任更重大的主观评判。在以理性和正义为基础的内心确信制度在整个诉讼证明制度中占据极为重要地位的大环境下，在物证的同一认定活动中佐以必要的主观评判也就不是另类做法，也就不应被人所不容、被人去批判——它不过是内心确信制度在物证技术活动中的缩影。

---

① 陈浩然：《证据学原理》，80 页，上海，华东理工大学出版社，2002。

第 5 章 物证的发现、收集和保管

5.1 物证的发现、收集和保管的概述

5.1.1 物证之发现、收集和保管的解说

物证在诉讼中的作用已得到普遍认可。而要发挥这些作用并使这些作用最大化，最为首要、最为基本的工作是，发现、收集物证，并对之加以妥善的保管。

依笔者之见，所谓物证的发现、收集，即指针对物证而进行的搜查、寻找、显现以及针对物证而进行的扣押、提取、固定等活动。所谓物证的保管，即指针对物证而进行的包装、保存、运输、管理等事项。

尽管"物证"是诉讼法和/或证据法中不可缺少的法律用语，但一般说来，物证的发现、收集和保管却不是诉讼法、证据法直接且明确调整或规范的对象。① 这就使得有关物证的发现、收集和保管更多由专业人员从技术的层面加以研究，而少有法学学者从法律角度予以特别关注。笔者就曾经认为，物证的发现、收集和保管是游离于法律之外的活动，作为物证的发现者、收集者或保管者，我们的首要且唯一目标是，以科学、正确的技术手段发现、收集并保管物证，从而避免物证因被污染、被损坏而丧失其应有的证明价值。至于发现、收集或保管工作是否严格符合法律的基本规定，是否有可能侵犯相关人员的人权，如何保证发现、收集等技术工作没有法律上的纰漏，则不是物证技术人员应当思虑的问题。显然，这种视物证技术工作可超脱于法律规定之外的观点无疑是错误的。因为，物证技术工作最终服务于司法，它不可能不受一国之法律思想、法律文化及具体法律规定的影响，相反，它还会从一个层面折射出该国之法律的先进程度、法治的完全程度、人权的尊重程度。因此，有必要在关注与物证的发现、收集及保管相关的技术手段的同时，倾力研究与物证的发现、收集及保管密不可分的某些法律问题。

　　同样为物证的发现、收集及保管，在民事案件和刑事案件中却要依附于不同的诉讼行为来完成：民事案件中物证的发现、收集通常由当事人及其/或其诉讼代理人在法律的规范下自行进行，少数则由法院依职权进行（这一般是指职权主义国家法院的做法），也有的是通过当事人的申请而由法院以证据保全的方式获得——如我国②，或者经当事人的申请由法官以强制开示的方式实现——如美国。③ 而刑事案件中物证的发现、收集通常是由国家专门机关，即侦查机关，依照法律的规定，在勘验检查现场时，或者在采取逮捕、搜查及扣押措施时完成，少数物证则由受害人自

---

　　① 当然，这里的"诉讼法"、"证据法"是指成文法，而不包括普通法国家的各种判例。事实上，普通法国家是不乏判例直接调整、规范物证之发现、收集及保管工作的。例如：美国的"马普诉俄亥俄州"案［Mapp v. Ohio, 367 U. S. 643（1961）］明确表明，防止违反宪法获得的证据在审判时提出的非法证据排除规则不仅适用于联邦政府，而且适用于州政府，因而俄亥俄州警方未持搜查证而在马普女士家收集到的那些淫秽书籍和图片，均不得用作对马普不利的证据。参见刘晓丹主编：《美国证据规则》，172～173 页，北京，中国检察出版社，2003。又如：美国的"亚利桑那州诉埃文斯"案［Arizona v. Evans, 514 U. S. 1,（1995）］认为，搜查证被签发后又被撤销，但因签署该搜查证的法院工作人员的失误及计算机的错误，警方仍善意认为该令状有效，持此令状实施搜查活动而收集到的大麻不属于非法证据，因而可用作判决被告埃文斯的证据。参见［美］约翰·W·斯特龙主编，汤维建等译：《麦克密克论证据》，5 版，64 页，北京，中国政法大学出版社，2004；Michael D. Lyman, *Criminal Investigation: the Art and the Science*, 2nd ed., New Jersey, Prentice Hall, 1999, p. 120。

　　② 我国《民事诉讼法》第 74 条即规定，"在证据可能灭失或者以后难以取得的情况下，诉讼参加人可以向人民法院申请保全证据，人民法院也可以主动采取保全措施。"

　　③ 参见张卫平主编：《外国民事证据制度研究》，170、181～182 页，北京，清华大学出版社，2003。

行发现、收集（如刑事自诉案件），或由受害人、证人主动提供。① 无疑，案件的诉讼性质决定了物证的发现、收集主要是依靠国家公权力来完成，还是主要依靠当事人的私力来进行。相应地，对物证之发现、收集行为的规范也就分别间接地体现在对国家公权力有着明确规制的刑事诉讼法中，体现在对公民之私力除明确禁止外均予以许可的民事诉讼法中。

就民事案件而言，在物证被呈交法庭之前，物证的保管无疑是当事人自己的事情，而一旦被呈交法庭，则物证的保管就转由法院负责。至于刑事案件，则通常是由国家专门机关——具体来说也就是侦查机关、检察院、法院——负责物证的保管。

提到"保管"，就不得不提及"保全"。理由有二：一是，目前有学者将"保管"与"保全"等同起来互换使用。二是，笔者的前文中也已出现了"证据保全"这一词汇。以笔者的观点来看，"保管"与"保全"是两个完全不同的词汇，它们彼此不可互相替代使用。理由是：（1）就汉语词汇的基本含义而言，"保管"意指"保藏和管理"②，"保全"则意指"保住使不受损失"或"保护、维修机器设备，使正常使用"③。依汉语习惯，我们可以说，"她是图书保管员"，但我们不能说"她是图书保全员"。也就是说，"保管"与"保全"的基本含义，以及汉语的表达习惯决定了"保管"与"保全"有其各自固定的搭配和用法。（2）"证据保全"是一个专用的法律术语——"证据保全就是为了……而设置的一项证据制度"④，它不仅如同德国学者克劳斯·罗科信（Claus Roxin）表明的那样，并不等同于保管，"证据的保全通常是指扣押，而非保管"⑤，而且有着其特定的内涵及外延："证据保全，就是对于可能灭失或者以后难以取得的证据，人民法院根据当事人的申请或者主动依职权采取一定的措施先行加以固定和保护的诉讼行为。"⑥"证据保全，是指证据在可能毁损、灭失或者以后难以取得的情况下，人民法院为了保存其证据作用，根据诉讼参加人的请求或依职权采取一定措施加以确定和保护的制度。"⑦ 因为证据有着不同的表现形式，如我国即明确证据有物证、书证、证人证言等等之分，所以根据证据保全所

---

①　在实行当事人主义诉讼模式的国家，律师受犯罪嫌疑人或被告人的委托也能发现、收集到一定的物证，但因刑事案件中的物证基本上均是来自现场或现行犯的现场物证，故刑事案件审判中出现的物证通常来自侦查机关之手。

②　中国社会科学院语言研究所词典编辑室编：《现代汉语词典》，5 版，47 页，北京，商务印书馆，2005。

③　中国社会科学院语言研究所词典编辑室编：《现代汉语词典》，5 版，48 页，北京，商务印书馆，2005。

④　卞建林主编：《证据法学》，384 页，北京，中国政法大学出版社，2000。

⑤　［德］克劳斯·罗科信著，吴丽琪译：《德国刑事诉讼法》，275 页，台北，三民书局，1998。

⑥　卞建林主编：《证据法学》，385 页，北京，中国政法大学出版社，2000。

⑦　柴发邦主编：《中国民事诉讼法学》，343 页，北京，中国人民公安大学出版社，1992。

针对的具体对象的不同，可将"证据保全"区分为"物证保全"、"书证保全"、"证人证言保全"等。① 从前面对证据保全的界定可以看出，证据保全或物证保全不仅仅只是指对证据或物证进行保管这样一项单一的活动，而且还明确包括甚至更为强调证据或物证的收集或取得工作，如有学者便认为，"证据保全是取证制度的重要环节，是收集证据工作不可分割的一部分。"② 但是，从下面这段引文："因此，从获取物证开始，到破案直至开庭审理的整个过程都应当对获取的物证材料进行严格、妥善的保管，如果因保全不当而使获取的证据受到破坏、丢失，那么收集的物证就无法起到证明案件事实的作用。要实现收集物证的目的，必须重视物证的保全工作"③，我们却发现，"物证的保管"被等同于"物证的保全"了。这种等同不大妥当，有可能在不经意中将理应派生于"证据保全"、有着特定内涵的术语"物证保全"的外延缩小了，继而有可能低估甚至忽略"物证保全"的应有价值。

5.1.2 物证之发现、收集和保管的基本功用

如前所述，物证在诉讼中具有重要的作用。而意欲使物证发挥作用、并有效发挥作用，我们就必须依法发现、收集物证，并妥善保管物证。因此，可以说，物证之发现、收集和保管是关系物证作用之发挥的重要前奏。"良好的科学要求物证不被看作是动产；它不是一个对立事件中一方或另一方的专属性财产，而是应被双方信任。最早占有、得到它的一方必须认识到，他有责任保管好该物证以备另一方进行独立的检验。无论某辖区是否将此视为一条法律程序，但却是法庭科学的一条职业准则。"④ 该职业准则实际表明，物证的发现、收集和保管有着以下基本功用。

5.1.2.1 物证的发现、收集和保管是影响物证之证据资格的关键环节

证据资格（Competency of Evidence），又称证据能力，是指经由诉讼当事人提交法院的证据能够被法院接纳或采纳时所应达到的最低标准。证据资格是大陆法系国家证据制度中的习惯用语，对应于英美法系国家证据制度中"证据的可采性"（Admissibility of Evidence）这一术语。尽管两大法系证据制度就证据资格有着或粗略、或详细的不同立法规定，有着如同某学者所阐释的那些显著差异，"英美法非常强调证据能力规则的设置，其证据法的证据可采纳性规则极为庞大，数量可观，在全部证据规则中占据相当大的比重；大陆法系依程序禁止与证据排除法则解决证据能力

① 我国也有学者视证据保全的具体种类为证据保全的范围："证据保全的范围指在立法上或审判实务上对何种证据可以采取保全措施。"毕玉谦：《证据保全程序问题研究》，载《中国人民大学报刊复印资料·诉讼法学、司法制度》，2002（2），57 页。

② 何家弘：《新编证据法学》，336 页，北京，法律出版社，2000。

③ 罗亚平：《物证技术及物证鉴定制度》，108 页，北京，中国人民公安大学出版社，2003。

④ David L. Faigman, Michael J. Saks, Joseph Sandes and Edward K. Cheng, *Modern Scientific Evidence：the Law and Science of Expert Testimony*，Forensics 2007－2008 edition，St. Paul，Thomson/West，Volume 4，p. 35.

问题，不仅处理方法不同于英美法，在效果上也远不及英美法来得彻底"①。但这些规定却无不例外地涉及证据的关联性及合法性。换言之，证据如若想被法院接纳或采纳，则至少要在关联性、合法性两个方面满足相关的法律规定。所谓关联性，"指的是证据必须与需要证明的案件事实或其他争议事实具有一定的联系。从司法证明的角度来说，关联性标准要求每一个具体的证据必须对证明案件事实具有实质性意义。换言之，一个证据的使用必须对证明案件事实或其他争议事实有确实的帮助"②。所谓合法性，即证据意欲被法院采纳，则其必须在证据的主体、证据的形式及证据的收集程序或提取方法等方面符合法律的有关规定。

作为一种具体的证据，物证也只有在满足了法律就关联性和合法性而作出的明确规定之后，才能被法院采纳，才拥有证据资格。

对照证据资格所要求的关联性和合法性，我们可以明了，我们之所以认为"物证的发现、收集和保管是影响物证之证据资格的关键环节"，其原因在于，物证的发现、收集和保管能够从根本上影响到物证的合法性，进而有可能使得本已满足了证据之关联性标准的某物证最终被法院排除在外。也就是说，随案件的发生而自然生成的物证，尽管其是一种客观存在，是对案件某一事实的客观反映并以人们可以感知的实物形式存在着，尽管其对证明案件某事实有着实质性的意义，但物证却可能因为我们的发现、收集或保管活动未能满足法律的基本要求而丧失合法性，进而有可能被法院摒弃。例如，在某持枪杀人案中，尽管犯罪嫌疑人右手虎口处的射击残留物是客观存在的能够证明其开过枪的一种物证，但如果我们对该射击残留物的发现、收集未在法律框架下进行——未办理任何手续而强制将犯罪嫌疑人捆绑至公安局之鉴定机构去收集、提取，那么该射击残留物很可能因为在收集、提取时严重侵犯了犯罪嫌疑人的人权而被法院视作非法证据而排除。又如，在某投毒杀人案中，即使我们依照严格的法律规定从死者身上提取了血液、从嫌疑人家中收集到了可疑的药片，并经鉴定证实血液中含有大量的氰化钠，与从嫌疑人家中收集到的可疑药片成分一致，但因从死者体内提取的血液未得到合法的保管——从该血液的提取到随后的送检及鉴定结论的得出这一过程中没有详细的记录、没有办理相应的交接手续，那么该血样就有被调包的可能，相应地，法院就可能会因血样的保管过程不合法而拒绝采纳该血样及相应的鉴定结论为证据。实务中的案件也从一定层面警醒我们，物证的发现、收集、保管会在很大程度上影响到法官对案件的审理。某案为致人一死两伤的重大涉枪案。案件发生的当晚，涉案枪支，一把长枪，据称是凶手逃跑时所乘坐的出租车司机送交派出所的，但接管枪支的人员未对该枪支进行拍照、登记枪号等基本的记录工作，更未妥善保管该枪支。两年后，嫌疑人在外地被捕获，虽供述了作案长枪的去向（扔到了一辆出租车的后座上），目击证人的证言也描述了长枪的外观，但直到该被告人被二审维持一审的死刑判决之后，作案长枪才从公安

①　肖建国：《证据能力比较研究》，载《中国人民大学报刊复印资料·诉讼法学、司法制度》，2002（4），78~79 页。

②　何家弘、刘品新：《证据法学》，115 页，北京，法律出版社，2004。

机关的一间暗室的角落里被找出来，而当初接管长枪的当事警察已经去世，无法就此枪的外观及保管给出相关的信息。虽就该长枪随后也进行了相应的枪弹痕迹鉴定，但鉴定本身又存在一些问题，故死刑复核期间，复核此案的法官无法准确认定案件中报送、移交的长枪便是当初被告人作案的长枪，很难对该案给出一个准确、公正的复核意见。因此，我们应充分认识到物证的发现、收集及保管对物证之证据资格的影响，严格依照宪法的精神，严格按照诉讼法的相关程序性规定，做好物证的发现、收集及保管工作，力争不要因为我们的不懂法、不遵法而导致物证之证据价值的丧失，进而导致各种纠纷①得不到公正解决。

5.1.2.2　物证的发现、收集和保管是物证之证明力得以保全的重要手段

被法院采纳或接纳的证据只能说是通过了"准入关"，有了"候选的"资格——候选为法官裁判事实、作出判决之证据的资格，但该证据能否被法院采信、能否成为法官裁判事实、作出判决的证据，却取决于该证据是否有证明力、有多大证明力。事实上，我们从关联性特别是合法性等方面竭尽力量使物证能够满足法律规定的最低"准入标准"，其最终目的无外乎是为了使该物证能够在诉讼中发挥其固有的证明力。只有在诉讼中以一定的效果、一定的分量证明了某事实，物证才有了存在的意义，物证的价值才能得到实质性的体现。

众所周知，不同的证据以不同的形式发挥其证明力，如证人证言即以证人的陈述来说明某一事实，鉴定结论则以专家对某专门性问题的分析检验意见，来辅助法官及诉讼当事人对该专门性问题的理解。至于物证，显然是以其外形特征、所载字迹特征、内在属性、存在状态等属性来阐释某现象或某事实是否存在。相对于证人证言、当事人的陈述、犯罪嫌疑人或被告的供述等言辞证据而言，物证之证明力的稳定性无疑要强，这是不可否认的。但这并不是说，物证的证明力就经久长存不会发生变化。事实上，相当多的物证其自身的性质便决定了其证明力有可能随时间的推移而逐渐变小甚至丧失——如血液、生物组织等生物物证的腐败，气体毒物、挥发性毒物等化学物证的挥发，雪地足迹的融化等，假定再考虑一些人为的因素——如对潜在指印的擦拭，对地面足迹的踩踏，对发射枪支之枪管的擦拭等②，那么物证的证明力显然也迫切需要我们及时加以保全。因为针对物证而进行的发现、收集及保管工作，能够保全物证的证明力，故我们可以说，物证的发现、收集及保管，是保全物证证明力的重要手段。但就此问题，笔者认为还需做以下说明：（1）诉讼的性质不同，对物证的保全可能有不同的手段，例如：民事诉讼中，当事人可能以复印、复制、拍照等备份的方式，以公证的方式，以留置的方式，以装入保险柜的方式保全物证；法院则可能以查封、冻结、调取、扣押、复制等方式保全物证。刑事诉讼中，受害人、犯罪嫌疑人或被告也可以前述民事诉讼当事人采取的方法保全

---

①　在此，纠纷并不单指民事上的，也包括刑事上的——"国家与犯罪嫌疑人、被告人之间的'纠纷'都可以用'纠纷'一词来指称。"陈卫东、李训虎：《先例判决·判例制度·司法改革》，载《中国人民大学报刊复印资料·诉讼法学、司法制度》，2003（4），24 页。

②　这些人为的举止既包括无意的也包括有意的。

物证，但多数案件中，物证的保全依赖了侦查机关的扣押、显现、提取等。无论是民事诉讼中当事人自行而为的复印、复制、拍照、留置，或法院的查封、冻结、调取、扣押，还是刑事诉讼中侦查机关的扣押、显现、提取，站在物证鉴定人员的视角，均可归为"物证的发现、收集及保管"，因为它们具有功能的高度一致性。

（2）我们说，物证的发现、收集及保管是物证的证明力得以保全的重要手段，并非是说，实施了该手段就一定保全了物证的证明力。这是两个范畴的问题。事实上，除刑事诉讼中由侦查机关主持实施或参与的发现、收集及保管活动能较为有效地保全物证的证明力之外，其他人员或机构则往往因为专业知识的欠缺，未能以妥当的方法发现、收集并保管有关物证，致使物证的证明力降低或丧失。例如，某单位发现办公大楼外面的墙上贴有一张匿名大字报。为查明是谁书写了这份大字报，单位领导决定将大字报送鉴定机构进行鉴定。但是，有关办事人员既没有用现场照相、物证照相的方法将大字报全文拍摄下来，也没有用熏蒸的方式将大字报小心地揭下来，而是以最为原始的方式将大字报生生撕了下来。尽管经拼接后还能勉强读出大字报的内容，但因大字报上的许多文字笔画均已残缺不全，故已很难用物证技术的手段鉴定此大字报是否该单位怀疑的职工高某所写——大字报上的文字笔画残缺断损，已无法让物证鉴定人员据以认识书写者的书写运作习惯，其本应具有的能以笔迹来证实谁是书写者的证明力已丧失。当然，我们说，刑事诉讼案件中的物证在发现、收集及保管环节上得到了较为专业的处理，这也只是通常而言，并不排除在某些案件中，一些重要的物证因有关人员的不当处理而丧失证明力。例如：在疑似煤气中毒死亡的案件中，提取死者血样的人员所提取的血液不是死者的心血，且其所提取的血液只是以一个敞口试管盛装，或虽用具塞试管盛装但却未装满具塞试管。因为一氧化碳有可能透过皮肤进入毛细血管，因为一氧化碳与血液中血红蛋白的结合是一个可逆反应，且碳氧血红蛋白一旦与空气接触就可能解离为血红蛋白和一氧化碳气体，故如此提取、盛装的血样有可能导致错误鉴定结论的出现，进而影响其本应具有的证明力。

鉴于物证的发现、收集及保管对物证的证据资格和证明力均有着较大的影响，故我们应重视物证的发现、收集和保管工作，并力争这些工作能在合法、科学的轨道上平稳地进行。

5.2　物证的发现、收集和保管的法律问题

5.2.1　物证的发现、收集的合法性

作为一种具体的证据，物证必须具有关联性和合法性，才能被法院采纳，才拥有证据资格。由于物证的关联性乃"天赋而成"，通常不会引发人们的争议，因而真正影响到物证之证据资格的，只能是物证这种证据的合法性了。这与陈卫东先生的观点无疑一致："由于关联性是自身固有的属性，而合法性是一定社会制度赋予证据

的属性，可见，合法性实际上是证据法中关于可采性问题之规定的核心内容。"①

所谓"一定社会制度赋予"，依笔者来看，也就是具体法律对证据的主体、证据的形式以及证据的收集程序或提取方法所作出的明确规定。当证据符合这些规定时，证据便具有了合法性，否则便不具有合法性、便不被法庭视为可采。

因此，意欲使物证具有合法性，从根本上说，也就是要在物证的发现、收集等方面符合法律的规定：若是刑事案件，那么物证的发现、收集应在刑事诉讼法许可的范围内进行；若是民事案件、行政诉讼案件，那么物证的发现、收集所用的方法、手段等则不应是民事诉讼法或行政诉讼法所禁止的。

众所周知，民事案件中物证的发现、收集通常由当事人自行完成。尽管他们可以在法律不禁止的范围内"任意"进行，具有相当的"任意性"②，但因为他们的私力有限，对他人合法权利的侵犯也有限，故有关物证发现、收集的合法性问题也就不是太突出。

就行政诉讼案件而言，原告这一方的诉讼地位类似于民事案件中的当事人，其私力同样有限、对他人合法权利的侵犯也有限，故有关物证发现、收集的合法性问题同样不是太突出。至于行政诉讼案件中的被告方，即国家行政机关，一旦被起诉，按照行政诉讼法的规定，其一般不再有权去收集包括物证在内的各种证据以证明原具体行政行为合法③，故其收集物证的活动是在行政程序中完成的，理应符合相应的行政程序之要求，而其间，行政机关违法取证进而侵犯相对人人权的现象也不是很突出。④

相反，刑事案件中物证的发现、收集普遍由国家侦查机关进行，其背后拥有国家这一后盾，其行使的乃国家赋予的公权力，使得侦查机关哪怕是"一星半点儿"的恣意也会严重侵犯他人的合法权利。因此，各国不得不对侦查机关发现、收集物证的活动予以明确的干预、限制及规范。也就是说，讨论物证之发现、收集的合法性问题，更多要以刑事诉讼为切入点，更多要看物证之发现、收集活动所处的一定社会制度对这些刑事诉讼活动提出了怎样的要求，或者给出了哪些限定。正是基于

---

①　陈卫东：《论刑事证据法的基本原则（上篇）》，载《中国人民大学报刊复印资料·诉讼法学、司法制度》，2005（1），38页。

②　吴英姿：《论民事诉讼"瑕疵证据"及其证明力——兼及民事诉讼证据合法与非法的界线》，载《中国人民大学报刊复印资料·诉讼法学、司法制度》，2004（3），58页。

③　根据最高人民法院《关于行政诉讼证据若干问题的规定》第2条规定，"原告或者第三人提出其在行政程序中没有提出的反驳理由或者证据的，经人民法院准许，被告可以在第一审程序中补充相应的证据。"被起诉的国家行政机关，符合该第2条规定者，被告的行政机关可以收集证据。

④　但2009年9月8日、10月14日先后发生于上海的"'张军''被钓执法'"案、"孙中界'被钓执法'断指案"却骤然将法学理论界、实务界以及广大民众的视线聚集在行政执法程序中收集证据的合法性问题上来。只是因为这些"钓鱼执法"案并不明显、过多或直接地与物证的收集相关，且涉及的并非行政诉讼程序，故本书姑且不做相应讨论。

这样的原因，我们的讨论总是围绕刑事诉讼而言。

5.2.1.1 物证发现、收集的合法与否取决于不同诉讼模式下的诉讼制度

当代两大法系各个国家基本上或尊崇当事人主义诉讼模式，或奉行职权主义诉讼模式，这使得我们在判断物证的发现、收集是否合法时，脱离不了具体的诉讼模式。在当事人主义下，物证的发现、收集是当事人[①]自身的事情，不应由法官倾力或亲力而为；而职权主义下，法官可依职权去调查、获取其自感在查明事实真相作出裁决时需要的证据。因此，在当事人主义模式下，若法官代替或提醒某方当事人去发现、收集物证，那么无疑被视为非法；但在职权主义模式下，法官的同样行为却被视为合法，且如果法官没有依其职权发现、收集并利用某物证，则有可能被视为失职——例如，按照德国学者罗科信在其专著《刑事诉讼法》中的表述[②]，如果法官在某案件中没有发现、收集并利用源自某人的 DNA 证据，那么他便违反了法律规定的法院之调查真相之义务。因此，在衡量物证的发现、收集是否合法时，显然离不开具体的诉讼模式。此外，同一诉讼模式下不同诉讼制度[③]也会使得物证发现、收集的合法与否有着很大的差异。例如，同样是经由非法行为获得线索而得到的物证，在美国，按照"毒树之果"的规则，通常不得被法庭所采纳，但在英国，则并非美国那般一律排除，而是由法官根据具体的案件而自由裁量其是否为非法而需要排除。

也就是说，物证发现、收集的活动是否合法不仅与诉讼模式有关系，而且与具体的诉讼制度密切相连，且后者对物证发现、收集的合法性的影响要更为细致、更为深入。下面介绍的有关国家在物证发现、收集方面的一些规定便可说明这一点。

由于刑事案件中，物证的发现、收集要伴随或依附于侦查机关的搜查、逮捕、扣押等侦查行为而完成，因此各国刑事诉讼法有关搜查、逮捕、扣押等活动的一些程序性规定便直接决定着物证的发现、收集是否合法。例如美国，总的原则是，搜查、扣押等活动要在正当程序下进行，要尊重宪法赋予公民的一些特免权，要在法律的框架下给予公民以平等的保护。具体而言是，搜查、扣押等活动要有合理的根据，要事先获得令状，否则所获得的物证将一律视为非法而被排除。当然，为维护正常的秩序、为保护社会的整体利益，美国也允许有例外存在，如善意例外、公共安全之例外、必然发现之例外、独立来源之例外，如若物证的发现、收集符合这些例外规则的规定，那么也可视为合法。此外，物证的发现、收集有可能要"侵入"人体，如抽血化验是否醉酒或吸毒、以 X 射线照射看有无将毒品藏匿于体内、以手

----

① 即使是代表国家行使公诉权的检察官，也只被视为当事人。

② 参见［德］克劳斯·罗科信著，吴丽琪译：《德国刑事诉讼法》，317～318 页，台北，三民书局，1998。

③ "诉讼制度"是具体的法律制度之一。按照美国学者约翰·亨利·梅利曼先生的观点，法律制度"系指一系列现存的法律机构、法律规范以及法律规则"。（［美］约翰·亨利·梅利曼著，顾培东等译：《大陆法系》，2 版，1 页，北京，法律出版社，2004。）笔者认为，诉讼制度系指一国之诉讼法律机构、诉讼法律规范以及诉讼法律规则的总和。

术方法从嫌疑人体内取出子弹等，此时，一般也应事先获得搜查令，只是该搜查令是确定搜查某个人（通常是嫌疑人）而不是某个场所。当然，也允许"无令状的搜查"，但按照美国宪法第四修正案，"公民的人身不受不合理的搜查和扣押"，这种搜查同样要有合理的根据。在判断侵入人体获得的物证是否合法的问题上，美国一些判例确立了如下原则：（1）平衡衡量法（balancing test）。即判断这种侵入是否合理、合法时，要依据"个人的隐私及安全与实施该程序的社会利益孰重孰轻"来判断。在"温斯顿诉李"〔Winston v. Lee, 470 U. S. 753,（1985）〕一案中，被抢劫的受害人击中了作恶者的胸部；州政府则力图从犯罪嫌疑人的胸部取出子弹以判断其是否为受害者的枪支发射的。利用该平衡法，联邦最高法院认为，州政府将犯罪嫌疑人置于全麻状态下，然后在其胸部割一个口子以取出射入深度达一英寸的子弹的做法是不合理的。因为此外科手术并非微不足道之事，它要持续两个多小时并伤害接受手术者的神经、血管及其他组织。而从另一方面看，州政府对这一证据的需要并非是"强制性的"，因为还有其他证据可将犯罪嫌疑人与犯罪联系在一起。但是，"平衡衡量法"并非意味着所有的外科手术均如同温斯顿一案所表明的那样"不合理"。例如，假若温斯顿一案中的那颗子弹只射中犯罪嫌疑人的胸部表层，只需局部麻醉并较少伤及组织就能将子弹取出来，那么联邦最高法院可能就会同意该手术的进行了。同样，联邦最高法院在"施默伯诉加利福尼亚州"〔Schmerber v. California, 384 U. S. 757,（1966）〕① 一案中认为，强制从一名犯罪嫌疑人那抽取血样以判断其在开车时是否醉酒并非不合理——有合理根据怀疑该犯罪嫌疑人驾车时处于醉酒状态，且由医生抽血对其身体也无大碍。此外，大法官斯蒂文斯（Stevens）在"美国诉蒙特亚德赫纳兹"〔U. S. v. Montoyq de Hernandez, 473 U. S. 531,（1985）〕一案中认为，用 X 射线或洗胃的方法获得证据，以证明被告将毒品藏匿于其消化道并不被视作"不合理"：如果某人被怀疑以这种方式走私毒品，那么他就可以被强迫接受 X 射线的检查。一般而言，这种侵入程序只需获得根据合理理由而颁发的令状就可。（2）宪法第五修正案仅限制对言辞证据的强迫式获得，而不包括以入侵身体的方式获得物证及物证比对样本。这是联邦最高法院在 1966 年于施默伯一案中表达的一种观点，极大地便利了侦查机关从人体获得物证以及物证比对样本的活动，使得物证的合法与否又有了新的评判标准。②

　　同样，德国刑事诉讼法典就搜查、扣押、逮捕、身体检查等等所作的详细规定，也使得我们在判断物证的发现、收集是否合法时有了可靠的依据。例如，某无权限的人命令一名非医生去抽取某人的血，那么该血液就因获取程序违反了德国《刑事诉讼法典》第 81 条 a 之（一）和（二）的规定而被视为非法物证。③ 又如，按照德

---

　　① 〔美〕Steven L. Emanuel：《Criminal Procedure》，影印本，256 页，北京，中信出版社，2003。

　　② 笔者在后文"5.2.3 物证比对样本的发现、收集、保管及相关的法律问题"中对施默伯一案有较为详细的评介。

　　③ 参见李昌珂译：《德国刑事诉讼法典》，23～24 页，北京，中国政法大学出版社，1995。

国《刑事诉讼法典》第81条a的规定，警方不得强迫任何人吹测试管，以确定其体内的酒精含量，因为犯罪嫌疑人或被告只有被动容忍而无主动参与某项取证措施的义务。[1]

英国不仅有大量的判例规范约束警方的搜查、扣押、逮捕行为，进而约束着警方对物证的发现和收集，而且英国《1984年警察与刑事证据法》的第61至第65条还明确规定，警方在符合法律规定的情况下，按照法定程序可以获取来自人体的血液、尿液、指甲等材料。可以说，英国警察如果超出判例及制定法赋予的拦截、搜查权力，违法搜查、扣押而获得的各种物证，或者违反前述第61至65条的规定获得的来自人体的一些物证，均被视为非法。

受英美法的影响，日本的令状制度也较为发达。第二世界大战后，日本在《宪法》第35条中加入了令状主义的要求，其第1款明确规定："任何人的人身、住宅、书信和所有物有权免受侵入、搜查和扣押。除非在第33条规定的场合，拥有基于正当理由签发的，明确记载搜查场所和扣押物的令状。"而日本刑事诉讼法则依据宪法，对保全证据的强制措施（如搜查、扣押、勘验）的适用条件、种类、程序等均作了详细规定。其中，尤其值得我们关注的是，对最为可能造成侵权进而导致物证不合法的身体检查，日本刑事诉讼法也有着明确的规定，如：作为勘验的一部分，身体检查要先期取得检查身体的令状。对身体受拘束的犯罪嫌疑人采取指纹或足迹、测定身高或体重，或者拍摄照片，以不使犯罪嫌疑人裸体为限，且不需要检查身体的令状。在逮捕现场的勘验可以不需检查身体的令状。检查身体时，应考虑受检查人的性别、健康状况及其他情况，并特别注意检查的方法，以避免损害受检查人的名誉。检查妇女身体时，应有医师或者成年妇女在场。令状由法院颁发，申请令状者应当说明检查身体的必要理由及受检查人的性别、健康状况等，法官也可附加认为适当的条件。[2] 在日本，身体检查包括外部检查、口腔内部检查、透视、服用泻药将人体内的物体排出体外检查、血液和唾液检查，以及对毛发、指甲实施的检查。其中最引人关注的是，为侦查毒品犯罪或酒后开车案件而采集人的体液进行的检查。例如，尿液是用于判断某人是否服用过毒品（如冰毒）的一种很好的检材，但当嫌疑人拒绝提供尿液接受检查时，侦查机关是否能够借助采尿管强行采集尿液？由于强行采尿不仅侵犯了嫌疑人的人身权利，而且还会给嫌疑人造成精神上的屈辱和痛苦，故日本有学者反对这一举措，认为强制采尿超出了一般医学检查的范围，严重侵害了被检查人的尊严，实属不能允许之举。但是，日本的判例却表明，由技术熟练的医师实施的适当采尿行为，对犯罪嫌疑人的身体和健康一般不会产生伤害（即使有伤害，程度也比较轻微）；对犯罪嫌疑人的精神伤害和影响与勘验时的身体检查相差无几，没有理由禁止。同时，该判例还进一步指出，强制采尿，必须考虑到犯罪的严重性、犯罪嫌疑的大小、采集证据的重要性以及其他替代手段的有无等具体

---

① 参见［德］克劳斯·罗科信著，吴丽琪译：《德国刑事诉讼法》，317页，台北，三民书局，1998。

② 参见宋英辉译：《日本刑事诉讼法》，31、52页，北京，中国政法大学出版社，2000。

情况，应当履行合法的程序并充分顾及嫌疑人的人身安全和人权，必须作为不得已而为之的最终手段。① 显然，日本就尿液的强制采取而作出的那个判例明确了这样两个原则：一是相称性，即强制采尿措施对犯罪嫌疑人造成的"侵扰"，应与犯罪的严重程度、被采尿者的嫌疑大小、采集证据的重要性相适应，否则采尿行为被视为非法。二是唯一性，即强制采尿措施是在穷尽其他方法仍无法取得有关证据的情况下不得不为的行为，否则采尿行为同样被视为非法。对比美国的温斯顿一案所确立的"平衡衡量法"，可以发现，日本该判例确立的相称性原则及唯一性原则，与美国的"平衡衡量法"有着异曲同工之效，应是判断这类取证活动是否合法的一般准则。至于采血，由于日本刑事诉讼法也未做明确规定，故日本学者对其正当性、合法性有着不同的看法，但总而言之，可参照强制采尿的判例精神来衡量。②

5.2.1.2　物证发现、收集的合法与否经由社会的变迁而可能发生变化

既然我们认为，物证的合法性是由一定社会制度赋予的，那么我们也就可以推断，当社会制度发生变化，或当同一社会制度不同时期的价值选择有了差异时，那么曾经被视作合法的发现、收集物证的行为，便有可能不再合法——因为，作为发现、收集物证的行为准则的法律制度，可能已经随着社会制度的变化、随着价值选择的不同而作了巨大的修改。美国9·11事件后的做法就是最好的说明。

美国极端强调保护个人的自由，这一价值观反映在其诉讼制度中便是，侦查机关办理刑事案件的侦查措施有着宪法、《美国联邦刑事诉讼规则和证据规则》以及各种判例的种种极为严格的限制，以至于美国警方稍有不慎就可能"前功尽弃"——其发现、收集的包括物证在内的各种证据，均可能因这些不慎而被冠以"非法"之前缀而遭排除。无疑，犯罪嫌疑人、被告人的诉讼权利确实得到了很好的保障。但9·11事件对美国的致命打击使得美国公众随即产生了这样的疑问：这么多参与自杀式袭击的恐怖分子怎么能够在美国花上数年的时间实地培训、精心策划如此一场惊天事件而未被发觉？面对这样的疑问，少有人不会认为，是美国的法律制度本身、是美国法律制度蕴涵的个人至上之价值观，限制了美国安全、情报、移民等部门的"嗅觉"、"视觉"及"触觉"。正是基于这样的认识，美国司法部于9·11事件发生的同一月，即匆忙向国会递交了后被称为"美国爱国者法"的草案，并在一个月后即经总统布什签署为正式的法律。如同其副标题所明示的那样："法案旨在吓阻和惩罚发生在美国和世界各地的恐怖主义行为，并加强法律执行中的调查手段等"③。《美国爱国者法案》的出台，其目的是为了使执法部门的权力得以扩大或少有制约，进而能够足以预防、侦查并打击恐怖犯罪。事实上，《美国爱国者法案》"扩展了联

---

① 参见彭勃：《日本刑事诉讼法通论》，114～115页，北京，中国政法大学出版社，2002。

② 参见彭勃：《日本刑事诉讼法通论》，118页，北京，中国政法大学出版社，2002。

③ 秦策：《9·11事件后美国刑事诉讼与人权保护》，载《中国人民大学报刊复印资料·诉讼法学、司法制度》，2004（3），76页。

邦执法部门在刑事侦查活动中的权力范围，使刑侦手段更加灵活多样，更加富有效率"①②。曾经被视为非法的一些侦查活动，如未经司法审查而获取与美国公民有关的敏感信息、在被搜查对象不被告知的情况下暗中搜查其办公室或居所等，在《美国爱国者法案》的诠释下已成为合法行径，据此获得的包括物证在内的证据也不再被视作非法而被排除。显然，正是美国社会对刑事诉讼之两大主要价值的重新权衡，促生了这种变化。

因此，笔者认为，物证的发现、收集是否合法，在不同的社会时期会有着不同的判断。对之，我们应有一个动态的、发展的观点。而这又在一定程度上决定了，不应对物证发现、收集的合法与否之结果做极为死板的规定，反过来却应该在一定程度上给法官相对自由的裁量权，以使其能根据案件的具体情况、根据案件发生及审理时的价值标准等，自行决断其是否合法、是否应被排除。

5.2.1.3　我国的情况

实事求是地说，我国就物证的发现、收集等问题还是作出了一定的规定，例如，我国现行《刑事诉讼法》第 101 条、第 109 条、第 111 条等分别规定，"侦查人员对于与犯罪有关的场所、物品、人身、尸体应当进行勘验或者检查。在必要的时候，可以指派或者聘请具有专门知识的人，在侦查人员的主持下进行勘验、检查。""为了收集犯罪证据、查获犯罪人，侦查人员可以对犯罪嫌疑人以及可能隐藏罪犯或者犯罪证据的人的身体、物品、住处和其他有关的地方进行搜查。""进行搜查，必须向被搜查人出示搜查证。在执行逮捕、拘留的时候，遇有紧急情况，不另用搜查证也可以进行搜查。"尽管诸如此类的这些规定既间接迂回又粗略稀少，但毕竟不能说，我国侦查机关的发现、收集物证之工作可以任意、随便地进行。但我们同时还要承认，对比前面介绍的有限几个国家的做法，我们的法律对物证发现、收集活动的规范还是过于"吝啬"（这种"吝啬"与物证本身在诉讼中可能发挥的巨大作用不

---

① 秦策：《9·11 事件后美国刑事诉讼与人权保护》，载《中国人民大学报刊复印资料·诉讼法、司法制度》，2004（3），77 页。

② "《美国爱国者法案》是美国国会通过的最有争议的法律之一，如果其大部分条款得到支持，则有能力在某些方面修改现行法院对第四修正案所作出的决定。"（参见［美］理查德·H·沃德在［美］黄锦就、梅建明著，蒋文军译，由法律出版社 2008 年版的《美国爱国者法案：立法、实施和影响》一书中的序。）第四修正案本是美国公民人身、住宅、文件和财产不被任意卷入刑事诉讼的基本保障，而《美国爱国者法案》在一定程度上撼动了该修正案的地位，故其出台及生效并不是唯有喝彩。事实上，《美国爱国者法案》从立法过程到执法方式均备受争议，但无论如何，一些曾经被视为非法的证据（包括物证），因为《美国爱国者法案》的存在却合法化了。"当生存有危险，安全成为问题时，很少有人关心宪法准则或公民自由。""从历史经验来判断，《美国爱国者法案》反映了政府每每处于危机或紧急状况，都会一成不变地表现出这种下意识的反应，即以公民自由为代价扩张侦查权力……"（［美］黄锦就、梅建明著，蒋文军译：《美国爱国者法案：立法、实施和影响》，231、232 页，北京，法律出版社，2008。）公民的权利、公民的自由或大或小，相关的证据也随之或非法或合法。

相称），即便是公安部出台、并于 1998 年 5 月 14 日施行的《公安机关办理刑事案件程序规定》（以下简称为《程序规定》），也未能注意到自己是物证之发现、收集工作的主要承担者，应有针对性地对实际案件中主要及重要的若干种物证在取证时可能遇到的情况作一预见性的规定，而只是重复了刑事诉讼法中的某些条文，却没有按照这些条文的立法主旨将条文具体化、细节化并力争具有可操作性——就直接指导规范侦查机关之行为的执行机关内部的政策及程序而言，实属一种浪费。① 事实上，诸如针对人身而进行的物证发现和收集工作，极易"失之毫厘，谬之千里"，进而侵犯个人受宪法保障的合法权利，因此极有必要在诉讼法中加以规范，以显示对其的重视——而这在日本、德国、法国、英国等国家的制定法中均能窥见，在英美等国的案例法中也有体现。但我国现行刑事诉讼法及公安部颁布的《程序规定》均遗漏了针对人身的取证规定，显然不利于规范取证者的行为、不利于人权的保障。

公安部修订、颁布并于 2005 年 10 月 1 日施行了《公安机关刑事案件现场勘验检查规则》（以下简称为《检查规则》）。虽然《检查规则》是规范现场勘验检查行为的专门性部门规章，且它将现行刑事诉讼法和《程序规定》中与发现、收集物证密切相关的勘验、检查、搜查、扣押条款由各自的 18 条、30 条扩展到现在的总计 90 条，并就刑事案件现场勘验检查的概念、任务、具体内容、职责划分、现场保护、组织与指挥、现场实地勘验检查、现场勘验检查工作记录、现场痕迹物品文件的提取与扣押、现场访问、现场外围的搜索和追踪、现场实验、现场分析、现场的复验复查等均作出了较为详细的规定，但遗憾的是，《检查规则》似乎还是没有具体条文专门用来规范针对人身特别是侵入人体内获取指印、足迹、毛发、血液、尿液、精斑、弹头等物证的工作。② 换言之，针对人身或侵入人体获取物证的工作，仍游离于法律、法规或部门规章的规定之外。当然，笔者绝对不是希冀用烦琐的法律规定束缚我们警察的手脚，相反，本着公权力的行使乃"法无授权不可为"的法律谚语，细致、明确的法律规定才能使得警察有手段、有依据地对付犯罪，才能更好地完成侦查之任务，才能更有效地保障个人的权利。为此，笔者认为，我国在再次修订刑事诉讼法时，至少要考虑到针对人的身体而进行的体表及体内的搜查、检查等取证

① 当然，检察机关也承担着一部分刑事案件的侦查工作，它们也应依法发现、收集包括物证在内的各种证据，但最高人民检察院出台并于 1999 年 1 月 18 日起施行的《人民检察院刑事诉讼规则》也与公安部的《程序规定》一样，并没有将我国刑事诉讼法就发现、收集物证而作出的相关规定细化。

② 《检查规则》第 44 条、第 45 条分别规定，"检验、解剖尸体时，应当捺印尸体指纹和掌纹。必要时，提取血、尿、胃内容和有关组织、器官等。""检验、解剖尸体时应当照相、录像。对尸体损伤痕迹和有关附着物等应当进行细目照相、录像。对无名尸体的面貌，生理、病理特征，以及衣着、携带物品和包裹尸体物品等，应当进行详细检材和记录，拍摄辨认照片。"从这两条规定的具体内容来看，它们只适用于针对死者而进行的一些发现、提取物证的工作。至于针对活人，可否获取其血液、尿液、精液或从其体内提取弹头等，并无法从《检查规则》中找到答案。

活动，明确警方在侦查刑事案件时，可以动用搜查及检查的方法自人身表面及人体体内收集提取指印、足迹、血液、毛发、唾液、尿液、弹头等物证，但同时强调，这种取证活动要有令状，要由有资质的人员进行，要有严格的记录，要遵从"相称性"及"唯一性"的原则等。① 否则，实务中因物证之发现、收集的不当而引发的许多现实问题仍将得不到解决。

5.2.2　物证的保管的法律意义

从物证的发现、收集到物证被提交法庭，或者到物证被送交鉴定机构接受相应鉴定并得出鉴定结论、再提交法庭，其间往往要经过数日、数月甚至于数年的时间，故物证的保管便成为一项不可或缺的工作。由于可以成为物证的物质、物品、痕迹等种类繁多，具体性质各异，稍加不慎就有可能使得已收集到的物证变质、污染、毁损甚至灭失，因而对物证的保管离不开科学的、专门的技术手段；但除此之外，物证的保管还有相应的法律上的要求。也就是说，物证的保管需要由两方面来保障：严格的物证保管制度及科学的物证保管手段。后者无疑是从技术的角度保证物证的安全性——物证不变质、不被污损、不灭失（笔者将在本章的第 5.3 节专题论述这一问题），而前者显然是从法律的视角保证物证的安全性——物证不被丢失、不被替换、不因其与案件间的关联性受损或被破坏而丧失证据资格、丧失证明力。②

从法律的视角保证物证的安全性，也就是建立物证保管链（学界也有将之称作"物证监管链"）。保管链（chain of custody③）是源自英美法证据制度的一个术语，也有将之译为"物证连结保管"的，如"chain of custody　物证连结保管　　向法庭提

---

① 令人欣喜的是，在由中国人民大学诉讼制度与司法改革研究中心主任陈卫东先生主持、中国—欧盟法律和司法合作项目资助的《刑事诉讼法模范法典》（陈卫东主编，中国人民大学出版社 2005 年版）中，我们发现了"人身检查"这一节。尽管这一节只有 5 条，即第 232 条至第 236 条，且只是粗略地就"人身检查的对象和主体"、"强制检查"、"对被检查人的权利保障"、"检查笔录"及"强制采样"这 5 个问题作了规定，并还有所遗漏，但它毕竟令笔者看到了曙光：学界已对侦查活动中人身检查的必要性及合法性有所考虑。那么终有一天，我国的立法会将其变为现实。

② 2009 年最高人民法院死刑复核的某涉枪案件，案发当天晚上，一出租车司机即将凶手放置其车后座上的一杆长枪上交派出所。但派出所既未给该长枪拍照、登记枪号，也未将该枪交由适当人员妥善保管。两三年后，犯罪嫌疑人被捕获并被诉至法庭，可直到二审维持了一审的死刑判决后，公安机关才从其暗室的一个角落找出这杆长枪。该枪是否就是被告当时所用的凶器？虽说后来补做的枪弹鉴定结论肯定了这一点，但该鉴定结论本身又存在一定漏洞，故这一物证的关联性受到了很大影响甚至是受到了破坏，其证据资格及证明力均受到了损害。

③ 有学者也将 chain of custody 等同于 chain of evidence，参见 Keith Inman and Norah Rudin, *Principles and Practice of Criminalistic*：*the Professor of Forensic Science*，Baca Raton，CRC Press，2001，p.207。

交物证的人，如在毒品案件中向法庭提交麻醉品作为物证的人，必须说明从他开始保管该物证直至他向法庭提交该物证的期间，他一直保管该物证的情况"①。而在美国的一本专著中，作者却如此阐释 chain of custody："收集到的证据直至案件最终提交法庭的这段时间内均必须得到保护。在法庭审判期间，如果断定证据的标签遗失、证据未得到适宜的缩写签署，或者证据已遗失或变样，那么该证据便被视为不可采纳，而相关案件则可能被否决。就证据而做的一切说明即被认为是'保管链'。"②从这两种解释我们可以明了，保管链是一种借喻，并非直指保管物证或证据的某种链条，而是指证据保管人就证据在从被收集到被提交法庭的整个被保管期间，所发生的种种情况——包括物证被检验、被消耗的情况——而向法庭所作的说明（这种说明往往是以诉讼一方当事人与出庭作证的物证保管人之间在法庭上的对话完成的，见下文中的一段对话。③）。显然，这种说明依赖于保管人所做的详细文字记录并将直接影响到物证的关联性，影响到物证的证据资格、证明力。因此，物证的保管不仅仅是技术问题，而且是能够影响诉讼进程、诉讼结果的法律问题，必须得到足够的重视。

　　检察官：史密斯警官，你在犯罪现场发现了什么东西吗？

　　史密斯警官：是的，我在尸体旁发现了一页打印文书。

　　检察官：就这份文书你做了些什么事呢？

　　史密斯警官：在摄像师和照相师记录了这一物品的原始位置，而物证技术学家没有在这份文书上发现任何潜在的指印后，我独自将它带到犯罪实验室以便分析这份文书的打印机类型。

　　检察官：你将这份文书交给犯罪实验室的谁了？

　　史密斯警官：嗯，我实际上没将它交给任何人。我独自将它带到一位名叫约翰·罗伊的分析家，当他就此文书进行分析时，我一直在旁边站了一小时。

　　检察官：这份文书离开过你的视线吗？

　　史密斯警官：没有，罗伊先生让我在旁边看着整个分析过程，这个过程还真是有趣；随后我将这份文书带回了，将它封入一个 manila 信封中，并将它带回了我的家。

　　检察官：你所说的"将它带回了家"是什么意思？

　　史密斯警官：嗯，那时已临近我下班。我听 Lieutenant 说，因此案件而被逮捕的那个家伙将在几天后接受听证会，所以他说，如果我不想对这份文件失去绝对的控制，我就可以一直将这份文书持有到那个时候。于是，我将它带回了家，将它锁进了我起居室内隐藏在一幅画后面的墙壁式保险柜里，并且在我离开家的任何时间

　　①　薛波主编：《元照英美法词典》，210 页，北京，法律出版社，2003。

　　②　Michael D. Lyman, *Criminal Investigation：the Art and the Science*, 2nd ed., New Jersey, Prentice Hall, 1999, p. 143.

　　③　See Norman M. Garland, *Criminal Evidence*, 5th ed., New York, The McGraw Hill Companies, 2006, p. 411.

里均启动了防盗报警装置。

　　检察官：有没有其他人能够打开你家中的墙壁式保险柜？

　　史密斯警官：没有，我独自生活，而且我从来没有向其他人说过我的保险柜。

　　检察官：在今天之前，你有没有将它从保险柜中拿出来？

　　史密斯警官：是的，昨天应您的要求，我将它拿了出来，带到辩护律师的办公室以展示给他看过。

　　检察官：那时你让他脱离过你的视线吗？

　　史密斯警官：没有，我始终和这份文件在一起。

　　检察官：随后你又将这份文件带到哪里了呢？

　　史密斯警官：带回家放进保险柜中。直到今天将它带到法庭来，它一直待在保险柜里。

　　检察官：史密斯警官，你能辨认一下这份标号为"人民 展示物 1"的物品吗？

　　史密斯警官：是的，它就是我在犯罪现场发现的那份文件。

　　但在我国，对物证的保管却没有给予相当的重视，或者说只是给予了些许技术层面的重视。具体的表现是，作为物证的发现、收集和保管的主要机关及重点机关——公安机关①，没有充分意识到物证保管的重要性，虽然公安部新修订出台的《检查规则》，以及现行的、于 1980 年 5 月 7 日生效的《公安部刑事技术鉴定规则》②均提及了物证的保管问题③，但这种提及无疑是零星半点，不足以周详、细致地规范物证的保管活动，更不足以令实务部门的工作人员充分意识到物证保管工作的重

---

　　①　来自公安部某部门的数据表明，公安系统从事鉴定工作的人员占全国鉴定人员总数的 90%，其承担的鉴定任务占全国鉴定总量的 98%。由于公安系统的鉴定工作主要围绕物证鉴定而展开，而物证鉴定的前期工作——物证的发现、收集、保管也基本上由公安系统自身承担，故笔者认为，公安机关是物证的发现、收集和保管的主要机关及重点机关。

　　②　另外，《公安机关物证鉴定规则》在 2005 年前即有了修订草案，但鉴于多方面的原因，它却未能与《检查规则》同于 2005 年出台并生效。

　　③　如《检查规则》第 56 条、第 61 条、第 62 条、第 64 条分别规定："现场勘验、检查中发现与犯罪有关的痕迹、物品，应当固定、提取。提取现场痕迹、物品，应当分别提取，分开包装，统一编号，注明提取的地点、部位、日期，提取的数量、名称、方法和提取人。对特殊检材，应当采取相应的方法提取和包装，防止损坏或者污染。""扣押物品、文件时，当场开具《扣押物品、文件清单》，写明扣押的日期、地点以及物品、文件的编号、名称、数量、特征和来源等，由扣押经办人、见证人和物品、文件持有人分别签名或者盖章……""对应当扣押但不便提取的物品、文件，经拍照或者录像后，可以交被扣押物品、文件持有人保管或者封存，并明确告知物品持有人应当妥善保管，不得转移、变卖、毁损。交被扣押物品、文件持有人保管或者封存的，应当开具《扣押物品、文件清单》，在清单上写明封存地点和保管责任人，注明已经拍照或者录像，由扣押经办人、见证人和持有人签名或者盖章……对应当扣押但容易变质以及其他不易保管的物品，可以根据具体情况，经县级以上公安机关负责人批准，在拍照或者录像固定后委托有关部门变卖、拍卖或者销毁。""对现场扣押的无主物品、文件，与犯罪有关的，在案件未破获前，由主办案件单位负责保管。"

要法律意义。

鉴于诉讼制度、法律文化的巨大差异，我国估计很难建立英美法意义的物证保管链制度，即令承担保管义务的物证保管员出庭陈述其对物证的严格保管过程，但透过这种出庭陈述制度，我们却发现英美法国家对物证保管工作的高度看重，而这却是我们可以借鉴和效仿的——这种借鉴和效仿并不要求我国的诉讼制度有大的变革，只需相关执法机关如公安部、最高人民检察院等主要承担物证的发现、收集和保管工作的部门出台诸如《公安机关或检察机关物证保管规则》① 以规范相应的物证保管工作即可。事实上，单就物证的保管出台专门的规则，便是对物证保管工作之重要性的强调，它无疑会促使实务部门的工作人员依规办事，防止因工作的疏漏而可能导致的物证丢失或调包。

当然，就物证的保管还应给予的技术规范或支持也应一并在《公安机关或检察机关物证保管规则》中加以体现，但这是本章第 5.3 节要论述的问题，而在此处，笔者只简要介绍一下物证保管规则应涉及的法律层次的原则性规定：（1）物证的最初来源应有可靠的文字、图像或摄像记录。（2）最初发现、收集物证的人员在将物证交由专门人员保管时，应办理完整的送交保管手续并备份待查。（3）当物证已得到安全保存时，接触物证的人员应尽量少。（4）如果物证要脱离原有人的保管，则该人必须做好记录：物证移交给谁了、移交的日期和时间、移交的原因，同时要向被移交者索要有其签名的收条。（5）任何必须接触物证的人员均应在装有物证的包装物上签名并按序做好标记号。（6）当物证被归还时，原有保管人应签著收条或填写工作日志。对归还的此物证，原保管人应检查自己在其上做的辨认记号，以确保该物证是先前移交出的那件物证，同时还应确定它是否依然处于当初被发现、收集时的状态。要注意，物证在物理性状方面的任何变化均可能预示着该物证的证明力有所改变，或者预示着该物证已被调包。（7）物证的贮存地务必是安全的，它包括两方面的内容：一是防止因物证自身的变化或意外的原因而毁损，二是防止被盗或被替换。

5.2.3　物证比对样本的发现、收集、保管及相关的法律问题

尽管物证在诉讼中能够发挥重要的作用，但这种作用的发挥基本上要通过物证

---

①　本处提到的《公安机关或检察机关物证保管规则》以及后文提到的《物证发现、收集之技术指南》等，均是笔者在写作过程中根据写作时的背景及写作重点临时"命名"的一些规章名。鉴于物证的发现、收集及保管的紧密关系，笔者认为可以将它们统一为《物证发现、收集与保管的法律规范及技术指南》。正如笔者在本章最后部分谈到的那样，公安部或最高人民检察院如果能够单独或联合出台《物证发现、收集与保管的法律规范及技术指南》当然是再好不过了，但实际上它完全可以有机地并入《公安机关刑事案件现场勘验检查规则》、《公安机关物证鉴定规则》，或者《检察机关刑事案件现场勘验检查规则》、《检察机关物证鉴定规则》的相关章节中。

鉴定才能完成。由于物证鉴定主要包括物证的同一认定及物证的种属认定[1]，而同一认定及种属认定通常以比较的方式完成——比较物证与相应比对样本之间的相似性，进而判断物证与比对样本有无共同的来源或者有无共同的唯一来源，没有比对样本，也就无法进行同一认定或种属认定，因此，发现、收集、保管比对样本与发现、收集、保管物证有着同样重要的意义，同样需要我们予以足够的关注。

此外，物证比对样本通常是在发现、收集物证的同时或略为滞后的时候获得的，且通常是发现、收集物证者的责任——刑事案件中一般是侦查人员的职责，民事案件中则通常是当事人的责任（有时法院也有责任），与物证的发现、收集、保管有一定的相关性，故本章一并加以讨论。

5.2.3.1 物证比对样本的发现、收集可能引发的法律问题

从物证鉴定的视角而言，物证比对样本可作不同的分类，例如：（1）按照物证的具体种类，可分为痕迹比对样本、笔迹比对样本、声纹比对样本、物质比对样本等。（2）按照比对样本是否含有待检验物质，可分为已知比对样本与空白比对样本。如怀疑某人死于乌头生物碱中毒，则提取的在当地生长的乌头植物为已知比对样本；怀疑某爆炸案中的炸药是硝铵炸药，那么在现场附近、未被炸药及其冲击波作用到的地方提取的尘土，就是空白比对样本。（3）按照比对样本的具体来源，可分为来源于人体的比对样本与来源于物体的比对样本。如来源于人体的比对样本有指印、牙痕、毛发、精液、唾液、皮肤组织、血液、尿液等等，来源于物体的比对样本有鞋印、印章印文、工具痕迹、枪弹痕迹、玻璃、泥土、油漆、油脂等。

单从前两种分类法来看，我们很难想象到物证比对样本的发现、收集会引发一些法律问题。但是，如若按照第三种分类法，因其明确涉及人体，故我们可能会在一定程度上考虑某些与法律相关的问题，如公民的隐私权、公民的健康权、反对强迫自证其罪的特免权等等。

如果说，我国学界及实务界就物证的发现、收集及保管之合法性问题还有所思考的话——至少我们认为，物证作为证据的一种具体形式，应如同证据那般具有合法性，否则将有可能被法庭排除——那么，坦率地说，就物证比对样本的发现、收集及保管可能引发的法律问题却几乎是完全未做预料。尽管笔者从来不认为，"外国的月亮就比中国的圆"、"外国的做法就比中国的做法好，就应成为中国效法的楷模"，但是，诉讼制度、证据制度发展的一般规律，人类社会的共同进步，法治的文明化进程，人权在当今社会日益被尊重的现实，以及我国将"国家尊重和保障人权"首次写入宪法的做法，均提示我们不应忽略在物证比对样本的发现、收集过程中可能涉及的法律问题。未雨绸缪，不失为预防某些不必要纠纷或者某些灾难性、悲剧性事件发生的良策。为此，了解一些国家、地区的相关做法及规定，或许我们将有所启发。

1. 他山之石

反对强迫自证其罪的特免权，也有称作反对自我归罪的特免权，并不是美国刑事

---

[1] 参见本书"第 6 章 物证的鉴定"。

诉讼制度中独有的规定，但在美国，该特权却得到了格外的强调，不仅有着明确的宪法依据，即美国宪法第五修正案，而且相当多的判例就该特免权的适用对象、适用范围、适用程序、对各州的适用性、特免权的放弃等具体问题做了诠释。在这种情况下，按常规来理解，物证比对样本的获取不应是个容易的事情：反对强迫自证其罪的特免权使得任何人不得被强迫提供反对他自己的证据；虽然源自犯罪嫌疑人或被告人的物证比对样本①，如指印、声纹等在物证鉴定中只用作现场物证的"参照物"、"比对物"，可正是有了这些参照物、比对物，现场物证的最终来源才能够被确立、才能被唯一指向犯罪嫌疑人或被告人。清楚地认识到这一点，犯罪嫌疑人或被告人就有权利拒绝提供指印、声纹等等作为物证比对样本。但是，恰恰是在美国这样一个极端重视人权的国家，却在物证比对样本的获取方面倾向了对社会秩序的维持与控制！

1967 年，在"美国诉韦德"（United States v. Wade，388 U. S. 218）一案中，美国联邦最高法院认为，要求被告人韦德在接受列队辨认时去说抢劫犯在抢劫银行当时所说的话"将钱装入袋子里"，并没有侵犯被告人韦德不被强迫自证其罪的特免权：强迫被告人韦德在审判之前仅仅在控方证人面前展示一下他自己以便证人去观察，并不涉及强迫被告给出具有证据意义的证据。这只是强迫被告展示一下他的体态特征，而不是展示其可能拥有的任何知识。类似地，强迫韦德在证人听力可及的距离内说话，包括说据称是抢劫者说过的话，并不是强迫被告给出证言，他只是被要求用其声音作为辨认的一种物理特征，而不是去说他有罪。就人身同一认定而提供的一些物证，并不是受反对自我归罪特权保护的那种言辞证据。②

严格地说，韦德案中韦德在辨认时所说的话"将钱装入袋子里"，只能被称作"声音比对样本"而不能称为"声音物证"。作为物证的那个声音只存留于证人（也就是韦德案中的辨认人）的记忆中，只有通过比较，即比较韦德在说"将钱装入袋子里"时的声音与证人当时在案发现场听到的声音是否相同，才能判断被辨认的韦德是否便是当初抢劫银行的那个罪犯。当然，我们不能苛求法官，哪怕是诸如美国联邦最高法院布伦南（Brennan）那样的大法官③，能够明晰物证与物证比对样本之间的区别。但不管怎样，韦德案重申了"施默伯诉加利福尼亚州"（Schmerber v. California，384 U. S. 757）④ 一案中"联邦最高法院对反对自证其罪之特免权的限制"：该特权只适用于言辞证据，并不适用于以人体构成本身为物证，或者人体本身

---

① 但这并不是说，源自嫌疑人的均是物证比对样本。事实上，源自嫌疑人的某些实质性物质也有可能正是物证，这要因案而异。例如：怀疑某人为走私毒品而将海洛因吞服到肚子里，那么从该人排出体外的粪便中获取的海洛因便是物证。

② See Zalman, Marvin and Siegel, Larry J., *Criminal Procedure；Constitution and Society*，St. Paul，West Publishing Company，1991，p. 521. 也可参见李学军主编：《美国刑事诉讼规则》，224 页，北京，中国检察出版社，2003。

③ "美国诉韦德"案是由布伦南大法官代表联邦最高法院给出裁决意见的。

④ ［美］Steven L. Emanuel：《Criminal Procedure》，影印本，398 页，北京，中信出版社，2003。

即是物证之来源的情形。

被告施默伯于一起交通事故后在医院疗伤时被捕。他被指控为醉酒驾车。在警察的指示下，被告所在医院的医生提取了施默伯的血液样本，而且正是根据这份血液样本认定施默伯当时处于醉酒状态。施默伯声称，对其血液样本的提取和分析侵犯了其反对自证其罪的特免权。但联邦最高法院则认为，尽管该证据（该血液样本的化学分析报告）具有明显的归罪性，但它并不是由被告人的言辞构成的，也不以言辞为基础。他们提取的是他的血液而不是他说的话。反对自证其罪的特免权一直被认为仅适用于反对某人自己的言辞证据。①

施默伯一案中抽取的血液本身即是物证，因为它直接证明了施默伯体内酒精浓度达到了醉酒状态。但正是施默伯一案里程碑般地明确了，反对自我归罪特权不适用于以人体构成本身为物证，或者人体本身即是物证之来源的情形。而从物证技术的角度来看，意欲证实人体本身即是物证的来源，就不可避免地要从人体那获取物证比对样本。因此，美国的华尔兹教授认为，施默伯"这一判例意味着警方侦查人员可以要求一个嫌疑人为了鉴定而书写或说话，也可以要求其站立、采取某种姿势、行走或作出特定动作。施默伯判例还授权警察可以提取手印、罪犯登记照片、头发样本、呼吸样本、手指甲刮痕样本以及藏匿于体腔内的物品等。施默伯判决意见的论证部分还授权警察可以脱去嫌疑人的衣服，以便查找其藏匿的赃物或毒品等物品。警察可以要求嫌疑人试穿衣物以确定大小；也可以查验其身体上的伤口、擦痕、伤疤和文身等"②。如前所述，韦德案无疑重申了联邦最高法院在施默伯案中的立场，但笔者认为，韦德案更使得华尔兹教授的前述观点有了判例之依据——警方取自犯罪嫌疑人的不仅仅可以是物证，也可以是物证比对样本；而无论从嫌疑人身体提取的是物证还是物证比对样本，均不受美国宪法第五修正案规定的反对强迫自证其罪之特免权的限制。③

---

① 参见［美］乔恩·R·华尔兹著，何家弘等译：《刑事证据大全》，2 版，212 页，北京，中国人民公安大学出版社，2004。

② ［美］乔恩·R·华尔兹著，何家弘等译：《刑事证据大全》，2 版，212～213 页，北京，中国人民公安大学出版社，2004。

③ 这在相当程度上表明，即使是将反对强迫自证其罪的权利上升至宪法高度的美国，他们对言辞证据与实物证据实质上还是区别对待的。尽管都可能侵犯被证者的权利，但因言辞证据在强迫的情况下易"变质"——不再真实或真假掺杂，而诸如物证之类的实物证据却少有这种变化，故美国以判例的形式宣告，宪法第五修正案仅适用于言辞证据。笔者认为，美国的这种态势很耐人寻味，因为他们其实同时关注了人权的保障与犯罪的控制，并作了"颇为狡猾的"选择：强迫情况下得出的言辞证据难免变了质，与其以这种可能不真实的证据去影响陪审团，倒不如将其剔除出法庭；至于强迫得到的物证等实物证据，并不因强迫而改变其真实性，又何苦非要将强迫取得这种证据的行为置于宪法第五修正案的"关怀"下呢？更何况对犯罪予以打击的现实需要还是那么迫切！这对我国制定非法证据排除规则、特别是非法物证排除规则应有一定的启发。

　　但还需要强调的是，尽管自嫌疑人身体收集、提取物证比对样本并不违反美国宪法第五修正案，但因为这种行为是针对嫌疑人而为的，且多是在侦查机关搜查、扣押的情况下实施的，因此，这种行为还是要受相关法律或判例的约束——在"5.2.1 物证的发现、收集的合法性"中已有论述，本处不再赘言。

　　德国不愧为成文法国家的典范，这不仅表现在其刑事诉讼法典之法条几乎达到500条，更表现在就连收集物证比对样本这样一些极为细节的活动也能在其刑事诉讼法典中找到依据——真可谓是"有了规矩何愁无方圆"：在"规矩"的导引下，德国警方的取证活动（包括物证比对样本的收集活动）应该是"要方即方，需圆即圆"——犯罪要打击，因为警方被授权收集包括物证比对样本在内的证据及相关材料；人权也需保护，因为警方只能在法律授权的范围内收集包括物证比对样本在内的证据及相关材料。

　　德国将"身体搜索"与"身体检查"相区别，认为身体搜索乃指对身体之表面或在身体之自然状态下的凹窝及开口处进行检查，而身体检查则包含对身体之特定程度下的侵害，例如抽血进行酒精浓度的检测等。[1] 由于德国《刑事诉讼法》第81条 a［身体检查：验血］第 1 款规定："为了确定对程序具有重要性的事实，允许命令检查被指控人的身体。为此目的，在对被指控人身体健康无害的条件下，许可不经被指控人同意，由医师根据医术规则，本着检查目的进行抽取血样验血和其他身体检查。"[2] 故在德国，是可以违背被指控人的意志而收集物证及物证比对样本的——如果抽血是为了检测被指控者的血液酒精浓度，那么所抽之血为物证；如果抽血是为了确定被指控者的血型，进而判断与现场发现的血痕是否为相同血型，那么所抽之血为物证比对样本。不能说德国没有考虑被指控者的人权问题，因为他们要求检查不能对被指控者的健康有害，且还要求由医师按医学规则来完成；也不能说德国放弃了对犯罪的打击，因为在德国实施身体检查不需经过被指控者的同意——按照德国学者罗科信先生的话即是："被告有义务被动地容忍此类措施，但无义务为主动的参与。"这明确显示出德国在打击犯罪与保障人权方面的平衡态势。随着科学的进步，人类已能借助 DNA 判断人的身份。而以抽取的血液借助 DNA 分析技术判断被指控者是否即为作案者，也应"属德国刑事诉讼法第 81a 条所规定之范围"[3]。此时，实际上是"比较血迹及精子遗留物是否与嫌疑人犯之遗传资料（即所谓的'基因指纹'）相同，即可查证其是否是行为人"[4]。而取自嫌疑人犯（也即前述的被指控者）、含有其遗传资料的血液毫无疑问便是物证比对样本。

---

　　① 参见［德］克劳斯·罗科信著，吴丽琪译：《德国刑事诉讼法》，317 页，台北，三民书局，1998。

　　② 李昌珂译：《德国刑事诉讼法典》，23 页，北京，中国政法大学出版社，1995。

　　③ ［德］克劳斯·罗科信著，吴丽琪译：《德国刑事诉讼法》，317 页，台北，三民书局，1998。

　　④ ［德］克劳斯·罗科信著，吴丽琪译：《德国刑事诉讼法》，317 页，台北，三民书局，1998。

为完成针对人身而为的辨认（也即人身同一认定）工作，德国《刑事诉讼法》第 81 条 b［照片、指印］规定，"在了为实施刑事诉讼程序或者为了识别辨认目的有此必要的范围内，允许违背被指控人的意志，对他进行拍照、收集指印、身体测量和类似的措施。"① 与德国《刑事诉讼法》第 81 条 a 相同的是，第 81 条 b 虽被冠以［照片、指印］之名，但其包含的"身体测量和类似的措施"等字眼却使得德国警方还可以强制变更嫌疑人的发型和胡须，强迫嫌疑人戴上用丝袜制成的面罩，或者收集嫌疑人的声音——当然，对声音样本的收集有着较为严格的规定：（1）经被告同意，可将其陈述录音后用作声纹的比对；（2）监听被告获得的声音样本通常不得用作声纹比对的样本。显然，这其中所说的照片、指印、身体测量数据及声音均无疑是物证比对样本，借助这些样本，可以认定嫌疑人是否便是犯罪者。②

为将警方收集物证比对样本的活动对人可能造成的侵害降到最低，德国刑事诉讼法还严格规定：该类活动原则上要得到法官的许可（但允许有例外），要由医师按照医学规则实施，对人的健康无害，要遵从适当原则（对身体不可侵害性的违反必须符合罪行及犯罪嫌疑之轻重比例）等。对女性的身体检查，德国刑事诉讼法也作了单独的规定。考虑到物证比对样本等还可能来自被告人之外的第三人，德国刑事诉讼法就对第三人的身体检查等也做了细致的规定。这使得德国的警方收集物证比对样本的活动有了较为明确的指南，进而既能满足打击犯罪的需要，又能兼顾对人权的保障。

英国尽管是判例法国家，但其出台的《1984 年警察与刑事证据法》却以制定法的方式，规范了包括物证比对样本的收集在内的一系列警察行为。该制定法将取自人体的样本分为指印、私密性样本和非私密性样本，并允许在特定情况下未经"适当同意"而获得这些样本。其中，"指印"包括"掌印"；"私密性样本"指血液、精液或任何其他组织液、尿、唾液或阴毛，或者从人身上的腔孔中提取的液体等样本；"非私密性样本"指除阴毛之外的毛发样本、从指甲或指甲下提取的样本、从人的腔孔部位之外的任何其他身体部分提取的液体、脚印或人身上除手之外的任何其他部位的类似印迹。"适当同意"则指年龄已满 17 岁者的同意，或年龄已满 14 岁但不满 17 岁者其与其父母或监护人的同意，或年龄不满 14 岁者其父母或监护人的同意。

按照《1984 年警察与刑事证据法》第 27 条及第 61 条，除非另有规定，在没有取得适当同意的情况下，不得采集任何人的指印。当被采集者在警察局时，可书面许可采集其指印。而下列情况下，则可以未经适当同意采集指印：（1）对被羁押在警察局的人，如果：A. 得到级别至少是警司的警官的授权——该警官仅当他有合理的理由怀疑要采集其指印的人牵连某刑事犯罪，且相信他的指印将有助于证实或驳斥这种牵连时，即可作出该授权；该授权可口头也可书面，但口头者应尽可能快地以书面形式加以确认。B. 或者他已以可记录的犯罪被提起指控或者已被告知他将以

---

① 李昌珂译：《德国刑事诉讼法典》，24 页，北京，中国政法大学出版社，1995。

② 参见［德］克劳斯·罗科信著，吴丽琪译：《德国刑事诉讼法》，321、232 页，台北，三民书局，1998。

此类罪被控告、且在对该犯罪进行调查的过程中警察未曾采集过他的指印。（2）如果某人已被宣判犯有某可记录的犯罪，他又未曾因犯该罪而被警察羁押、且在警察对该罪进行调查期间未被采集指印。在未经适当同意而采集某人指印时，该人应在采集指印前被告知理由，且该理由应在采集后尽可能快地予以记录——对于采集指印时正被羁押于警察局者，该理由则应当记载在羁押记录中。但为了不影响移民入境管理，或对恐怖主义活动的打击，《1984 年警察与刑事证据法》第 61 条有关指印的采集"不影响 1971 年移民入境法附表 2 第 18 条（2）授予的任何权力，以及不适用于根据恐怖主义条款而被逮捕或被羁押的人"。

对于私密性样本，《1984 年警察与刑事证据法》第 62 条规定，除尿和唾液以外，仅可由经注册的职业医生提取，并可在警察局从某人身上提取，但条件是，需得到级别至少是警司的警官授权且取得适当同意。警官的口头或书面授权基于的理由是，仅当他有合理的理由怀疑要从其身上提取私密性样本的人牵连某严重的可捕罪、且相信该样本将有助于证实或驳斥这种牵连；警官的口头授权同样要尽可能快地以书面形式加以确认。当授权已被作出，应当在提取该样本之前将授权已作出的事实及授权的理由均告知被提取样本者。适当同意必须以书面形式作出。如果从某人身上提取了某私密性样本，那么该样本据以被提取的授权、作出该授权的理由以及已取得适当同意的事实，均应当在取样后尽可能快地加以记录；如果被提取私密性样本的该人被羁押于警察局，则这一切均应记录于其羁押记录中。当无正当理由而拒绝作出从其身上提取私密性样本的适当同意，则在任何针对该人犯罪而提起的程序中，法院有权决定是否将其提交审判或是否存在诉案需要应答；法院或陪审团还有权在决定他是否构成被指控犯罪时，可以从该拒绝行为中作出合理推断；而且在以上推断的基础上，其拒绝行为可作为确认对其不利证据的根据。但在执行《1972 年道路交通法》第 5 条至第 12 条的规定时，可不适用上述有关提取私密性样本的限制。

对于非私密性样本，《1984 年警察与刑事证据法》第 63 条规定，除非本条另有规定，在未取得适当同意时，不得提取非私密性样本。许可提取非私密性样本必须以书面形式作出。但如果某人处于警察羁押之下或因法院授权而被警察监禁、且得到了级别至少是警司的警官的授权，则可在没有取得适当同意的情况下，强制从某人身上提取非私密性样本。该授权基于的理由是，仅当警官有合理理由怀疑要从其身上提取样本的人牵连某严重的可捕罪、且相信该样本将有助于证实或驳斥这种牵连。同样，该授权可以口头或书面形式作出，但口头授权者应尽可能快地以书面形式加以确认。当授权已作出，应当在提取样本之前告知被提取者授权已作出的事实、授权的理由。而当非私密性样本已提取完毕，则应将授权、授权之理由尽快予以记录。如果被提取非私密性样本者被羁押丁警察局，则前述记录事项应记录于其羁押记录中。①

---

① 参见程味秋、陈瑞华等译校：《英国刑事诉讼法（选编）》，271～272、307～312页，北京，中国政法大学出版社，2001。

1986 年，分子生物水平的 DNA 技术才首次在英国被用于识别作案者的身份①，故《1984 年警察与刑事证据法》出台时有关物证比对样本的收集规范，即前述的第 61、62、63 条之内容理应没有考虑到这些样本被用于进行 DNA 分析。但笔者认为，DNA 分析技术只是一种新的识别人身的手段，与指印技术、血型技术、毛发分析技术等相比功能是相同的，且承载 DNA 信息的样本同样可以是取自人体的血液、精斑、组织、唾液、毛发、尿液、牙齿等样本②，与《1984 年警察与刑事证据法》规定的私密性或非私密性样本没有什么本质上的不同，故完全可遵从该制定法的规定收集用于 DNA 分析的各种比对样本。但尽管如此，英国还是专门就 DNA 分析技术的取样问题作了特别的规定——或许该技术对人身识别的影响过于巨大："1993 年，英国皇家刑事审判专门调查委员会建议警察可以提取嫌疑人非体内样本进行 DNA 检验；1994 年……同年 9 月，英国内务部颁布了样本提取条例，允许警方获取嫌疑人的发根和口腔中的组织样本，如果嫌疑人不同意提供样本，警方有权强制获取其样本；1995 年，该条例正式成为英国法律。"③

从英国的前述法律规定及做法来看，其对物证比对样本的收集工作也是相当重视的，也同样在打击犯罪与保障人权之间力争寻求平衡。

日本与物证比对样本的收集有关的规定主要体现在人身检查上。按照日本刑事诉讼法第 218 条的规定，检查人身是勘验的一部分，当勘验的对象为人身时，称"人身检查"，实施时需要持人身检查令状。申请人身检查令状时需说明理由，并明确被检查对象的性别以及健康状况等。法律要求检查人要充分考虑被检查对象的具体情况，使用适当的方法，防止侵害被检查人的名誉。对女性进行人身检查时需要有医师或成年女性在场。日本刑事诉讼法同时规定，当检查对象无正当理由拒绝检查时，可以科处行政罚款、赔偿费用以及罚金、拘留刑等间接强制措施，如果间接强制措施无效的话，也允许采取直接强制的方法进行人身检查。当侦查犯罪需要采集血液、胃液等液体，皮肤片、指甲等部分组织时，如果被拒绝，则不能直接强制，而需事先获得人身检查令状。④ 此外，日本《刑事诉讼法》第 218 条第 2 款还规定："对身体受拘束的被疑人采取指纹或足型，测定身高或体重，或者拍摄照片，以不使被疑人裸体为限，不需要前款的令状。"⑤ 而前述条文中涉及的血液、皮肤片、指甲、指纹、足型等，通常均用作物证比对样本。可见，日本刑事诉讼法中有关采取

① See Howard Coleman & Eric Swenson, *DNA in the Courtroom*: *A Trial Watcher's Guide*, Seattle, GeneLex Press, 1994, p. xiii.

② See Howard Coleman & Eric Swenson, *DNA in the Courtroom*: *A Trial Watcher's Guide*, Seattle, GeneLex Press, 1994, p. 20.

③ 罗亚平：《物证技术及物证鉴定制度》，131 页，北京，中国人民公安大学出版社，2003。

④ 参见［日］松尾浩也著，丁相顺译：《日本刑事诉讼法》（上卷），83～84 页，北京，中国人民大学出版社，2005。

⑤ 宋英辉译：《日本刑事诉讼法》，52 页，北京，中国政法大学出版社，2000。

物证比对样本的实施条件和程序等规定，为侦查机关必要时强制采样提供了法律依据。

 2003年2月之前的我国台湾地区"刑事诉讼法"与采取物证比对样本相关的条款，只能说是有关搜索、检查身体处分的第122条、第123条、第212条、第213条第2款、第6款及第204条第1项。① 但仔细分析这些条文的具体内容②，却发现它们并没有授权侦查机关以强制采样权。但此时，台湾实务界在侦查阶段实际却在实施强制采取物证比对样本的行为。这一情形与我国大陆的现行做法极为相似。③ 然而，2003年2月④，我国台湾地区"刑事诉讼法"的修订使这种无法律授权却在时时为之的强制采样行为有了合法依据。台湾地区"刑事诉讼法"增加了第204条之三［无正当理由拒绝鉴定］、第205条之一［鉴定之必要处分——采取分泌物等之许可］、之二［调查及搜证之必要处分——采取指纹等］等与采取物证比对样本有关的重要条款。根据这些条款并结合同一法律其他条款的具体内容，我国台湾地区在办理刑事案件时，（1）当有一定理由认为，鉴定对调查犯罪情形是必不可少的举措时，鉴定人在得到审判长、受命法官或检察官的许可书后，可对被告人以外的第三人进行该鉴定活动所必需的身体检查；而该第三人如若想拒绝此项身体检查，则必须有正当理由，否则将由鉴定人申请法院裁定对该第三人处以新台币3万元以下的罚款，但该第三人对法院的罚款裁定可以提起抗告。（2）前述针对被告人之外第三人的身体检查如若无正当理由却被第三人拒绝，审判长、受命法官或检察官就可以率领鉴定人共同对其进行身体检查，且在此次身体检查过程中可以适用与勘验有关的相关规定。（3）出于鉴定的必要，鉴定人在获得审判长、受命法官或检察官的许可书后，可以采取分泌物、排泄物、血液、毛发或其他出自或附着于人体的物质，并可以采取指纹、脚印、声调、笔迹、照片或进行其他相类似的行为，但前述许可

---

 ① 参见朱富美：《科学鉴定与刑事侦查》，62页，北京，中国民主法制出版社，2006。

 ② 第122条为"对于被告或犯罪嫌疑人之身体、物件、电磁纪录及住宅或其他处所，必要时得搜索之。对于第三人之身体、物件、电磁纪录及住宅或其他处所，以有相当理由可信为被告或犯罪嫌疑人或应扣押之物或电磁纪录存在时为限，得搜索之"。第123条为"搜索妇女之身体，应命妇女行之。但不能由妇女行之者，不在此限"。第212条为"法院或检察官因调查证据及犯罪情形，得实施勘验"。第213条为"勘验，得为左列处分：一、履勘犯罪场所或其他与案情有关系之处所。二、检查身体。三、检验尸体。四、解剖尸体。五、检查与案情有关系之物件。六、其他必要之处分"。而第213条之"六"所指的"其他必要之处分"，是指同法第204条第1项"鉴定人因鉴定之必要，得经审判长、受命法官或检察官之许可，检查身体、解剖尸体、毁坏物体或进入有人住居或看守之住宅或其他处所"。

 ③ 但不同的是，我国台湾地区对被告或犯罪嫌疑人抽血检验，还可找得到1999年2月3日公布并于公布后一年开始施行的"去氧核糖核酸采样条例"第5条这样的依据，即"下列之人应接受去氧核糖核酸之强制采样：一、性犯罪或重大犯罪案件之被告。二、性犯罪或重大暴力犯罪案件之犯罪嫌疑人"。

 ④ 该修订案颁布于2003年2月、正式实施于2003年9月。

书必须载明这些具体的处分事项。（4）对于经拘提或逮捕到案之犯罪嫌疑人或被告人，如果检察事务官、司法警察官或司法警察认为对调查犯罪情形及搜集证据而言非常必要，那么他们就可以违反犯罪嫌疑人或被告的意愿，采取其指纹、掌纹、脚印，为其照相、测量身高或进行类似行为；当有相当理由认为毛发、唾液、尿液、声调或吐气得作为犯罪之证据时，也得以采取之。

从台湾地区现行的前述规定来看，为确保刑事诉讼的顺利进行，在鉴定[①]于侦查或搜集证据而言属于不可或缺的手段时，鉴定人及检察事务官、司法警察官或司法警察均可以强制采取物证比对样本，只是他们的"强制性"有所区别：首先，鉴定人针对被告人之外的第三人强制采样，以事先获取审判长、受命法官或检察官的许可书为前提，且在申请许可书时就要明确将意欲实施的具体采样处分列在许可书中；其次，鉴定人的采样"强制性"体现在，当被采样者无正当理由而拒绝采样时，鉴定人有权申请法院裁定而对被采样人科处罚款，并可在审判长、受命法官或检察官的亲自率领下，检查身体并采样。但是，检察事务官、司法警察官或司法警察对经拘提或逮捕到案之犯罪嫌疑人或被告强制采样，不需事先获得许可书，只要认为采样并进而随后进行的鉴定对调查犯罪情形及搜集证据而言非常必要，那么他们就可以违反犯罪嫌疑人或被告的意愿强制实施。笔者认为，这样规定可能是被控制的犯罪嫌疑人的特定身份本身就具有了强制性，故不再需要以罚款为后盾并在其他人员的率领下进行。

2. 启发

从美国、德国、英国、日本和我国台湾地区这几个国家和地区对收集物证比对样本之工作的关注情况以及各自具体的规定，我们可获得如下启发：

物证比对样本的收集并非只是技术方面的问题。尽管先进、成熟的收集、提取技术会保证物证比对样本的可靠性，从而有益于物证的同一认定或种属认定，但当所提取的物证比对样本是源自人体时，即使是先进无比、成熟可靠的收集、提取技术，也有可能使得被收集、提取样本者感到恐惧、担心，感到隐私权受到侵犯，感到自己为控方证实自己的罪行提供了帮助，并可能实质上危害到被收集者的健康状况。也就是说，物证比对样本的收集对人的健康权、隐私权均构成威胁，还有可能违反已基本上为各国刑事诉讼法所认可的反对强迫自证其罪的特免权。我国在法治建设的进程中必须正视这些问题、思考这些问题并力争加以规范。坦率地说，我国基本上没有顾及物证比对样本的收集工作可能引发的侵权问题，因为，到目前为止，就连物证的发现、收集工作我们都还只是有一些泛泛而谈、缺乏针对性的原则性规定，那么未及考虑以法律规范物证比对样本的收集工作也就不足为奇。

---

① 显然，我国台湾地区"刑事诉讼法"提到的鉴定主要包括物证鉴定，这从其法律行文列举的各种可采取对象，即分泌物、排泄物、血液、毛发、指纹、脚印、声调、笔迹、相片等出自或附着于人体的物质，就可看出。

由于程序法最为核心的职能是"规范和限制国家公共权力的运用"①，以防止代表国家行使职能的机构侵犯公民的合法权利，故当收集、提取物证比对样本的行为实质上对公民的健康权、隐私权构成威胁时，程序法就理应对之作出规定，否则，在当今这个日益强调法治的大环境下，一着不慎就可能颠覆整个诉讼活动。

诚然，认为我国法律（也可是退而求次之之的部门规章或规定，因为毕竟连物证的收集工作都还没有被国家法律细致"关怀"到）应就物证比对样本的收集工作作出相应规定，并非只是关心嫌疑人或被告人的人权保障，而忽略了对犯罪的打击。事实上，即使是如同美国那般强调人权保障的国家，在就物证比对样本的收集作出法律上的规范时，也念念不忘有效打击犯罪并干脆以判例法的形式明确，美国宪法第五修正案赋予嫌疑人或被告人的反对强迫自证其罪的特免权并不适用于物证以及物证比对样本。这对从事物证以及物证比对样本的发现、收集工作的美国警察而言无疑是福音——他们可以不受反对强迫自证其罪之特免权的限制，而去提取必要的物证及物证比对样本！当然，这只是从反对强迫自证其罪这个角度对美国警察的侦查活动予以了一定程度的松绑，但美国与物证、物证比对样本的收集有关的其他法律规定，如合理根据规则，无证逮捕、搜查人身规则，微弱侵扰规则，毒树之果规则，非法证据排除规则等，又无时无刻不在规范、约束着警方的行为，在保护着嫌疑人或被告人的合法权利。

同样，英国一句"除非另有规定，在没有取得适当同意的情况下，不得采集任何人的指印"，便表明了国家对人权的基本尊重，但这并不是说英国警察面对犯罪就完全无所作为了。事实上，基于打击犯罪的需要，英国还是赋予警察相当的权力：只要满足法定的条件，英国警察完全可以不经嫌疑人的适当同意而获得指印、足迹以及一些私密性或非私密性的样本。而在获得样本的全过程中，他们还必须严格依程序办事，以使取样行为对嫌疑人权利的干预最小化、最正当化：法律规定必须由有资质的医生提取样本的，则绝不得由警察自己亲力亲为；必须有完整的授权、记录程序的，则绝不得"偷工减料"。加上法律对"适当同意"、"私密性样本"、"非私密性样本"等关键性术语均有清晰明了的界定，故英国警察理应能够在法制的轨道上顺畅地执法。如此禁得得当，无论于国家还是于个人，均应是幸事。

至于德国，对物证比对样本的收集似乎更为重视，不惜在其刑事诉讼法典中以专门的条款规范诸如"身体检查、验血"、"照片、指印"、"对妇女的检查"等等活动，甚至还考虑到了检查其他人员获取相关物证比对样本的问题。尽管相对于实务的多样性及复杂性而言，这些规定还是有点粗略，但它却为物证比对样本的收集活动给出了最低的底线——警方为完成打击犯罪收集证据及相关材料的工作，至少应遵守这些法律规定及蕴涵于这些规定中的立法精神；同时，它也明确了个人承受公力"干扰"的基本义务——当你涉嫌某项犯罪时，你可以不主动为某些行为，但你必须被动承受某些行为。这种兼而顾之的态势，应是积极而又可取的。

---

① ［斯洛文尼亚］卜思天·儒佩基奇著，王铮等译：《从刑事诉讼法治透视反对自证有罪原则》，载《中国人民大学报刊复印资料·诉讼法学、司法制度》，1999（10），29页。

而日本，也兼顾着保护人权及打击犯罪的双重需要：当检查勘验针对的对象是人身时，基于对人的健康、名誉的尊重和考虑，必须事先获取人身检查令状，并充分考虑被检查者的性别、健康状况等，由适当的人员使用适当的方法进行——这些明确规定显然是保护人权的；若出于侦查犯罪的需要，侦查人员则可依据法律的授权，借助间接强制措施或直接强制措施，视被取样人是否已被拘禁等因素，或事先获得人身检查令状，或不必事先获得人身检查令状而径直采取物证比对样本——这些细致规定显然又充分正视了打击犯罪、维护秩序的现实景况。

再看我国的台湾地区，借修改"刑事诉讼法"之机，台湾地区于 2003 年增加并细化了侦查机关可借以合法采取物证以及物证比对样本的条款，其显然也是为了既规范侦查机关的侦查行为，又确实保障被取证或取样人的人权。

笔者并不认为我国在致力于诉讼制度改革、致力于法治建设的当前，就一定要完全照搬美国、英国、德国、日本或我国台湾地区的前述做法，因为我们有着自己的法律传统、法律文化及经济基础、政治环境。但笔者认为，"二战后的人权保障超越了原则与口号意义上的价值而逐步走向具体化，显示出对刑事诉讼体制的巨大调控作用"[1] 已是不争的事实，它已经并将进一步影响我国的诉讼制度特别是刑事诉讼制度的变革；同时，有效打击犯罪也是各国、各地区在相当长的时期内要倾力而为的目标。在这种保障人权与打击犯罪需要并举的情况下，参看国外或地区的一些有益做法，从中得到一些启发未尝不是好事：它至少可以警醒我们，物证比对样本的收集也如同物证本身的收集那般，会影响到人权、会影响到我国法治的整个形象。于是，我们就可能将这种被忽略的问题纳入思考的范畴，在再次修改刑事诉讼法时就有可能考虑这类问题，并就以下问题作出基本规定[2]：（1）非经法定程序不得收集任何物证比对样本。[3]（2）基于法定理由，如"有合理的理由怀疑要从其身上提取样本的人牵连某严重的犯罪、且相信该样本将有助于证实或驳斥这种牵连"，可以就此特定个人提取物证比对样本。（3）提取物证比对样本不仅要得到有权者的授权，而且要有着严格的告知及记录程序。（4）提取物证比对样本者应有足够的学识、经验及资质，一旦要侵入个人身体或涉及隐私，均应由合格医生或相应性别人员完成。（5）应允许被取样者有一定的救济渠道以维护自己的合法权益。

---

① 陈卫东等：《刑事诉讼的全球化趋势析评》，载《中国人民大学报刊复印资料·诉讼法学、司法制度》，2003（6），30 页。

② 依笔者看来，我国再次修改刑事诉讼法时，有必要就强制采样的法律定位、应遵循的基本原则、强制采样制度的基本内容（如主体、对象、程序、救济及样本的使用和销毁）等作出明确、细致且具有可操作性的规定。这方面的内容，可参见李学军等：《侦查机关强制采取物证比对样本的必要性及合法化路径研究》，载《证据科学》，2009（2）。而本书此处只是概括性地提出修法时应考虑到的一些基本问题。

③ 为使取样者及被取样者充分明了物证比对样本是什么，进而更好地保障人权、更好地服务于打击犯罪的活动，有必要如同其他国家或地区那样，较为细致地明确物证比对样本的名目，如指印、毛发、血液、尿液、照片、胃液、赤脚印、声纹等等。

5.2.3.2　物证比对样本的保管及样本库的建立

1. 物证比对样本的保管

相对于物证而言，物证比对样本的重要性似乎略逊一筹。因为物证是伴随案件的发生而自然生成的，具有绝对的不可替换性，而物证比对样本通常是在案件发生后，针对物证的具体种类、形态等特点及检验鉴定的具体需要而有目的地获取或有目的地制作而成——例如，当物证为一枚印文时，我们收集到的物证比对样本要么是受审查印章平时盖印出的印文，要么是用受审查印章模拟案件发生时的条件盖印出的印文，或者二者均有——从理论上说，这些比对样本并非绝对不可替换，故对物证比对样本的保管往往被人们所轻视。

但笔者认为，这种轻视有相当的危害性，有可能导致不可弥补的后果。因为，"物证比对样本具有一定的可替换性"有着明显的局限性：（1）"物证比对样本具有一定的可替换性"是针对某一个特定的受审查客体而言的，其积极意义是，能够指导我们尽可能全面、尽可能多地收集若干个比对样本——只要这些比对样本确实来源于该特定的受审查客体：它们可能是案发前后受审查客体在自然活动中生成的，也可能是案发后受审查客体应办案人员的要求而人为生成的。而不同的受审查客体，虽然它们各自的特征反映均被我们称为"物证比对样本"，但它们之间却不能彼此替换。例如：张三在案发前后书写的各种文字材料及案发后按照法院要求而书写的文字材料，均是源自张三的比对样本，它们之间可能可以互换，但它们绝对不能与此案件中的另一个受审查客体李四的笔迹比对样本互换，也不能与李四的笔迹比对样本混淆，否则会出现完全错误的鉴定结论。（2）"物证比对样本具有一定的可替换性"有时只是理论上的推断，实务中往往难以兑现。理论上说，只要找到受审查客体，或者只要知道受审查客体在哪儿，我们就能够获得足够数量的物证比对样本。例如，只要我们已拘捕了某犯罪嫌疑人，我们就可令其捺印足够多的指印；只要我们已找到了受审查的印章，我们就可盖印出足够多的印文；只要我们已找到了可能的书写者，我们就可令其写出足够多的文字；只要我们已找到了嫌疑的手枪，我们就能用其发射出足够多的实验弹头；或者，我们可以干脆将该受审查客体以前形成的特征反映体依时序尽数收集——如笔迹样本或印文样本的收集就常用这种方法。但是，实务中存在着大量这样的情况，即能够成为物证比对样本的特征反映体往往只有一个，它与物证一样稀少、甚至较物证而言更为稀少，因而根本无法被替代。例如：某合同纠纷案中，甲方认为，合同上有乙方法定代表人谢某某的签字及乙方的合同专用章，故乙方理应履行合同。但乙方答辩称，合同上所谓乙方法定代表人谢某某的签字不是谢某某本人所写，合同上的合同专用章也系伪造。为作出相应的鉴定结论以便法院公正地定分止争，受法院委托的鉴定机构要求乙方提供谢某某本人的亲笔签名及乙方的合同专用印章、印文。乙方随后提供了谢某某的一份签名并称谢某某已经出国定居，他们无法提供更多谢某某的笔迹；乙方的合同专用章及有此印文的文件因单位失火刚刚被烧毁，但工商管理局还有一份该合同专用章的印文档案。显然，作为比对样本的谢某某的那份亲笔签名及保管在工商管理局的那份印文档案是本案中唯一的笔迹比对样本及唯一的印文比对样本，无法被任何其他东西替代。此外，即使受审查客体依然存在或者依然可被我们"随叫随到"，但基于道德伦理、基于对人权（至少包括健康权）的必要尊重，我们却不可能一而再、再而三地自受审查客体那儿取得比对样本。例如，在亲子鉴定中，怀疑高某为孩子的亲生父亲，就需要分别抽取高某、孩子本人、孩子母亲这三个人的血液进行 DNA 分析。我们不能说，由于保管不当，高某的血样丢失了，便再将高某找来，再从其血管里取一次血。尽管自高某血管第二次抽取的血样可以替代已丢失的那份血样，但我们不能就此便认为，对物证比对样本的管理可以疏于严格。事实上，疏于严格管理物证比对样本，其结果不仅仅只是丢失样本，更为严重的是，有可能导致样本被他人别有用心地替换了。当同一认定或种属认定赖以进行的比对样本被人故意替换了时，其结果会如何我们完全可以想象得到。

正是基于以上的考虑，笔者认为，对物证比对样本的保管也应建立严格的制度，使物证比对样本的保管也能形成一个完整的保管链条，否则，便会妨碍、拖延物证之证明作用的发挥，甚至葬送物证本应具有的证明作用——前者至少使诉讼的效率大为降低，后者则有可能使得诉讼根本得不到公正的解决。而无论是哪种结果，均不是我们希望看到、但却是我们完全可以预防的。因此，我们应自发现、收集物证比对样本的起始点便开始将物证比对样本纳入严格的保管程序中，就比对样本的收集情况、收集者、名称、数量、性状、包装等要做详细的记录，特别是物证比对样本的入档、借用、归还要有严格的记载并有经办人的亲笔签名，如此我们才能从法律上保证物证比对样本的供体（也就是受审查客体）与案件的特定关联性。

出于写作的层次性及脉络性的考虑，笔者将物证以及物证比对样本的保管分而论之了。但实务中不妨且往往是将物证的保管与相应比对样本的保管合并在一起进行的，这不仅便于我们对各个案件中物证及比对样本的具体使用，而且实质上将物证比对样本的保管重要性与物证的保管重要性同等看待。

2. 数据库的建立

各国侦查部门及物证鉴定部门均建立有许多数据库，如指印数据库、足迹数据库、DNA 数据库、声纹数据库、弹头弹壳痕迹数据库、纤维数据库、油漆数据库、纸品数据库、玻璃数据库等等。这些数据库的建立对我们侦破各类刑事案件均大为有益：因为数据库的存在能够方便我们尽快判断物证的来源。例如，借助纤维数据库，我们能够分析判断现场发现、收集到的纤维是何种纤维、是哪个厂家生产的纤维等问题；借助指印数据库，我们能够分析判断现场发现、收集的指印是否为某个有前科的人员留下的，或者是否与某个未决案件中的指印是同一个人留下的。

曾经有人大代表试图以议案的方式建议，在我国建立常住人口及流动人口的指印数据库——有了这种指印数据库，那么只要在现场发现一枚指印，我们就能迅速知晓该指印是谁留下的，这无疑能大大提高办案效率并起到一定的预防犯罪的作用。从理论上说，这种"全民指印皆入档"的做法以及"全民 DNA 数据皆入库"的做法，确实能在一定程度上威慑犯罪分子，也确实能够相应缩短刑事案件的侦破时间，并还可能有助于解决其他一些问题。例如，2005 年新年初发生的灾难性海啸使得许多婴孩、幼童丧失了亲人，使得受难者身份难辨，如果利用"全民 DNA 数据库"，那么便能迅速查明这些婴孩、幼童的生源，也能迅速知道那些受难者的身份。同样，"全民 DNA 数据库"若已经建立，那么四川汶川地震的一些死难者的身份也很容易据此而被识别。

但是，据笔者所知，世界上几乎没有一个国家建立这种全民式数据库，即使有那么一两个国家有这种全民数据库，如全民性的 DNA 数据库，那也绝对不是为了打击刑事犯罪而建立的。为什么会出现这种现象？是否仅仅受限于资源或技术？笔者认为有必要在本书中做一浅显的讨论。

还是以刑事诉讼为切入点。目前各国通常有两大类数据库，即前科人员数据库及未破案件数据库，它们主要解决两个问题：一是现场物证的来源，一是在某案件现场发现的物证与记录在案的未破案件现场发现的物证是否有共同的来源。对第一个问题的回答通常能够确立嫌疑人——现场指印来源于某名前科人员，那么该人便有了嫌疑；对第二个问题的回答通常能够串并案件——在此案件现场发现的物证（如弹头）与某个未破案件现场发现的物证（如弹头）有着共同的来源（系由同一枪支发射），那么便可将这两起案件并案侦查。

从本质上看，前科人员数据库起到了物证比对样本的作用，与某人大代表曾经意欲建立的全民式指印数据库有着同样的功能，也是本处我们要讨论的问题所在，即我们是否能够建立这种可起到物证比对样本之功用的全民式数据库？换言之，既然物证比对样本是物证鉴定（更具体地说，是物证同一认定或物证种属认定）中不可或缺的材料，那么在以人身为同一认定的客体时，我们可否建立全民式指印数据库或 DNA 数据库？

答案是否定的。即我们不能建立这种全民式指印数据库或 DNA 数据库。其根本的理由是，个人的指纹特征特别是 DNA 基因纹特征属于个人的隐私，受宪法保护，非经个人同意，任何其他人均无权知晓。如果说，因为某种犯罪行为，某个人的指纹数据或 DNA 数据被输入库存，那是咎由自取，是你的犯罪行为应得到的报应[①]之一；但如果你奉公守法，却无端被要求将自己的个人指纹数据或 DNA 数据入库备查，则这样的举措无疑侵犯了你的隐私权或者同时侵犯了你的健康权（因为也许在建立 DNA 数据时被要求抽血），却没有任何合理的缘由，这显然违背了刑事司法中的比例原则或相称性原则。正是基于前述原因，各国均建立有前科人员数据库用作物证的比对，而没有建立全民数据库。

至于何为"前科"？是以"被拘捕史"为据还是以"被法院判刑"为据？这实际关系到这样的问题，即：某人因涉嫌犯罪而被提取了指印或 DNA 数据，但最终该人被解除嫌疑或被法院判处无罪，那么其指印或 DNA 数据是否还应保留在数据库里？事实上，某些国家的法律或判例对这一问题已予了回答。如：德国的判例即表明，"在刑事诉讼程序结束后，如果该被告经由诉讼程序被证明无罪，或者基于其他理由

---

① "报应被严格限定以确保惩罚符合罪行，学者将这称为相称性。报应通过纠正刑事行为造成的不公平而保持社会的完整。"［美］Ellen Hochstedler Steury、Nancy Frank 著，陈卫东、徐美君译：《美国刑事法院诉讼程序》，552 页，北京，中国人民大学出版社，2002。

足以认定，其于未来亦不会犯罪、即或在澄清案件时也不会用到同样资料之犯罪（BVerwGE 11，182；26，169；BVerwG DÖV 73，752）时，则被告有权要求将其数据废弃"①。又如，英国《1984 年警察与刑事证据法》第 64 条规定：（1）如果因调查某犯罪而从某人身上提取了指印或样本，a. 但该人被证实与该犯罪无关，则它们必须在程序终结后尽可能快地被销毁；b. 但已经决定不应以该罪对他提起公诉，而且他尚未供述该罪并已以由警察给予警告的方式对其作出了处理，则它们必须在上述决定作出后尽可能快地被销毁；c. 但该人未被怀疑实施了该罪，则当它们实现了其之所以被提取的目的后必须被尽快地销毁。（2）如果指印被销毁，该指印的任何复制品同样应当予以销毁。（3）任何要求见证其指印或其复制品被销毁的人应当有权利见证。② 从德国、英国的情况看，所谓"前科"应指被定罪量刑者。因此，前科人员物证数据库应指源自被判刑罚者的物证所组成的数据资料。

基于前述介绍及分析，笔者认为，我国法律或部门规章也应就物证数据库或物证比对样本数据库的建立作出一定的规定，以避免对合法者的人权造成侵犯。

5.3　物证的发现、收集、保管的科学性及安全性③

5.3.1　物证之发现、收集的科学性和安全性

在前面，我们已经探讨了物证之发现、收集的程序是否合法对物证之证据资格的影响，此处我们则要从物证之发现、收集的方法是否科学妥当这一视角，也即技术的视角，来讨论物证之发现、收集的方法对物证证明力的影响。

如果说，合法性、关联性使得某物证有资格、有可能成为法官断案的依据，那么能否成为这种依据，则取决于该物证是否具有证明力。可以说，具有证明力是客观存在的客体之所以被视作物证、被称为物证的根本而又最为重要的原因。换言之，没有证明力，即使某客观存在的客体能够拥有证据资格，但它最终也不会成为物证。因此，证明力是物证的生命之所在。

---

①　［德］克劳斯·罗科信著，吴丽琪译：《德国刑事诉讼法》，320 页，台北，三民书局，1998。

②　参见程味秋、陈瑞华等译校：《英国刑事诉讼法（选编）》，27～28、311 页，北京，中国政法大学出版社，2001。除了以上内容，该第 64 条还规定，前述规定不影响1971 年移民法附表 2 第 18 条（2）授予的任何权力，且不适用于根据恐怖主义条款而被逮捕或羁押的人。

此外，本处只是提到了英国在处理那些未被定罪者的指印或其他样本时的应然，但这并不表明英国警方就完全依此规定办事了，实际情况是，某些警局也在违反法律的前述规定。何家弘先生《中国刑事证据规则体系之构想》中介绍的一个案例便是写照（载《法学家》，2001（6），36～37 页）。

③　此处的"安全性"是从技术视角着眼。

由于物证的证明力依赖于物证的外形特征、所载字迹特征、内在属性、存在状态等，而这些外形特征、内在属性等往往会因自然原因或人为因素发生变化，进而降低物证的证明力、甚至使物证的证明力完全丧失，故发现、收集物证时除了按严格的法律程序及相关的部门规章制度进行以外，还必须针对物证的具体特点，如物证是生物还是非生物的、物证将以外观形态还是以内在属性发挥证明作用等，选择科学、妥当、安全的方法，切实保证物证的外形特征、所载字迹特征、内在属性等均是真实可靠的，均是案件发生过程中自然形成的，而不受或少受我们的发现、收集活动的影响。"结果的正确性是由方法的科学性来保障的"①，因此，我们应自觉、主动地以科学、妥当、安全的方法发现并收集物证，确保物证的证明力不被破坏。

相对于物证之发现、收集的合法性而言，我们对物证之发现、收集的科学性、安全性的关注还是较多的，突出的表现是，有关物证技术学的一些教材、专著或多或少地均将此部分内容囊括在内，一些从事物证技术研究的研究人员也将发现、收集物证的技术手段作为研究的重点或难点。但实事求是地说，仅此并不足以满足我国实务工作的需要：我国幅员辽阔，经济发展极度不平衡，基层从业人员的业务素质也有着很大的差异。因此，有必要从规范、指导一线物证技术人员的发现、收集工作出发，从保持法律的一致适用之需要出发②，由发现、收集物证之工作的主要承担者公安机关出台诸如《发现、收集物证之技术指南》（以下简称《指南》）之类的规章、规则。当然，该《指南》可以将所有物证的发现、收集手段做细如牛毛般的详细规定，但即使如此也难免挂一漏万，更难以预见性地就日后才可能出现的新型物证作出明确规定，故笔者认为，明智之举是，《指南》只就发现、收集物证的技术手段做如下总的原则性的规定：

1. 要及时开展物证的发现和收集工作。

物质运动的绝对性告诉我们，物证会随时间的推移而发生快慢不同的变化。为避免某些物证随时间推移而迅即出现变化进而影响其证明力，侦查人员及相关的技术人员就应在接到报案后迅速赶往现场并及时开展物证的发现和收集工作，力争将物证固定在案发时的状态或与案发时最为接近的状态下。例如，生物物证在温度高、湿度大的环境中极易腐败、降解，故需要及时发现、收集各种生物物证并尽快将其转移到适宜保存的环境里。又如，雪地上的足迹在雪融化后就不复存在，故需要尽快以制作石膏模型的方式将其固定下来。还如，射击残留的发射药、烟垢、气味，爆炸残留的炸药、烟垢、气味，纵火案中汽油、酒精等纵火物，均会随时间而渐渐挥发、消散。即使物证本身的性质较为稳定，如毛发、纤维、油漆或玻璃碎片、烟头等，也会因为风吹雨淋等自然原因、故意或非故意移动等人为原因而不再能够被我们发现、不再能够被我们在其最原始的地方发现。因此，无论从物证本身的易变性来看，还是从物证易受外界影响的被动性而言，我们均应及时开展物证的发现、

---

① 何家弘主编：《刑事审判认证指南》，84 页，北京，法律出版社，2002。

② 如果某杀人案件中，因发现、收集物证的方法不得当，致使该物证无法发挥证明力，那么对该杀人案件的处理显然难以与类似杀人案件的处理相一致。

收集工作。

2. 发现、收集物证要在现场制图及拍照之后进行。

强调及时发现、收集物证并非说一到现场就开始物证的发现、收集工作。事实上，侦查人员及技术人员接到报案赶往现场后，首先应进行的工作是，初步了解现场、静态观察现场，随后立即绘制现场图并佐以系列现场照相。这是固定现场及现场物证之原始状态的最为重要、最为必要、最为首要的一项工作，绝对不能忽略，否则很可能会使发现、收集到的物证贬值甚至丧失证据价值。

3. 发现、收集物证时必须佐以同步的完整记录。

如前所述，物证的保管是一项重要的基础工作，直接影响着物证的证据资格。因此，为了保证物证不因保管不当而被法庭排除，就必须建立完整的物证保管链，就必须有完整的文字记录以说明物证的来龙去脉，说明物证被显现、被提取等处置的过程。由于物证的保管工作始于物证被发现、收集的同时，故物证保管链的建立就必须从这个时候开始，仔细、完整地记录物证被发现、收集及包装、保存的全部过程。

另外，相当多的物证在被发现、收集后将送到实验室接受检验鉴定，而物证的原始状态、物证原始的位置、被发现、收集时所采用的措施、所接受的处理等均会影响到我们对鉴定结果的解释，影响到我们最终得出的鉴定结论，故在发现、收集时应详细、完整地记录物证的原始状态、物证的原始位置、物证是以什么方式发现的、又是以什么方式收集的。例如，指印可能位于白色瓷砖、本色木家具、人体皮肤、灯泡、黑板、玻璃杯、皮革等客体上，指印的发现可借助肉眼、垂直定向反射照相、粉末显现、碘熏显现、硝酸银显现、502 胶显现、激光显现等方法，指印的收集提取则可借助物证照相、胶带粘取、提取载体、制作立体模型等手段。只有明确记录现场指印是有色还是无色、现场指印位于何种客体表面、以何种方法被发现、又以哪种手段收集提取至实验室，那么，我们才能合理分析鉴定中出现的一些现象，才能合理评价现场指印与比对样本之间出现的某些差异，才能给出正确的鉴定结论。

4. 发现、收集物证时不得给物证造成任何损害、破坏或污染。

物证要以其原始状态、原来的属性等证明案件中的一些相关事实，或者要以其原始状态、原来的属性等接受鉴定进而证明案件中的某些事实，而发现、收集物证时任何不当的技术或方法均可能影响物证的原始状态、原来的属性，进而影响到物证的证明力。为此，有必要在对现场尽可能少地带来不必要的变动的情况下，以较为全面、无损的方式发现、收集物证——将物证尽可能完整无缺地转移到实验室，应是我们的职责。

一般而言，将物证所在载体连同物证一并收集、提取对物证本身的损坏是最小的，如衣服、武器或其他物件上的血液、精斑、毛发、纤维、泥土、玻璃屑等，就应连同衣服、武器等一起收集、提取，这不仅维持了物证的原有性状、保持了物证的完整性，而且在实验室可以严格控制各种条件的情况下对物证进行最佳的处理。但是，当物证所在载体不便或无法移动时，则可用胶带粘取法、真空吸尘器吸取法、刮取法、擦拭法、制模法和拍照法等方法，收集那些本身无法移动或不便移动的载体上的物证，如墙壁上的血痕等。但需要注意的是，所用的具体方法不得对物证本身有任何损坏。

当然，案件各不相同，物证的种类也各异，故所采用的发现、收集方法会有很大的差异。但总而言之，应当避免诸如以下的一些做法：

不得将自己的指印添附到物证上；不应将其他痕迹、纤维或微粒添加到物证上。不应以强光照射或电吹风吹拂等人为方式，加速指印所在潮湿载体表面的干燥，而应尽量让其自然风干。以粉末刷显法显现指印时，不得用硬性、毛短的刷子，而应用软性、毛长达 5 厘米以上的刷子，且应用毛尖而非毛刷侧面或毛刷的根部刷显指印。提取死者或伤者体内的弹头，不得直接用金属镊子夹取，而应用木质镊子或将金属镊子的"双脚"套上大小合适的橡皮套；不得在弹头、弹壳上直接做记号。不得以常规制模法提取雪地上的足迹，而应先将石膏、水等作降温处理。不得将在现场发现的木棍、树枝等上的断茬弄折。不得将现场发现的可疑工具，如改锥、撬棍等，直接置于相应的工具痕迹中，这样做虽然可以判断该可疑工具与相应痕迹之间的关系，但却可能严重地破坏可疑工具以及工具痕迹的特点，甚至可能出现微量物证在这两个客体间的转移。同样，不得将任何东西，如改锥、铁丝、直尺、木棍等，插入枪管内。不得以强制性撕揭的方式将文书与其粘贴着的载体强行分开。不得使玻璃碎片再次破碎进而影响到利用玻璃碎片进行的案件重建。不得用未经消毒的注射器或非一次性移液器收集、提取液态生物检材，如血液等。不得用已夹取过某物证的镊子、夹子等再去夹取其他的物证。

5. 选择发现、收集物证的具体方法时，除了考虑物证的种类和特点、物证所在载体的性质等因素，还要将物证的保存、保管问题一并考虑在内。

毋庸置疑的是，不同的物证，如血液、精斑、毛发、油漆碎片、泥土、油脂、毒物、指印、工具痕迹、足迹、枪弹痕迹、文书等，其特点各不相同，加之这些物证所处的载体有着很大的差异，如血液、精斑粘附在衣物上，毛发、油漆碎片散落在地面，毒物吸收于血液或其他生物组织中，指印按捺在菜刀把上，工具痕迹残留于门框上，鞋印遗留于细沙地上，弹头镶嵌于墙壁、弹壳混迹于煤渣里，匿名信粘贴于玻璃上等等，故我们在选择具体的发现、收集法时，应充分考虑物证的种类、特点，物证所在载体的性质，如此，我们才能用最为有效、最为无损的方法，借助最为得当的专用工具，发现并收集提取到物证。例如，我们可以利用多波段光源（参见图 5—1 和图 5—2）去寻找发现可疑物证，再以相应的方法将可疑物证加以提取。我们还可以利用专门的技术工具，提取那些必须依托计算机技术、微存储技术、网络技术才能存在并以数字化信息编码形式出现的电子物证。[①] 但因为自被发现并被收集的那一瞬间起，物证便进入了保管环节，而保管的重要性决定了我们必须以科学、妥当的方法确保物证不被损坏、不会灭失、不会降解[②]，故自发现、收集时，

---

① 参见徐立根主编：《物证技术学》，3 版，351 页，北京，中国人民大学出版社，2008。

② 后文即将谈到此问题。

我们就应考虑物证的包装、保存等保管方面的问题。也就是说，我们所用的发现、收集法，特别是收集法，一定要最利于物证的包装、保存；如果所用的发现、收集法只能满足发现、收集的需要，却不便于我们包装、保存物证，那么就应该被摒弃，而应另行选择既适合发现、收集，又便于包装、保存的方法。

图 5—1　手持式多波段光源

图 5—2　借助多波段光源在现场寻找、发现可疑物证

6. 对物证的发现、收集要依序进行。

现场的物证往往是多种多样并交错存在、甚至相互依附存在的，例如，血指印便同时是痕迹物证及生物物证，可从形象特征及血型、DNA 纹数个方面提供有用信息：指印的形象特征无疑是留下指印者的个人特点，而血型、DNA 则是出血者的个人标志；又如，煤渣鞋印的构成物煤渣是可揭示造型鞋子曾经到过何处的化学物证，而鞋印则是可揭示造型鞋子之形象特点的痕迹物证；还如，手枪的表面不仅可能有持枪者的手印，而且还附有射击残留物。因此，在发现、收集这些交错存在甚至相互依附存在的不同种物证时，我们要依照一定的先后顺序。坦率地说，《指南》无法机械地规定哪些物证应优先发现、收集，哪些物证应稍后接受同样的处理，因为案件的具体性质、具体实施过程决定了每一案件均是独一无二、彼此不同的，所以《指南》只能就物证的发现、收集顺序给出一个基本的判断标准：如果有迹象表明，随时间或其他因素的改变，某物证将明显受损，那么该物证就享有优先权。显然，该判断标准的具体运用有赖于侦查人员及物证技术人员的经验、学识。换言之也就是，掌握有专业知识并积累了丰富经验的侦查人员及物证技术人员，要将其学识、经验与逻辑分析法结合起来，判断发现、收集不同物证的先后顺序。以前面提及的血指印、煤渣鞋印和射击枪支表面的手印及射击残留物为例，合适的先后顺序是：先以拍照的方式收集血指印和煤渣鞋印，然后收集提取血液、煤渣；先显现、提取射击枪支表面可能有的手印，然后再提取枪表面附着的射击残留物。

通常而言，指印较为易损，往往优先被处理（参见图 5—3）。但如果在可能有指印的客体表面发现了微量物证，且该枚指印要以粉末法来显现并以胶带粘取法收集时，则应先收集提取其表面可能的微量物证。此外，如果要将某些客体从现场拿走，那么就必须先从这些客体上制作模型并提取潜在印痕；只有在检查其上有无微量物证之后，才能移动可能成为物证的客体，且在该客体被挪动之前，应先提取其上的指印或至少先将指印显现出来并以胶带覆盖、保护在上面。

7. 物证的发现、收集要针对整个现场全面展开，不得有任何遗漏，同时还应佐以仔细的、必要的甄别。

图 5—3

注：盗窃案中的锁头上很可能有潜在指印，故在对锁头上的潜在指印进行显现、提取后，才能拆解锁头，以期从锁芯所具有的痕迹特征判断该锁是否正常开启。

现场有什么样的物证、在何处有物证，取决于案件的具体性质及作案人的具体作案行为。因此，很难说应该在现场的什么地方去寻找什么样的物证。当然，犯罪分子踩点勘查地形的地方，犯罪分子进出现场的出入口、通道，犯罪行为侵犯的部位或对象，以及犯罪分子掩盖犯罪的场所等，理应是我们寻找、发现并收集各种物证的重点部位。但是，不排除在某些不为我们注意的地方存在一些相当关键却往往会被我们忽略了的物证，而这些地方则可能分布在现场的各个部位、甚至现场的外围。因此，我们除了要在现场的前述重点部位发现、收集物证以外，还应以类似于拉网的方式将现场及其周边作全面的勘查，以发现、收集那些位于犄角旮旯、不易被我们发现的物证。在用镊子或戴手套的手夹取或拿取肉眼可见的纤维、毛发、玻璃碎片等微量物证之后，为防止遗漏，不妨用吸尘器吸取或清扫的方法发现并收集那些尚未被我们发现的微量物证。但是，清扫或吸尘器法收集微量证据时，必须将被作业表面分块，在每一小块区域内清扫或吸取的微量证据，应分别包装并注明其具体的位置。

即使现场的物证已被收集完毕，也还应对现场即刻进行第二遍搜查，这往往能够发现那些曾经被我们无意间忽视了的物证。当然，对那些无意间被我们忽视了的重要物证，我们可以在数日或更长时间后再去现场寻找并提取，但这很可能是徒劳无功——现场勘查一旦结束，对现场的保护也就不复存在，那些在首次勘查时被我们忽视了的重要物证，很可能会因自然或人为的原因被破坏、甚至灭失。即使我们很幸运地在再次勘查现场时发现并收集到完好无损的重要物证，但我们却难以证明该物证是案发时形成而非案发之后因别的原因自然形成或他人故意伪造——存在着这种"说不清、道不明"的瑕疵，所以此时提取的相关物证的证据资格及证明力也就可想而知了。①

此外，现场上的任何物质性客体均可能是物证，只要它能够以其外部形象特征、

①　在被称为"世纪之审"的辛普森案件中，后门处的血痕便是在第一次勘验结束数周后收集、提取到的。因无法排除该血痕为栽赃的产物，故法庭只得将它排除。参见 Keith Inman and Norah Rudin, *Principles and Practice of Criminalistic*：*the Profession of Forensic Science*，Baca Raton，CRC Press，2001，p. 208。

物质属性等证明案件的相关事实。但这些物质性客体是否能成为物证，却不是我们一眼即能洞穿的。它需要侦查人员及技术人员仔细甄别、判断，而甄别、判断的基础是，侦查人员及技术人员已有的学识、以往的经验，以及他们对现场事实和环境因素的综合分析能力。当有任何疑问存在时，该客体均应当做物证来收集、处理；随后再接受重新评价。如此，才能有效地避免物证被遗漏的现象出现。但是，为防止某物证被遗漏，并不等于说可以将现场的一切物品、痕迹全都搜罗回来，这种做法的直接后果是，"堆积如山的无关材料会淹没关键物证的踪迹；而对这些材料的贮存、追踪及分辨，则会大大影响实验室对关键物证的检验鉴定工作"①。因此，我们提倡侦查人员、物证技术人员不断提高业务能力，重视积累已往经验，并虚心向他人学习，力争仔细、有效地甄别现场的各种物品、痕迹，将那些可能是物证的物品、痕迹加以收集、提取；只是对那些模棱两可、难以抉择者，才可先将它视作物证处理。

严格地说，民事诉讼或行政诉讼中物证的发现、收集也应具有科学性、安全性，否则，相关物证的证明力同样会受到损害甚至丧失。但是，本书基于以下原因只概括介绍了刑事诉讼中物证的发现、收集的技术性规范：（1）物证的发现、收集工作在刑事诉讼中更具普遍性，且基本上是由侦查机关承担的。一旦从技术的角度对侦查机关发现、收集物证的活动做了总的规范，便在很大程度上有可能杜绝物证证明力因发现、收集时所采用的手段不当而遭到的破坏。（2）从实质上看，民事诉讼或行政诉讼中发挥证明作用的物证与刑事诉讼中发挥证明作用的物证没有本质上的区别。因此，从技术的角度而言，民事诉讼或行政诉讼中物证的发现、收集可参照刑事诉讼中的相关做法。民事诉讼或行政诉讼中的当事人如若能够参照公安机关出台的《发现、收集物证之技术指南》去发现、收集物证，那么其因欠缺专业知识而导致的物证证明力被破坏的现象便会减少许多。

5.3.2 物证之保管的科学性和安全性

如前所述，物证的保管工作自物证被发现、收集的瞬间起便已开始。因此，实务中物证的发现、收集及保管工作无疑要同时进行。但为了突出物证之保管的科学性和安全性对物证证明力的影响，更因为物证的保管，具体而言就是物证的包装、保存、运输、管理等事项，从技术上看有其自身的特点和要求，故本书将其单列出来加以论述。

诚如要以科学、妥当的方法发现、收集物证那般，物证的保管也必须讲究科学性、安全妥当性，否则，物证在包装、保存、运输等环节出现的任何纰漏，均会致命地影响物证的证明力。但是，实事求是地说，物证之保管的科学性和安全性在我国也未得到应有的重视，突出的表现是，即使是承担着大量的物证保管工作的公安

---

①   Keith Inman and Norah Rudin，*Principles and Practice of Criminalistic*：*the Profession of Forensic Science*，Baca Raton，CRC Press，2001，p. 208.

系统内部，也没有明确、统一而又较为细致的诸如《物证保管技术规范》之类的规定，这就使得实务部门要么轻视物证保管的技术要求，对物证在保管时可能发生的降解、挥发、变质、渗漏或无意的擦刮、折断等听之任之，要么各行其是，只是以个人或局部的喜好、能力或便利决定以何种手法包装、保存或运输物证。如此，显然不利于物证作用的极大发挥。

为强调物证保管工作中科学技术的分量，为一统我国实务部门的物证保管工作，笔者认为应对物证保管的技术手段作基本的规定。当然，物证的保管始于且并行于物证的发现、收集，故可将物证保管的技术要领包括在我们前面提到的《发现、收集物证之技术指南》当中，并将该指南之名修正为《发现、收集、保管物证之技术指南》（以下称《技术指南》）。同时，笔者管见，下列内容应是《技术指南》应该考虑的与物证的保管密切相关的基本技术规范。

1. 根据不同物证的具体特点，选择不同的包装、保存方法，并做好同步记录及相关的贴封条或标签的工作。

不同物证，其原始状态、其赖以发挥证明力的外部形态特征、物质属性等各不相同。对物证佐以科学、安全、有效的保管，实质上便是要针对物证的具体特点，选择适宜的包装、保存方法，以防物证赖以发挥证明力的外部形态特征、物质属性等特点发生变化，进而降低甚至丧失证明力。

一般而言，带有压力塞且不易碎的塑料药瓶、牛皮纸信封、螺旋盖玻璃小瓶、（具塞）小试管、广口试剂瓶、木头盒子、厚纸板盒子等容器，均可用于物证的包装、保存。例如，带有压力塞且不易碎的塑料药瓶就非常适宜于头发、玻璃、纤维及各种其他细小物证的包装、保存。载玻片、有机玻璃板、赛璐珞塑料板、黑白胶卷或黑白像纸等平板类物品以及脱脂棉球则可以成为直接承载、保存某些物证的载体，如可将粉末显现并以胶带粘取法粘取的指印，粘贴在有机玻璃板、黑白胶卷或赛璐珞塑料板上，可用脱脂棉球擦拭血液或用浸有适量生理盐水的脱脂棉球擦拭血痕，从而将血液或血痕转移至棉球上保存。即使是一张结实的纸，也可用于包装、保存一些微量物证，但前提是，要用类似于中药店包药的方式将所装入的物证紧紧而又严密地包好。

为防止包装、保存的物证丧失证据作用，在包装、保存的同时要将具体过程作详细记录，并在包装物外贴好封签。

2. 包装、保存物证时应考虑的重要问题是：（1）对于非生物类物证，要防止其原有物理性状被破坏；（2）对于生物类物证，则要限制、控制其降解、腐败或变质；（3）对于液态、粉末状或气态物证，则要防止其渗漏、遗洒或挥发。

工具痕迹、撬压痕迹、指印、足迹、枪弹痕迹、物件断折破裂时形成的断端痕迹，文书上的笔迹、印文等，是这些非生物类物证具有证明力的根本原因。如若这些痕迹、笔迹或印文受到任何机械性的作用，那么它们的证明力也就会受到破坏，因而在包装、保存这类物证时，我们首先应考虑的问题便是，绝对防止这些物证被碰撞、擦划、磨损或揉搓、折叠。为此，我们要将承载有工具痕迹、撬压痕迹、指印等的小型载体（如木板、匕首等），或者将足迹的石膏模型、弹头弹壳枪支本身、有断端痕迹的断离体本身，置入大小合适并装有防撞、防震之棉花、纸屑、泡沫等衬垫物的硬纸板盒或木盒中。对面积较小的有笔迹、印文的文书，我们可将其夹入大小适宜的文件夹或书本中；对面积较大的前述文书，则应将其小心卷成圆筒状并插入较为结实耐压的纸筒中，而不得将其一折了之。

对生物类物证，如血液、精液、骨肉组织，重要的是防止它们降解、腐败、变质，否则将有可能妨碍我们日后对其生物属性的检验，甚至使得这种检验变得不再具有可能性。为此，必须注意的是：承载有这类物证的载体，如衣物、床单、手纸、棉球等，一定要阴干后才能包装、保存；不得用塑料袋而只能用结实的纸袋包装；应尽量降低此类物证所处小环境的温度及湿度，也即要将装有这些生物物证的包装袋置于低温、低湿环境，或置于冰筒、冰柜、冰箱中。

不管是生物类或非生物类物证，只要是呈液体状态（如血液、尿液），我们就要防止其渗漏，故包装物一定要结实牢靠、不会遗漏；只要是气体状或具挥发性（如结合在血液中的一氧化碳、氰氢酸、纵火剂），我们就要用具塞而又结实的容器盛装且刚好盛满；只要是细小、轻盈、量少的微量物证，我们就要防止其遗撒，故不要使用普通信封之类可能不大结实的信封包装，即使是不得已要使用这种信封，也必须先用纸将物证夹好、包紧、裹严后，再装入信封并再在此信封外套上更大的纸袋或塑料袋。

对于磁带、录像带、计算机、软盘等视听物证或电子物证，应用纸袋包装牢固，并格外注意不要将它们置于有磁场的地方，以免消磁。保存这些视听物证或电子物证的房间不仅要防磁，还要达到防潮、防尘、防热等等要求。[1]

3. 包装、保存物证时应考虑的另一个重要问题是，防止物证被污染。

物证将以其外形特征、物质属性等证明案件中的有关事实，任何污染均可能影响甚至改变我们对物证外形特征、物质属性的检验，进而影响到物证的证明作用，故我们在包装、保存物证时，要严防物证被污染——"在物证被责任者识别出来后，任何无意中被引入物证内部或附着在物证表面的物质即为污染。"[2]

由于污染物是无意被引入的，故我们必须针对污染的可能途径严格做到以下几点：

为防止收集物证时造成污染，我们不仅如前所述那样不得用不洁净的工具收集提取物证，而且收集者还必须身着防护服，戴手套及口罩以防自己身上的微量物证、指印甚至于唾液等附着在物证上。

为防止包装、保存物证时造成污染，我们必须使用洁净的包装容器盛装物证，绝对不得使用装过农药、各种试剂等的容器，也不能使用在其他案件中包装过某物证的包装物。

---

[1]　参见徐立根主编：《物证技术学》，3 版，353 页，北京，中国人民大学出版社，2008。

[2]　Keith Inman and Norah Rudin，*Principles and Practice of Criminalistic：the Profession of Forensic Science*，Baca Raton，CRC Press，2001，p. 211.

为防止其他物证给某物证造成污染，我们不得将各个物证堆积或并排放置于某处，也不得将不同物证混装于同一个包装容器里。

为防止防腐剂等对未来针对物证进行的各种检测造成任何影响，原则上我们不得向任何来自生物体的检材——特别是用于毒物、毒品分析的检材——添加甲醛、EDTA等防腐剂。

4. 包装、保存物证时应"一物一包装"。

任何物证，即使是在同一现场发现的同类物证，均必须分别包装、保存，否则它们之间可能会互相影响而使某物证的证明力被破坏，如将弹头、弹壳放置在一起，就可能会因为它们之间的相互摩擦、碰撞而在弹头、弹壳上增加一些新的静态或动态痕迹，故只能将每一个弹头、每一个弹壳均独立包装、保存，更不能将弹头、弹壳与其他硬质物品放置在一起（参见图5—4）。此外，在同一现场不同部位发现、收集的物证，即使它们属于相同种类，也必须分别包装、保存，因为其各自所在的具体原始位置也是能够证明某些事实的关键。

5. 对包装、保存好的物证要轻拿轻放，并防止在运输途中任何有可能破坏物证之证明力的事件发生。

图 5—4

注：提取的弹头、弹壳应各自独立包装、保存。将弹头、弹壳混放在一起，甚至将它们与其他硬物置放在一起，将在弹头、弹壳上增加许多擦划痕迹，进而影响枪弹的同一认定。（彩图见本书插页）

即使我们已对物证的包装、保存做了妥当的安排，但我们在搬动包装完好的物证时，仍应轻拿轻放，严防不小心将其摔至地上而破坏物证的外形特点、物质属性等。

从现场到实验室或者日后到法庭，这之间必然有一定的路程，因而有可能需要以车辆等工具运输物证。同样应注意的是，我们应有条理地、有防护地将装有物证的各个包装物放置在车辆中，各个物证包装物之间的空隙区应填满防撞并有缓冲作用的泡沫、海绵、纸屑等。

需格外注意的是，磁带、录像带、计算机设备、软盘等视听物证或电子物证，在运输的过程中同样不得搁置在有磁场的车辆中；如果用于运送这些物证的车辆有无线通讯设备，则应在关掉这些无线设备之后才能用于运输前述视听物证、电子物证。

从物证的同一认定、种属认定理论我们可以知晓，物证与其比对样本具有极大的相似性。换句话说，物证与其比对样本应是同类性质的实体，如均为反映形象痕迹的指印，均为反映形象痕迹的鞋印，均为反映说话者说话习惯的声纹，均为反映书写者书写动作习惯的笔迹，均为物质本身（如毛发、玻璃、泥土、油漆、油脂、毒品等），否则，我们便无法就物证与其比对样本是否有着共同的来源、是否有着唯一的共同来源进行认定。因此，针对物证之具体性质，从科学及安全的角度出发，在发现、收集及保管物证时应注意的事项，或者在发现、收集及保管物证时应采用的具体手段，理应可以广而推至物证的比对样本，本书不再另行赘述。

此外，尽管物证的发现、收集与保管既有法律上的要求，又有技术上的要求，但总体而言，物证的发现、收集与保管工作的连贯性或并行性却无法将它们对法律的要求与对技术的渴求予以完全的割裂，尽管本书是将这二者分而论之了。如果说，能够出台明确、细致而又便于操作的，诸如《物证发现、收集与保管的法律规范及技术指南》之类的行业内部规则，那么物证的作用将会得到更为有效的发挥。诚然，笔者也深知，这种期盼暂时还只能是期盼，难以在短期内得到兑现。但笔者认为，作为物证发现、收集与保管工作的重要及主要承担者的公安部门，理应在 2005 年 10 月 1 日施行的《公安机关刑事案件现场勘验检查规则》相关章、节、目中，将与物证的发现、收集、保管有关的法律规范及技术规范作更为明确、详细的规定。这样，不仅强调了物证的发现、收集及保管工作对物证的证据资格、证明力的影响，也强调了公安机关对物证的发现、收集及保管工作的高度重视，而且还能在一定程度上规范各地公安机关发现、收集及保管物证的具体行为，进一步促进实务工作中对物证的利用。但实际上，2005 年 10 月 1 日施行的《公安机关刑事案件现场勘验检查规则》在此方面的规定并不尽如人意，或许，依然在修订中的《公安机关物证鉴定规则》能在此方面加以弥补。

第6章 物证的鉴定

6.1 物证鉴定的概念、种类和基本程序

6.1.1 物证鉴定的概念

所谓物证鉴定，即具有物证技术学基本理论及基本技术等专门知识的专门人员，接受指派或聘请后，为解决案件中与物证有关的一些专门性问题，如物证的来源、物证的形成原因、物证的原始状态等，而对物证及其相关材料进行分析、检验，进而给出相关判断的一种活动。

尽管接受鉴定并不是诉讼中各类物证的必经之路，如在本书第一章中被笔者归入"其他物体物品类物证"中的赃款、赃物等物证，通常不用接受物证鉴定即可发挥证明作用，但诉讼中绝大多数的物证，因其本身"不能言说"，而包括法官在内的、不具备相应专业知识的普通人受认识能力的限制，又不能直接明了物证的一些外在特点及内在属性，故这些物证通常均需接受具有物证技术学之基本理论及基本技术的专门人员的鉴定后，经由这些专门人员的"翻译"、"解说"，转化为专家的一种判断，即物证鉴定结论之后，才能发挥其应有的证明效力。也就是说，物证鉴定，是物证鉴定结论这种形式的证据得以出现或存在的基础，离开了物证鉴定，也就根本谈不上物证鉴定结论。

此外，虽然我们说，物证的发现、收集、提取、记录、保管非常重要，这就如同前文所述的那样——将关系到诉讼中是否可以用物证来证明某些相关事实，关系到诉讼中的物证是否具有合法性、是否有可靠的证明力，但归根结底地说，物证的发现、收集、提取、记录、保管等工作只是从程式上确保物证拥有合法性，确保物证的关联性不被破坏，确保物证的证明力不被丧失，而唯有物证的鉴定，才是绝大多数物证能够实质地证明案件事实的关键，因而我们有必要就与物证鉴定有关的一些问题作一定的探讨。

诚然，在物证技术萌芽、形成之初，尝试或承担物证鉴定工作的人员只是一些具有物理、化学、医学、生物学等科学知识的人，如被称为"毒物学之父"的马修·奥菲拉即是一名医学、化学教授，他们是在探索中将自然科学的理论、方法用来解决诉讼中与物证有关的一些专门性问题。但时至今日，物证技术已发展成熟，并形成了以物证技术为研究对象、以物证技术的基本理论和基本方法为具体研究内容的独立学科——物证技术学①，因而在诉讼中当需要解决与物证有关的一些专门性问题时，如若再像以前那般求助于化学、物理学教授或医生，那么势必满足不了现实的需要。为此，我们要求从事物证鉴定工作的鉴定人员，必须是掌握物证技术的基本理论（如同一认定和种属认定理论、洛卡德交换原理、物质可分性原理）以及物证鉴定之基本方法的人员：在同一认定、种属认定等基本理论的指导下，对物证鉴定之基本方法已了然于心的物证鉴定人员，无疑能沉着应对实务中可能出现的与物证有关的种种专门性问题，并能作出较为一致、较为可靠的鉴定结论。

从笔者对物证鉴定的前述界定中，我们可以看到，物证鉴定的目的是解决诉讼中与物证有关的专门性问题——具体说就是，物证鉴定要就物证的来源、物证的形成原因以及物证的原始状态等问题给出回答。而"物证的来源"这数个字，自然而然使我们联想到本书在第四章中讨论过的"物证技术中的同一认定和种属认定"，因为物证的同一认定和种属认定从本质上言就是确定物证的来源。这表明，"物证的鉴定"与"物证的认定"之间有一定的关联。那么它们之间到底有怎样的关联呢？笔者认为，它们间的基本关联表现为：第一，两者均是以物证为对象的认识活动；第二，两者均需借助一定的技术手段、技术设备才能完成。但笔者又同时认为，"物证的鉴定"与"物证的认定"并不能画等号，其理由是：第一，物证的鉴定是受诉讼法直接调整的一种诉讼活动，而物证的认定则不是。第二，物证的鉴定包括物证的认定但并不限于物证的认定，物证鉴定除了要就物证的来源作出回答之外，还要解决物证的形成原因（如某截铁丝的断端是钳子剪断的还是外力拽断的）、物证的原始状态（如被擦刮文书的原有文字是什么、汽车发动机上被锉掉的车架号是多少）等问题，因而物证的认定只是物证鉴定的部分而非全部内容。尽管实务中占多数的物证鉴定活动是为了确定物证的来源，但确定物证的来源却不是物证鉴定的唯一。

就物证鉴定的概念，我们还需要注意的问题是，物证鉴定虽然是针对物证而展

---

① 参见徐立根主编：《物证技术学》，3 版，6～9 页，北京，中国人民大学出版社，2008。

开分析检验，但在实际的物证鉴定活动中，往往还需要就物证的比对样本进行分析检验，因为只有比较物证与比对样本间的异同，或者比较物证及比对样本的分析检验结果，我们才能给出物证鉴定结论。故我们一定要注意物证比对样本的寻找、发现、收集和保管等基础工作。

6.1.2　物证鉴定的种类

实务中，通常按照物证鉴定的具体对象而将物证鉴定分为以下几类：

1. 痕迹物证鉴定

即以痕迹物证为对象的一类物证鉴定。由于诉讼（尤指刑事诉讼）中经常遇到各种各样的形象痕迹，如手印、足迹、工具痕迹、枪弹痕迹、车辆痕迹、牙印等，因而由手印鉴定、足迹鉴定、工具痕迹鉴定、枪弹痕迹鉴定、车辆痕迹鉴定、牙印鉴定组成的痕迹物证鉴定在物证鉴定中占据相当大的比例，并得到国内外物证鉴定部门的高度重视，投入在这种鉴定中的人力和物力均较大。

痕迹物证鉴定一般解决受鉴痕迹的来源——包括拥有共同来源的种属认定和拥有唯一来源的同一认定，如现场发现收集的指印、掌印、足迹、牙印是否某人所留，现场发现提取的车辆痕迹是否某类车或某辆车所留，从受害者身上提取到的弹头是否嫌疑枪支发射，某保险柜上的撬压痕迹是否嫌疑撬棍所留等，但也涉及对痕迹之形成的具体解释，如前面提到的铁丝断端的不同形成原因等。

2. 文书物证鉴定

即以文书物证为鉴定对象的一类物证鉴定。现代科学技术的发达使得日常生活中的文书可以多种多样的方式制作出来，因而围绕文书而进行的物证鉴定也就涉及许多方面的内容，如文书的书写者，文书的笔墨、纸张、印油等制作材料，文书的印章印文，文书的具体制作方式，文书的打印、复印、印刷工具，文书的真伪，被烧毁或被撕碎文书的原始状态，文书的制作时间等，均可能成为文书物证鉴定需要解决的问题。

与痕迹物证鉴定相同的是，文书物证鉴定也不仅仅限于确定文书物证的来源，它还经常被要求就文书物证的原始状态、形成原因等作出回答。

与痕迹物证鉴定不同的是，文书物证鉴定的需求量在民事诉讼及刑事诉讼中均很大。当然痕迹鉴定中的指印鉴定在当今的民事诉讼中也占有相当大的比例，因为人们在签订合同、留遗嘱、打借条等民事活动中，往往在签名的同时也捺印指印，所以围绕合同、遗嘱、借条等而展开的一些民事诉讼活动也就涉及了指印的鉴定。

3. 化学物证鉴定

即以化学物证为鉴定对象的一类物证鉴定。由于现实生活中有机或无机化学物质的种类繁多，化学物证可包含的内容极为广泛，故化学物证鉴定甚至可能涉及胭脂、口红等物质的鉴定——这些物质能以其化学属性证明案件中的相关事实。但从实务来看，化学物证鉴定中最为常见、技术手段也相对成熟的则是毒物毒品鉴定、爆炸物证鉴定、玻璃物证鉴定、泥土物证鉴定、纤维物证鉴定、油脂物证鉴定、油漆物证鉴定、粘合剂物证鉴定、橡胶物证鉴定等。因诉讼中需要鉴定的玻璃、泥土、纤维、油脂、油漆、粘合剂、橡胶等物证往往含量少且体积小，故针对这些物证而为的鉴定也时常被称为微量物证鉴定。

此外，还需要说明的是，对文书制作材料如笔墨、纸张、印油等的鉴定虽然也可称为文书物证鉴定，但因对笔墨、纸张、印油等物质的鉴定离不开分析化学手段的介入，所以实际工作中，文书制作材料的分析鉴定通常不是由文书物证鉴定人员承担，而是由鉴定机构内主要从事化学物证鉴定工作的理化检测人员完成的。类似的情况也表现于枪弹痕迹物证中的射击残留物的鉴定。射击残留物虽然也被称为枪弹痕迹，但对它的鉴定却很少由痕迹专家本人承担，更多则是由鉴定机构的理化检测人员完成。

机械化、大规模的物质生产方式决定了相当多的物质有着共同的来源，也即有着一定程度的共性，而我们认识能力的有限性又决定了我们无法将这些同种类的物质作进一步的区分。基于这一现实，化学物证鉴定通常只能解决种属认定而无法解决同一认定问题。

4. 生物物证鉴定

即以生物物证为鉴定对象的一类物证鉴定。任何来源于生物体的物质均可能成为生物物证鉴定的对象，而这其中，又以来自于人体的血液、精液、毛发、唾液、肌肉、骨骼最为常见。生物物证鉴定技术曾经只能解决种属认定的问题，如现场的血液是人血还是动物血、是人血的话则其血型是什么，因而只能用于排除嫌疑而无法用于认定嫌疑，这显然无法满足诉讼中的实际需要。但随着 20 世纪 80 年代分子生物水平之 DNA 技术的突破性进展，即英国学者阿勒克·杰弗雷斯提出"多位点"限制片断长度多态性测试技术、美国学者凯瑞·莫利斯推出聚合酶链式反应，及在生物物证鉴定中的及时介入，借助生物物证鉴定技术解决人身同一认定已不再是个难题：目前，以生物物证鉴定技术已经能够解决现场的精斑、毛发、血液等生物物质是否某人所遗留，某儿童是否某人的儿子等个体识别问题。

5. 音像物证鉴定

即以音像物证为鉴定对象的一类物证鉴定。作为法定证据形式之一的音像材料，如录音带、录像带，当其真实性存在疑问时，就必须首先就其真实性进行鉴定。音像物证鉴定即以录音带、录像带等音像材料为对象，以解决这些材料之真伪为主要目的的一类鉴定。虽然要解决的是录音带、录像带等音像材料的真伪，但这其中往往涉及同一认定的问题：如录音带的话者同一认定问题（即声纹的同一认定）、录像带中被摄者的同一认定问题（即图像的同一认定）。此外，音像物证的鉴定还大量涉及音像带的拼接剪贴或删改的识别、确认问题。

6. 电子物证鉴定

随着计算机的普及以及人们对电子数据的广泛运用和依赖，理论界及诉讼实务界均不得不开始面对电子证据的证据能力和证明力的问题。与此同时，电子证据的真伪也自然而然地得到了关注，电子物证也成为我们经常听到或看到的一个新词汇。

实务中已有了鉴定电子物证的迫切需要，理论界也已开始探讨这一问题①，但实事求是地说，只是在最近几年，有关电子物证的删改、电子数据的分析、电子数据的恢复等电子数据的鉴定技术才开始日渐出现、并渐次走向成熟，如刘品新、戴士剑两位专家在徐立根教授主编的《物证技术学》（第3版）中首次从电子物证的概念与特征、电子物证的分类、电子物证的网络传输过程、电子物证的鉴定机理与功能、发现并提取电子物证的基本原则、发现并提取电子物证的基本程序、电子物证鉴定技术的分类、数据复制技术、数据分析技术、数据恢复技术等十个方面，系统、全面地讨论了电子物证鉴定的基本内容和基本技术②，并已经开展了电子物证鉴定的实务工作，为诉讼的公正解决提供了较好的依据。

6.1.3　物证鉴定的基本程序

从诉讼的角度而言，物证鉴定的启动、物证鉴定结论的出示、物证鉴定结论的质证、认证等，均应遵从诉讼程序的规定，且与具体的诉讼性质，如民事诉讼、刑事诉讼、还是行政诉讼，有着密切的关系；而从物证鉴定本身来看，其也有基本的程序，如物证鉴定时应遵循的方式、方法、步骤及相关的规则和标准。显然，物证的鉴定，首先应在相应诉讼程序的规范下进行，但与此同时，物证的鉴定还必须按照鉴定本身的基本程序来运行。

2007年8月7日，司法部颁发了《司法鉴定程序通则》，同年10月1日，该通则便正式实施。无疑，由司法行政部门管理的社会鉴定机构，在从事包括物证鉴定在内的各种司法鉴定时均应依照《司法鉴定程序通则》开展具体的鉴定工作，而公安机关内部的鉴定机构在侦查时也会从事物证鉴定工作，其在工作时遵从着公安部颁布的相关规定，检察机关内设的鉴定机构在自侦案件时同样会从事物证鉴定工作并遵从其2007年1月1日起施行的《人民检察院鉴定规则（试行）》，综合这两类性质（即服务于侦查及非侦查）的物证鉴定的特点，有关物证鉴定自身的基本程序可概括为如下内容：

1. 物证鉴定的委托

物证鉴定的委托是启动物证鉴定活动的必经程序，唯有依据相关的规章制度办理了委托手续之后，物证鉴定机构才可能受理并具体实施相应的物证鉴定工作，所得出的物证鉴定结论才不会因为此环节可能出现的纰漏而被排除。而所谓物证鉴定的委托，即有着鉴定需要的单位或个人，将物证及相关材料呈交给鉴定机构并请求其就该物证的某些专门性问题进行鉴定的一种活动。此时，委托方应做到：

---

①　如王桂强在《电子物证检验》一文中就电子物证检验技术的专业内容、组成以及开展电子物证检验的作用和意义作了阐述，并对电子物证检验的定义、检验对象、技术方法、特点等给出了自己的观点，这显然是理论上的探讨。参见王桂强：《电子物证检验》，载《刑事技术》，2003（4），3～7页。

②　参见徐立根主编：《物证技术学》，3版，339～360页，北京，中国人民大学出版社，2008。

（1）前往物证鉴定机构办理委托鉴定手续的委托人通常应至少为二人（不包括当事人）。

（2）出示足以证明委托人之身份的证明。包括单位介绍信、工作证、身份证等。如果委托人委托他人代理的，应当出具书面委托代理函。

（3）交付委托鉴定函。该函应明确的内容有：委托人的姓名，简要的案情，呈送鉴定的物证名称、数量、外观状况、来源、包装及保管情况，具体的鉴定要求等。委托方的公章印文更是委托鉴定函上不可缺少的内容。

（4）提供物证及相应的比对样本。物证及相应的比对样本是物证鉴定所指向的对象，是得出物证鉴定结论、回答委托方之鉴定要求的根本，因而必须得到高度的重视——委托人要确保送交鉴定的所有材料以合法手段获得并得到了妥善的保管，不得以任何缘由，如出自胜诉的目的，而对物证及其相应比对样本予以毁损或改动。委托方还应就其所提供的物证及相应比对样本的来源、真实可靠性负责；如若物证及比对样本受到污染或可能受到污染，则应作出说明。通常是将承载有物证的检材或物证本身提交鉴定单位鉴定，只有在确实不能提供原物、原件的——如雪地上的足迹、墙壁上刻写的字迹等，才可提供能够用于鉴定的复制件——如足迹的石膏模型、字迹的原物大或直接扩大照片等。还要注意的是，送交鉴定的物证以及相应的物证比对样本在名称、数量、外观状态、包装保管等方面的实际情况应与委托鉴定函上陈述的相一致。

（5）委托人不得以任何方式诱导、胁迫鉴定机构作出某一鉴定结论。[①]

2. 物证鉴定的受理

因受理了委托方的委托鉴定，物证鉴定机构的鉴定人员便参与到具体的诉讼活动中，并要承担相应的法律责任，故为了使自己的鉴定不因一时的疏漏而出现差错，甚至出现错误的结论，在受理鉴定时，就必须严格把关：

（1）由鉴定机构统一受理鉴定。即鉴定机构应当有专门的受理鉴定部门和人员，统一受理物证鉴定，并办理相应的各种鉴定委托手续。鉴定人不得自行受理鉴定。

（2）认真查验、核实委托人的身份，看其身份证件与介绍信、委托函上的相关内容有无不一致之处。

（3）仔细询问委托人其送交鉴定的物证及比对样本是否属于易爆、易燃或有污染、有放射性的物质，是否源自有传染病的传染体，若回答是肯定的，则应首先就这些物质的存放、保管做好妥当安排和准备。

（4）按照委托鉴定函上的内容，逐项核对物证及其比对样本的名称、数量、外观状态、包装保管等，对其中不符者要明确指出并要求其予以合理、必要的解释——实务中曾经出现过只有一人前往某鉴定机构要求就案件中搜查得到的、疑是

---

① 实务中已经出现过委托法院的一方当事人前往鉴定机构，威胁鉴定机构不得作出对其不利的鉴定结论的情形。为保证鉴定顺利、独立、公正地进行，委托方如为法院、检察院或律师事务所等单位时，他们均应约束相应的当事人不得以威胁、利诱等方式干预鉴定机构的独立鉴定。

海洛因的白色粉末进行鉴定，但鉴定单位核对该物证时却发现实际数量少了数十克，如果不是在受理时严格按规定称量送检物证，其后果将是如何，我们完全可以想象得到。该鉴定机构受理案件时的认真态度，不仅使自己免受可能会出现的不白之冤，而且帮助委托人找出了问题所在（委托方搜查犯罪嫌疑人并称量可疑白色粉末时所用的秤是 16 钱一两的秤），避免其可能要受到的追责。

（5）针对物证及其比对样本的具体特点，如大小、多少、特征的清晰程度、保管得是否妥当、有无毁损或污染等，结合委托函上所载的具体鉴定要求，看其是否合理、可行。如果合理、可行，符合受理条件的，应即时作出受理的决定；不能即时决定的，应在 7 个工作日内作出是否受理的决定①，并通知委托人。有时，根据物证及其比对样本的实际情况，如果委托人的鉴定要求不得当，也可建议委托人修改、增加或删减某些鉴定要求，并视情况再决定是否受理。

（6）对于必须以有损的方式进行分析检验进而得出鉴定结论的物证鉴定，事先要告知委托方，在征得其同意后，应要求其在随后填写的受理物证鉴定登记表上签字备案。

（7）填写一式二份的受理物证鉴定的登记表，对其中的委托单位、委托人、提交的物证及其比对样本材料、鉴定要求、受理日期、委托函及介绍信的单位名称、编号等均要一一填录，并要委托单位的委托人亲笔签名确认；在加盖鉴定单位的公章后，将其中一份登记表给委托方收存、一份留在鉴定机构使用并存档。

由于委托方往往不具备与物证之专门问题有关的专业知识及经验，因而他们送交鉴定时有可能未同时提交适宜的比对样本，或提交的比对样本在数量上或质量上不符合鉴定的要求。为此，物证鉴定人员有必要从专业的角度指导委托方去合法收集必要的比对样本，如笔迹鉴定所需要的自由笔迹样本；或者在可能的情况下，亲

---

①　按照司法部《司法鉴定程序通则》第 16 条的规定，司法鉴定机构不得受理具有下列情形之一的鉴定委托：（1）委托事项超出本机构司法鉴定业务范围的；（2）鉴定材料不真实、不完整、不充分或者取得方式不合法的；（3）鉴定事项的用途不合法或者违背社会公德的；（4）鉴定要求不符合司法鉴定执业规则或者相关鉴定技术规范的；（5）鉴定要求超出本机构技术条件和鉴定能力的；（6）不符合该通则第 29 条规定的（即有关重新鉴定的受理规定）；（7）其他不符合法律、法规、规章规定情形的。

《司法鉴定程序通则》就哪些情形鉴定机构可以不受理鉴定作出明确规定，无疑使得鉴定机构的不予受理有章可循、有法可依，但其中的第（1）、（3）和（6）项的规定显然不具备实际可操作性，不规定也罢，基本理由如下：（1）鉴定机构如何可以得知委托方取得鉴定材料的方式不合法？委托方委托时会如实告知吗？（2）鉴定机构如何能够得知委托方鉴定事项的用途将不合法或者违背社会公德？委托方委托时会如实告知吗？（3）鉴定机构有无能力得知哪些鉴定属于《司法鉴定程序通则》第 29 条规定的可以受理或不可以受理的重新鉴定？即鉴定机构如何得知"原司法鉴定人不具有从事原委托事项鉴定执业资格的"？又如何能得知"原司法鉴定机构超出登记的业务范围组织鉴定的"？又如何能得知"原司法鉴定人按规定应当回避没有回避的"？

自收集某些比对样本，如笔迹鉴定所需要的实验笔迹样本、枪弹痕迹鉴定所需要的实验弹头样本等。

3. 物证鉴定的实施

（1）尽管全国人民代表大会常务委员会《关于司法鉴定管理问题的决定》第 10 条规定，"司法鉴定实行鉴定人负责制度。鉴定人应当独立进行鉴定，对鉴定意见负责并在鉴定书上签名或者盖章"。但为保证鉴定结论的可靠性，对受理的同一鉴定事项，物证鉴定机构通常应当指定或者选择至少两名有相应资质的物证鉴定人共同进行鉴定；当然，物证鉴定机构也可以满足委托方对物证鉴定人的选择。

（2）物证鉴定工作的实施必须由具体的鉴定人来完成。为保证物证鉴定结论的公正可靠，并切实落实诉讼法有关回避的规定，受理鉴定的物证鉴定机构应敦促物证鉴定人员按照相关规定，如公安机关所属的物证鉴定机构即可按照公安部即将颁布的《公安机关物证鉴定规则》自行回避，或应诉讼当事人或其法定代理人的要求并经相关人员的批准后回避①；而受司法行政管理部门管理的社会鉴定机构，则应根据《司法鉴定程序通则》第 20 条的规定，自行回避或应委托人的要求并经相关程序批准后回避。这是实际开始物证鉴定工作之前必须完成的工作。

（3）物证鉴定的实施，也就是物证鉴定机构在接受委托单位的委托之后，其鉴定人员针对物证及比对样本的具体情况，结合委托方的具体鉴定要求，而对物证及其比对样本予以分析、检验并给出结论的活动。当然，案件的性质不同、物证的种类不同、具体的鉴定要求不同，对物证及其比对样本施以的分析检验方法和手段也就不同，但总的说来，物证鉴定的实施，要符合如下规定并经由以下几个过程：

1）要有严格、科学的物证及比对样本的管理制度。

应当严格依照相关的技术规范保管、使用物证及比对样本，严格监控物证及比对样本的接收、传递、检验、保存和处置。

2）初步制定相应的检验鉴定步骤和方案。

要研究物证及比对样本的具体特点，以及具体的鉴定要求，看其是要进行同一认定、种属认定还是其他既不属于同一认定也不属于种属认定的技术性问题（如被烧毁文书的复原，抑压文字的显现，被撕碎文书的修复等）。

在确定了将要进行的鉴定是同一认定、种属认定还是解决某些技术问题之后，结合本鉴定机构的条件及自己的经验，针对具体的物证及比对样本等，制订周密详细的分析检验方案，并就可能使用的仪器设备、分析检测方法和手段等做好准备。鉴定时，应依序选用相关物证鉴定事项的技术标准和技术规范：A. 国家标准和技术规范；B. 鉴定主管部门、鉴定行业组织或者相关行业主管部门制定的行业标准和技术规范；C. 该专业领域多数专家认可的技术标准和技术规范。不具备前述技术标准、技术规范的，可采用所属鉴定机构自行制定的有关技术规范。

---

① 　公安部已经起草并有待出台的《公安机关物证鉴定规则》之第 4 章第 12 条至第 17 条即是关于物证鉴定人回避的一些具体规定。

3) 针对不同的鉴定目的,进行不同的检验鉴定。

A. 对于鉴定目的是确定物证及其比对样本是否有着共同的唯一来源的同一认定,以及鉴定目的是确定物证及其比对样本是否有着共同来源的种属认定中的种类认定,我们的鉴定过程是:首先,进行"先物证后比对样本"的分别检验,找出物证及比对样本的各自特征;其次,逐一比较物证与比对样本的各个特征,找出它们之间的相似之处及不同之处——也就是找出特征符合点与特征差异点;再次,评价分别检验中发现的特征符合点及特征差异点——所发现的特征其价值如何? 特征的符合点或差异点是本质上的符合或差异,还是非本质上的符合或差异? 最后,给出鉴定结论——若特征价值极高,且比较检验中发现的那些特征符合点作为一个整体是本质上的符合、比较检验中发现的那些特征差异点则是非本质上的差异,那么就可得出肯定的同一认定结论;否则就是否定的同一认定。当然,这种认定活动有可能无法进行到最后而只能停留在种类认定的层面,如根据现场足迹与嫌疑足迹,我们只能说它们是 26 厘米、2 型半的男式皮鞋留下的鞋印,但受现场足迹清晰度的影响,我们无法断定它与嫌疑足迹是否嫌疑人的那双 26 厘米、2 型半的男式皮鞋留下的。

B. 对于种属认定中确定物质之属性的鉴定,则应按照预试验、处理检材(若有样本且需要加以处理的话,也应一并处理——所谓"处理",实际上即是指提取、分离和净化等检验前的检材处理活动)、定性分析、定量分析,评判实验结果,给出鉴定结论的步骤来实施。

C. 对于那些纯粹只是解决其他一些技术性问题的鉴定,如恢复枪支上被锉掉的号码,则并无定式,而是针对具体的鉴定要求和物证而灵活进行,并最终给出结论。

4) 做好检验、鉴定记录。

检验、鉴定记录要始于对物证及比对样本的取用、处理,其后,无论是进行哪一种物证鉴定,均必须将分析检验时所用的具体方法、处理过程及出现的各种现象、数据等加以客观、全面、准确地记录[①]并妥善保存,这不仅是接受物证鉴定机构内部审核的重要材料,也是物证鉴定人将来出庭接受质证时用以支撑其鉴定结论是可靠结论的原始资料。

5) 出具物证鉴定文书。

无论是哪一种鉴定,其最终得出的鉴定结论都只是一种意见,而不是直观的一些现象、结果或数据,它必须也只能由鉴定文书承载、表现出来并最终成为证据。因而,制作物证鉴定文书,也是物证鉴定的实施过程中不可或缺且极为关键的环节。

就目前来看,约束着物证鉴定书之形式和内容的主要规章、文件有:公安部 1996 年 11 月 14 日颁布并于 2002 年修订的《公安机关刑事法律文书格式》,司法部于 2007 年 12 月 1 日起施行的《司法鉴定文书规范》(其前身为司法部于 2002 年 7 月 5 日颁布的《司法鉴定文书示范文本(试行)》),以及人民检察院于 2009 年出

---

① 记录可以用笔记、录音、录像、拍照等方式来进行。

台的各专业鉴定门类程序规则。①

按照这些主要规章、文件的要求，物证鉴定文书的形式和必备内容如下：

形式上，鉴定文书应由封面、正文及附件三部分组成。

从内容来看，封面应明示其为"物证鉴定文书"，应明示物证鉴定机构的名称及物证鉴定文书制作日期、编号。正文部分则必须有以下内容（可参见下页提供的"鉴定书"范例）：A. 绪言。包括委托方，委托日期，具体委托人，简要案情，检材及相应比对样本名称、种类、数量、提取方法，承载客体的具体情况，包装保管情况，具体鉴定要求。B. 检验部分。包括检材及样本的外观、大小、性状、数量，分析检验的步骤、方法，所用的仪器设备和/或试剂名称，观察到的现象、结果，得到的数据、图谱，发现的各种特征等。C. 论证部分。包括对分析检验过程中观察到的现象、结果，得到的数据、图谱，发现的各种特征等所作的综合性分析、评价，对鉴定结论之科学依据的论证。D. 结论部分。包括明确给出的鉴定结论。E. 尾部。包括两名以上的物证鉴定人的签名、鉴定人的职称、鉴定机构的公章、鉴定文书的制作日期。物证鉴定文书的附件部分虽被称为附件，但也并不是可有可无的部分，因为，它所附上的与鉴定有关的照片、图谱、图表、复印件等要么是鉴定过程中各种现象或结果的记录，要么是接受鉴定的物证材料、比对样本的原始外貌，能够帮助我们直观地认识、了解物证的原始状况，以及物证鉴定结论的作出过程。

从理论上说，目前我国的物证鉴定书从形式上是得到了较为统一的规范，在基本内容板块上也有了相应的规定，但从实务看，各物证鉴定机构出具的物证鉴定书仍然较为简单、单薄，具体表现是，相关的检验过程及检验记录仍然不够详细、周详，论证说理部分往往也只是一两句话。但笔者认为，这种单一追求形式上合格，内容上却不具体的物证鉴定书并不能真正满足诉讼的需要：物证鉴定文书是一种重要的法律文书，其承载的物证鉴定结论往往是作为案件中的重要证据之一而被提交法庭。该证据，也即物证鉴定结论是否公正可靠，取决于诉讼双方在法庭上对物证鉴定结论的质证及法官对物证鉴定结论的认证。而诉讼双方对物证鉴定结论的质证，则取决于他们事先对物证鉴定结论的认识和了解，而这种认识和了解，在很大程度上始于对物证鉴定文书的阅读、理解和研究。如果物证鉴定文书的内容过于简单，则诉讼双方显然无力在法庭上有效质证，法官也就无力公正、客观地认证相应的物证鉴定结论。所以，在当前物证鉴定文书的基本形式、主要内容板块相对而言均得到明确和统一的情况下，有必要格外强调物证鉴定文书内容的充实、细化。下面所附的鉴定书是某物证技术鉴定中心出具的，其形式完备、内容丰富，便于诉讼双方及裁判者从鉴定书本身便清楚地知悉检验鉴定的方法、步骤、结果、论证及结论的全部内容，进而有效地质证、认证。

---

① 人民检察院各专业鉴定门类程序规则中，与物证鉴定及其鉴定书有关的规则有《人民检察院法医检验鉴定程序规则（试行）》、《人民检察院文件检验程序规则（试行）》、《人民检察院声纹鉴定程序规则（试行）》、《人民检察院电子证据程序规则（试行）》、《人民检察院理化检验程序规则（试行）》等，具体内容参见幸生主编：《人民检察院鉴定规则释义》，136～252页，北京，中国检察出版社，2009。

鉴　定　书

技字（200×）第××号

一、案由

200×年×月×日，××区人民法院送来流水号为"0511119701至0511119750"的《××保险公司》的"机动车险承保卷"一卷，要求鉴定该卷宗中，"被保险人"和"行驾证车主"为"吴金保"的《××保险公司——机动车辆综合保险投保单》反面"投保人签章"处的两个"吴金保"（以下简称"检材"）是否吴金保本人书写。

为便于笔迹的比较检验，××区法院还送来如下有吴金保本人签名的文字材料用作比较样本（以下简称"样本"），它们是：

1. 本案发生后，吴金保书写的签名和文字一页（原件）；

2. 有吴金保签名、编号为"No.0028836"的"××汽车救援服务有限公司救援登记表（拖车收费单）"一页（复写件）；

3. 有吴金保签名、日期为"2004－04－26"的《××银行——开立个人银行结算账户申请书》一页（复写件）；

4. 有吴金保签名、记录编号为"HTXX－MK11－003"的《××客户问题交接单》一页（原件）；

5. 有吴金保签名、填表日期为"2005年10月08日"的《车辆购置税纳税申报单》一页（复写件）；

6. 有吴金保签名、日期为"2005年10月"的《商品车销售交接单》一页（复写件）；

7. 有吴金保签名的银行卡消费单三页（复写件）；

8. 有吴金保签名的××银行取现单和存款单各二页（原件）；

9. 有吴金保签名、编号为"0020770"的"××空调销售安装单"一页（复写件）；

10. 有吴金保签名、日期为"2005年7月10日"的《××银行××市分行××卡申请表》一页（复写件）；

11. 有吴金保签名、日期为"2005年7月10日"的《××银行××市分行××卡领（补）卡通知单》一页（复写件）；

12. 有吴金保签名、日期为"2006年01月26日"的《委托书》一页（原件）；

13. 有吴金保签名，其签字日期分别为"2005.08.29"、"2005.9.19"的《××扫描仪兼容性系统测试报告》二份（原件）；

14. 有吴金保签名、日期为"2005.12.28"的《××小区停车位使用协议》一份（原件）；

15. 有吴金保签名、日期分别为"200×年×月×日"、"200×年×月日"的《××绩效考核表》二页（原件）。

前述检材及样本的复印件均附于本鉴定书之后。

二、检验

（一）分别检验

检材上两份字迹"吴金保"均系用黑色笔书写而成，书写较为潦草，字迹清晰，其中一处"吴金保"三字与"投保人签章"相重叠。

样本中吴金保的签名字迹清晰，书写工整。除复写件以外，吴金保的签名均系黑色笔书写。所有吴金保的签名书写速度适中，无伪装的迹象。

（二）比较检验

借助立体显微镜，将检材中的两处"吴金保"分别与样本中的"吴金保"进行比较，发现笔迹特征有着如下明显的差异：

1. 检材中两个"投保人签章"处的"吴金保"三字间的搭配比例特征、连笔特征异于样本签名的"吴金保"三字。

2. 检材中第一个"投保人签章"处的"吴"字运笔较为缓慢，其"天"部第一横笔画有重描现象。检材中两个"吴"字的连笔特征、搭配比例特征，及其最后一捺笔的收笔特征明显异于样本签名的"吴"字。

3. 检材中两个"金"字的连笔特征、搭配比例特征完全不同于样本签名中的"金"字。

4. 检材中两个"保"字的连笔特征、搭配比例特征不同于样本签名中的"保"字。

以上特征参见下页图 6—1。

三、论证

本案中，有着吴金保本人的大量样本签名。从这些样本签名可以看出，吴金保的签名有着稳定而又独特的笔迹特征，但这些特征明显异于检材中的"吴金保"之笔迹特征。比较检验中发现的前述笔迹特征差异，表明检材中的签名"吴金保"与样本签名中的"吴金保"不是同一人书写的。

四、结论

送检的流水号为"0511119701 至 0511119750"的《××保险公司》"机动车险承保卷"卷宗中"被保险人"和"行驾证车主"为"吴金保"的《××保险公司——机动车辆综合保险投保单》反面两个"投保人签章"处的"吴金保"均不是吴金保本人书写。

×××物证技术鉴定中心

鉴定人：×××

×××

200×年×月×日

图 6—1

6.2　物证鉴定的启动、物证鉴定主体的资质与官方色彩

6.2.1　物证鉴定的启动

　　所谓"启动"，即开启、发动之意。由于物证鉴定并非是诉讼中的必经程序，所以应在什么情况下开启物证鉴定、应由谁来发动物证鉴定，还是值得我们加以研究的。

　　在何种情况下开启物证鉴定？似乎是一个并不复杂的问题。因为诉讼法明确规定，当查明案情要以专门性问题的解决为前提时，便可启动鉴定。① 但就物证而言，何为专门性问题呢？通常而言，包括警察、检察官、法官、律师在内的人均不掌握与物证的发现、记录、收集、提取、检验、鉴定有关的技术，更不知晓物证技术中的一些基本理论，因而确定指印、足迹、工具痕迹、精斑、血液、毛发的来源，分析玻璃上某孔洞的形成原因，恢复枪支上被锉掉的号码，判断某死者是否氰化钠中毒而亡等，毫无疑问地被视作专门性问题而被委托给物证鉴定机构去解决。但就笔迹书写者的认定这样一个问题，却有着不同的看法。相当多的人士认为，以确定书写者为主要目的的笔迹鉴定，并不一定需要具有专门知识的物证鉴定人员来完成，普通人只要接受一定的教育，会识字、会书写就可胜任辨识笔迹书写者的工作——并没有证据表明专家在笔迹鉴定方面有超出常人之处。② 换言之，当案件中涉及需要判断文书的书写者时，并不需要启动物证鉴定程序，诉讼当事人双方或法官自身就能解决。当然，出现这种争议的根本原因在于，我们就笔迹鉴定的科学性所做的理论研究还不充分，笔迹鉴定时对各种笔迹特征的价值的评判更多依赖于鉴定主体的个人经验而不是一个大家均可参照的客观标准。此外，现实中普通人能够在一定程度上辨识笔迹书写者的情况存在，也是出现这种争议的外在原因之一。例如，1994 年至 1998 年美国联邦调查局指派莫希·凯姆（Moshe Kam）博士进行的三次统计调查表明，普通人对笔迹书写者的正确认定率与专家没有太大的差别。③ 但笔者认为，尽管笔迹鉴定的科学性还需要从理论上予以更为充分的论证，但笔迹鉴定无疑是一个专门性的问题。尽管普通人也可基于经验及常识就笔迹的书写者作出一定的辨识，但他们辨识的错误率却远远高于笔迹鉴定专家。④ 为了避免这种高错误辨识率对公正处理案件的影响，当遇到笔迹鉴定的问题时，还是应启动物证鉴定程序。

　　明确了什么情况下可启动物证鉴定之后，剩下的问题便是，应由谁启动物证鉴定？

　　如前所述，物证鉴定通常是服务于诉讼的，其必然受诉讼制度的规范和调整。诉讼的性质决定了诉讼的具体程序有所不同，因而物证鉴定的启动由谁来完成也就有所不同。

---

① 我国《刑事诉讼法》第 119 条、《民事诉讼法》第 72 条及《行政诉讼法》第 35 条的规定均可视作启动物证鉴定活动的法定条件，即唯有需要解决与物证有关的专门性问题时，方可启动物证鉴定。

② See Risinger, Denbeaux & Saks, *Exorcism of Ignorance as a Proxy for Rational Knowledge: the Lessons of Handwriting Identification Expertise*, 137 U. Pa. L. Rev. 731 (1989).

③ 转引自谢鲁宁：《科学与法律之间的妥协和互动——科学证据的采纳和采信之研究》，中国人民大学 2004 届硕士学位论文，48 页。

④ 参见谢鲁宁：《科学与法律之间的妥协和互动——科学证据的采纳和采信之研究》，中国人民大学 2004 届硕士学位论文，48 页。

　　以我国的民事诉讼为例，物证鉴定基本上由受理案件的法官启动①，因为我国《民事诉讼法》第72条第1款规定，"人民法院对专门性问题认为需要鉴定的，应当交由法定鉴定部门鉴定；没有法定鉴定部门的，由人民法院指定的鉴定部门鉴定"。虽然我国的民事诉讼法允许当事人就专门性问题申请鉴定，如《关于民事诉讼证据的若干规定》第25条第1款规定"当事人申请鉴定，应当在举证期限内提出……"。但从上述若干规定第26条"当事人申请鉴定经人民法院同意后，由双方当事人协商确定有鉴定资格的鉴定机构、鉴定人员，协商不成的，由人民法院指定"来看，是否鉴定的决定权却在法官，因而仍应该认为诉讼中物证鉴定的启动是法官的当然职权。从这一点来说，将鉴定称为"司法鉴定"并认为司法鉴定乃"在诉讼过程中，为查明案件事实，人民法院依据职权，或者应当事人及其他诉讼参与人的申请，指派或委托具有专门知识的人，对专门性问题进行检验、鉴别和评定的活动"② 也没有什么不妥。但是，就刑事诉讼而言，鉴定特别是物证鉴定却少有由法官启动的——再沿用前述定义无疑显得牵强，当然，我们在此不讨论"鉴定"的定义，而是探讨不同种类诉讼中，物证鉴定的启动主体问题。

　　严格地说，行政诉讼与民事诉讼从本质上看，并没有什么不同，因此，有关物证鉴定的启动者也就有一定的相似之处：行政诉讼中，是否需要启动鉴定以解决与

---

　　① 按照我国《民事诉讼法》第64条第1款及2001年颁布的最高人民法院《关于民事诉讼证据的若干规定》第1条的规定，"当事人对自己提出的主张，有责任提供证据"。"原告向人民法院起诉或者被告提出反诉，应当附有符合起诉条件的相应的证据材料。"而这些证据或证据材料，显然包括（物证）鉴定结论在内。实务证明，某些诉讼的提起，更可能少不了物证鉴定结论这种证据，如非婚生子女主张继承父亲遗产的纠纷案件、父母亲起诉医院将其所生子女抱错的纠纷案件等，故此时，起诉方当事人势必需在起诉前便获得相关人员有亲子关系或无亲子关系的DNA鉴定结论。曾经，受职权主义诉讼模式的影响，我国的当事人完全无权启动鉴定，换言之，只有受案法院才有权启动鉴定，但如果当事人无权启动鉴定进而无法获得鉴定结论这一证据的话，法院则不给立案，而法院不立案、那么法院拥有的鉴定启动权显然只能被空置。

　　随着英美法系当事人主义理念的引入，这一怪象得到扭转，特别是《关于已建诉讼证据的若干规定》的出台，其第28条"一方当事人自行委托有关部门作出的鉴定结论，另一方当事人有证据足以反驳并申请重新鉴定的，人民法院应予准许"的规定，在一定程度上认可了当事人一方在诉讼之前就专门性问题启动鉴定的行为：除非另一方当事人有证据足以反驳并申请重新鉴定的，人民法院是可以认可一方当事人启动鉴定得出的鉴定结论的。但从实务看，这种由一方当事人于诉前获得的鉴定结论，在诉讼时往往遭到另一方的强烈质疑，故法官不得不依法组织新的鉴定，即由双方协商或法院指定的某鉴定机构重新鉴定并获得一份新的鉴定结论。所以此处说"物证鉴定基本上由受理案件的法官开启"的依据便是，当事人依法虽可以在诉前单方启动鉴定，但其单方启动获得的鉴定结论往往还是要由法官主持选定的鉴定机构的新的鉴定结论所替代。

　　② 沈德咏：《从审鉴分离到鉴定中立——关于深化司法鉴定体制改革的几点意见》，载http://www.jcrb.com/zyw/n519/ca345731.htm。

物证有关的专门性问题，通常也是由法官决定，相关规定有《行政诉讼法》第35条"在诉讼过程中，人民法院认为对专门性问题需要鉴定的，应当交由法定鉴定部门鉴定，没有法定鉴定部门的，由人民法院指定的鉴定部门鉴定"的规定，以及最高人民法院《关于行政诉讼证据若干问题的规定》第29条、第30条"原告或者第三人有证据或者有正当理由表明被告据以认定案件事实的鉴定结论可能有错误，在举证期限内书面申请重新鉴定的，人民法院应予准许"，"当事人对人民法院委托的鉴定部门作出的鉴定结论有异议申请重新鉴定，提出证据证明存在下列情形之一的，人民法院应予准许……"的规定，但是，行政诉讼的前身通常有对应的行政程序，而在行政程序中作出具体行政行为的国家机关有义务为其具体行政行为的作出提供确实、充分的证据，故往往在行政程序阶段就有可能已经存在相应的物证鉴定结论了。例如：处罚某商店销售假茅台酒时，行政机关要有鉴定结论证实该商店销售的酒不是真茅台；处罚某人服用冰毒时，行政机关要有鉴定结论证实从该人的体内检测出冰毒；认为某学生的研究生入学考试为枪手代考，不应认可其成绩并取消其录取资格时，行政机关同样要有鉴定结论以表明该考试试卷上的笔迹不是该学生的笔迹。基于此，可以认为，行政诉讼前物证鉴定结论的启动通常由国家机关而非行政诉讼的原告来完成——这显然异于民事诉讼，因为民事诉讼在诉讼前的物证鉴定通常由原告来启动。

总之，我国现行民事诉讼制度及行政诉讼制度均认可了当事人对物证鉴定的启动权，具体表现是：民事诉讼前，诉讼一方当事人即可委托相应鉴定；行政诉讼前的行政程序中，作出具体行政行为的国家机关在针对与物证有关的专门性问题时均会启动物证鉴定。这种允许当事人在诉前即可启动物证鉴定的做法显然是当事人主义诉讼模式的反映，是国家机关行使行政权时必须证据确实、充分的法律要求使然。

从我国《刑事诉讼法》的相关规定看[1]，除自诉案件有可能由原告启动——通常是原告聘请的律师执律师事务所的介绍信及委托函而委托物证鉴定机构进行物证鉴定[2]——以外，公诉案件中物证鉴定的启动只能由侦查人员来完成。侦查机关的核心任务是查找、确认犯罪嫌疑人并收集可能的各种证据，而查找、确认犯罪嫌疑人通常离不开侦查机关已收集到的各种物证，如现场发现并提取到的弹头、弹壳、爆炸残留物、爆炸遗留物、血液、精斑、毛发、指印、足迹等，而这些物证的证明作用无不需要通过物证鉴定才能得以发挥。也就是说，唯有通过物证鉴定这一侦查手段，侦查机关才能完成法律赋予其的艰巨任务——当刑事诉讼还只是处于侦查阶

---

①　我国《刑事诉讼法》第119条"为了查明案情，需要解决案件中某些专门性问题的时候，应当指派、聘请有专门知识的人进行鉴定"规定于第二编第二章"侦查"中，因而启动鉴定者应是侦查机关的侦查人员。

②　自2005年10月1日全国人民代表大会常务委员会《关于司法鉴定管理问题的决定》开始实施，及2007年10月1日起司法部出台的《司法鉴定程序通则》正式施行，社会鉴定机构已经不再绝对拒绝接受当事人个人委托的鉴定，因而由当事人通过律师事务所而委托鉴定的现象有所减少。

段时，法院或法官还无权介入物证鉴定的启动，而当刑事诉讼步入审判环节时，法院或法官面对的已是物证鉴定的结果，也即物证鉴定结论了。事实上，许多国家刑事诉讼中的物证鉴定活动均是由侦查机关启动的。

在我国学界，还有着这样的观点，即允许侦查机关为了完成侦查任务而将物证交由本系统的物证鉴定机构（也即公安系统内部服务于侦查的物证技术部门）分析检验，但此次鉴定得出的结论只能用于侦查机关的侦查破案，而不能作为物证鉴定结论用于裁判——所谓的"自侦自鉴"使得人们难以信任由侦查机关所在系统内部的物证技术部门作出的鉴定结论！而意欲消除这种不信任，则应由人民法院将物证鉴定另行委托给其他社会鉴定机构来完成（持有这一观点的学者认为，社会鉴定机构因不隶属任何公检法机关，故是中立的）。① 对这种观点，笔者不敢苟同，理由是：第一，无论我们将侦查机关所属系统内部物证鉴定机构作出的结论是否说成是物证鉴定结论，无论我们最终如何拒绝在法庭上将这些结论用成物证鉴定结论，但毋庸讳言，这些结论显然是就与物证紧密相关的专门性问题而得出的一些专家意见，与学者们提倡的在诉讼中另行提起物证鉴定并由社会鉴定机构得出的物证鉴定结论相比，没有实质上的区别！第二，这种否定完全建立在对侦查人员及其所属系统内部物证技术部门鉴定人员的职业道德的无端猜疑之上，并没有十足、可靠的统计数据作支撑。第三，公安系统内物证技术部门出具的物证鉴定结论是否可靠完全可以依据诉讼法规定的相应庭审程序，即质证、认证程序来解决②，而不需要再由法官另行委托某一社会鉴定机构做鉴定。就笔者看来：（1）另行委托的鉴定并不能确保其鉴定结论必然准确可靠，因为该鉴定机构及鉴定人员并非生活在真空中，既然我们可以无端猜疑公安系统内部物证技术部门的职业道德，那么我们又怎么不可以质疑由法官另行委托的社会鉴定机构的鉴定结论的可信度呢？而且，即使放弃侦查阶段的物证鉴定结论再委托某社会鉴定机构得出新的物证鉴定结论，该鉴定结论也并非超然于其他证据的特殊证据，它同样也要接受诉讼法明文规定的质证、认证程序。（2）在审判阶段再进行一次鉴定是诉讼资源的极大浪费。（3）物证本身即量少、体微，如用于 DNA 分析的阴毛仅有两三根，用于血型鉴定的血液只有一两滴，用于判断犯罪运输车辆的玻璃只是几克重的碎屑，仅仅允许我们对之进行一次鉴定，且这一次鉴定对检材本身还极有可能是破坏性的，因而意欲拒绝使用公安机关出具的物证鉴定结论之后，再在审判阶段由法官启动一次物证鉴定无疑是一种不切实际的空想(参见图 6—2)。

笔者认为，刑事诉讼中公诉案件的物证鉴定由侦查人员启动是符合打击犯罪的现实需要的，我们不应随意剥夺之，而只需佐以合理、科学的法律约束、制度规范，并对物证鉴定结论佐以设计合理的质疑和救济渠道，便能够确保最终用作裁判依据的物证鉴定结论的准确可靠性。

---

① 2001 年 10 月 12 日在中国人民大学贤进楼 501 室召开的"司法鉴定立法研讨会"上某著名刑事诉讼法学者的发言就表达了这种观点。

② 参见本书"第 8 章　物证及其鉴定结论的质证和认证"中的相关内容。

就刑事诉讼中鉴定的启动权分配或配置的问题，不少学者展开了专门的讨论，如汪建成、韩旭、钟朝阳、黄维、吴俐（及江轶）、谭世贵（及陈晓彤）等所著文章均围绕这一主题而展开：《鉴定的提出、鉴定人的选任以及对当事人对方的平等对待》①、《改革我国刑事鉴定启动权的思考——以被追诉人取证权的实现为切入》②、《程序公正与刑事诉讼中的鉴定启动权》③、《刑事司法鉴定启动权配置的改革和完善》④、《论刑事司法鉴定启动权制度的构建》⑤、《优化司法鉴定启动权的构想——以刑事诉讼为视角》⑥ 等；另有许多学者，如樊崇义、陈瑞华、龙宗智、邹明理、郭华、黄维智、周湘雄等在其相关专著中也讨论了此问题。⑦ 诚然，笔者并不反对这些学者的观点，即：从程序公正的角度出发，唯有赋予控辩双方同样的鉴定启动权，或者将控辩双方启动鉴定的权利一并收归法院所有，才能做到控辩双方的真正对抗。但笔者同时认为，物证鉴定是异于其他鉴定的特殊鉴定，其特殊性突出在于，物证鉴定得出的物证鉴定结论不仅仅是法院裁判

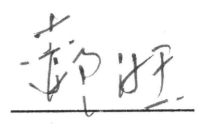

图 6—2

注：某案中，"郝旺"二字是否郝旺本人签写、其签写于何时是争议的焦点。为此，就"郝旺"二字进行了笔迹鉴定及书写时间鉴定。书写时间鉴定时使用了有损检验法，故"郝旺"二字的笔画因打孔取样而呈现出残缺。诉讼一方对初次鉴定结论有异议，依法启动重新鉴定，但因"郝旺"二字多处笔画残缺，无法在重新鉴定时再次对之进行笔迹鉴定。同样，如果不认可公安机关的鉴定，但其鉴定时却不得不破坏检材，那么随后的鉴定如何进行？

时的重要证据，它更是侦查机关顺利、及时、有效侦破刑事案件的指挥棒、方向标：指印鉴定结论、足迹鉴定结论、纸张鉴定结论、血液 DNA 鉴定结论、枪弹痕迹鉴定结论、车辆痕迹鉴定结论、纤维鉴定结论等各种物证鉴定结论无疑是侦查机关确定侦查方向、划定侦查范围、查找犯罪嫌疑人的重要依据，换言之，物证鉴定是侦查

---

① 载汪建成：《理想和现实——刑事证据理论的新探索》，246～253 页，北京，北京大学出版社，2006。

② 载《法治研究》，2009（2），17～25 页。

③ 载《西南政法大学学报》，2009（1），108～114 页。

④ 载《中国司法鉴定》，2008（4），88～90 页。

⑤ 载《中国司法鉴定》，2007（5），68～70 页。

⑥ 载《中国司法鉴定》，2009（5），6～10 页。

⑦ 参见樊崇义主编：《刑事诉讼法修改专题研究报告》，北京，中国人民公安大学出版社，2004；陈瑞华：《刑事诉讼的前沿问题》，北京，中国人民大学出版社，2000；龙宗智：《上帝怎样审判》，增补本，北京，法律出版社，2006；邹明理：《我国现行司法鉴定制度研究》，北京，法律出版社，2001；郭华：《鉴定结论论》，北京，中国人民公安大学出版社，2007；黄维智：《鉴定证据制度研究》，北京，中国检察出版社，2006；周湘雄：《英美专家证人制度研究》，北京，中国检察出版社，2006。

机关的重要侦查手段之一。动用侦查手段的及时有效性决定了物证鉴定的启动权不应掌握在法院手中——法院对物证鉴定启动与否进行司法审查似乎以中立的方式平衡了"一边倒"的物证鉴定启动权问题，但却极大地妨碍了侦查机关迅速获取第一手线索或依据，及时抓捕犯罪嫌疑人的活动。而且事实上，即使由法院以司法审查的形式维护着控辩双方平衡启动鉴定的权利，但犯罪嫌疑人也不可能与侦查机关同时，而只能在其之后的一段时间才能向法院提出启动鉴定的申请；同样，即使授予犯罪嫌疑人以平等的物证鉴定启动权，犯罪嫌疑人真正行使该权利也必然要滞后于侦查机关对物证鉴定的启动：在侦查机关借助物证鉴定及其他侦查措施最终查找到犯罪嫌疑人之前，谁能知悉自己已经涉入某刑事案件，需要启动相关的物证鉴定以为自己的清白辩解？就笔者看来，追求程序公正、强调控辩之间的平等对抗，并不一定要求形式上控辩双方有完全一样的权利。地位上平等、权利上对等的程序公正要求的是处于弱势地位的被追诉方有途径、有手段在控方启动了针对自己的诉讼程序时，有效维护自己的合法权利。为此，在"目前在审前程序中即便对犯罪嫌疑人实行逮捕羁押、搜查扣押等强制措施，法院都无权介入进行司法授权和司法审查，何况鉴定这种不带强制性或者强制程度较轻的措施果真需要或者能够容许法院进行司法审查"① 的情形下，在无论如何配置，犯罪嫌疑人对物证鉴定的启动均要滞后于侦查机关的启动的情形下，笔者认为，赋予犯罪嫌疑人对物证鉴定结论的完整知悉权和切实异议权，更加可行②：（1）知悉权。所谓对物证鉴定结论的知悉权，即犯罪嫌疑人知道、了解针对自己的物证鉴定结论的权利。实事求是地说，就鉴定结论的知悉权，犯罪嫌疑人目前是已经具有的，表现是，我国现行《刑事诉讼法》第121条明确规定："侦查机关应当将用作证据的鉴定结论告知犯罪嫌疑人、被害人……"《人民检察院刑事诉讼规则》第205条及《公安机关办理刑事案件程序规定》第241条也分别规定："用作证据的鉴定结论，人民检察院办案部门应当告知犯罪嫌疑人、被害人；被害人死亡或者没有诉讼行为能力的，应当告知其法定代理人、近亲属或诉讼代理人……告知犯罪嫌疑人、被害人或被害人的法定代理人、近亲属、诉讼代理人鉴定结论，可以只告知其结论部分，不告知鉴定过程等其他内容。""公安机关应当将用作证据的鉴定结论告知犯罪嫌疑人、被害人……"但前述第121条、第241条规定表述的简单性，以及第205规定的明确性均表明，犯罪嫌疑人现在的知悉权并不完整，也即，犯罪嫌疑人除了可以知道鉴定结论以外，对鉴定的事项、

---

① 韩旭：《改革我国刑事鉴定启动权的思考——以被追诉人取证权的实现为切入》，载《法治研究》，2009（2），21页。

② 当然，也可以允许犯罪嫌疑人在得知自己牵涉到某刑事案件中、且有一份对己不利的物证鉴定结论之后，另行启动一个物证鉴定，这就如同英美法系国家实行的那样，例如美国就允许犯罪嫌疑人、被告人另行启动鉴定，而控方有义务为辩方开启的鉴定的实际实施提供相应的检材和比对样本。但是，基于以下两种主要原因，赋予辩方这种物证鉴定启动权有时并不可行：（1）可用于物证鉴定的检材量过少，已经无法进行第二次鉴定；（2）辩方没有足够的财力启动第二次鉴定。

范围，对鉴定机构和鉴定人的选任，对用于鉴定的物证比对样本之来源，对鉴定方法、手段和仪器的使用等与物证鉴定结论密切相关的内容均无从了解，相应地，犯罪嫌疑人如果能够依法寻求救济的话，其救济申请也只能是苍白无力、言之无据的空洞文字，又如何能够获得实质的救济？为此，有必要赋予犯罪嫌疑人以完整的知悉权，即在刑事诉讼法中明确规定，侦查机关应当将用作证据的物证鉴定结论以及与作出该物证鉴定结论相关的事宜，如鉴定的事项、范围，鉴定机构和鉴定人的选任，用于鉴定的物证比对样本之来源，鉴定时使用的方法、手段和仪器等，均告知犯罪嫌疑人。当然，如果承载物证鉴定结论的《鉴定书》如同本书第 6 章之 6.1.3 中论述的那样形式齐备、内容充分翔实的话，向犯罪嫌疑人出示《鉴定书》就能确保犯罪嫌疑人有完整的知悉权。（2）异议权。所谓对物证鉴定结论的异议权，即犯罪嫌疑人知悉对己不利的物证鉴定结论之后，有权以一定的方式、通过一定的渠道对该物证鉴定结论提出异议并最终获得解决。与知悉权相同的是，我国的犯罪嫌疑人目前也似乎已拥有了异议权，因为现行《刑事诉讼法》第 121 条、《人民检察院刑事诉讼规则》第 205 条及《公安机关办理刑事案件程序规定》第 241 条在赋予侦查机关告知犯罪嫌疑人相应鉴定结论的义务之后，均分别规定：“……如果犯罪嫌疑人、被害人提出申请，可以补充鉴定或者重新鉴定。”“……如果犯罪嫌疑人、被害人或……提出申请，经检察长批准，可以补充鉴定或者重新鉴定，但应由请求方承担鉴定费用。”“……如果犯罪嫌疑人、被害人对鉴定结论有异议提出申请，经县级以上公安机关负责人批准后，可以补充鉴定或者重新鉴定。”但从这些规定的措辞来看，犯罪嫌疑人获得的这种对鉴定结论的异议权并不切实充分，突出表现是：犯罪嫌疑人对鉴定结论的异议虽可以申请的方式表达，但并非提出申请就必定获得补充鉴定或者重新鉴定的机会。换言之，犯罪嫌疑人对鉴定结论的异议申请有可能被否决。可其申请被否决后，犯罪嫌疑人是否有权申请复议或者是否有权就此否决诉诸法庭，我们却无从得知。显然，后续无保障的这种异议权显然不足以弥补犯罪嫌疑人在物证鉴定启动权方面的不足，并不能保证犯罪嫌疑人实现与控方的实质对抗。为此，有必要在赋予犯罪嫌疑人有权完整地知悉与某物证鉴定结论相关的各项事宜之后，为犯罪嫌疑人设置切实可行的异议权：1）如果知悉的相关鉴定事宜不完整，犯罪嫌疑人有权向侦查机关的负责人——如县级以上公安局局长、检察院检察长——投诉，有关负责人必须在 7 日内给出书面答复，并责成侦查机关全面、完整地告知与鉴定结论相关的各个事宜，否则，该鉴定结论不得用作证据；2）对于不利于己的物证鉴定结论，犯罪嫌疑人有权提出补充鉴定，甚至重新鉴定的申请。对于该申请，侦查机关的负责人——如县级以上公安局局长、检察院检察长——必须在 7 日内给出书面答复。对于书面答复可以启动补充鉴定或者重新鉴定者，必须于答复作出的当日同时通知侦查机关，并责成其于答复作出的第 2 日依照相关的鉴定程序启动补充鉴定或者重新鉴定；对于书面答复不得启动补充鉴定或者重新鉴定者，犯罪嫌疑人有权在 7 日内申请行政复议，甚至依法诉诸法庭。

当然，鉴于本书讨论的是特定鉴定——物证鉴定——的启动权问题，故本处主要针对犯罪嫌疑人的知悉权和异议权展开研究。但事实上，诉讼阶段的演进、被追诉方由犯罪嫌疑人到被告人的角色变化，使得其应具有的、能足以与侦查机关享有的物证鉴定启动权相抗衡的知悉权、异议权的内容得以进一步的丰富：（1）被告人有权聘请专家辅助人以帮助其全面知悉、了解物证鉴定的各个环节、各项事宜，并在法庭的质证环节，以言辞的方式质证控方的物证鉴定结论；（2）被告方有权借助证据开示环节全面、充分地知悉物证鉴定的各个环节、各项事宜，以便庭审时在质证环节有效质证控方的鉴定结论。但显然，我国现行刑事诉讼制度中证据开示制度的缺失、我国现行刑事诉讼制度中未设立专家辅助制度的缺陷，均使得被追诉方无力有效抗衡控方拥有的物证鉴定启动权，无力真正实现程序公正。

6.2.2　物证鉴定主体的资质与官方色彩

本章在"物证鉴定的概念"这一节即谈到了物证鉴定主体的资质问题，而此处再次提及这一问题，似有重复啰唆之嫌。但笔者认为，当民众均极为关注与物证鉴定有关的各种话题、当全国人民代表大会常务委员会《关于司法鉴定管理问题的决定》（本章以下简称《决定》）已于2005年2月28日出台并于同年10月1日起施行了近五年之久时，有必要在此再啰唆、重复一下物证鉴定主体的资质问题。

"资质"，即"资格"和"素质"。"物证鉴定主体的资质"，无疑指从事物证鉴定工作的主体理应具备的资格和基本素质。由于物证鉴定活动的启动是基于普通人士不具备与物证相关的专业基本理论和专业技术知识，无法解决案件中的专门性问题，故从事物证鉴定工作的主体必须具有前述专业知识，否则，诉讼中的物证将无从发挥其应有的证明作用。正是基于此，笔者在对"物证鉴定"之概念作出界定时，强调了"具有物证技术学基本理论及基本技术等专门知识的专门人员"这样的主体特征。尽管对该主体特征的描述较为抽象，但我们不妨从主体受过的系统教育、专门培训、从业经验，也就是学历、职称、从业时间等方面来理解并把握，而这其中没有一条涉及主体的"官方色彩"问题。但是，《决定》之第7条第1款却规定："侦查机关根据侦查工作的需要设立的鉴定机构，不得面向社会接受委托从事司法鉴定业务。"从字面上看，该条规定只是限定了侦查机关内部鉴定机构的从业范围，即只能服务于刑事诉讼的需要，不能为民事诉讼或行政诉讼提供包括物证鉴定在内的各种鉴定活动，但笔者认为，该规定实质上是为物证鉴定主体的从业资格增加了一条新的要求：即使你有八般武艺，但只要你拥有"官方的色彩"——你隶属于侦查机关、服务于侦查活动，那么你便"不得面向社会接受委托从事司法鉴定业务"。这种增加毫无道理可言——笔者实在不明这种干预的理论依据何在，难道说，侦查机关内设的鉴定机关一旦染指社会委托的鉴定业务，或者说是民事诉讼或者行政诉讼中的鉴定业务，便会专业技术全无、鉴定结论失常？不得而知。从一组数字来看，"公安系统从事鉴定工作的人员总数占全国鉴定人员总数的90%，其承担的鉴定任务占全国的98%；公安系统每年完成的鉴定数达200万起"[①]，笔者不禁想到这样两个最

---

① 公安部某干警在一次座谈会上的发言。

为浅显的问题：其一，如果是担心侦查机关内设鉴定机构的官方色彩会影响到鉴定结论的可靠性，那么单单不允许它们承担源自社会的委托鉴定，又有多大的效果？其二，绝大多数的鉴定实质上还是由侦查机关内设的鉴定机构完成的，且国家为保障打击犯罪的力度，投入了大量的资金以保证这些鉴定机构拥有最为先进、最为完备、最为齐全的仪器设施，因而其鉴定人员不仅积累了极为丰富的实践经验，而且具备最佳、最为优秀、最为现代的检测设施，硬性不允许其面向社会承担鉴定业务，无疑是巨大的浪费。相反，社会上那些并不隶属于侦查机关的鉴定机构，因业务量较小，又能积累多少经验？又能有多少资金投入设备的增置、更新及新技术的研发？事实上，《决定》出台并施行后的近五年里，已经有不少例子实际证明，现有的社会鉴定机构（包括从事物证鉴定的机构）并不能满足刑事诉讼以外的其他诉讼或非诉讼活动中对专业问题的鉴定需要——这些机构或无先进装备、技术，或无丰厚的经验，根本无法为刑事诉讼以外的其他诉讼或非诉讼活动中各式各样的专业问题提供鉴定结论，更别说提供可靠的鉴定结论了。或许正是基于鉴定力量不平衡、鉴定资源短缺的现实情况，全国人民代表大会常务委员会法制工作委员会在对《决定》第7条的释义中指出，"为了充分利用侦查机关已有的鉴定力量，避免资源浪费，防止侦查机关重复设立和低水平设立鉴定机构，同时考虑到《决定》开始实话后人民法院和司法行政部门不再设立或者保留自己的鉴定机构，侦查机关之间相互委托和接受司法机关委托人事司法鉴定业务，是非常必要的"。虽然这一释义的出台，一定程度上使得非刑事诉讼中一些专业性问题无处可鉴定的局面有所缓解，但却从根本上动摇了我国法律的权威性和稳定性：《决定》是由全国人民代表大会常务委员会出台的，属于我国的一部法律，其条文却被全国人民代表大会常务委员会法制工作委员会做了广泛的解释！当然，这样的解释更满足我国（物证）鉴定的实际需要，但却折射出《决定》的某些条款在制订时缺乏周密的考虑。

在谈到物证鉴定主体的官方色彩时，笔者又想到了另外一个问题，即鉴定机构的归属问题。坦率地说，该问题已被热热闹闹地争执了几年，虽然它与物证鉴定主体的资质关系不是太直接，但也不能说是完全没有关系，因而本书在此也做一定的探讨。从刑事诉讼法的规定来看，侦查机关内部设有鉴定机构①是由其完成侦查任务之实际需要所决定的，但就因为所谓的"自侦自鉴"一说，不少学者认为，应将侦查机关内设的鉴定机构剥离出来，如"通过司法行政部门直接设立司法鉴定机构的方式，将公、检、法内部设立的鉴定机构独立出来，由司法行政部门重新进行整合，建立从中央到地方的统一的司法鉴定中心。该中心可在侦查机关内部设立派出机构，以便及时地对侦查活动中的某些专门性问题作出鉴定，但是，该派出机构在行政领导、编制、工资、福利待遇等方面都与侦查机关脱钩。另外，考虑到侦查活动具有及时性的特点，侦查机关可以设立技术侦查人员。这些人员不具有鉴定人身份，而是协助侦查起诉的'专家辅助人'。由这些人员所提供的技术意见只能作为勘

---

① 这些鉴定机构从事的鉴定业务也大多是针对物证的。

验、检查笔录，其效力有别于司法鉴定机构作出的鉴定结论"①。就此，笔者认为：第一，"自侦自鉴"到底是学者的想象或无端猜疑，还是有实证数据支撑的结果？别的不说，单就前面的那个数字——"公安系统每年完成的鉴定数达200万起"——而言，我们有没有做这样的调查并获得一手数据：这一年200万起鉴定中，错鉴率有多高？错鉴的案件中又有多少是源自"自侦自鉴"的自我包庇？改革固然是好事，但改革要有坚实的、令人信服的依据。在没有就这些问题作出科学的统计调查之前，就贸然将鉴定机构从侦查机关剥离出来，其效果会如何，实难想象。第二，"建立从中央到地方的统一的司法鉴定中心，并允许该中心在侦查机关内部设立派出机构，以便及时地对侦查活动中的某些专门性问题作出鉴定，但是，该派出机构在行政领导、编制、工资、福利待遇等方面都与侦查机关脱钩"的做法只能是一种幻想。任何人均是社会的人，人与人之间的亲近、趣味相投更多是源于相互交往。切断行政领导、编制、工资、福利待遇等方面的牵制，这固然可能会使解决侦查活动中某些专门性问题的派出机构的人员中立、公正，但却并非绝对能做到这一点。达马斯卡先生在其专著《漂移的证据法》一书中有言："徘徊在两个世界之间，一个已经灭亡，另一个无力诞生。"② 笔者借用其句式，不无担心，"旧的制度已被我们摧毁，新建立的制度却有负众望"。而要防备出现这种局面，显然要做充分的实证调查及科学的理论论证。第三，在侦查机关内部设立的、被称为"专家辅助人"的技术侦查人员，"其提供的技术意见只能作为勘验、检查笔录，其效力有别于司法鉴定机构作出的鉴定结论"的思想，与笔者在"6.2.1 物证鉴定的启动"中所反对的某些学者那种观点——侦查机关内部鉴定机构就物证作出的检验意见不得作为鉴定结论——可谓是异曲同工，在此处笔者也就不再赘述。

　　不可否认的历史是，包括物证鉴定在内的鉴定起源于为犯罪侦查提供实质上的、必不可少的技术方面的服务。正是基于这一原因，绝大多数国家的物证鉴定实验室最初均是建立于侦查机关内部的，如美国、英国、德国、法国等。尽管现在有许多国家（特别是美国、英国）也拥有独立于侦查机关的物证鉴定机构，但这些国家并没有"断其胳膊"般地将侦查机关内属的物证鉴定机构剥离出来，这应值得我们深思。

　　当然，笔者并不认为《决定》一无是处。事实上，《决定》还是具有相当多的地方值得肯定。例如，其第7条第2款之规定"人民法院和司法行政部门不得设立鉴定机构"，便使得长期以来有关人民法院应否拥有鉴定机构的争论有了一个定论，这显然与人民法院的审判职能相吻合。曾经有人认为，既然侦查机关可以"自侦自鉴"，那么法院为什么不能"自审自鉴"？且法院拥有自己的鉴定机构，确实方便了法院的审判。但对此观点，笔者不敢苟同。诚然，从字面上看，"自侦自鉴"与"自

---

　　① 　熊秋红：《我国司法鉴定体制之重构》，载《中国人民大学报刊复印资料·诉讼法学、司法制度》，2004（9），26 页。

　　② 　[美]米尔建·R·达马斯卡著，李学军等译：《漂移的证据法》，212 页，北京，中国政法大学出版社，2003。

审自鉴"仅一字之差，但恰恰是这一字之差，使得两者有了根本的不同：作为侦查机关，其收集证据、打击犯罪的职责，决定了它必须动用一切可以动用的合法手段完成侦查任务，而鉴定则是其必不可少并得到法律认可的重要手段之一，如若强制性地将侦查机关的鉴定权予以剥夺，那么只能是违背侦查的内在规律，必将遭到应有的"报复"。但对审判机关人民法院而言，鉴定却不是其完成审判任务而必有的手段——人民法院可依职权启动鉴定，但却没有必要亲力亲为。如果说，人民法院内设鉴定机构的做法确实方便了法院的审判工作，但这并不是人民法院理应设立鉴定机构的理由——不排除还有其他机构的设立可以便利法院的审判，那么人民法院是否还应一一设立这些机构？如此"事必躬亲"、包揽一切的做法不仅有损其中立、公正的形象，而且会分化、削弱其本应投入到审判中的宝贵资源。

第 7 章 物证鉴定的质量干预

7.1 对物证鉴定予以质量干预的必要性

"知识丰富、明智的辩护人还将就法庭科学实验室及其从业人员的质量提出问题。"[1] 美国法庭科学实务工作者兼学者弗谢尔先生在其著述《犯罪现场调查技术》(第 7 版)中的这一席话,令笔者将讨论的焦点转至物证鉴定的质量干预上来。

所谓物证鉴定的质量干预,依笔者之见,即以追求物证鉴定结论的科学性、准确性、可靠性为目标,对有可能影响物证鉴定结果、进而最终影响物证鉴定结论的物证鉴定所赖以存在的实验室/检查机构、技术手段及从业人员等,予以必要的管理、规范、监督、制约的一种活动。

就形式而言,物证鉴定结论与书证、物证、当事人陈述、犯罪嫌疑人被告人的供述和辩解等证据相比,并没有什么特殊性,即它们均是用于证明案件相关事实的根据的一种具体表现,具有与其他证据平等的证据地位。但从其形成来看,物证鉴定结论无疑是特殊的:它是对物证这种证据的"解说"和"翻译",是具有专门知识的人接受委

① Barry A. J. Fisher, *Techniques of Crime Scene Investigation*, 7th ed., Baca Raton, CRC Press, 2003, p. xxii.

托后借助专门的技术、手段和仪器设备等，对某些专门性问题的直接回答。正是这种特殊的形成方式，决定了物证鉴定的质量不容被忽视：身为"解说者"或"翻译者"的专家是否具有专门知识，是否掌握相关技术，是否拥有相关仪器设备，是否经验丰富，如何使用相关技术、设备等，无疑将直接影响到对物证所牵涉的相关专门性问题的回答，也就是将直接决定相关的物证鉴定结论具有怎样的内容。① 作为一种证据，物证鉴定结论显然要满足"准入"门槛对各种证据提出的最为基本的要求，即物证鉴定结论要具有关联性、客观性和合法性，但拥有关联性、客观性和合法性的物证鉴定结论并不必然就能成为公正裁判的依据，因为，具有证据资格，但却在真实可靠性方面存在疑问的证据，并不能成为公正裁判的依据，否则，就会导致各种错案的发生。例如，因为专业知识有限，误将弓型纹指印当成了箕型纹指印，从而错误地判决被告有罪；又如，因为检测时所用化学试剂过期，未能检测到某种毒物，从而错误地认定投毒案中的受害者为正常死亡；再如，运用了还未得到广泛认可的某书写时间鉴定技术，错误地将三年前书写的签名当成新近刚刚书写的签名，从而使得某保险索赔纠纷中的投保人得不到合法赔偿；还如，未能科学评判在鉴定时发现的物证签名与样本签名之间的符合点和差异点，错误地认为某股东向他人转让了股份，从而该股东的合法权益得不到应有的维护，等等。因此，为确保物证鉴定结论真实、可靠，为确保根据物证鉴定结论等证据而依法裁判的案件公正无误，就必须对物证鉴定予以质量干预，即：对从事物证鉴定工作的专门人员，对物证鉴定中动用的技术手段、使用的仪器设备，对物证鉴定结果的主观评判等，予以必要的管理、规范、控制和监督等。

　　显然，对物证鉴定施以质量干预，是诉讼公正的总体价值目标在具体诉讼活动中的必然体现。

　　从严格意义及广义上说，物证鉴定的质量干预，自物证的发现、提取、保管就已经开始（参见图7—1），并与法律程序相交织、相渗透。本书第5章"物证的发现、收集和保管"即明确指出，物证的发现、收集和保管是物证之证明力得以保全的重要手段，唯以科学、妥当、安全的方法切实保证物证的外形特征、所载字迹物证、内在属性等均是案件发生时自然形成而非事后人为造成的，物证的证明力才能真正得以发挥。鉴于物证的证明力往往不是那

图7—1

注：物证鉴定结论的质量取决于物证发现、提取、保管以及物证鉴定的质量。

① 如：经验不足且粗心的某鉴定人，如果使用被污染过的试剂进行毒物分析，就有可能得出从送检胃内容中检测出某毒物的假阳性鉴定结论。但如果对毒物鉴定予以了严格的质量干预，就有可能令该鉴定人克服粗心的毛病，认真、规范地选用合格的试剂进行毒物分析，此时得出的鉴定结论就可能是，从送检的胃内容中未检测出某毒物的鉴定结论。

么"直白地"显露，相反需要专门人员借助鉴定来揭示，物证在发现、提取、保管时所接受的一系列约束、规范或监督，如做好记录、防止污染、防止遗撒、不得添加防腐剂、建立良好的物证保管链等，均可以说是物证鉴定质量干预的组成部分。实事求是地说，物证的发现、收集、保管环节的质量干预问题目前已经得到一定程度的重视，其表现是，相关的法律、法规及部门规章制度均有一定的条款涉及物证的发现、收集和保管问题，只要严格按照这些程序性规定进行操作，通常便能一定程度上保证所发现、收集和保管的物证的质量——而这便是前文所说的"并与法律程序相交织、相渗透"的内涵所在。物证的发现、收集、保管环节的质量干预问题得到重视的另一种表现是，庭审阶段，诉讼双方在对涉案的物证、物证鉴定结论进行质证、认证时，当事人双方往往会将焦点集中在物证被发现、被收集、被保管时其质量是否得到保障的问题上来——美国的辛普森案件就是这样一个典型的例子：取自现场的嫌疑血样经 DNA 鉴定为辛普森所留。但警方的记录表明，该血样被收集提取后未装入冰筒以冷藏的方式转运到实验室，而是用普通的容器盛装后置于警车里在常温下转运，故该血样有可能受高温的影响而变质，相应的 DNA 鉴定结论也就不大可靠。

　　但相较于物证的发现、收集、保管环节的质量干预而言，着眼于物证鉴定这个环节的质量干预似乎还不大为我们所关注——尽管公安系统所属的物证鉴定机构早在 20 世纪 90 年代就已经开始了标准化建设等质量干预工作，但庭审中，每每涉及物证鉴定结论的质证和认证时，却很少会有人将质证、认证的重点放在物证鉴定这一核心环节的质量是否得到了保障的问题上来，换言之，实务中的物证鉴定结论很少有从鉴定质量这一视角被别人质疑的。① 例如我国某省的一个死刑案件，直到最高人民法院依法对之进行死刑复核时，其中的一个足迹鉴定结论才从质量的角度被法官所质疑：现场提取到一枚皮鞋立体足迹模型，用于比对的是犯罪嫌疑人穿布鞋时留下的布鞋立体足迹模型，比对得出的鉴定结论是，现场的皮鞋足迹是犯罪嫌疑

---

① 这种情况不仅仅表现在物证鉴定结论中，也表现在其他鉴定结论或专家意见中。例如《北京法制晚报》2009 年 8 月 24 日刊载的《江苏徐州法院将测谎结论引入法庭质证——测谎仪"断案"惹争议》即是写照：当诉讼一方发现测谎结论对其不利时，该方不是从测谎结论的质量入手来质证该结论的可靠性，而只是认为"测谎结论在诉讼法中不能作为法院定案依据"；接受测谎者更是以"不知道后果、不懂法律为由"拒绝法庭使用该测谎结论。此处笔者不讨论测谎结论可否用作案件审理时的证据，这偏离了本书的主题，但此案折射出的问题却令我们关注：原、被告双方在接受测谎测试之前达成了进行测谎测试的合意，且从达成合意到正式测试之间有长达两个月的时间。如若认为测谎结论不能作为法院定案的依据，那么，这期间任何一方均可反悔。但事实上，直到测谎结论作出后，不利方才反悔，因此笔者认为以"测谎结论在诉讼法中不能作为法院定案依据"为由并不足以拒绝法庭使用该测谎结论断案，但如果从此次测谎的质量入手，如测谎仪的可靠性，测谎者的知识背景、学识水平及经验，测谎者编排的试题的科学性，测试时环境的干扰等等因素来挑战本案中已经作成的测谎结论，可能更为有利。

人所留——根据鞋印能对人身进行同一认定吗？根据不同质地的鞋印能对人身进行同一认定吗？由于对物证鉴定缺了解、对物证鉴定时的质量问题缺乏关注，所以此案中的足迹鉴定结论直到最高人民法院依照死刑复核程序而介入时才被质疑。虽然此案最终或许不一定会被撤销死刑判决，因为此案或许还有其他充足、确实的证据证明被告犯有死罪，但它却督促我们要格外重视物证鉴定时的质量干预问题——如果足迹鉴定的质量管理、质量控制程序明文规定，就不同类型的足迹所进行的比较，只能得出种属认定的结论进而只能用于划定犯罪嫌疑人的范围，那么实务中便有可能更为积极、充分地收集、利用其他证据来定罪量刑，那么直至最高人民法院死刑复核阶段才发现的问题就可能在初审或二审时即被揭露。

　　正是因为物证鉴定中的质量问题是物证鉴定结论具有高质量的核心保障，而这一核心过程目前还没有得到十分关注，故本书专门以独立的章节仅仅讨论狭义上的物证鉴定的质量干预问题，以示重视。

　　本书第 2.2 节"物证技术简要史"告诉我们，现代意义的物证技术诞生于 18、19 世纪的西方国家。但显然，直到 20 世纪 70 年代，美国学者 J. L. 皮特森（J. L. Peterson）于芝加哥大学伊利诺校区开始对法庭鉴定科学的质量展开研究时[1]，之前有关物证鉴定的质量干预问题一直被人们所忽视，究其原因，笔者认为主要有三：（1）将物理、化学、医学、数学、统计学等学科的原理、理论和成果引入诉讼，以解决其中无法以普通知识或一般能力加以解决的专门性问题时，人们更关注的是如何让相关的技术得到广泛的认可和接受。如果此时一味地怀疑该技术之结果的可靠性，则无疑不利于相关技术在诉讼土壤的生根和勃发。事实上，被推广应用于诉讼领域以解决其中专门性问题的种种技术，如指纹物证技术、笔迹物证技术、枪弹物证技术、中子活化分析技术、DNA 物证技术等，无不具有这样的烙印，即可靠地解决了诉讼中的某一专门性问题而被法庭所接受——它们的可靠性已被实务所印证，其质量必是可靠的，自然不会有人再去考虑质量干预的问题。（2）相较于星相术、水审、火审、神誓等神示证明方法而言，基于自然科学原理和成果而诞生的物证技术无疑是科学的，正是这种科学的光环，有可能遮蔽了人们的双眼，使得人们盲目相信这些技术的结果一律可靠无疑，既如此，又何必再去考虑质量干预问题呢？（3）唯有在某项技术已被诉讼所接受并成为物证技术的组成部分之后，才可能广泛运用于解决诉讼中的相关专门性问题；也只有在广泛运用之后，才可能以众多的实际案件结果来证实该技术是否可靠——唯有相当数量的案件结果表明，某技术得出的不可靠鉴定结论是因使用该技术时缺乏质量干预造成的时，才可能认识到质量干预与鉴定结论之间的关系，才可能关注鉴定时的质量干预问题。换言之，人们对问题的认识有个先后、表里的过程。在物证技术发展到今天已有两百余年历史的 21 世纪，在物证技术近一二十年来在诉讼中发挥的作用日益被认可的条件下，特别是在全国人大常委会《关于司法鉴定

---

[1]　参见蒋丽华：《刑事鉴定质量控制：法律制度研究》，20 页，北京，中国检察出版社，2007。

管理问题的决定》生效已近五年的今天，研究物证鉴定的质量干预问题显然是既有必要，也有可能，实务中已有实际案件证明：（1）缺乏质量干预的某些物证鉴定所给出的物证鉴定结论并不可靠，需要以物证鉴定的质量干预活动加以预防和纠正。（2）对物证鉴定的行政管理，如有关鉴定人资格、鉴定机构资格等规定等，只是从程序上规范了物证鉴定等鉴定工作的活动。意欲提高物证鉴定的质量、真正使得鉴定结论可靠无疑，唯对物证鉴定的内在环节及相应环境予以质量干预才能实现。

7.2　物证鉴定质量干预的路径及措施

　　诚如前述，对物证鉴定佐以质量干预，其目的是尽量确保物证鉴定结论科学、准确、可靠。而从物证鉴定活动本身的特点看，物证鉴定离不开人员、机构和方法。所谓人员，即从事物证鉴定的主体；所谓机构，即物证鉴定活动得以实施、物证鉴定活动依赖的仪器设备所在的地方；所谓方法，即物证鉴定时动用的手段和措施。无疑，主体的能力，机构的条件及先进化与否，方法的得当及科学与否，决定了物证鉴定的终极结果——物证鉴定结论——的质量高低。因此，为了追求物证鉴定结论的高质量，也即为确保物证鉴定结论科学、可靠，就必须从人员、机构、方法三个路径入手，对物证鉴定施以相应的干预（参见图7—2）。

　　严格意义上说，物证鉴定时与物证鉴定质量有关的人、机构、方法三者之间密切相连、彼此难分：机构自身无法从事任何鉴定活动，唯有具备一定资质的专业人员融入其中，并借助机构的先进管理制度，其占有的先进仪器设备才能得以发挥应有的作用，机构的能力才能适宜地体现出来；而具体的方法，既由一定人来开发，也由具体人来实施——显然开发和实施，无一能够离开所在机构的仪器设备和管理水平。

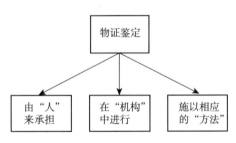

图7—2　物证鉴定与人、机构、方法之间的关系

因此，探讨物证鉴定的质量干预时，机械地将人、机构、方法三者硬性地割裂开来，显然不明智，也不现实。但是，从重点突出的视角而言，本书尝试着分别从人、机构和方法三个方面讨论对物证鉴定的质量干预。

7.2.1　对物证鉴定人的质量干预：以专门知识为切入点确认鉴定人的资质

　　相当数量的物证之所以要借物证鉴定这一环节转变为物证鉴定结论之后再发生证明作用，其根本原因是这些物证牵涉到了专门性问题：问题过于专门化，以至于仅仅有普通学识、普通经验的人士无从分析、理解并加以利用，所以，需要有专门知识的人士相助，即由占有物证技术专门知识和专门技能的专业人员介入。

因此，为尽量确保物证鉴定结论准确可靠，从事物证鉴定工作的物证鉴定人就必须具有物证技术的专门知识：他可以不大懂法律，他可以不太善于言辞，但他必须能分辨呈于其面前的物证为哪类、哪种物证，经过了怎样的发现、显现、提取处理，还需接受哪些检验和测定才能解答诉讼中相关的专门性问题。换言之，物证技术专门知识及相关的专门技能是某人成为物证鉴定人的必备"敲门砖"。

从质量干预的视角看，如何才能确认某人是否具备了物证技术的专门知识及相关的专门技能，进而能够尽量保证其所提供的物证鉴定结论准确可靠？目前国内外通常有两种做法：（1）"诉前确认"。所谓"诉前确认"，即在诉讼发生之前，物证鉴定人的专家身份即已得到确认。实行"诉前确认"的多是大陆法系国家，这些国家要么拥有法定资格的物证鉴定机构，要么建立有物证鉴定人名册，或者二者并存。拥有法定资格的物证鉴定机构负责其内部人员的专门知识的考核、评测，某人则相应因为具有该鉴定机构成员的身份，而被视为有物证技术专门知识的物证鉴定人，需要时，委托这些鉴定机构进行鉴定也就是认可了该机构之成员的专门知识和专家身份。德国、法国、意大利等国即有这样的司法实践存在。建立有物证鉴定人名册的国家，则借助专门机构来实施特定的考评和登录：通过考评的人被视为有专门知识的人，能够被分门别类地登记入册。也即，入册者即是具有相应专门知识的鉴定人，需要时，诉讼双方及法官从名册中选任相应的专家即可。法国、意大利即有这样的鉴定人名册。显然，"诉前确认"式的人事质量干预是适合物证鉴定人的：物证虽具有广泛性，但成为物证的各种物质性客体通常均能归入物体物品类物证或痕迹物证两大类别中，并得以进一步的细化分类[1]，因此，从事这些类别物证鉴定工作的鉴定人，其专门知识也就相对固定，可以早于诉讼之前即加以确认。"诉前确认"的物证鉴定人质量干预法无疑能节省诉讼时间，有利于纷争的迅速解决。（2）"诉中确认"。所谓"诉中确认"，即某人是否为物证技术专家，在诉讼之前并没有明确的认定，只是诉讼开始后，因接受诉讼一方的委托，从事了某项物证鉴定工作，他才会在诉讼中，准确地说，是在庭审时接受诉讼双方的审查。如果在这种当庭审查中，他在知识、经验、技能、培训等方面显示出优于常人的能力，那么他便被认可为专家、他出具的有关物证的鉴定结论或专家意见就可能被认定为可信、可靠。英国、美国实行的即是这种"诉中确认"的物证鉴定人质量干预。无疑，"诉中确认"法可以克服那种"以身份定资格"、"以名册看资格"的较为死板、机械的资格审查制度。站在法庭的某个人是否是物证鉴定专家，取决于其在法庭的即时表现，这有可能使得相当数量没有受过较高学历教育、没有取得专业学位证书，但在某一领域经验丰富、技能娴熟的技工，如木工、瓦匠、枪械师等，均能将所拥有的专门知识服务于诉讼纠纷的解决。但是，"诉中确认"要花费专门的时间去解决专家的资质问题，故当事人诉讼

---

① 参见本书"第1.2.2.2 物体、物品类物证和痕迹物证"中的图1—9。

制度下本就漫长的诉讼会耗去更长的时间；此外，如若不善表达、如若初临法庭缺乏临场经验，则某专家有可能虽身怀"绝技"但却有不被认可。

不管是"诉前确认"还是"诉中确认"，均是从人的角度来干预物证鉴定的质量，均是希冀某人提供的物证鉴定结论具有较高的可靠性。而且，无论是"诉前"还是"诉中"确认，"经验"均是被考量的一个因素："学历"、"学位"可能可以证明某人受过专门教育，进而可以得到专家的资格，但这仅仅是资格，并不标示其水平，而"经验"则可能预示着水平——经历了实务、获得了体验，这是业务能力高低的集中体现。故，在确认某人的物证鉴定人资质时，还应着重考查其经验。

7.2.2　对物证鉴定机构的质量干预：物证鉴定机构的认可

7.2.2.1　认可的简要知识和有关物证鉴定之机构认可的概况

"认可"，顾名思义，即承认、确认并允可。当追求产品、结果、服务等的可靠性或高质量时，"认可"即被引入质量干预体系并成为一种重要的质量干预手段：生产产品、导出结果、提供服务的机构——工厂、实验室、检查机构等——假若其技术能力和管理水平经评审考核被认为符合法律、行政法规的规定以及相关技术规范、技术标准的要求，也即获得认可，则其产品、结果、行为等的可靠性或高质量便得到了基本或初步的保障。如果被认可的对象为实验室或检查机构，那么便被称为"实验室认可"或"检查机构认可"。

以确保实验室活动之品质的认可机制最初诞生于1947年的澳大利亚，其动因是当时缺乏统一的检测手段和标准而无法为英军提供军火。[①] 诞生之初的全国性认可组织"澳大利亚国家检测机构协会"（National Association of Testing Authorities, NATA）即采用多领域认可的做法，全方位涉及：测试与校正实验室、营建材料检验员、检验机构、能力试验、电信设备测试、训练及实验室人员资格。[②] 在澳大利亚认可活动的影响下，英国、美国、新西兰等国家相继建立实验室认可机构，两大国际区域性实验室认可合作组织"实验室认可合作组织"和"亚太实验室认可合作组织"先后成立并通过双边或多边承认协议促进国际认可机构间的相互承认和国际实验室结果的互认。欧洲许多国家自20世纪80年代起开始了检查机构的认可活动，国际标准化组织（ISO）和国际电工委员会（IEC）也出台了检查机构认可的国际统一准则 ISO/IEC 17020《检查机构认可的通用要求》，各检查机构认可组织之间的多边承认协议机制也已开始建立。

从认可的含义及简要发展史可以看出，"实验室"与"检查机构"并不相同，而其根本不同在于：实验室是检测的专业组织，从事的是测试、试验工作，即"按照

---

① 参见沈敏等编著：《司法鉴定机构质量管理与认证认可指南》，5页，北京，科学出版社，2009。

② 参见蒋丽华：《刑事鉴定质量控制法律制度研究》，107页，北京，中国检察出版社，2007。

规定程序，依靠仪器、设备对被检测对象进行定性或定量分析，并输出结果或提供服务的技术活动。"① 检测通常依靠仪器设备进行分析测试，其结果通常是给出一个或一组数据。检查机构则是检验的专业组织，从事的是检查（检验）工作，即"是指通过对检查客体的核查并在标准、规范的基础上，依据专业判断确定其相对于特定要求的符合性。检查工作的实施主要依靠检查人员的专业经验和判断能力⋯⋯"② 检查通常包含专业判断，检查结果则是作出是否符合的结论。"从事检查活动的一个人或一组人需要依据测量结果、专业知识、经验、文献和其他方面的信息，提出主观的意见和作出解释，可以不借助仪器设备，有时完全依赖于感官，也可能利用实验室的检测结果，还可以利用外来信息，如鉴定中委托方提供的病史。"③

各国的认可实务表明，实验室认可和检查机构的认可是质量干预、质量保证的一项重要措施，它借公正、独立而又权威的第三方机构对技术能力和管理水平的综合评价、审查和承认，为那些寻求高质产品、结果、服务等的委托方指明了出处，为希冀提升自己能力和水准的实验室、检查机构提供了努力的方向或标准。

受实验室认可、检查机构认可的影响，更因实务中某些物证鉴定出现瑕疵④，以实验室或检查机构为依托的物证鉴定也开始了认可工作：成立于1981年并于1998年9月得到美国国家犯罪实验室科学院的承认、进而成为美国国内最具权威的实验室认可机构的 ASCLD/LAB［美国犯罪实验室负责人协会（American Society of Crime Laboratory Directors）/实验室认可委员会（Laboratory Accreditation Board）］，至1999年6月便认可登录了美国本土及亚太地区的182个刑事实验室。⑤ 为适应 DNA 实验室强制性认可的发展趋势，加拿大于1994年起开始实施其

---

① 沈敏等编著：《司法鉴定机构质量管理与认证认可指南》，2页，北京，科学出版社，2009。

② 沈敏等编著：《司法鉴定机构质量管理与认证认可指南》，3页，北京，科学出版社，2009。

③ 国家认证认可监督管理委员会、司法部司法鉴定管理局主编，国家认监委认证认可技术研究所组编：《司法鉴定机构资质认定工作指南》，14页，北京，中国计量出版社，2009。

④ 如1989年的"人民诉卡斯措"（People v. Castro，Sup. N. Y. Ct. 1989）案：控方提交的 DNA 测试报告因在实验室操作过程中存在瑕疵，而遭受辩方的挑战；这是 DNA 证据资格的首次遇挫。（See David L. Faigman，David H. Kaye，Michael J. Saks and Joseph Sanders：*Science in the Law*：*Forensic Science Issues*，St. Paul，West Group，2002，p. 669.）1994年的阿丽彬·兰卡斯特（Alison Lancaster）事件：旧金山犯罪实验室毒物毒品分析人员兰卡斯特在长达5年的时间里，不对相应物质进行检测即认定其为毒品，其涉及的案件几近一千起（See Jack Shafer，"*Laboratory Rats*，" http：//www. sfweekly. com/1995－09－27/calendar/laboratory-rats/）。还如1995年美国洛杉矶警察局犯罪实验室办理的 O. J. 辛普森（O. J. Simpson）案等。

⑤ 物证鉴定是犯罪实验室最为主要、最为重要的工作，故物证鉴定机构一定程度上可等同于犯罪实验室。

犯罪实验室认可计划，并将 DNA 鉴定、痕迹检验、毒物分析、文书检验、违禁药品/化学品检验等均涵盖在内。当美国以 ASCLD/LAB 为主导的犯罪实验室认可制度发展成熟后，澳大利亚国家检测机构协会（NATA）于 1994 年便与 ASCLD/LAB 签署协议，以便本国所有犯罪实验室的认可工作能得到后者的协助。香港地区化验所法证事务部于 1996 年即获得了相关认可机构的认可，并于 5 年后通过了该机构的第一次 5 年复审。

7.2.2.2　物证鉴定机构之认可涵盖的主要内容

基于前面章节的讨论，结合"实验室"的"检测"与"检查机构"的"检查"之间的区别，可以将物证鉴定的"鉴定"具化为"检测"和"检查"两项主要工作①，故物证鉴定机构的认可，实质上是物证实验室的认可和/或物证检查机构的认可。②

虽然物证实验室与物证检查机构有着并不相同的活动内容：前者要对被检测对象进行定性、定量分析，对得出各种数据、图谱至关重要，如毒物毒品的检验、泥土分析、爆炸物证分析、射击残留物分析、文书物质材料分析等；后者则是对受查客体的核查并与相关标准或规范的比较判断，检查人员的专业经验和判断能力无疑

---

①　事实上，我国已将司法鉴定机构分别归为检查机构和实验室两大类，"这些司法鉴定机构主要有两种类型，一类是检查机构，主要从事法医病理、法医临床、法医精神病、文书、痕迹等鉴定事项，是在专业判断的基础上，确定相对于通用要求的符合性。另一类是实验室，主要从事法医物证、法医毒物、微量、声像资料等鉴定事项，是在分析检测的基础上，出具数据和结果"。肖良等：《中国实验室和检查机构认证认可概述》，载《中国司法鉴定》，2008（5），1~2 页。这种分类的实质是，认为司法鉴定可分为"检查"和"检测"，故以"物证"为特定对象的物证鉴定，可具化为"物证检查"和"物证检测"两部分内容。某些物证鉴定机构，可能仅从事物证的"检查"或者物证的"检测"，但也有一些物证鉴定机构，同时从事着物证的"检查"和"检测"。

②　在我国，认可实行"一套体系、两套制度"的原则。所谓"一套体系"，即依据同一套国际标准体系对申请者进行评价。所谓"两套制度"，即实验室或检查机构资质认定制度和实验室或检查机构认可制度。前一制度是基于我国国情而特殊制定的，旨在通过规范实验室、检查机构的技术条件和技术能力，使之逐步向国际标准靠拢。由国家认证认可监督管理委员会和各省级质量技术监督机关，依据法律法规强制实施，列入行政许可项目。后一制度是由政府授权的权威机构依据国际标准，对实验室或检查机构从事特定检测或检查的能力进行评价和承认的制度。中国合格评定国家认可委员会是我国唯一经授权实施认可的权威机构。认可由实验室或检查机构自愿参加，认可结果国际互认。参见国家认证认可监督管理委员会、司法部司法鉴定管理局主编，国家认监委认证认可技术研究所组编：《司法鉴定机构资质认定工作指南》，15 页，北京，中国计量出版社，2009。

2009 年 4 月 16 日，国家认监委、司法部联合发布了《司法鉴定机构资质认定评审准则（试行）》，于同年 5 月 1 日起施行。该准则明确表明，我国的司法鉴定机构可以借资质认定的方式实现鉴定的质量干预之目的。但因无论是认可，还是资质认定，所依据的评价或评审标准并无实质上的区别，故本书还是使用"认可"而不是"资质认定"这一词汇。

是关键，如笔迹检验、指纹检验、工具痕迹检验、足迹检验等。故，物证实验室的认可和物证检查机构的认可所依据的标准并不完全相同，如在我国，前者要依照《检测和校准实验室能力认可准则》（即 ISO/IEC 17025：2005），后者则依照《检查机构能力认可准则》（即 ISO/IEC 17020：1998）。① 但是，无论是物证实验室还是物证检查机构，决定其产出之品质的，均非仅仅是实验室或检查机构的硬件；其人员、制度等软件，换言之，即控制实验室/检查机构运作的质量、行政和技术的管理体系，往往起着更为重要的作用，所以，撇开物证实验室与物证检查机构的具体活动或工作方面的差异，应当接受评价、审查进而获得承认的，包括以下几方面内容：

1. 人员及人员的管理

人员是物证鉴定实验室/检查机构能够运作并具有相应能力的核心要素，是物证鉴定的质量得以保障的关键，这在前文中已有论述。此处再次提及，则是从对物证鉴定机构②的质量干预视角——即物证鉴定机构认可的视角，讨论机构的人员及人员的组织管理应从哪些方面入手，才能满足认可的要求。

（1）物证鉴定机构各类人员能够各司其职、各尽其责。

物证鉴定机构必然具有从事检测、检查业务的技术人员，如毒物、毒品分析人员，DNA 分析人员，笔迹鉴定人员，枪弹痕迹鉴定人员等，但同时还可能有从事管理的技术/业务主管、质量主管和行政主管，如痕迹鉴定室主任、化学物证分析室主任、文书鉴定室主任等，以及物证鉴定中心主任等。无论是技术人员还是管理人员，只要有可能影响鉴定质量或鉴定记录者，均必须有明确的职责要求，以便各司其职、各尽其责，共同为物证鉴定的高质量提供保障。例如，对于质量主管，不论其他职责如何，应赋予其在任何时候都能确保与质量有关的管理体系得到实施和遵循的责任和权力。质量主管与决定鉴定机构政策或资源的最高管理者之间，应当有直接的渠道。

（2）物证鉴定机构从事检测、检查业务的技术人员及其技术/业务主管必须具备相应的资格。

具有专门知识是成为物证鉴定人的先决首要条件。从物证鉴定机构的外部而言，委托方要借助相应的专家名册或根据某人的知识背景等选择其信赖的物证鉴定人。而从物证鉴定机构的内部而言，则应从实质上确保相应的技术人员有必要的知识素养，获得了相应的检测/检查资格，并有实际能力从事具体的检测/检查工作并作出相应的专业判断。从一定程度上说，能否进入专家名册，取决于物证鉴定机构的内部把关——唯有实质上有能力从事物证检测/检查工作的专门人员才可能录入名册。故委托方在外部的挑选无疑要依赖于内部的审核。

---

① 当然，作为鉴定机构的分支，无论是物证实验室还是物证检查机构，显然都要同时满足《司法鉴定机构登记管理办法》、《司法鉴定人登记管理办法》、《司法鉴定程序通则》、《司法鉴定文书规范》、《司法鉴定机构仪器设备基本配置标准（暂行）》等相关规定的具体要求。

② 为行文方便，以"物证鉴定机构"代替"物证实验室/物证检查机构"。

就物证鉴定人员而言，具有专门知识，不仅要求具有物证技术的基本理论知识，如同一认定理论、物质可分性原理、物质交换原理等方面的知识，还必须具有某一类具体的物证技术知识——包括此类物证的发现、提取、记录技术以及检验鉴定技术。由于物证的种类繁多，且相应的检测/检查知识往往有着天壤之别，故具有某类物证技术的专业知识并不等同于具有所有类别物证技术的专业知识，例如：某人有DNA检测技术的专业知识，但其并不能从事枪弹痕迹鉴定，因其并不具备痕迹物证的鉴定技术；同样，某人有文书物证检验的专业知识，但其并不能从事化学物证分析的工作，因其并不具备化学物证的检验鉴定技术。因此，物证鉴定机构还要确保从事某类物证鉴定工作的技术人员具有相对应的物证技术专业知识。

（3）物证鉴定机构应有明确、翔实、有效的技能培训计划和技能目标，包括阶段性的，并有相应的评定手段，以确保员工胜任检测/检查工作并持续发展。

拥有某种高等学府文凭并通过了一定的资质考试，并不必然表示拥有者便具备了检测/检查所需的实际能力或良好的专业判断；同时，检测/检查技术在不断发展，曾经有过的资质并不必然保证拥有者始终能确保其专业技能能够持续发展并适应新的检测/检查需要。为此，物证鉴定机构应根据设定的技能目标，依照相应的政策和程序，针对新手和"老者"而分别设定培训方案，此时要将各个类别物证的检测/检查手段和需要均考虑在内：对于新手，要特别强调经验的学习和借鉴，要有专门的见习、实习方案，有相对固定的指导老师；对于经验和学识均已丰富的"老者"，则重点强调紧跟科技发展的步伐，随时接受新技术、新手段、新方法的引入。物证鉴定机构还应有一定的措施评价这些培训活动的有效性，并适时作出相应的改进。

物证鉴定机构可借认可机构或组织，如CNAS、CTS或行业组织①针对机构进行的能力测评之机，评定自己的各类技术人员，并制定内部能力测评方案，有计划、有步骤地考核、评定自己的各类技术人员。此外，物证鉴定机构还应有相应的方案或计划，确保本机构的专业技术人员与其他兄弟机构相关人员的经验交流、技术切磋。

（4）物证鉴定机构应有针对员工的有效考察、监督措施。

物证鉴定机构应对其专业技术人员及与鉴定质量密切相关的人员有一套切实有效的考察、监督措施。现场跟踪考核，过程中的随机抽查，对技术人员操作规范性/符合性的评价，内部复审，投诉溯源问责等，均可用作考察、监督措施。

2. 设施、设备、试剂、参考物及环境条件

除了少数物证鉴定可能在现场展开以外，如毒品的现场快速检测、一氧化碳中毒者的现场检测等，多数物证鉴定均在物证鉴定机构进行；而即使是现场快速检测，也需要随后在物证鉴定机构内予以确认。故，物证鉴定机构应该具有满足检测活动或检查活动的作业场所，它必需：（1）有足够的面积和空间，能够承载所需的专门仪器设

---

① CNAS，全称为 China National Accreditation Service for Conformity Assessment，中国合格评定国家认可委员会。CTS，全称为 Center of Testiong Service，检测服务中心。行业组织：如北京市司法鉴定业协会等。

备、试剂等耗材，并满足从事检测/检查工作的人员的活动需要。（2）有足够确保安全的措施、通道等，以保证物证鉴定机构的用电、用水和消防的安全；同时，还必须有针对具体物证，确保物证不被混淆、不被污染、不被调包、不会降解变质的专用房间和设施。（3）有足够确保相关仪器设备正常运转的环境和措施，换言之，即应确保仪器设备所在的环境条件不会使结果无效，或对所要求的检测/检查质量产生不良影响。例如，物证鉴定时所使用的现代分析仪器如红外光谱仪、扫描电镜、质谱仪、原子发射/吸收光谱仪等，往往需要恒温、恒湿、防尘、抗电磁干扰的房间，并使用空调；有些仪器设备对生物消毒、辐射、声级、振级、供电等还有特殊要求，物证鉴定机构也应满足。

物证及其鉴定结论（专家意见）是最早且最经常被称为"科学证据"的证据。其之所以与"科学"挂上钩，重要原因在于物证作用的发挥及物证鉴定结论的得出离不开对科学原理、科学方法特别是科学仪器设备的利用[①]，因此，为确保物证作用的发挥，为确保物证鉴定的质量，为确保科学原理、科学方法得以有效施用，物证鉴定机构就必须具有相应的仪器设备，如比较显微镜、文书检验工作站、比对投影仪、立体显微镜、红外光谱仪、紫外光谱仪、扫描电镜、液相色谱仪、质谱仪、电泳仪、核磁共振仪等等。物证鉴定机构还应有相应的措施特别保证这些仪器设备得到了专人的维护、管理和使用，确保这些仪器设备在使用前得以校准、在使用后得到按计划的校准，且对影响检测和/或校准质量的区域的进入和使用能够加以有效的控制。

物证鉴定机构的检测/检查还离不开对参考物质和/或试剂的使用。因此，物证鉴定机构不仅要配备必要的参考物质和试剂，还应就这些参考物质和试剂的品质有特殊的保障措施：参考物质应可溯源到国家或国际标准参考物质，试剂应有确保来源和品质的记录；参考物质/试剂均得到适宜的贮存，并有相关的检测手段和程序以剔除其中的变质品。

事实上，前文第181页脚注④提及的1994年发生在美国旧金山的阿丽彬·兰卡斯特事件并非偶然——兰卡斯特女士所在的旧金山警察局犯罪实验室空间局狭、仪器设备短缺、设施陈旧等均是影响因素之一：

"如果你没有合适的工具，你不可能工作。而旧金山警察局犯罪室就没有合适的工具。'推定试验'——包括结晶试验、颜色试验和薄层层析——为一名技术人员提供了判断依据：有存在某种特定毒品的可能。最佳的犯罪实验室往往是借助那些有着奇幻名称的精密仪器，如红外光谱仪、气相色谱/质谱联用仪，对该证据再一次进行分析以确定这一假定。但旧金山警察局的犯罪实验室，其红外光谱仪不能使用，气相色谱/质谱联用仪则要借用司法厅之下的验尸官办公室的，这使得确证工作变得困难甚至不可能。与其他部门共用一台气相色谱/质谱联用仪是很糟糕的想法。该仪器非

---

① "由于物证具有一个共同的特点，即其一般都要通过科学鉴定来明确其证明价值，所以人们又把其称为'科学证据'。"何家弘：《论司法鉴定的规范化》，载《中国司法鉴定》，2005（3），9页。

常敏感，必须得到适当的校准且其参数往往是设定用于某特定种类（证据）的分析……旧金山警察局犯罪实验室位于司法厅的4楼，有5 200平方英尺；其空间由实验室主任、10名实验室技术人员、一名文书鉴定专家，两名警察和一名书记员共享。为防止污染及事故发生，该实验室至少应为目前的两倍，否则就如同三个人在狭窄的厨房做饭……这个实验室发生有关人身健康的灾难也是迟早的事：实验室的通风设备老旧，消防设施也多年未按要求接受检查，致癌/有毒物质的处理均在排气罩之外进行，且实验室还没有足够的排气罩以确保工作安全。残破的实验台、老旧的安全设备、鬼火般的照明设施、安置不当的工作区域！这个实验室真是太差！不考虑常识和深层次的法庭实务需要，某些旧金山警察局的技术人员竟然在他们的工作台上吃午饭。这显然不得当，因为食物可能会被证据污染，而证据又可能被食物污染。"①

　　显然，为确保物证鉴定的质量，杰克·夏费尔（Jack Shafer）在1995年其文章《实验室老鼠》一文中描述的旧金山警察局犯罪实验室的实验场所、设备、设施等情况，无疑是我们当今应该避免的，更是我们应该反思的。②

　　3. 管理体系

　　具有一定规模、结构和组织的物证鉴定机构，意欲从整体上有能力承担针对物证的相关鉴定业务，显然需要建立一个管理体系，以便从行政、质量和技术运作的多维视角确保鉴定的质量，该体系无疑应先进、科学、严格、有效、合理并合乎机构的实际。为满足这样的要求，物证鉴定机构至少应做到如下几点：

　　（1）应建立、实施和保持与其业务活动范围相适宜的管理体系；其政策、制度、计划、程序和指导书应以文件方式制订出来，并达到确保物证鉴定质量所需的要求。

　　（2）与质量有关的政策，包括质量方针声明，应体现于管理体系所包含的质量手册中。质量方针声明应就服务质量、良好职业行为及持续改进管理体系的有效性等作出承诺，应声明其服务标准，明确与质量有关的管理体系之目的，并包括或指明含技术程序在内的支持性程序等。

　　（3）管理体系中具有文件化的程序、措施、政策，以确保其管理层和员工不受任何对工作质量有不良作用的、来自内外部的不正当的商业、财务和其他方面的压力和影响③，以确保避免卷入任何会降低其在能力、公正性、判断力或运作诚实性方面的可信度的活动。

---

　　①　Jack Shafer, "*Laboratory Rats* ," http：//www. sfweekly. com/1995－09－27/calendar/laboratory-rats/.

　　②　实验室有关人员健康的安全措施、设备对鉴定质量无直接，但却有潜在的影响：在一个自身健康并无多大保障的环境、场所作业，很难说作业者能够专注、全心于自己的工作。

　　③　某物证鉴定机构受理了基层法院委托的一个文书物证鉴定。在鉴定正常进行的过程中，一方当事人亲临该鉴定机构，扬言如果鉴定结论对其不利，将出人命，同时该当事人还以具体行为威胁鉴定人的安全。依照该鉴定机构内部的程序和政策，鉴定人通过鉴定机构与委托法院电话、公函联络数次，最终保证相关鉴定能够公正、中立地进行下去，并给出了可靠的结论。

（4）对机构内管理或技术人员的职责要求，要在管理体系的文件或手册中加以明确。例如：应明确设立技术管理者，全面负责技术运作和提供确保物证鉴定机构运作质量所需的资源。应指定质量主管，不管他其他职责是什么，均应赋予其在任何时候都能确保与质量有关的管理体系得到实施和遵循的责任和权力；质量主管应有直接的渠道接触决定机构政策或资源的最高管理者；应要求最高管理者确保在鉴定机构内部建立适宜的沟通机制，并就确保与管理体系有效性的事宜进行沟通；等等。

（5）管理体系还应就能影响物证鉴定质量的各个环节、工作等作出明确的规定。如建立和保持文件的文件控制程序，评审委托方要求、标书和合同的程序，鉴定的分包程序，采购服务和供应品的程序，服务委托方的程序，投诉的受理和处置程序，不符合工作的控制、改进和纠正的程序，记录的控制程序，内部质量审核程序，管理评审程序等，均应在管理体系中得以体现。

4. 技术运作

物证鉴定实质上即以技术的手段判断诉讼中的事实问题是否存在，故技术的选择及运作是关系物证鉴定之质量的核心因素，为此，物证鉴定机构应至少从以下若干方面加以规范：

（1）应使用适合的或规定的方法、程序进行所有与检测/检查有关的活动，如被检物品的抽样、处理、运输、存储和准备等。

（2）如果缺少指导书可能影响鉴定结果，则：1）针对检测工作，应具有所有相关设备的使用和操作指导书以及处置、准备鉴定物品的指导书，或者二者兼有。对检测工作的偏离，仅应在该偏离已被文件规定、经技术判断、授权和委托方接受的情况下才允许发生。2）针对检查工作，应制定和使用针对检查计划、标准抽样和检查技术方面形成文件的指导书，必要时，应充分运用统计技术知识，以确保统计学上合理的抽样及对结果的正确处理和解释。

（3）所有与检测/检查工作有关的指导书、标准、手册和参考资料等在保持现行有效的前提上应便于员工获取使用。

（4）根据委托方的鉴定要求，应选用与将要进行的鉴定工作相适宜的检测/检查方法，包括抽样的方法，且应优先使用以国际、区域或国家标准发布的最新、有效版本的方法。当法规、标准或规范中没有规定鉴定的方法和程序，知名的技术组织或有关科学书籍和期刊也没有公布相应的鉴定方法和程序时，可使用鉴定机构自行制定的方法和程序，但这些非标准的方法和程序应是鉴定机构依据计划由有足够资源的资深人员制定出来并已形成了文件，且这些方法和程序的使用在事先已与委托方达成了协议。

（5）应有相应的程序和方法确认鉴定机构自行制定的方法等非标准方法、超出其预定范围使用的标准方法、扩充或修改过的标准方法，确实适用于预期的用途。

（6）应有完善的数据控制法和程序，以对计算和数据转移进行系统和适当的检查、核实，确保其原始性、完整性和保密性。

（7）应对鉴定所用的仪器设备按规定进行校准、维护、操作。

（8）应按照溯源程序确保校准、数据、检测、所用标准物质或参考物质等的溯源。

（9）应有用于抽样的抽样计划和程序，并在抽样中注意相应的控制因素，以确保最终检测/检查结果的有效性。

（10）应有针对检测/检查物质（物品或样品）的处置程序，以保证这些物质、物品或样品有特定的标识，并在运输、接收、处置、保护、存储时保持完整，或不退化、丢失或损坏。对这些物质、物品或样品的最后保留和/或清理，也应依程序而为。

（11）在整个检测/检查过程中，均应有完整、得当的记录，且这些记录应保留足够长的时间。

（12）应有质量控制程序并依据该程序监控检测/检查的有效可靠性。例如，可规定以第二次盲读，或者技术复审的方式复核已经完成的检测/检查工作的有效性[①]；也可定期使用有证标准物质（参考物质）进行监控，参加鉴定机构间的比对或能力验证计划，使用相同或不同方法进行重复检测/检查，对存留物品/物质等进行再检测/检查等，以确保结果的有效可靠性。

（13）应按照规范的程序依照检测/检查结果出具报告或得出结论制作相应的文书。1）对于检测，应准确、清晰、明确、客观地报告每一项检测等，或一系列检测的结果，并符合检测方法中规定的要求。承载结果的物证检测报告应包括委托方要求的、说明检测结果所必需的和所用方法要求的全部信息，如果检测报告中需要给出意见和解释时，那么应在报告中清晰地标注意见和解释，且意见和解释的依据在

[①] 英曼先生如此解释并评价了物证鉴定中的第二次盲读和技术复审："即使有资质，但两名科学家面对同样的数据也会得出略微不同的客观判断，所以，对第二名鉴定人而言，独立地核实结果非常重要。对这些结果的解释将最终就物证和比对样本是同种属还是同一而给出某些结论。然而，需明了的是，此时谈到的，仅仅是指记录的数据，而不是数据的解释。不过，鉴定人还是常常被呼吁就某数据点反映了信号还是噪音作出决断。因为我们都屈从于下意识的偏见，故对第二名有资质的鉴定人而言，独立地阅读数据被寄予厚望。这第二名鉴定人应忽略案件的环境因素，并完全独立地阅读数据。简单地停留于第一名鉴定人的阅读层面上，只能是满足了第二次阅读的字面意义，却未能满足第二次阅读的精神实质。前者能捕捉到记录不正确数据的明显恶意；唯有第二次运行起来才如同一个针对微弱或模棱两可结果之记录的检验——但两个鉴定人均意图明显。将第二名鉴定人的盲读结合在一起，即能针对鉴定偏见所存在的担心而前行一大步。如果两个鉴定人得出同样的判断，那么在结果方面的信心就加强了；如果两次盲读的结果不同，那么讨论也就有了基础。你难道不愿意与你的同事展开讨论，而是愿意在法庭上与反对你的另一方专家讨论？""由鉴定机构的另一名有资质鉴定人就全部案卷进行复审则给出了下一层次的详细审查。技术复审者的主要工作是确认得出的结论得到了数据的支撑。在其他情况下，这还要求就真实结果进行另一次检查，而最重要的是，在此案件的语境下，独立解释这些结果的意义。"Keith Inman and Norah Rudin, *Principles and Practice of Criminalistic：the Profession of Forensic Science*, Baca Raton, CRC Press, 2001, p. 263.

鉴定机构中已被制成文件。2）对于检查，应以物证鉴定意见书等检查报告体现所完成的全部工作，应包括所有检查结果、根据这些结果作出的符合性判断以及理解、解释这些结果所需要的所有信息。这其中，尤其要重点解释检查时发现的一些差异，如现场指印与样本指印之间的差异、物证笔迹与样本笔迹之间的差异、现场弹头与实验弹头之间的差异，以判断这些差异是否是本质性的，是否能影响作出肯定的符合性判断。所有这些信息应正确、准确、清晰地表述。

（14）无论是检测报告还是检查报告，均只能由授权人签发或批准。

对物证鉴定机构的质量干预，目前来说较为有效的是通过认可来进行。显然，认可这种质量干预是来自物证鉴定机构之外的外部干预，是由认可机构来完成。虽然认可机构的评审要从前述人员及人员的管理，设施、设备等及环境条件，管理体系，技术运作等四个方面来进行，或者如同 ASCLD/LAB 所认为的三个方面来进行，"'美国罪证化验所所长协会/实验室认证委员会①（ASCLD/LAB）'就规定，物证鉴定实验室至少要在以下三个方面符合相关标准才能通过认证：一是在管理及操作方面，要制定出明确的工作目标、财政预算、各级领导的责权及质量控制的具体操作程序；二是在人员方面，要有适当的学历及经验，充分了解实验方法，具备实验所需要的基本能力；三是在实验室设备方面，要有足够的场地空间、适当的设计、严格的保安措施等。"② 但这几个方面③无论如何均要由物证鉴定机构从内部做起，换言之，如果物证鉴定机构自身从内部即没有质量管理的理念，没有相应的一整套完善、系统、科学的质量管理体系、手段和措施，物证鉴定机构的认可也就无从谈起。因此，物证鉴定机构的外部质量干预与其内部的质量管理是相辅相成的：外部质量干预促进内部质量管理的建设，内部质量管理的建设为外部质量干预奠定平台。

7.2.3　对物证鉴定方法的质量干预：物证鉴定方法的标准化

即使物证鉴定机构拥有相同的基础硬件，如质量、档次相同的仪器、设备，即使从事物证鉴定工作的专家或鉴定人具有相同的知识背景、接受过同样的培训、积累了同样深厚的实务经验，但如果使用不同的物证鉴定方法，则有可能得出不同的物证鉴定结论，因此，对物证鉴定的质量干预，还应格外针对物证鉴定的方法而展开：力争不同物证鉴定机构在对同一个物证鉴定事项进行鉴定时，能够运用相同的鉴定方法，得出可以相互比较的结果，进而减少在结果的判定方面存在的差异。这实际上涉及的是物证鉴定方法的标准化问题，也是前文论及物证鉴定机构的认可时，在"技术运作"这一部分要求物证鉴定机构应"优先使用以国际、区域或国家标准

---

①　即前文中提及的"美国犯罪实验室负责人协会/实验室认可委员会"，只因译者不同，表述不同而已。

②　周云彪等：《公安部物证鉴定中心代表团赴香港、新加坡考察情况介绍》，载《刑事技术》，2003（1），3 页。

③　无论是三个方面还是四个方面，其涉及的主体内容显然基本一致。

发布的最新、有效版本的方法。当法规、标准或规范中没有规定鉴定的方法和程序，知名的技术组织或有关科学书籍和期刊也没有公布相应的鉴定方法和程序时，可使用鉴定机构自身制定的方法和程序，但这些非标准的方法和程序应是鉴定机构依据计划由有足够资源的资深人员制定出来并已形成了文件，且这些方法和程序的使用在事先已与委托方达成了协议"的缘由。

按照中国合格评定国家认可委员会（CNAS）2006 年 6 月颁布的《检查机构能力认可准则的应用说明》（CNAS－C102）10.3a 的表述，所谓"标准检查方法是一种公布的方法，公布在国际、区域或国家标准中，或由知名的技术组织或几个检查机构联合发布，或发表在相关的科学文章或期刊中。这意味着由其他方式制定的方法，包括检查机构本身或客户制定的方法，均被视为非标准方法"。

显然，标准方法是其科学可靠性得到国际、区域或国家认可，或者得到相关行业组织或机构认可的方法。因此，从理论上说，使用标准方法所得出的结果，其科学、可靠性会相对较高；同时，也因有了标准方法，质量的监管、纠纷的解决便有了依据。[①]

实事求是地说，传统上各国对物证鉴定方法的标准化问题并不是很关心，只是在最近二十来年里，在 DNA 检测手段在诉讼中的运用日益广泛之后，才开始了物证鉴定方法的标准化进程。在这一方面做得较为突出的是美国。1989 年，针对 DNA 检测结果频频在法庭被质疑、被挑战的现状，美国联邦调查局出资建立了一个工作组：DNA 分析法技术工作组（TWGDAM）。该工作组就 DNA 检测专家的资格、培训、检测、检验报告的制作等问题给出了具体标准，并收到了较好的实际效果。随后，美国又成立了另外几个类似的技术工作组，并为指纹鉴定、微量物证鉴定、枪弹痕迹鉴定等提供了一定的标准。[②] 但严格地说，这些工作组并没有就具体的物证鉴定所应采用的方法和程序给出规定，而只是给出了评价具体方法之准确性的步骤以及在实施这些具体方法时所需要的标准样本。这表明，物证鉴定方法的标准化过程还很漫长，但还是有必要继续下去，因为物证鉴定方法得以标准化后，能够有利于提高物证鉴定的质量，进而有利于物证鉴定结论的采纳和采信。

[①] 2010 年 2 月 22 日《北京法制晚报》A07 版登载的文章《同一块林苗地 涉案价格被鉴定为 25.4 万元 占地拆迁鉴定价格不超 3 万元：一块地俩价钱 鉴定机构遭质疑》虽然涉及的是林苗地价格鉴定而不是物证鉴定，但其折射出的问题却是类似的：当所用的鉴定方法不一致时，鉴定的结论就会大相径庭——涉案价格鉴定使用的是《北京市涉案财产价格鉴定结论书》中的"市场法"，而占地拆迁鉴定使用的是《北京市绿化造林、育苗适宜栽培密度表》中的"补偿法"。无疑，监管这两个鉴定机构的鉴定质量，显然要从鉴定时所用的方法是否标准入手，同样，解决这一纠纷也应从鉴定所用的方法而介入。

[②] See Keith Inman and Norah Rudin, *Principles and Practice of Criminalistic：the Profession of Forensic Science*, Baca Raton, CRC Press, 2001, p.231.

7.3　我国物证鉴定质量干预的现状及管见

　　1949 年新中国成立，为我国物证鉴定业的发展提供了有利条件。囿于当时国家的计划经济体制，更因新中国成立伊始，主要任务是政权的巩固和对犯罪的打击，故物证鉴定工作几乎仅仅服务于刑事诉讼，相应地，有关物证鉴定的组织建设、业务建设基本由公安机关承担。这种状态虽然因"文化大革命"而中断，但"文化大革命"结束后仍然延续到 20 世纪 80 年代末、90 年代初——自 80 年代末、90 年代初起，物证鉴定已开始服务于非刑事诉讼，对物证鉴定专业人员的培养也从公安院校延伸至普通高校的法律系，从事物证鉴定的除了公安系统内的刑事技术部门，还有检察院系统、法院系统、司法部系统内的鉴定机构，以及高等院校、科研院所的相关机构，如 1989 年诞生的"中国人民大学物证技术服务中心"（后更名为"中国人民大学物证技术鉴定中心"），是全国第一家由司法行政部门管理的、与公检法司等行政司法部门没有利害关系的社会鉴定机构。该中心的出现和发展，为我国现行司法鉴定制度的架构、建立，起到了积极的推动和示范作用。虽然新中国成立以来的数十年里（除了"文化大革命"那段时期），有关物证鉴定的基本理论、基本技术和方法的研究一直没有被忽略，但坦率地说，有关物证鉴定质量的问题却并没有得到太多的关注，而这种状态显然与世界多数国家物证鉴定业的发展状况相吻合：如前文所述，美国对物证鉴定工作的质量干预也只是在 DNA 技术引入诉讼的 20 世纪 80 年代末、90 年代初才开始正式地、专门地兴起。

　　之所以用到"正式地"、"专门地"这样的词汇，是为了区分于一些虽没有冠以"质量干预"之名，但实质上却在一定程度起着质量控制、质量管理等质量干预之功效的活动，例如美国，就专家证据的采纳问题，先后依"弗莱伊诉美国"（Frye v. United States，1923）案和"道伯特诉梅里尔 • 道药品公司"（Daubert v. Merrelll Dow Pharmaceuticals，Inc.，1993）案出台了"弗莱伊标准"（Frye Criteria）和"道伯特标准"（Daubert Criteria）。按照弗莱伊标准，"专家证据可以采纳的唯一条件是，推论得出的出发点已经充分确立，在它所属的特定领域获得广泛接受"[1]。而道伯特标准，则不再沿用弗莱伊标准那样较为苛刻、有可能阻碍新的科学领域的专家证据在诉讼中得以应用的"广泛接受"或"普遍接受"的准则，而是由法官[2]按照《联邦证据规则》第 702 条的规定，从证据的"可靠性"、"有效性"以及是否"科学

---

　　①　［美］肯尼斯•R•福斯特等著，王增森译：《对科学证据的认定——科学知识与联邦法院》，17 页，北京，法律出版社，2001。

　　②　弗莱伊标准因以特定领域是否被普遍接受作为判断专家证据能否被采纳的标准，故其实质上是将本应由法官行使的职权交给了特定领域的专家们；而道伯特标准强调了法官在决定某证据能否被采纳时的分内职责，故道伯特案被普遍认为明确了法官的"把门人"（gatekeeper）角色。

知识"等方面①，判断该证据能否以"专家证据"的身份被法庭采纳。

作为专家证据的一种，物证及其鉴定结论能否被法庭采纳，在 1975 年美国制定《联邦证据规则》之前无疑要受弗莱伊标准的约束，在 1993 年"道伯特诉梅里尔·道药品公司"一案之后则要受《联邦证据规则》及道伯特标准的共同规范，但无论如何，以证据的"准入门槛"即采纳标准为视角而出现的弗莱伊标准，《联邦证据规则》第 403 条、第 702 条、第 703 条规定，以及道伯特标准均是为了防止不可靠的专家证据进入法庭影响诉讼的公正，"法律上的可靠性依赖于各方提供的证据在科学上的可靠性"②。"道伯特标准较弗莱伊标准更进了一步，它要求法庭科学家们证明所给出的专家证据从根本上来说具有科学可靠性。"③ 而"科学上的可靠性"及"科学可靠性"，于物证及其鉴定结论等专家证据而言，恰恰是质量干预的终极目标。因此，即使没有"正式地"、"专门地"展开，有关物证鉴定质量干预活动在美国却已经是不为人注意地进行着了。

我国也有着同样的情形。虽然以质量干预为切入点的认证认可工作是在最近两三年里才开始正式启动，但此之前公安系统内部的一些做法或要求，要么起到了干预物证鉴定质量的功效，要么是直接以提高物证鉴定质量为目标。例如，公安系统明了专门知识对从事包括物证鉴定在内的物证技术工作的专门人员的重要性，始终以专门的院校培养这样的人才：公安部下属的第一所高等学校中国刑事警察学院的前身是成立于 1948 年 5 月的东北公安干部学校，即后来的中央人民警察干部学校、公安部人民警察干部学校，在 1982 年 9 月开始招收刑事技术专业的本科学生之前，该校已经为全国公安系统培养了大批刑事技术人才。1986 年 7 月其首届刑事技术专业④的本科生毕业，自此，全国各地公安系统内的刑事技术部门即源源不断地有着这种高学历、基础理论知识扎实、动手能力较强的物证鉴定人员的加入，为相应的物证鉴定质量的提高奠定了基础。加上 1984 年 9 月开始招收本科生的中国人民公安大学及各个省、自治区、直辖市均拥有的至少一所人民警察学校⑤也在同时以学历教育或干部培训进修的方式培养专门的物证技术人员，故到目前为止，公安系统内部从事物证鉴定等刑事技术工作的人员均具有相应的专门知识背景及相关工作经验，而且，法院系统曾经拥有的一些鉴定机构、检察院系统现在仍然拥有的一些鉴定机

---

① 道伯特一案表明，在评价所提出的专家意见的基础是否可靠时，法庭应该考虑以下 4 个非专属性因素：(1) 可检测性（或可虚构性）；(2) 错误率；(3) 同行评议和公开发表；(4) 普遍接受。See David L. Faigman, Michael J. Saks, Joseph Sandes and Edward K. Cheng, *Modern Scientific Evidence: the Law and Science of Expert Testimony*, Forensics 2007 - 2008 edition, St. Paul, Thomson/West, Volume 1, p. 41.

② [美] 肯尼斯·R·福斯特等著，王增森译：《对科学证据的认定——科学知识与联邦法院》，19 页，北京，法律出版社，2001。

③ President Jones, 47 Journal of Forensic Science 437, 437 (2002).

④ 例如刑事化验专业、痕迹专业、文书检验专业、刑事照相专业等。

⑤ 后多由中等专业学校教育扩建、升级为大专、本科学历教育。

构，均有不少物证鉴定人员来自公安系统的这些专门高等院校。可以说，当前我国各类物证鉴定机构的物证鉴定质量一定程度上受益于公安系统这种长期稳定、高目标、严要求的专门人员培养体制。

尽管在 2005 年 10 月 1 日正式生效的全国人大常委会《关于司法鉴定管理问题的决定》（本章以下简称《决定》）的第 5 条第 3 项才提及计量认证或实验室认可，即"法人或者其他组织申请人事司法鉴定业务的，应当具备下列条件……有在业务范围内进行司法鉴定所必需的依法通过计量认证或者实验室认可的检测实验室"，而这种认证认可必然要涉及方法的标准化问题，但早在 20 世纪 90 年代，公安系统就已经开始了物证鉴定方法及其他物证技术的标准化路程：1992 年 1 月全国刑事技术标准化委员会成立，先后出台了 GA/T 101－1995《中毒检材中有机磷农药的定性定量分析方法》、GA/T 102－1995《中毒检材中巴比妥类药物的定性定量分析方法》、GA/T 105－1995《血、尿中乙醇、甲醇、正丙醇、乙醛、丙酮、异丙醇、正丁醇、异戊醇的定性分析及乙醇、甲醇、正丙醇的定量分析方法》、GA/T 190－1998《中毒检材中苯唑卡因、利多卡因、普鲁卡因、丁卡因、布比卡因的 GC/NPD 定性及定量分析方法》、GA/T 200－1998《中毒检材中士的宁、马钱子生物碱的定性及定量分析方法》、GA/T 204－1999《血、尿中的苯、甲苯、乙苯、二四苯的定性及定量分析方法》、GA/T 206－1999《涉毒案件检材中大麻的定性及定量分析方法》等等标准化的鉴定方法。

当然，对物证鉴定的质量干预并不仅限于专门知识人才的培养及某些鉴定方法、鉴定程序的标准化这两个方面，但前期进行的这两个方面工作无疑为我们正式启动物证鉴定的质量干预工程奠定了良好的基础：至少我们已经拥有了一定数量的物证鉴定专门人才，至少我们已经萌发了对物证鉴定的质量要积极干预的理念。

2005 年 10 月 1 日正式生效的《决定》标志着我国的司法鉴定制度进入了一个新的历史发展时期，而在这个新时期里，物证鉴定的质量干预现状显然要从《决定》开始讨论。

7.3.1　关于物证鉴定人：物证鉴定人的专门知识和经验的审核、培训

《决定》颁布之后，司法部作为司法行政管理部门依照《决定》的规定，于 2005 年 9 月 30 日颁布、实施了《司法鉴定人登记管理办法》（本章以下简称《办法》），这是我国首次以法律法规的形式管理司法鉴定人，其显然是为了使相应的鉴定有很好的质量。

作为一种具体的司法鉴定，物证鉴定显然要受《决定》及《办法》的约束。[1]《决定》第 2 条已经明确，我国的鉴定人实行的是"登记管理制度"，《决定》第 4 条

---

[1]　事实上，物证鉴定是当前我国法律明文规定要接受《决定》管理的三大类鉴定之一，《决定》第 2 条规定："国家对从事下列司法鉴定业务的鉴定人和鉴定机构实行登记管理制度：（一）法医类鉴定；（二）物证类鉴定；（三）声像资料鉴定……"

则规定了申请登记从事司法鉴定业务的人员应该具备的条件，即"具备下列条件之一的人员，可以申请登记从事司法鉴定业务：（一）具有与所申请从事的司法鉴定业务相关的高级专业技术职称；（二）具有与所申请从事的司法鉴定业务相关的专业执业资格或高等院校相关专业本科以上的学历，从事相关工作五年以上；（三）具有与所申请的司法鉴定业务相关工作十年以上经历，具有较强的专业技能。因故意犯罪或者职务过失犯罪受过刑事处罚的，受过开除公职处分的，以及被撤销鉴定人登记的人员，不得从事司法鉴定业务。"

从《决定》的第 4 条规定可以看出，对于包括物证鉴定人在内的司法鉴定人之专门知识的评价、审核，我国是以"相关的高级专业技术职称"、"相关的专业执业资格或本科以上学历＋5 年相关执业经验"，或者"10 年以上相关工作经历＋较强专业技能"为尺度来衡量的。

虽然《办法》是针对司法鉴定人登记的专门法规，但在就如何能成为一名司法鉴定人，或者在如何审核、评价某人的专门知识已符合一名司法鉴定人的要求方面并没有实质意义的差异，更无具体的、可供实际操作的评判方式出台。

公安系统、人民检察系统内部的鉴定机构是为满足其侦查职能而特别允许由公安系统、人民检察系统自行管理的鉴定机构。虽然公安部、最高人民检察院也并没有一套很好的、能够切实考核评价申请人之专门知识、专业技术的良方，基本上也是依据申请者的学历证书、职称证书、执业时长等形式要件来判断，但公安部物证鉴定中心则在探索以"资格审查与资格考试相结合"的方式评定鉴定人的资格，如2007 年 7 月 27 日，公安部物证鉴定中心即举行了 2007 年度鉴定人资格考试，"共有法医病理、毒物化验、痕迹、枪弹、电子物证、书写材料等专业的 8 名同志通过严格的资格审查后获得了参考资格。他们将在 4 天内完成管理程序和专业理论闭卷考试，以及实际案例的能力验证考核"①。

从物证鉴定的视角而言，笔者认为，既然我国实行的是鉴定人登记管理的"诉前确认"制度，而非英美法系的"诉中确认"制度，且我国到目前为止有关鉴定人出庭作证的制度还没得以建立，鉴定人是否有能力足以胜任相关物证鉴定工作的质疑还无处可提，那么，仅以对申请人的申请以相关学历证书、相关职称证书、相关工作执业时长等形式要件进行书面审查，显然难以真正达到把关的目的，也即现行的物证鉴定人的资质评定标准过低。

如前所述，物证"是以其外部形象特征、所载字迹特征、符号图像特征、声纹特征、物质属性等客观存在，证明案件事实的物质性客体"。而对"外部形象特征"、"所载字迹特征"、"符号图像特征"、"声纹特征"、"物质属性"等的揭示、分析、检验，显然需要有不同的专业知识和经验。何为"相关的"学历证书、何为"相关"职称、何为"相关"工作执业时长？无疑难以统一把握，更无法实质上确定申请物证鉴定资格的人员的实际专业水平，其结果是，只要提供了学历学位证书、职称证

---

① 《（公安部）物证鉴定中心组织 2007 年度鉴定人资格考试》，载 http：//www.ifs.org.cn/news/view.asp？news_id＝764。

书，只要所在的物证鉴定机构提供一定的文字证明并向司法行政管理部门提出申请，通常均能获得物证鉴定人资格。即使有的省市的司法行政管理部门加用资格考试的方式来评审，但其以开卷形式考查的内容却与具体的专业技能不相关联。例如，某市司法局举行了一次鉴定人资格认定考试，所有申请司法鉴定人资格的人员并不区别其所申请的执业类别是法医、物证，还是建筑质量评定、物品价格估计，一律参加同一试卷的考试，且该试卷涉及的内容无外乎"何为司法鉴定"、"何为鉴定人制度"、"鉴定权制度"等鉴定制度的理论问题，并不涉及相关的专业技术问题，如：某种毒物检材如何处理、如何检验？某种建筑如何评定其质量是否合格？某 DNA 亲子鉴定如何采取检材、处理检材、依哪种方法鉴定？以这种看文凭、看职称、看执业时间长短的书面证明、看通用试卷考试成绩的方式审核通过的鉴定人，其承办的包括物证鉴定在内的各种司法鉴定的质量均令人担忧！

此外，目前由司法行政管理部门管理的物证鉴定机构，其颁发的司法鉴定人执业证没有给出更为细致的分类，例如对物证类鉴定，只是区分了文书鉴定、痕迹鉴定、微量（化学）物证鉴定等，但对这每一类鉴定却没有更深层的区分。以文书鉴定为例，文书鉴定还可细分为笔迹鉴定、印章印文鉴定、文书制作材料鉴定等亚类。从事笔迹鉴定者通常可以从事印章印文的鉴定，但却不一定能从事文书制作材料的鉴定；而从事文书制作材料鉴定的，也同样不一定能从事笔迹鉴定。实务中即出现了这样的案例：某法院依法定程序选择一有从事文书鉴定资质的鉴定机构进行笔迹鉴定。虽然该机构的鉴定人员有能力，而且应是有很好的专业能力进行文书制作材料方面的防伪检测，但他们却并不具有进行笔迹鉴定的专业知识和执业经验。而他们拥有的《司法鉴定人执业证》上所标示的"文书鉴定"之执业类别，却令委托方无法从中发现不足。而且，该案中出具了笔迹鉴定书的两名鉴定人在法庭接受质证时表明，出具本案笔迹鉴定书之前，他们仅接受了两三个月笔迹鉴定知识的学习，而实际从事的笔迹鉴定业务更是少之又少。同样，从事笔迹鉴定业务的物证鉴定人员并不必然能够从事文书物质材料的检验分析，如防伪检测、文书制作时间的分析等，因为后者需要以相应的化学知识，特别是分析化学知识为背景，并要精通现代仪器分析技术，而这种知识背景往往不是目前我国笔迹鉴定人所具有的。实务中这种拥有资格但却没有能力或少有能力的局面的出现，根源上便是因为现行的鉴定人资质的审核、评定批准太低，且过于笼统。

为此，笔者认为，在目前《决定》对鉴定人的资质有一个最低的、统一规定的前提下，司法行政管理部门以及公安系统内部、检察系统内部[①]负责物证鉴定人和

---

① 按照《决定》的规定，我国侦查机关（如公安机关、人民检察院）为执行侦查职能而保留了包括物证鉴定机构在内的各种鉴定机构。目前，这些鉴定机构的鉴定人资质的审核批准等管理活动由公安机关、人民检察院自行完成，再报司法行政管理部门备案。但公安部颁布、2006 年 3 月 1 日施行的《公安机关鉴定人登记管理办法》，最高人民检察院颁布、2007 年 1 月 1 日施行的《人民检察院鉴定人登记管理办法》，就鉴定人的准入并没有形成新的、更为细化的标准和/或程序。

鉴定机构管理的部门，应该结合物证鉴定的具体特点，从以下几方面入手，严把物证鉴定人的准入关：

1. 加强对物证鉴定人申请人的知识背景的审查。对于诸如中国刑事警察学院、中国人民公安大学、各省市警察学院等学校物证鉴定专业毕业的学生，可依其文凭而对其资质作初步认定。对不是毕业于这些物证鉴定专业的学生，如普通高校化学系、物理系的学生，则除了具有相应的高等院校文凭，还必须有接受物证鉴定专门培训的经历。例如，公安系统内目前一些从事物证鉴定业务的鉴定人，毕业于普通高校化学系、物理系，但在正式开展物证鉴定业务之前，大多拥有在中国刑事警察学院、中国人民公安大学等专门高校物证鉴定专业进修一两年的经历。

2. 按照物证鉴定的具体类别，建立如文书鉴定、痕迹鉴定、微量物证鉴定、生物物证鉴定等的试题库，对通过前述文凭审查，以及有相关技术职称、从事相关业务已经达到法定时限的物证鉴定人申请人，进行旨在评定其专业素养、专业技能的资格考试。通过该理论考试者，还要通过物证鉴定的实务操作考试，再次通过者，方能获得物证鉴定人的资格证。对一些有可能还需特殊知识背景的亚类别物证鉴定，如文书鉴定中的文书物质材料分析、痕迹鉴定中的射击残留物的分析等，则要进行特别的考试审查。

3. 对获取物证鉴定人资格证者，应要求其在物证鉴定机构从事一年的实习，实习期满并通过相关的能力验证考核的，发给物证鉴定人执业证。

4. 物证鉴定机构和鉴定人的管理机构和行业协会，要针对物证鉴定业务的特点，有计划地开展物证鉴定的业务培训，介绍新的物证鉴定知识、传扬已有的物证鉴定经验。

总之，对物证鉴定人的资质审核、评定，一定要结合各类物证鉴定的具体特点，以能够实质考查申请人之专业素养、专业技能的方式来进行。

7.3.2　关于物证鉴定机构：物证鉴定机构的认可

如前所述，认可是干预实验室/检查机构之检测/检查质量的有效方式。但通常而言，实验室/检查机构是否接受认证认可，取决于自愿，如我国 CNAS 在开展实验室/检查机构认可时，遵循的第一原则便是"自愿原则"，"即由实验室或机构根据自身提高管理水平和竞争能力的愿望，自己决定是否申请实验室认可或检查机构认可"[①]。

但按照《决定》第 5 条规定，"法人或者其他组织申请从事司法鉴定业务的，应当具备下条件……（三）有在业务范围内进行司法鉴定所必需的依法通过计量认证或者实验室认可的检测实验室……"。包括物证鉴定机构在内的所有司法鉴定机构，必须通过实验室/检查机构的认可，换言之，向相关认可机构提出认可申请并通过认

---

① 沈敏等：《司法鉴定机构质量管理与认证认可指南》，6页，北京，科学出版社，2009。

可，是物证鉴定机构从事物证鉴定业务的必要条件或硬性条件。

从《决定》第 5 条的这一强制性规定来看，我国对包括物证鉴定在内的司法鉴定的质量干预问题极为重视，但尽管如此，从 2005 年 10 月 1 日《决定》生效到现在已近五年了，直接接受司法行政部门管理的各类司法鉴定机构至 2008 年年底也已达到 2 063 家①，这其中，满足《决定》第 5 条要求的鉴定机构可谓是凤毛麟角。②究其原因，笔者认为主要有三：其一是，我国对司法鉴定实行统一管理，是以《决定》的出台为标志的，而《决定》的每一条款，均是实行统一管理的体现，更是统一管理理应达到的目标，从目标的提出到目标的实现，无疑有个过程。其二是，对实验室/检查机构进行认可，在我国也才仅有二十来年的历史，对从事鉴定的实验室/检查机构的认证认可，我国则几乎可以说是一片空白。如何将实验室/检查机构认证认可的一般或统一要求，与司法鉴定的具体特点、具体要求相结合，需要有一个研究、探索、总结、推广的过程。其三是，从认可本身来看，它不是一个片刻的时间点，而是一个必定有基本时长的过程，申请机构在建立、编制完成自己的质量管理体系之后，将其运行至少半年才能向有权认可机构提出认可申请，而认可机构从书面审查申请机构的申请书到组织文件评审、现场评审，到最终通过认可并颁发认可证书，必然要经历一个较为漫长的过程。但只要认识到鉴定机构通过认可的重要性，并将其上升到由法律条款刚性约束的高度，便是我国司法鉴定管理史上的一大进步。

但从物证鉴定的角度言，其认可工作应该说在 2005 年 10 月 1 日生效的《决定》出台之前就已经开始了，其领军机构是北京市公安局法医鉴定中心和司法部司法鉴定科学技术研究所：北京市公安局法医鉴定中心毒物、毒品检验项目及生物物证检验项目于 2003 年 10 月率先通过了中国实验室国家认可委员会的认可，其出具的毒物、毒品检验鉴定结论、生物物证鉴定结论等已得到美国、英国、澳大利亚、日本等 44 个国家的承认。司法部司法鉴定科学技术研究所则于 2004 年 6 月获得了中国合格评定国家认可委员会的检查机构和实验室二合一认可，覆盖了法医临床鉴定、法医病理鉴定、司法精神病鉴定、生物物证鉴定、毒物鉴定、文书鉴定、声像资料鉴定、道路交通事故技术鉴定等专业或领域，其出具的相应鉴定结论也得到了美国、英国等 36 个国家的承认。特别是，司法部司法鉴定科学技术研究所还于 2006 年 11 月在文书鉴定、生物物证鉴定、毒物鉴定等领域获得了中国合格评定国家认可委员会的能力验证计划提供者认可，取得了组织能力验证活动的资质。作为率先通过鉴定机构认可的司法部司法鉴定科学技术研究所，它不仅将自己顺利获得认可的经验广泛介绍给其他鉴定机构，并在普及司法鉴定质量管理和认证认可基本知识，在帮助其他鉴定机构设计、编写管理体系文件、申请认可等方面作出积极的努力，而且它还通过为司法行政管理部门直接管理的各类鉴定机构提供能力验证计划的方式，

---

① 参见李禹：《2008 年底全国法医类、物证类、声像资料类司法鉴定情况统计分析》，载《中国司法鉴定》2009（4），77 页。

② 由公安系统、检察院系统管理的鉴定机构其情况也类似。

完成管理机构对各鉴定机构技术能力的评价和持续监控。目前，司法行政部门管理的物证鉴定机构，其所从事的毒物毒品鉴定、文书鉴定、痕迹鉴定、生物鉴定等类别的鉴定，于 2007 年、2008 年、2009 年均参加了由该所组织的能力验证活动，这对提升相关鉴定机构的物证鉴定质量无疑起到了良好的督促作用，更为这些机构即将申请的认可工作奠定了基础。①

为贯彻执行《决定》的相关规定，更因深刻认识到司法鉴定质量对案件事实认定的重要影响、对司法公正的实现和公民合法权益的保护的重要意义，司法部、中国国家认证认可监督管理委员会于 2008 年 7 月 25 日联合颁发了"司发通〔2008〕116 号"《关于开展司法鉴定机构认证认可试点工作的通知》（以下简称《通知》）。按照《通知》的要求，从 2008 年 10 月 1 日起，在北京、江苏、浙江、山东、四川和重庆等 6 个省（市）进行认证认可试点，用两年时间，使上述地区所有从事法医类、物证类、声像资料类司法鉴定的机构都通过实验室或检查机构资质认定，或者实验室认可、检查机构认可。目前，经上述 6 个省（市）的司法厅（局）的宣传贯彻、培训、组织等，所有从事物证鉴定工作的鉴定机构（包括从事法医类、声像资料类鉴定的机构）均处于申请认可、接受现场评审或等待通过认可的阶段，这 6 个省（市）辖内的鉴定机构的鉴定质量无疑相应有了一定程度的提高。

紧随北京市公安局法医鉴定中心和司法部司法鉴定科学技术研究所之后，公安部物证鉴定中心于 2006 年 10 月通过中国合格评定国家认可委员会的认可，成为我国公安系统第一个整体（共辖 13 个鉴定业务实验室）通过实验室国家认可的物证鉴定机构。截止到 2010 年 1 月底止，我国公安系统内已有 45 家鉴定机构通过了 CNAS 的认可，而它们通过认可的专业项目也以生物物证、毒物毒品物证、痕迹物证、文书物证、微量物证等物证的鉴定项目为主。

我国检察院系统内鉴定机构的认可工作于 2006 年开始。最高人民检察院技术信息研究中心于 2008 年 11 月获得了 CNAS 的认可，其所属的物证类鉴定也同期获得了认可。此后，在最高人民检察院技术信息研究中心的指导、帮助下，检察院系统内的其他鉴定机构也开始了有计划、有步骤的认可工作。

无疑，物证鉴定机构认可不仅仅是为了符合《决定》的要求，更重要的是能够促使物证鉴定活动的规范化、管理的科学化，进而促进物证鉴定能力的持续发展和提高，确保物证鉴定结论的客观、可靠。但笔者认为，物证鉴定机构的认可工作目前还存在一定的问题，例如，认可的类别、范围或项目还有待进一步增加或扩大。尽管物证可分为痕迹物证、化学物证、生物物证、文书物证等几大类，但鉴于物证的物质性客体这一本质属性，故任何一种物质、物品或痕迹从理论上说均能成为物证鉴定的对象，且前述几大类物证的每一类均还有不同的亚类，如

---

① 按照认可准则的规定，要求认可或已获认可的机构均必须接受能力验证，这不仅是行业主管部门评价司法鉴定机构能力和水平的有效手段，更是司法鉴定机构实施质量控制或干预的有效措施。参见沈敏等：《司法鉴定机构质量管理与认证认可指南》，45～46 页，北京，科学出版社，2009。

痕迹物证可细分为指印物证、足迹物证、工具痕迹物证、枪弹痕迹物证、车辆痕迹物证等，化学物证可细分为毒物物证、毒品物证、泥土物证、纤维物证、油漆物证、橡胶物证、油脂物证、玻璃物证等，文书物证可细分为笔迹、印章印文、伪造文书物证、变造文书物证、打印文书物证、复印文书物证、文书物质材料物证等等。显然，这些亚类物证的检验鉴定和质量管理各不相同、各有特色，理应一一接受质量干预。但目前的认可往往只是针对其中的一种或少量几种而展开，如仅针对指印、笔迹、印文、毒物、毒品等少量物证的鉴定而展开，进而便宣告痕迹物证鉴定、文书物证鉴定或化学物证鉴定获得了认可，这显然有片面之嫌：某物证鉴定机构的痕迹鉴定类获得了认可，但如若委托其进行枪弹痕迹鉴定，而该鉴定机构内部压根没有相应的专门人员、更无相应的仪器设备及质量控制文件，它如何提供可靠的鉴定结论？因此，笔者认为，有必要细化各类物证下的亚类别，力争各个亚类别的物证鉴定项目均能获得认可，或者哪个亚类获得了认可，就予以明确标示，以免造成不必要的误解。

此外，在前述 6 个省（市）正在开展鉴定机构认可试点工作的同时，有报道说我国还在就国家级鉴定机构的遴选展开工作，即在全国范围的现有鉴定机构中评选出国家级的鉴定机构。从目前来看，10 个名额已经分配到公安系统、检察院系统、司法部系统和安全部系统（分别为 4、1、4、1），经具体评审后，不久就将正式公布具体名录。就此，笔者有不同的看法，(1) 从《决定》第 8 条 "各鉴定机构之间没有隶属关系；鉴定机构接受委托从事司法鉴定业务，不受地域范围的限制"的规定看，鉴定机构应该没有级别之分，因为无论处于哪一地域的鉴定机构，只要其满足了鉴定机构登记成立的要件，具备了有相应资质的鉴定人，并最终通过了认可，那么它们均是以专门知识为解决诉讼中的专门问题而服务，其基于的科学原理、科学方法不因所处的地域有差异而有级别之分。但遴选了国家级鉴定机构，必然就会出现非国家级的鉴定机构，这种人为分级有违《决定》的前述相关规定。(2) 即使鉴定机构可以分级，那么也只能是在设立了国家级鉴定机构的标准后再开始严格按照标准进行评选，而不是目前这种分配名额、各系统相均衡的评选法。(3) 我国仅由司法行政管理部门管理的鉴定机构到 2008 年年底即有 2 063 家，不包括检察院系统管理的鉴定机构，仅公安系统内的鉴定机构，因公安机关承担着打击犯罪、维护治安的重任，其数目更是多达四千余家。如果国家级鉴定机构仅 10 家，那么以人之本性，但凡鉴定，均希望能到国家级鉴定机构中去进行，那么这 10 家鉴定机构将不堪重负、刑事犯罪的打击将受到严重影响，民事诉讼、民事纠纷的解决更将难以为继。而且据笔者了解，这 10 个名额的候选鉴定机构并非每一家均是各类各种鉴定项目均齐全的综合性鉴定机构，如有的仅仅从事法医鉴定、有的仅仅从事文书鉴定，那么这种评选的结果必然是，相当一部分鉴定项目，特别是物证鉴定项目，例如枪弹痕迹鉴定、各种化学物证鉴定、工具痕迹鉴定、车辆痕迹鉴定等，还要普遍依靠非国家级鉴定机构来完成，于这些项目而言，所谓的国家级只是虚名。

7.3.3　关于物证鉴定方法：物证鉴定方法的标准化

虽然认可对物证鉴定机构之鉴定质量的重要意义是在最近三五年才被广泛接受，相应的认可工作也只是在最近两年才开始以试点、摸索的方式展开，但有关物证鉴定方法的标准化工作却早在 20 世纪 90 年代初期就已在公安系统内兴起了，这在前文中已有介绍。此后，全国刑事技术标准化技术委员会依照诸如 1994 年、1995 年、2002 年、2004 年等年度公共安全行业标准制订计划，组织研究、制定并颁发了若干物证鉴定方法的标准，如：GB/T 19267《刑事技术微量物证的理化检验》、GA/T 162.1－1997《指纹自动识别系统数据交换工程规范》、GB/T 21679－2008《法庭科学 DNA 数据库建设规范》、GA/T 724－2007《手印鉴定程序》、GA 657－2006《人体液斑 ABO 血型检测　凝集抑制试验》、GA 477－2004《人前列腺特异性抗原（PSA）金标检验试剂条》、GA 476－2004《人血红蛋白金标检验试剂条》、GA 475－2004《抗人血清试剂》、GA 473－2004《抗人精液血清试剂》、GA/T 597－2006《中毒检材中静松灵的定性定量分析方法》、GA/T 116－2005《视听技术检验标准体系表》、GA/T 584－2005《紫外照相方法规则》、GA/T 583－2005《红外照相、录像方法规则》、GA 472－2004《抗人血红蛋白血清试剂》、GA 471－2004《抗 A、抗 B 血清试剂》、GA 474－2004《抗猪、羊等常见动物血清试剂》、GA 469－2004《法庭科学 DNA 数据库选用的基因座及其数据结构》、GA 470－2004《法庭科学 DNA 数据库现场生物样品和被采样人信息项及其数据结构》、GA/T 327－2001《偏振光照相方法》、GA/T 221－1999《物证检验照相要求规则》、GA 656－2006《人血液（痕）ABO 血型检测 凝集法、解离法》、GA 655－2006《人毛发 ABO 血型检测 解离法》等等。

作为司法行政管理部门的最高机构，司法部依照《决定》的规定，于 2007 年 8 月 7 日颁布了《司法鉴定程序通则》（以下简称《通则》），并于同年 10 月 1 日正式施行。《通则》第 22 条规定，"司法鉴定人进行鉴定，应当依下列顺序遵守和采用该专业领域的技术标准和技术规范：（一）国家标准和技术规范；（二）司法鉴定主管部门、司法鉴定行业组织或者相关行业主管部门制定的行业标准和技术规范；（三）该专业领域多数专家认可的技术标准和技术规范。不具备前款规定的技术标准和技术规范的，可以采用所属司法鉴定机构自行制定的有关技术规范。"按照该条规定，物证鉴定机构在进行物证鉴定时，应该首选国家标准和技术规范，其次依照行业标准和技术规范，再次可用普遍认可的技术标准和技术规范，最后才得以选用物证鉴定机构内部自行制定的技术标准和技术规范。

那么，在全国刑事技术标准化技术委员会已经颁布了一些物证鉴定的标准，而《通则》又要求进行物证鉴定时要依序采用相应的国标、行标等时，我们能否采用前述标准呢？

"我国由于长期以来对司法鉴定标准化管理的缺位，对司法鉴定标准的认识不足，经费无投入，没有建立相应的运作机制等，导致目前该行业的标准化工作基本处于空白状态。就司法鉴定所属的法医类鉴定（包括法医病理学、法医临床学、法医精神病学、法医物证学和法医毒物学）、物证类鉴定（包括文书鉴定、痕迹鉴定、微量鉴定）和声像鉴定中，目前可以借鉴的也仅是相关行业的一些技术标准。"① 按照这一观点，我国的鉴定行业目前没有鉴定技术标准和技术规范，但显然，这与我国的实际情况并不相符——至少物证鉴定行业还是有一定标准可依据、可参照的，因为国家标准化技术管理委员会已陆续出台了前述大量物证鉴定方法的标准、物证鉴定程序的规范。我们进行物证鉴定，并非完全无标准可依。但之所以出现这种仍认为目前我国的物证鉴定还是无标准可参照的观点，笔者认为，主要原因恐怕有二。

其一是，对"行业"的具体界定有分歧：《通则》第 22 条所指的"行业"是单指"由司法行政管理部门管理的鉴定行业"，还是指"所有从事鉴定活动的鉴定行业"？如果认为此处的"行业"是单指"由司法行政管理部门管理的鉴定行业"，那么由公安系统管理的鉴定就不包括在内，由公安部牵头主持的鉴定技术标准和技术规范就不作数；但如果认为此处的"行业"是指"所有从事鉴定活动的鉴定行业"，那么由公安系统管理的鉴定就应包括在内，由公安系统牵头主持的鉴定技术标准和技术规范就应对其所属"行业"内的鉴定活动有相应的约束力。而显然，经《决定》授权后才诞生的《通则》所称的"行业"应该指"所有从事鉴定活动的鉴定行业"，而并不是单指"由司法行政管理部门管理的鉴定行业"。事实上，全国刑事技术标准化技术委员会是公安部受国家标准化技术管理委员会委托，会同中央政法各部门共同成立的，其颁布的包括物证鉴定方法在内的各种鉴定标准，显然不仅仅是为了规范公安系统内部鉴定机构的鉴定活动、不仅仅是为了干预公安系统内部鉴定机构的鉴定质量——而这一点，在前述众多标准的适用范围说明中均有阐明。

其二是，认为全国刑事技术标准化技术委员会颁布的物证鉴定标准仅适用于刑事案件中的鉴定。诚然，前述某些物证鉴定标准在颁布时均冠以了"刑事"二字，或者即使标准本身没冠以"刑事"二字，但因由"全国刑事技术标准化技术委员会"颁布，似乎这些标准也就必然只能用于刑事案件的物证鉴定中。可是，之所以要对诉讼中的物证进行鉴定，其根本原因在于该物证涉及了"专门性问题"，而这一专门性问题，显然不因诉讼的性质不同而有不同，例如：某文书的一枚指印与指印卡片中的一枚指印是否来自于同一个人，某一滴血与另一滴血是否具有相同的遗传生物信息，某文书上的印文与另一文书上的印文是否来自同一枚印章，某处刹车痕中的橡胶成分与另一处刹车痕中的橡胶成分是否相同，等等，均属"专门性问题"，它们并不因为相关的案件姓"刑"还是不姓"刑"而发生改变，所不同的，只是对这些"专门性问题"的回答——即物证鉴定结论——被用于"刑"案或非"刑"案的公正处理了。当然，刑事案件中的物证，因涉及人的生命和自由，所以对物证的处理要更为规范、更为严格；同时，刑事案件中的物证，有的可能有着复杂的干扰因素或很高的检验难度——如腐败、污染、微量等——所以在鉴定时需要额外的处理、需要额外的细心，但总的而言，为解决物证的"专门性问题"而动用的鉴定方法，并没有本质上的区别，它们在原理、手段、所用仪器上，均有共通性，因此，由全

----

① 沈敏、吴何坚：《试论司法鉴定技术标准体系建设》，载《中国司法鉴定》，2007（4），19 页。

国刑事技术标准化技术委员会颁布的——或许其颁布初衷确实主要是为了规范、干预刑事诉讼中的物证鉴定质量——物证鉴定方法之标准，应能够适用于对人的生命、自由并没有太大侵犯的民事诉讼或行政诉讼中的物证鉴定。

此外，笔者认为，如果在全国刑事技术标准化技术委员会已经颁布了一些物证鉴定的标准方法，而司法行政管理部门再另行颁布一套标准，则会导致新的问题出现：

《决定》第7条规定："侦查机关根据侦查工作的需要设立的鉴定机构，不得面向社会接受委托从事司法鉴定业务。人民法院和司法行政部门不得设立鉴定机构。"《决定》施行后的实际情况证明，由于人民法院内部的鉴定机构已依法被撤销、侦查机关根据侦查工作需要设立的鉴定机构又不得面向社会接受委托从事鉴定业务，大量诉讼因专门性问题得不到解决①，或得不到及时解决而积压下来，为解决这一矛盾，人大常委会法工委在给司法部《关于司法鉴定管理问题的决定实行前可否对司法鉴定机构和鉴定人实施准入管理等问题的意见》（法工委发函［2005］52号，以下简称《意见》）第4条中规定："考虑到公安机关设立的鉴定机构在技术、设备、人员等方面有较好的实力和基础，长期以来也承担了大量的鉴定业务，因此，对公安机关设立的鉴定机构，在不面向社会提供鉴定服务的前提下，可以接受司法机关、监察、海关、工商等行政执法机关的委托从事非诉或在诉讼中没有争议的鉴定业务。根据《决定》第9条：'在诉讼中，对本《决定》第二条所规定（法医类、物证类、声像资料类）的鉴定事项发生争议，需要鉴定的，应当委托列入鉴定人名册的鉴定人进行鉴定'的规定，如果公安机关有关鉴定机构及其鉴定人接受司法机关委托从事诉讼中有争议的鉴定事项，则需要经过省级司法行政部门登记，列入鉴定人名册。"按照《意见》中的这一规定，公安系统内设的鉴定机构在履行了鉴定人名录于司法行政部门的登记备案手续后，即可继续接受司法机关、监察、海关、工商等行政执法机关的委托，从事鉴定。众所周知，由司法机关等委托的鉴定通常是非刑事案件中的专门性问题。如果认为，全国刑事技术标准化技术委员会颁布的一些物证鉴定的标准方法仅能用于刑事案件中的物证鉴定，那么在受理了司法机关等委托的非刑事案件的物证鉴定后，公安系统的物证鉴定机构是否就该依据司法行政管理部门颁布的物证鉴定标准方法进行鉴定——如果司法行政管理部门另行颁布了一套物证鉴定标准方法的话？对于同一个物证鉴定机构，对于同样的一班鉴定人员，更对于同样的专门性问题，只因最终服务的案件性质有异，却要采用不同的物证鉴定方法，无论如何，匪夷所思。

基于当前我国物证鉴定方法之标准化的现状，笔者认为，作为物证鉴定机构的各个主管部门，只要"求同存异"，便能很好地解决现行物证鉴定方法有的有标准，但却适用范围不大明确，有的无标准，进而物证鉴定质量难以掌控的情形。事实上，公安部、司法部、人民检察院作为各自物证鉴定机构的主管部门，已达成这样的共

---

① 某些鉴定事项，如枪弹鉴定、车辆鉴定、工具痕迹鉴定等，离开了侦查机关内设的鉴定机构，就无处去鉴定。

识，即物证鉴定方法的标准化是提高物证鉴定质量的基本保障，且物证鉴定从实质上说，均是对与物证有关的专门性问题予以科学的回答。在此基础上，可从以下几个方面入手，使得我国物证鉴定的标准化工作真正实现有序、科学、理性的目标：

1. 保留"全国刑事技术标准化技术委员会"目前的归口单位不变，将其更名为"全国法庭科学标准化技术委员会"，使其颁布的包括物证鉴定方法在内的各个标准在普遍适用于各种性质的诉讼或非诉讼时没有名目上的障碍。

2. "全国法庭科学标准化技术委员会"要适当增加来自司法行政管理部门管理的鉴定机构的专家及人民检察院系统内鉴定机构的专家，以便制定的各个标准能够更广泛地反映各类鉴定机构可能遇到的问题。同时，要注重发挥行业协会，如北京市司法鉴定业协会、北京物证技术研究会等机构的作用。

3. 对"全国刑事技术标准化技术委员会"已经颁布的一些物证鉴定的标准方法，进行适当的修订，如变更某些标准的名称，并将当前更为先进、有效的科学技术或方法纳入其中，以适应不断发展的物证鉴定的需要。

4. 对于那些还没有出台标准方法的物证鉴定项目，如笔迹鉴定等，则应积极组织专家研发、制定。

第8章 物证及其鉴定结论①的质证和认证②

8.1 物证及其鉴定结论质证和认证的必要性

8.1.1 问题的提出

各界对司法鉴定③的关注并非只在 2005 年 2 月 28 日闭幕的十届全国人大常委会第十四次会议通过《关于

---

① 在 2005 年 2 月 28 日闭幕的十届全国人大常委会第十四次会议通过的《关于司法鉴定管理问题的决定》第 1 条、第 10 条中，我们发现悄然出现了"鉴定意见"这样的字眼，"司法鉴定是指在诉讼活动中鉴定人运用科学技术或者专门知识对诉讼涉及的专门性问题进行鉴别和判断并提供鉴定意见的活动""……鉴定人应当独立进行鉴定，对鉴定意见负责并在鉴定书上签名或者盖章。多人参加的鉴定，对鉴定意见有不同意见的，应当注明。"而中国人民大学诉讼制度与司法改革研究中心主任陈卫东先生主持、中国—欧盟法律和司法合作项目资助的《刑事诉讼法模范法典》(陈卫东主编，北京，中国人民大学出版社，2005)"第二编第三章 证据种类"的第 118 条，更是用"鉴定意见"取代了"鉴定结论"一词。依笔者之见，"鉴定意见"较"鉴定结论"一语更为科学、贴切——这在后文中将有所阐述。但因我国三大诉讼法均未修改，仍然使用着"鉴定结论"这一术语，故本书不就此做任何变动。

② 物证与物证鉴定结论是我国诉讼法明文规定的两种证据形式。对物证进行质证、认证，理论界及实务界均没有什么异议。但对物证鉴定结论而言，大家却无形地另眼相看了：物证鉴定结论既然是借助科学手段而形成的证据，那么就没有必要对之加以质证、认证，裁判时直接使用也就行了；或者，既然物证鉴定结论是借助科学手段形成的证据，那么怎么会出现不同鉴定机构给出不同鉴定结论的现象呢？这种不同的物证鉴定结论不是给裁判者"添乱"、妨碍司法吗？正是基于人们对物证鉴定结论存在的这些不正确的看法，本章的讨论就较为集中在物证鉴定结论的质证、认证之上，但也不排除对物证本身之质证、认证的强调，并在行文中时有体现。特此说明。

③ 就"鉴定"是否应称为"司法鉴定"，以及何为"司法鉴定"，学界及实务界均有不

司法鉴定管理问题的决定》（本章以下简称《决定》）时才兴起。在此之前的数年里，就司法鉴定而起的质疑、纷争及学术探讨，时不时充斥我们的耳畔、映入我们的眼帘，下面一段文字即可谓是写照："陕西省宝鸡市发生的一次离奇的司法鉴定战中，围绕一份书证的真假，两级公安机关鉴定说真，三级检察机关鉴定说假，万不得已，法庭对 5 份鉴定结论全部抛开，一律不予采信。湖北省新洲县一起普通的民事纠纷，历经 3 年官司、4 次审判、5 次法医鉴定，鉴定结论由'重伤'到'轻伤'（重型），再由'轻伤'到'轻微伤'，最后到'无伤'……在一些诉讼活动中，不少人已经把打官司就是打证据，上升为打官司就是打鉴定，从而挖空心思拿到于己有利的鉴定结论……法官面对如此多的鉴定结论也无所适从……"④而《决定》的出台，更是带出了众多的文章以及评论，例如：《司法鉴定"多龙治水"有望结束》⑤、《司法鉴定走向有序》⑥、《人大代表认为目前多头鉴定情况已妨碍了司法公正》。⑦一直未被人们忘却的湖南某小学音乐教师黄静的裸死案中，就其死因而出现的 5 份各不相同的鉴定结论再次吸引了大家的眼球。

　　诚然，促成《决定》出台的因素很多，但同一诉讼中，就同一事项而做的数次鉴定有着彼此不同的结论，而法官面对这些众说不一，甚至相互矛盾的鉴定结论无所适从，则应是《决定》出台的直接动因。那么，出台了《决定》，是否就能避免出现同一事项数个鉴定结论各不相同的现象？不可否认，《决定》可解决鉴定机构的独立性问题，其对司法鉴定机构、鉴定人的资质条件的强调，对相关监督管理措施和法律责任的明确，均将有利于我国司法鉴定活动的有序开展，并最终有利于案件的公正审理。但是，《决定》并不能杜绝同一事项数个鉴定结论的现象的出现，并不能从根本上解决法官面对数个鉴定结论无从下判决的令人头疼的问题。也就是说，即使在 2005 年 10 月 1 日正式实施之后，走完两

同的看法，例如："然而，我国现行的诉讼法律关于鉴定的条文都只用'鉴定'两字，而没有使用带有部门色彩的名称'司法鉴定'等。"（载《北京市法学会文集：2003 年度北京市法学会立项课题成果汇编》，2004（1），156 页。）司法鉴定是"在诉讼过程中，为查明案件事实，人民法院依据职权，或者应当事人及其他诉讼参与人的申请，指派或委托具有专门知识的人，对专门性问题进行检验、鉴别和评定的活动"（沈德咏：《从审鉴分离到鉴定中立——关于深化司法鉴定体制改革的几点意见》，载 http：//www. jcrb. com/zyw/n519/ca345731. htm）。

　　囿于本论文的主题，本处不讨论"鉴定"、"司法鉴定"或"举证鉴定"等概念的内涵及外延，而只是借用目前使用频率颇高的"司法鉴定"一语，概指所有的各种类型的鉴定，以方便行文。

④　胡健：《期待司法鉴定改革的进一步深化》，载 http：//gb. chinabroadcast. cn/3821/2004/12/23/115@400794. htm。

⑤　载 http：//www. nanfangdaily. com. cn/southnews/dd/nfrb/A04/200503040103. asp。

⑥　载 http：//www. cctv. com/news/china/20050302/101716. shtml。

⑦　载 http：//cn. news. yahoo. com/050303/346/29jul. html。

年多立法机关审议和修改路程、经由两届全国人大常委会共 3 次会议审议并最终在
2005 年 2 月 28 日第十届全国人大常委会第十四次会议上高票通过的《决定》，仍然
要遭遇司法鉴定结论不尽相同，甚至相互矛盾的困境！而《决定》从施行到现在的
近五年司法实务也已证明了这点。

此时，寄望于以《决定》结束司法鉴定的"多龙治水"者，寄望于以《决定》
根除多头鉴定对司法公正的妨碍的人们，无疑均是大失所望！因为，就同一事项出
现若干不同鉴定结论，是我们对自然界、对社会之认识的正常反映，是认识主体之
学识、经验等个体差异的结果。如若机械地、盲目地相信鉴定结论，那么当存在几
个各不相同的鉴定结论时，必然会觉得它们妨碍了司法，甚至妨碍了司法公正。但
是，如若科学地看待鉴定结论，正确地认识到鉴定结论的使用离不开我们的审查判
断，或者说离不开我们的质证、认证，那么，纵然有再多不同结果的鉴定结论，我
们的司法、司法公正均不会被妨碍。

作为鉴定的一个子项目，物证鉴定也难免会出现结论不一的情况，此时，尽
管我们已尊崇了《决定》的相关规定，但却无法让法官自在、轻松地选择使用
其中某一份鉴定结论。真正能够有助于法官的，应是对物证鉴定结论的质证和
认证。

8.1.2 物证鉴定结论的实质

"鉴定结论是鉴定人接受委托或聘请，运用自己的专门知识或技能，借助一定
的方法和仪器，对与案件有关的专门性问题进行研究、检验、分析后给出的判断
性意见。"[①] 按照这一定义，所谓物证鉴定结论，即物证鉴定人接受委托或聘请，
运用自己的专门知识或技能，借助一定的方法和仪器，在对物证进行了研究、分
析、检验之后，根据分析、检验的结果，就物证的来源、物证的形成、物证的原
始状况等问题给出的推断或意见。

由于物证鉴定结论的形成要基于对特定实体的检验、分析，且其间还要动用相
应的科学知识、方法和仪器设备，因而可以说，物证鉴定本身具有科学性。但因物
证鉴定要由人来完成，且物证鉴定结论是鉴定人认识活动的结果，所以鉴定人的主
观认识能力以及拥有的客观认识条件均将影响到物证鉴定结论的给出。从这个意义
而言，物证鉴定结论并不必然是科学、正确的意见。[②] 事实上，恰恰有众多人士将
物证鉴定等同于物证鉴定结论，并由物证鉴定的科学性直接地、不加思考地推导出

[①] 李学军、陈霞：《鉴定结论的证据地位及其质证、认证》，载《中国人民公安大学
学报》，2002（4），15 页。

[②] 物证鉴定与物证鉴定结论的关系如同病理诊断与病理诊断结论之间的关系。医生为
病人看病时，所动用的检测手段均是科学、先进的；但选择哪些检测手段，则是医生自主决
定的结果，而根据检测结果给出的诊断结论，更只是一个推断，只是医生基于自己的学识、
经验而给出的一个意见。正是因为此，就同一病人，不同医院不同医生，甚至是同一医院不
同医生，也会给出不同的诊断意见。

"物证鉴定结论是科学结论"这样的论断，才使得我们"不能容忍"实务中同一事项出现多个不同鉴定结论的现实，才会出现法官面对莫衷一是的多个鉴定结论无从选择的窘境。相反，只要清楚地认识到，物证鉴定结论只不过是物证鉴定人员利用先进的仪器设备及科学的分析检验方法，而就物证的来源、物证的形成、物证的原始状况等专门性问题给出的个人意见或推论①，那么我们就能够明了，为什么不同的物证鉴定人员就同一个物证的专门性问题有可能得出完全不同的结论！可以说，正是因为物证鉴定结论不过是一种意见或推论，笔者才果断地认为，即使《决定》自2005 年 10 月 1 日正式施行，即使我国的鉴定机构、鉴定人员（当然包含物证鉴定机构、物证鉴定人）等均接受了《决定》所规定的正常、有效、合法管理，但只要还存在着不同的鉴定机构、还存在着不同的鉴定人，那么必然还会出现，甚至会更大量地出现同一事项其多个鉴定结论可能各不相同的现象。② 在明确了这一点之后，回过头再看我国《刑事诉讼法》第 42 条、《民事诉讼法》第 63 条及《行政诉讼法》第 31 条的规定——鉴定结论是证据的一种、必须查证属实才能作为认定事实的根据，我们才能深刻体会其立法之用意。

鉴定结论作为证据的一种，大陆法系国家的法律一般都规定以书面形式提交、鉴定人出庭宣读并接受询问，这时的鉴定结论其实相当于广义的书证。在英美法系国家，鉴定结论则被称为"专家证言"（expert testimony）或"专家意见"（expert opinion），鉴定人被称为"专家证人"（expert witness）。如此，鉴定结论似乎与证人证言相同。但从本质上看，鉴定结论与证人证言有很大的区别。证人证言是证人亲身感受案件事实后，对感知的情况所作的陈述，它是证人对案件事实的感性反映；鉴定结论并非鉴定人根据其对案件事实的亲身感受所作的说明，而是鉴定人依据侦查、检察、审判机关或当事人提供的各种材料，利用多种科学方法或仪器设备，对与案件有关的某些专门性问题进行分析、检验后得出的推断。在这个意义上，鉴定人本身是"局外人"，他与案件的联系只是基于委托或聘请而产生，并非有天然的联

---

①　在中国人民大学诉讼制度与司法改革研究中心主任陈卫东教授主持、中国—欧盟法律和司法合作项目资助的《刑事诉讼法模范法典》（陈卫东主编，中国人民大学出版社 2005年版）"第二编 第三章 证据种类"之相关条文中可以发现，"鉴定结论"已为"鉴定意见"这样的术语所替代。由"结论"到"意见"的文字上的变化，深刻地揭示了鉴定结论的本质是"意见"，而非"终结的、绝对准确的论断"或"圣旨"，这对实务中正确运用鉴定结论有着深刻的指导意义。张保生教授主编的《〈人民法院统一证据规定〉司法解释建议稿及论证》（中国政法大学出版社 2008 年版）一书第 75 页的第 105 条、第 106 条，也以"鉴定意见"代替了"鉴定结论"，其所反映的理念无疑是相同的："鉴定意见"是"推断"而非"定论"。

②　就笔者看来，《决定》明确各鉴定机构互不隶属、相互独立，更不存在上下级关系，不仅会使得鉴定结论之间差异更多、更大，而且会令法官更为头疼：曾经还可以借助上下级关系来选择到底采纳采信哪一个鉴定结论，如今连这一"拐杖"也不再拥有。但如此规定，却显现出《决定》对科学的尊重，显现出《决定》对鉴定结论之普通证据地位的认可，对鉴定结论之质证、认证工作的厚望。

系。可见，物证鉴定结论从证据的存在和表现形式看，属于言辞证据范畴，但却与物证有着极为密切的联系，并较一般言辞证据更具客观性。

总之，物证鉴定结论是意见、推断，属于言辞证据，但客观性要较言辞证据略强——通常而言，物证鉴定人只对技术问题而非法律问题负责，其没有伪证的必要，因而得出的结论应是较为客观的。

8.1.3　物证及其鉴定结论质证和认证的必要性

8.1.3.1　质证、认证的内涵和功用

质证有广义、狭义之分。广义的质证是指在诉讼过程中，法定的质证主体对与案件有关的各种证据，通过辨认、询问、咨询、质疑以及说明、解释、反驳等方式，以辅助法官形成内心确信从而认定证据效力的诉讼活动。从我国目前的立法和司法实践来看，我国采用的是狭义的质证概念，即主要指在庭审过程中，由诉讼当事人就法庭上出示的证据而进行的对质、核实、驳斥等活动。① 该活动由法庭主持，要遵循一定的规则，要动用质疑、辩驳等方法，其针对的是证据的可采性和证据的证明力，并最终将影响法官对证据的认证。②

所谓认证，是指审判人员在法庭审理过程中，对与待证事实有关的证据加以审查认定，以确定其是否可作为定案根据的活动。认证以质证为前提，是质证活动的结果。

按照证据裁判原则的要求，案件的裁判应以证据为基础。但是出于利益的考虑，也可能受各种客观条件的限制，诉讼双方提交法庭的证据在证据能力及证明力上均存在着各种各样的问题，如：某证据是以非法手段收集的，某证据根本就是伪造的，某证据的部分内容不真实，等等。作为裁判者，法官显然不能轻易便依据这些存在着各式各样问题的证据进行裁判，但法官如何才能保证其据以裁判的证据有着适格的证据能力及相应的证明力呢？依笔者之见，唯有质证和认证。

借助质证，允许一方当事人就对方出示的证据提出质疑和辩驳，法官便能做到兼听则明，便能从正反、有无或真假等方面全面获得有关的信息，并最终依据法律、依据自己的学识、依据自己尊崇的道德操守、依据自己的经验而形成内心判断。从诉讼双方当事人的角度看，质证无疑是驳斥对方主张、树立己方观点的最佳时机，只有将对方所示证据中存在的问题一一揭示出来，只有将己方证据的适格性及可靠性充分地展示出来，对方的主张才会没有了支撑、己方的观点才会得到认可。而从裁判者的角度看，诉讼双方当事人的质证虽然免不了"剑拔弩张、充满了火药味"，

---

① 参见何家弘主编：《新编证据法学》，390 页，北京，法律出版社，2000。

② 此处对质证的具体解说，采纳了沈丙友的观点，"质证是各刑事诉讼当事人和公诉人在法庭的主持下，遵循一定的规则，通过质疑、辩驳等方法审查所出示证据的可采性和证据证明能力，从而影响认证的一种诉讼活动。"参见沈丙友：《质证规则研究》，载何家弘主编：《证据学论坛》，第 3 卷，259 页，北京，中国检察出版社，2001。

但正是这种"针尖对麦芒"式的对抗，才使得裁判者能够对双方提交的各种证据作出取舍——这便是认证，才可能洞悉案件的各个方面，才能最终依据其认证的证据作出公正的裁判。

因此，可以说，质证是在裁判者面前全面、深层次、多角度地揭示各种证据之长短并进而去影响裁判者的一个过程，是诉讼双方充分行使诉权的重要时段；认证则是裁判者对经过质证的各种证据"去伪存真"、精挑细选的必要环节。认证以质证为前提，质证以认证为结果。

8.1.3.2　物证及其鉴定结论质证和认证的必要性

1. 物证及其鉴定结论接受质证和认证是它们成为裁判机关认定事实之基础的必经之路。

从程序法的角度而言，质证是当事人的一项重要诉讼权利，是其为赢得诉讼而必须动用的合法手段；认证则是裁判机关的职责，是裁判机关在主持、亲历质证后，对诉讼双方出示的证据作出公允取舍，进而为其认定事实、适用法律奠定良好基础的一项不可或缺的工作。既然法律严格要求所有证据均应经过质证和认证才能成为定案的根据，那么，作为证据之具体表现形式的物证及其鉴定结论，也就必须接受质证及认证，否则，就可能侵犯当事人合法的诉讼权利，并妨碍裁判者认定事实、适用法律。

2. 物证的独特特点并不支持其跳过质证和认证的环节。

如前所述，物证以其外形特征、所载字迹特征、物质属性等客观存在证明案件事实。但物证的这一独特特点并不必然保证物证有着绝对的真实可靠性进而可以免受当事人的质证及法官的认证。事实上，物证的外形特征、所载字迹特征、物质属性等均会因各种因素——如收集提取时所用的方法不当、保管贮存时技术欠妥——而发生变化，从而影响其证明力。因此，有必要通过质证揭示这些可能存在的问题，并通过认证而对这些物证作出取舍、对得以采纳的物证之证明力作出衡量。

此外，即使物证的外形特征、所载字迹特征、物质属性等不因技术方面的原因而受到影响，但相关人员在发现、收集这些物证时却严重违反了程序法的规定，进而侵犯了有关人员的人权，故从权利保障的角度而言，有必要排除这些物证。而这种排除显然要建立在质证的基础上，也就是说，要通过质证才能揭示物证在发现、收集时存在的程序性违法，并通过认证才能得以排除。

3. 物证鉴定结论的实质决定了物证鉴定结论必须接受质证和认证。

尽管物证鉴定结论的得出离不开科学的原理、先进的仪器、现代的测试手段，但将科学原理、先进仪器设备及现代检测手段运用到具体物证之上时，呈现在鉴定人面前的却只是一些数据、图谱或现象，例如关于比重、折射率的测量数据，关于保留时间、保留体积的色相色谱图，关于化学反应现象的白色沉淀或显微结晶等等。这些数据、图谱或现象只有经由鉴定人的"翻译"、"解说"之后，才能成为有关物证之来源、物证之形成方式或物证之原始状态的各种结论——也就是我们前面所称的意见或推断。而鉴定人的这种"翻译"或"解说"不可避免地会打上主观的烙印，从而使得物证鉴定结论并不必然具有科学性。既然物证鉴定结论并不必然具有科学性，既然物证鉴定结论也不过只是一种言辞证据，那么还有什么理由能使物证鉴定结论成为超然于证人证言、当事人的陈述等其他类型证据之上的特殊证据而游离于质证及认证的束缚？ 显然没有。

4. 物证鉴定结论自身的某些缺陷、物证鉴定结论可能存在的偏见以及虚假的物证鉴定结论均需要以质证及认证的方式加以揭示甚至加以排除。

如前所述，物证鉴定结论只不过是鉴定人就物证的来源、物证的形成或物证的原始状态等专门性问题给出的某种意见或推断，而非客观真实。既然物证鉴定结论不过是一种意见而非百分百的客观真实，那么鉴定人鉴定时的视角差异、鉴定人本身的学识深浅、鉴定人的经验多寡、鉴定人拥有的技术手段和仪器设备的先进程度以及鉴定人的职业操守等，就必然会影响到物证鉴定结论的可靠性；如若物证鉴定结论趋近于客观事实，那么我们称该物证鉴定结论很可靠；如若物证鉴定结论远离客观事实，那么我们称该物证鉴定结论不可靠。[①] 如何判断物证鉴定结论的可靠性？唯有质证及认证。质证能使我们发现或察觉鉴定人鉴定时的视角差异、鉴定人本身的学识深浅、鉴定人的经验多寡以及鉴定人拥有的技术手段和仪器设备的先进程度等因素可能给物证鉴定结论造成的"内伤"，并经由认证程序而将这些有内在缺陷的物证鉴定结论或排除或有条件地保留。

事实上，实务中出现的同一事项有多个不同鉴定结论的现象通常是"内伤"，只要经过质证，便可以发现，再经过认证，便可作出取舍。以引起公众极大关注的湖南女教师裸死案为例[②]，撇开该案可能存在的各种侦查程序上的功过是非不谈，该案实际涉及了两类鉴定：其一是关于现场发现的精斑之来源的物证鉴定，其二是关于死者黄静之死因的法医鉴定。鉴于对黄静之身体状况的朴实了解，黄静家属质疑湘潭市公安局、湖南省公安厅、公安部等公安机关就死因作出的鉴定结论无可厚非，但民众就此便认为公安机关的这些鉴定结论是"自侦自鉴"、自我包庇的结果，本人却不敢苟同。事实上，该案的第一个鉴定，也就是关于精斑之来源的鉴定结论同样也是公安机关作出的，但此结论为什么却没有人去质疑？为什么就没有人因其是"自侦自鉴"的产物而不予相信？就此，我们应好好地思考一下。以笔者的观点来看，信服该案中关于精斑之来源的鉴定结论，并不是该鉴定结论经过质证、认证后被充分认可，而只是因为它直接将姜俊武与现场的性行为联系在了一起（与姜俊武

[①] 在此，笔者使用了"可靠性"而非"正确性"这样的术语，其用意在于，受认识能力的影响，物证鉴定结论永远只是推断而非事实，它无论有多么可靠、多么准确，也只是物证鉴定人员对过去事实的推论，而不是事实本身。因而对其就只能用"可靠与否"或"准确与否"，而不能用"正确与否"来评价。

[②] 以此案为例，笔者绝无为犯罪嫌疑人、女教师黄静之男友姜俊武开脱、辩解之意，也绝无漠视黄静之死的念头。本书只想结合此案的鉴定结论谈谈自己的看法、谈谈我们究竟应如何看待诉讼中的各种鉴定结论，究竟如何选择、相信诉讼中的多份鉴定结论。

的供述有着一致性①），也就是说，与民众对该案的想象相符合罢了！

当然，应允许民众就各种问题（包括某人是否有罪）发表看法或意见，但法治国家却不能凭借或听信于民众的看法或意见而裁判；裁判应建立在证据之上，证据则要经过审查、核实，也就是要接受质证、认证，唯有此，裁判才可能公正。但是，现实中却有着这样的误区：（1）鉴定结论符合我们的想象，那么它便是可靠的；鉴定结论不符合我们的想象，那么它便不可靠。（2）鉴定既然是科学的，那么，不同鉴定人就同一事项作出的鉴定结论就应一致，否则便是妨碍司法。而误区的存在显然是因为对包括物证鉴定结论在内的各种鉴定结论的本质没有清楚、科学的认识，对鉴定结论的质证、认证之功用没有正确的认识。

"一桩看似简单的案件，却因为不同的鉴定结果而陷于重重迷雾。由于对鉴定结果存在分歧，至今，黄静的死因仍然悬而未决。"② 在黄静死了数年的今天（黄静死于 2003 年 2 月 24 日），再回想当初黄静的死因久久不能查明、黄静本人也长达几年不能"入土为安"的情形，不能不令人心酸！但这绝不能简单地归因于就死因而出现了不同的鉴定结论。诚然，多个不同的鉴定结论可能令人觉得迷雾重重、无所适从，但诉讼制度本身设立的质证、认证程序却使得我们有可能拨开迷雾、趋近于真相：只要本案的审理法官按照法定程序充分质证这些不同的鉴定结论，是完全有可能将这些鉴定结论中可能存在的"内伤"公之于法庭，是完全有可能找出这些"内伤"的成因，并最终决定采纳、采信其中哪份鉴定结论，或将这些鉴定结论全部否定，进而另行委托鉴定的。可遗憾的是，本案却未能如此。这不能说不是一个悲哀，不能说不是我们对鉴定结论的看法不当而造成的。

尽管本处的案例谈到的是法医而非物证鉴定结论，但其思路是一致的：就同一物证而出现的不同物证鉴定结论，同样需要也只能以质证、认证的方式加以甄别、取舍。

此外，物证鉴定结论还有可能因某些人为的因素而存在偏见，甚至于"颠倒黑白"。就此问题，我们首先应强调的是，这实属正常。其次要表明的是，对这种存在偏见甚至颠倒黑白的物证鉴定结论的甄别及排除，同样离不开质证和认证。言之正常，是因为"……当事人双方显然不可能没有偏见，他们更注重的是赢得诉讼而非逐出真相"③，当事人对诉讼结果而非真相的极端关注、对胜诉的极度渴望，必然导致当事人双方均极力去寻找、获得于己方有利的证据——这当然包括物证鉴定结论。为此，一方当事人便可能千方百计地影响、利诱物证鉴定人，进

---

① 姜俊武供述，欲与黄静发生性关系，但遭黄反抗，姜便在黄的体外射精，完后以卫生纸擦拭精液并随手扔在现场。参见曹天：《湘潭女教师裸死案又起波澜 案件发回补充侦查》，载http://news.sohu.com/07/40/news212374007.shtml。

② 《司法鉴定走向有序》，载 http://www.cctv.com/news/china/20050302/101716.shtml。

③ Adrian Keane, *The Modern Law of Evidence*, 4th ed., London, Butterworths, 1996，p.1.

而左右其作出的物证鉴定结论。于是，诉讼中就难免出现存有偏见或指鹿为马的物证鉴定结论。对于这种物证鉴定结论，除了通过质证予以甄别、借助认证加以排除外，没有其他选择。

5. 即使是获得了认可的物证鉴定机构得出的物证鉴定结论，如若有争议，也必须接受质证、认证后才能成为定案的依据。如前所述，以法律的方式强制性要求物证鉴定机构通过相关的实验室/检查机构的认可，可以提高物证鉴定的质量，但显然，认可的功用仅限于"提高"，并不保证物证鉴定的质量就必定可靠。无疑，因为有严格的质量管理体系、有科学的行政管理手段、有严格的物证鉴定人准入门槛等一系列质量干预措施，通过认可的物证鉴定机构的鉴定质量自然会有所提高，甚至大幅度提高。但无论如何，物证鉴定操纵于人的手中、物证鉴定结论要经由人脑来完成，因此，其间的主观性终归还存在，而这种主观性必然会在物证鉴定结论的可靠性上有所反映。所以，即使是获得认可的物证鉴定机构的物证鉴定结论，如若有争议，也同样要经质证、认证。但因此时被质证、认证的物证鉴定结论是由获得认可了的物证鉴定机构作出的，其整个鉴定流程都"有据可查"，所以对这种鉴定结论的质证、认证，相对而言应该是易于发现其不足之处。

8.2　物证及其鉴定结论的质证

应该承认的是，随着我国建立法治社会国家的方略的实施，证据的质证问题已得到了愈来愈广泛的重视，这不仅体现在学界对质证问题的热烈、深入的探讨之上，更体现在我国于1996年对《刑事诉讼法》的修订上，体现在一些相关司法解释的出台之中。具体而言，我国现行《刑事诉讼法》借鉴了英美法系当事人主义诉讼模式，在诉讼主体结构上进行了调整和改革，在庭审中增强了诉讼双方之间的平等对抗，注重了法官在诉讼中的中立地位。《民事诉讼法》、《行政诉讼法》及其相关的司法解释，特别是1998年通过的最高人民法院《关于民事经济审判方式改革问题的若干规定》、2001年通过的最高人民法院《关于民事诉讼证据的若干规定》、2002年出台的最高人民法院《关于行政诉讼证据若干问题的规定》，也就平等地保障当事人的质证权利和法官公正地主持质证活动作出了一系列规定。无疑，这为物证及其鉴定结论的质证提供了一个良好的运行环境。但就物证及其鉴定结论的具体特点而言，意欲使物证及其鉴定结论的质证取得真正的效果，还必须在质证的主体要素、质证的程序性保障及质证的内容选择等三个方面予以特别的关注。

8.2.1　质证的主体要素

质证，通俗地说，即就证据而进行的对质。既然是"对"质，就必须有对立的双方，也就是必须有主张、示证的一方，以及质疑、辩驳的另一方，唯有如此才能有效核实诉讼双方出示的各种证据。因此，质证主体是质证的关键所在，其中任何

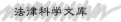

一方的缺失，或双方力量失衡均会导致质证达不到目的，甚至"流产"。

就物证的质证而言，由于物证是各种客观存在，且对物证的质证主要从辨认物证以及质疑物证之发现、收集活动的合法性这两个方面来进行，故只要熟识物证的外观特点，只要熟谙法律，并在诉讼权利上得到了对等武装，那么有关物证的质证，从主体上说没有特别的要求，或不需要特别的保障。

至于物证鉴定结论的质证，因为物证鉴定结论的得出是基于物证鉴定人员对物证的分析、检验结果，其间涉及相当多的专业技术问题，非法官、公诉人、律师、原被告等普通人士所能知悉、认识并理解，故对物证鉴定结论的质证要通过质证物证鉴定人，并在有着同样专业知识背景的专家辅助人的帮助下才能完成，故物证鉴定人的出庭以及专家辅助人的设立，是我们从质证主体的视角确保质证顺利、高效进行的必然举措。

8.2.1.1　质证主体的平等武装

严格意义上说，诉讼双方的平等武装是当事人主义诉讼模式下的一个基本理念，但在当今世界各国法律文化相互融合、彼此借鉴的大前提下，在对抗式诉讼的优点已为相当多职权主义国家所认可的现实中，包括我国在内的一些职权主义国家已纷纷在庭审中引入对抗的机制，因而平等武装对我们而言已不再是生疏的字眼，平等武装的重要性也已得到普遍承认。

作为对抗的重要表现形式的质证，其主体无疑也需要得到平等武装，否则质证主体双方力量对比的极度不平衡，只会导致"一边倒"的现象，根本无法达到诉讼双方在裁判者面前各开一扇窗、裁判者就此得以兼听则明的目的。为此，物证及其鉴定结论的质证主体，就应该在与对方拥有平等地位的前提下，利用均等的机会、对等的权利，获悉与物证及其鉴定结论有关的各类信息，并质疑反驳对方的物证及其鉴定结论。以刑事诉讼为例，控辩双方天然的不平等是客观存在的，如若刑事诉讼法不通过公权力的有效限制及辩护方诉权的充分赋予，那么对抗所要求的势均力敌是不可能存在的。"只有控辩双方'势均力敌'，实现均势，控辩之间才能实现真正的对抗。"[1]　由于刑事诉讼中，物证及其鉴定结论的出示基本上是由控方完成的——这显然是控方举证责任使然，那么为实现平等武装或势均力敌，并最终能在质证物证及其鉴定结论时有所作为，辩护方就应有权事先知悉控方将在法庭上出示的物证的具体种类、特点，以及物证鉴定结论的具体内容等，就应有权要求物证鉴定人出庭接受质询，就应有权获得物证专家辅助人的技术帮助，就应有充分的机会在庭审时质证物证及其鉴定结论。而在某些刑事案件中，辩护方还应有权派律师以见证的方式参与物证鉴定工作。否则，辩护方在质证时只会倍感力不从心，甚至无从下手。

8.2.1.2　物证鉴定人的出庭

物证鉴定人是物证鉴定结论的作出者，他不仅对物证的具体特点、属性了如指

---

① 　陈卫东、刘计划：《控辩式庭审中辩护律师的诉讼权利及其制度保障》，载陈卫东主编：《司法公正与律师辩护》，220 页，北京，中国检察出版社，2002。

掌，而且是他根据物证的性状以及待证的事实问题确立并实施了具体的分析、检验方案，他精通物证技术的基本理论和基本知识，他了解所用技术手段的先进性和可靠性，他明了各种分析、检验结果意味着什么，而最为关键的是，是他、而非其他人根据其学识和经验得出了现在被控方作为证据提交给法庭的物证鉴定结论。作为被质证的对象，物证鉴定结论本身通常只不过是固定在纸张上的言辞证据，其不可能应对对方的质疑和挑战。因此，只有让物证鉴定人出庭接受对方的质询，具体说明其对物证的处理步骤、分析检验方法及推理演进过程等，才可能释解对方的疑问并维护自己的物证鉴定结论的可靠性、证据地位。

可以说，物证鉴定人出庭接受质询，是物证鉴定结论能够得以采纳、采信的最为关键的步骤。

正是基于此，各国诉讼法均或直接、或迂回地就包括物证鉴定人在内的鉴定人出庭作证问题作出了规定，我国也不例外。例如，我国 2001 年通过的最高人民法院《关于民事诉讼证据的若干规定》第 59 条第 1 款即明确规定："鉴定人应当出庭接受当事人质询。"我国 1998 年通过的最高人民法院《关于执行〈中华人民共和国刑事诉讼法〉若干问题的解释》第 138 条及第 140 条的规定则表明，经审判长准许，公诉方和被告方可以提请传唤鉴定人出庭作证。我国 2002 年出台的最高人民法院《关于行政诉讼证据若干问题的规定》第 47 条第 1 款也规定，"当事人要求鉴定人出庭接受询问的，鉴定人应当出庭"。

但是，实际情况表明，我国实务工作中鉴定人出庭接受质证是非常罕见的，这必然会使得对物证鉴定结论的质证成为空谈，更使得裁判者面对多个彼此不同的物证鉴定结论时无法取舍。

为此，笔者认为，我国应从国情出发，建立并完善包括物证鉴定人在内的鉴定人出庭接受质询的制度，具体说便是要做好如下工作：（1）明确鉴定人应出庭接受询问，规定拒绝出庭者应受到制裁，如被拘传到庭、被处以罚款、被刑事拘留，甚至被科以蔑视法庭罪的罪名并受到相应处罚。（2）将现有法律法规中有可能动摇鉴定人出庭受质证的条款①去除，或明确规定仅在少数几种法定情形下允许鉴定人不出庭接受质证。如我国 1998 年通过的最高人民法院《关于执行〈中华人民共和国刑事诉讼法〉若干问题的解释》第 138 条及第 140 条，一方面允许公诉方和被告方经审判长准许而提请传唤鉴定人出庭作证，但它们又同时使"鉴定结论陡然成为可以不接受质证的对象，即控辩双方经审判长准许均可宣读未到庭的鉴定人的鉴定结论。从表面看，如此规定可以同时应对司法实践中鉴定人出庭及不出庭两种情形下鉴定结论的采纳、采信问题，但从实质而言，如此规定却反映出立法者对鉴定结论之证据地位的认识前后有矛盾——当鉴定人出庭时，鉴定结论是需要接受质证的普通证据；当鉴定人未出庭时，鉴定结论则可能成为只需宣读无须质证的优势证据。立法

---

① 如我国最高人民法院《关于行政诉讼证据若干问题的规定》第 47 条第 1 款，一方面规定鉴定人要出庭接受质证，另一方面却又允许鉴定人经法庭同意后不出庭而只是让其鉴定结论接受当事人双方的质证。

者认识上的这种前后矛盾必将导致一方当事人的质证权被剥夺，必将使鉴定结论的采纳和采信处于随意状态"[1]。（3）明确鉴定人出庭应有权收取出庭费。"自 1843 年起，因专家提供专家报告以及出庭作证而向专家支付特定的费用被看作是专家们的普通法权利……向专家支付报酬无疑是正当合理的，因为：1）专家的时间尤为珍贵；2）专家的专门知识是其财产；3）如果专家没有得到适当的报酬，那么那些最好的专家将因他们的供不应求而不堪重负。"[2] 在我国，应向鉴定人支付鉴定费可以说是没有什么争议了，但向鉴定人支付出庭作证费，却只在最近一两年里才得到一定程度的认可，如 2008 年 4 月 28 日出台、同年 7 月 1 日施行的《北京市高级人民法院、北京市司法局关于司法鉴定人出庭作证的规定（试行）》第 15 条规定，司法鉴定人在人民法院指定日期出庭作证所发生的交通费、住宿费、误餐费和误工补贴等必要费用，由申请方先行垫付，人民法院代为收取，由败诉方承担。但显然，前述规定中所谈及的必要费用，只是一种补偿费，并不是鉴定人出庭作证时因其宝贵时间被占用、因其提供专门知识这一自有财产而应获得的报酬，它只是让鉴定人如同普通证人出庭那样得到补偿——事实上，普通证人出庭作证的内容与鉴定人出庭作证的内容是有着根本区别的，鉴定人出庭除了如同普通证人出庭那样要发生交通费、住宿费、误餐费、误工费等以外，还要事先额外为其出庭作证做专业性的准备，而这种事先进行的作证准备显然应该得到报酬，否则不利于调动鉴定人出庭作证的积极性，不利于鉴定结论的质证和认证活动的顺利进行。鉴定人的出庭作证费应由申请方支付，败诉方承担；但当刑事诉讼中经济困难的被告要求鉴定人出庭作证时，则应设立类似于法律援助的制度，由国家支付。（4）明确鉴定人及其近亲属享有由国家提供的，包括出庭接受质询前和接受质询后的人身保护之权利，以防鉴定人及其近亲属被威胁、恐吓或被打击报复等。（5）法庭应设有鉴定人席位，并应允许其携带出庭接受质证所必要的仪器设备，如电脑、放大镜、便携式显微镜、投影仪等。在接受质证的过程中，法庭应允许鉴定人在必要时再次接触物证，以在法庭现有的条件下展示其在检验鉴定时的现象、特征等。

8.2.1.3　专家辅助人的设立

从理论上说，物证鉴定人是中立的，因为他与案件无利害关系，且不为案情所迷惑，他只忠实于其就物证及相关待证事实进行分析、检验或研究时所观察到的现象、结果、数据等，并据此给出鉴定结论。但因物证鉴定结论必将被诉讼一方用作支持其诉讼主张或诉讼请求的证据，所以其必将受到相对抗的诉讼另一方的质疑。从这一角度看，给出物证鉴定结论的鉴定人的中立性已不复存在。表现便是，在出庭接受质询时，物证鉴定人总会以深厚的专业知识、丰富的从业经验、审慎的鉴定

---

[1]　李学军、陈霞：《鉴定结论的证据地位及其质证、认证》，载《中国人民公安大学学报》，2002（4），20 页。

[2]　Ian Freckelton and Hugh Selby, *Expert Evidence*：*Law*，*Practice*，*Procedure and Advocacy*，2nd ed.，Sydney，Thomson Legal and Regulatory Limited t/as Lawbook Co.，2002，p. 600.

过程佐证自己的鉴定结论，从而间接支持着物证鉴定结论所支撑的诉讼主张或诉讼请求。面对物证鉴定人丰厚的专业学识和经验，从质证主体的平等武装原则出发，即使诉讼相对方有权启动鉴定（如民事诉讼中），或者能够以见证的方式参与物证鉴定活动，但这也只是从程序的一个环节上得到了公正公平的对待，他们仍将因不拥有、不懂得物证技术，而使得针对物证鉴定结论而向物证鉴定人发起的"攻击"如同"隔靴搔痒"般，没有任何意义。如此一来，不仅该方未能实质性地行使质证权，而且裁判者也不可能从这种空洞的质证中获得任何信息进而对物证鉴定结论作出公正、合理的认证，因为就这些专门性问题而言，裁判者如同诉讼双方当事人一样只是普通人。

为此，应以法律的方式明确规定，法官有必要允许提出物证鉴定结论的相对方从物证鉴定人名录中选任专家辅助人。被选任的专家辅助人可以询问物证鉴定人，可以考查被鉴定的物证、物证比对样本以及鉴定场所，并对物证鉴定结论进行书面上的审查。①

此外，选任的专家辅助人还可以在一定程度上限制鉴定的次数，从而节约诉讼成本、提高诉讼效率，并维护物证鉴定的权威性。这是因为，物证专家辅助人参与质证，对已有物证鉴定结论无外乎有以下三种影响：一是对物证鉴定人的物证鉴定没有合理怀疑，整个质证有助于法官形成采纳、采信该物证鉴定结论的内心确信。二是对物证鉴定人的鉴定有合理怀疑，物证鉴定人又不能给出合理的解释或给出的解释自相矛盾，进而促使法官形成不予采纳、采信该物证鉴定结论的内心确信。三是物证鉴定人与专家辅助人就物证鉴定结论争议颇大，法官难以形成采信或不采信的内心确信。第一种情况，显然依据一次鉴定便能有效解决案件中与物证有关的专门性问题；第二种情况，则有可能启动重新鉴定程序以印证法官不予采纳、采信第一次物证鉴定结论的内心确信；而第三种情况，则必须启动重新鉴定程序，但对比新旧两次鉴定结论的质证，法官通常便能定夺取舍。因此，有专家辅助人的参与，处于不利地位的诉讼一方不仅能从质证主体的力量方面得到强化，从而可能从实质上抗衡对方，而且还可能使法官将鉴定的次数控制在最低限度。

因专家辅助人介入到法庭质证中，庭审便具有了更多的当事人主义的对抗因素：理论上中立的物证鉴定人因其鉴定结论只能支持一方当事人的诉讼主张或诉讼请求

---

① 可喜的是，我国于 2001 年颁布的最高人民法院《关于民事诉讼证据的若干规定》第 61 条已作出如下规定，即"当事人可以向人民法院申请由一至二名具有专门知识的人员出庭就案件的专门性问题进行说明。人民法院准许其申请的，费用由提出申请的当事人负担……具有专门知识的人员可以对鉴定人进行询问。"我国于 2002 年颁布的最高人民法院《关于行政诉讼证据若干问题的规定》第 48 条也作出如下规定，即"对被诉具体行政行为涉及的专门性问题，当事人可以向法庭申请由专业人员出庭进行说明，法庭也可以通知专业人员出庭说明。必要时，法庭可以组织专业人员进行对质……专业人员可以对鉴定人进行询问"。这两条规定所涉及的具有专门知识的人员，显然与笔者此处的专家辅助人有着同样的作用，表明我国业已认识到专家辅助人的重要性。

而"不得不"居于该方阵营,类似于该方的专家证人;而专家辅助人则可看作诉讼相对方的专家证人。这样必然强化诉讼过程中双方当事人或控辩双方的对抗。显然,这种对抗是专业知识和专业技能的较量,单靠完善鉴定人出庭作证、接受质询的制度本身是不能解决的,它需要诉讼制度在程序设计时即充分考虑到专业知识、专业技能的对抗特点,允许基于鉴定结论不利的一方当事人聘请专家辅助人代为质证,否则鉴定人即使出庭,也不能真正被质疑。

随着物证鉴定结论在诉讼中出现的几率增加,对物证鉴定结论的质证也在增加。而为了使得这种质证更加有效,实务中已不时出现这样的案例,即民事诉讼或行政诉讼中,物证鉴定结论对其不利的一方,依据最高人民法院《关于民事诉讼证据的若干规定》第61条的规定或最高人民法院《关于行政诉讼证据若干问题的规定》第48条的规定,向法庭申请由专业人员出庭就诉讼中的专门性问题进行说明,并向鉴定人进行询问,而这种说明和询问,显然就是专家辅助人出席法庭时所做的工作。

但是,在物证鉴定结论使用得较多的刑事诉讼中,目前我们却还无法如民事诉讼或行政诉讼那样,在质证时引入专家辅助人去帮助被告方质疑、挑战控方提出的物证鉴定结论,因为最高人民法院至今也未出台类似于前述民事诉讼证据规定、行政诉讼证据规定的刑事诉讼证据规定,如若被告意欲寻求专家辅助人的帮助,那么显然是于法无据。所以,为真正保护被告人的诉讼权利,真正将对抗落实到实处,就必须立法规定被告方有权为了质证的需要而聘请专家辅助人,否则,那些并不具有专门知识、又无专家辅助人帮助的辩护律师和被告,根本无力真正动摇控方物证鉴定结论的证明力。对物证鉴定结论的质证,也就成为一纸空谈。

在论及专家辅助人时,还需谈及意大利。在意大利,法官也享有决定鉴定和选任鉴定人的权力,当事人也可以申请鉴定人回避,但它在选任专家辅助人时却显现出了相当的特色,或许对我国专家辅助人制度的建立有所启发,即:(1)一经决定启动鉴定程序,便可选任专家辅助人;(2)公诉方和当事人均有权选任自己的专家辅助人,且在国家司法救助法规定的情况和条件下,当事人有权获得由国家公费提供的专家辅助人的帮助;(3)在决定鉴定后选任的专家辅助人,可参加出任鉴定人的活动,参加并调查鉴定工作,而在鉴定工作完成之后选任的专家辅助人,则可以研究鉴定书,并要求法官允许其询问鉴定人、考查鉴定的地点和被鉴定的材料。[1]

8.2.1.4　物证鉴定人及专家辅助人的受质培训

作为质证主体的一分子,物证鉴定人出庭后的表达和行为举止将影响到裁判者对其物证鉴定结论的采纳及采信。"外貌、感知能力以及有效地与陪审团交流的能力

---

[1]　参见汪建成、孙远:《刑事鉴定结论研究》,载《中国刑事法杂志》,2001(2),73页;黄风译:《意大利刑事诉讼法典》,78~79页,北京,中国政法大学出版社,1994。

同样重要。'重要的不仅仅你要机敏；你还必须看上去也机敏！'这是我若干年前参加 FBI 举办的一个现场系列培训班时一名 FBI 教官的话。换言之，外貌、感知能力与知识、技术和能力完全是同等重要，至少在陪审团和公众的眼中是如此……拥有福尔摩斯之聪慧的侦查人员，或者拥有爱因斯坦的智慧和理解力的法庭科学家如果不能使由普通民众组成的陪审团信服，那么他在该刑事调查中是无效的。为成为一个成功的专家证人，言语表达技能完全与专业技能一样重要。"①

相对于职权主义国家而言，当事人主义的对抗制程序设置使得英美等国较为重视专家证人的出庭作证、接受质询，学界不仅有大量专著涉及专家证据、专家证人的相关法律问题，如澳大利亚的爱安·弗雷科顿与胡格·塞拜合著的《专家证据：法律、实务、程序和辩护》②、美国杰克·V·梅特森等人合著的《有效的专家作证：着眼于 21 世纪的实务》（第 4 版）、英国的米歇尔·P·雷纳德与菲利普·S·D·金合著的《专家证人与他的证据》③ 等，而且这些专著均还谈到了就专家证人的出庭进行培训的问题，如梅特森先生便认为，专家证人的证词意欲最为有效，实际上涉及专家作证的艺术问题，它包括在大庭广众下的演讲练习、对法制的深入研究、在诉讼的任一阶段均做好出庭的准备、着装得体、行为不卑不亢、将语言组织得完美、会用通俗故事及专业故事去感染陪审员、善于以情绪去感染陪审员、会使用鲜活的视觉效应、懂得如何以通俗的语言将深奥的专业知识传授给陪审员等。④

即使是贝利·A·J·弗谢尔的《犯罪现场调查技术》（第 7 版）这样偏重于物证的发现、收集等处理工作的物证技术型专著，也用一定的篇幅给出了专家证人的小贴士。但我国，却根本没有人顾及鉴定人出庭应具备的素质或应注意的问题。这些专业技术精湛、思维敏捷的物证鉴定人，一旦出庭接受质证，却很有可能因其表达不当、举止木讷、对相关实体法及程序法的知识知之甚少，从而使成功的物证鉴定得不到裁判者的认可！这不仅是物证鉴定人本人的悲哀，也是司法资源的浪费！

出于借鉴的目的，笔者将弗谢尔的"专家证人小贴士"⑤ 翻译之后，作为本书的附录，希冀能引起相应的重视。

---

①   Barry A. J. Fisher, *Techniques of Crime Scene Investigation*，7th ed. ，Baca Raton，CRC Press，2003，p. xix.

②   Ian Freckelton and Hugh Selby，*Expert Evidence：Law，Practice，Procedure and Advocacy*，2nd ed. ，Sydney，Lawbook Co. ，2002.

③   Michael P. Reynolds and Philip S. D. King，*The Expert Witness and His Evidence*，Oxford，BSP Professional Books，1988.

④   See Jack V. Matson，Suha F. Daou and Jeffrey G. Soper，*Effective Expert Witnessing：Practices for the 21st Century*，Baca Raton，CRC Press，2003，pp. 92－95.

⑤   Barry A. J. Fisher，*Techniques of Crime Scene Investigation*，7th ed. ，Baca Raton，CRC Press，2003，pp. 20－22.

8.2.2　质证的程序性支撑

笔者通过调研了解到：截至 2005 年年初，我国某省公安机关约有一千五百名刑事技术人员从事物证鉴定工作，这些刑事技术人员每年至少要负责勘验 10 万起有现场可勘查的案件。根据这些数据，笔者考虑了如下的问题：假定其中只有一半案件提取到物证并需要就这些物证的来源、物证的形成方式或物证的原始状态进行鉴定，那么这 1 500 名刑事技术人员年均承担的鉴定数应是：33.33 起/名。假定这些案件进入审判后，相关鉴定人均被要求出庭接受质证，那么他们每人每月要应对 2.78 起案件的出庭工作。事实上，10 万起案件中远远不是只有 5 万起案件有物证需要鉴定，加上勘验现场以发现、提取物证，加上回到实验室进行鉴定，加上出具承载鉴定结论的鉴定书等必须花费的时间，每名刑事技术人员可用于出庭接受质证的时间还能有多少，这完全可以想象得出来。

于是，矛盾就出现了：一方面唯有鉴定人出庭接受质证才能真正保障诉讼当事人的诉权，才能实质地为物证鉴定结论的采纳、采信奠定基础，而另一方面，实务中承担物证鉴定工作的人员却无时间、无精力应对出庭。

如何解决这种矛盾？笔者认为，物证及其鉴定结论的质证所依附的程序有缺陷是造成这种矛盾的根源，而修复这种程序性的缺陷才能支撑起有效的质证活动。

类似的问题是，证据开示制度的不完善或缺失（如我国现行刑事诉讼制度中就没有架设证据开示制度），致使当事人一方事先无法知悉与物证、物证鉴定结论有关的重要信息，因而庭审时意欲有效质证物证及其鉴定结论无疑是空想。为此，笔者认为，以下两方面的讨论，或许有益于从程序的角度保障物证鉴定结论之质证的有效运行。

1. 简易程序的分流与鉴定人的出庭接受质证

以英美为代表的当事人主义国家极为重视专家证人的出庭作证活动，其突出表现是，如若专家证人不出庭接受质证，那么其出具的专家证言是不可能作为证据而被法庭采纳、采信的。但是，这些国家的专家证人似乎并没有将出庭视作一种负担。同样是接受聘请而就案件中的某些专门性问题（如物证的来源、物证的形成、物证的原始状态等）进行鉴定，但为什么我国的鉴定人员就有"分身乏术、忙不过来"[①]之虞，而英美国家的鉴定人却能处之泰然？就笔者看来，这显然与英美国家诉讼程序中的一些简易程序之分流功能密切相关。

以刑事诉讼为例，英国有 92％的案件因被告人的主动认罪而得到处理，美国的这一数字则是 94％。[②] 这意味着，在英国，仅有 8％的刑事案件会依普通程序进入

---

①　笔者认为，这是司法资源紧张的一种具体表现。如若此时坚持鉴定人出庭，则其成本必然高。

②　源自英国色斯赛克斯大学的沃格勒教授于 2005 年 2 月 26 日下午，在中国人民大学诉讼制度与司法改革研究中心主办、中欧法律和司法合作项目资助的"《刑事诉讼法模范法典》论证国际研讨会"上，就"全球性对抗制改革"而做的主题发言。

审判环节；在美国，则只有 6％的刑事案件会接受法官的正式裁判。由于走到正式审判这一环节的 8％或 6％的刑事案件并不会都涉及专家证人的专家意见，因而在英国及美国，真正出庭接受质证的专家证人不到 8％和 6％。"通过互相交换证据、辩诉交易或者简繁分流程序使得大部分的案件无须通过烦琐的普通程序就可以实现裁判，这也大大缓和了证人出庭作证的压力。"①

在我国，尽管民事诉讼中简易程序的适用率要高一些，"目前适用简易程序审理的民事案件占基层人民法院受理民事案件总数的 71％，个别沿海发达地区已经达到 90％"②，但刑事诉讼中，简易程序比较单一、适用范围很窄，且没有被我国学者视作调解的辩诉交易制度的存在③，而这几年新近推出的普通程序简易审的法律依据、适用前提、适用基础等均受到质疑④，因而大量刑事案件都要经过法院裁判才能得到处理，这使得出庭接受质疑成为鉴定人难以承受之重，必然影响到鉴定人出庭的积极性和出庭效果。为此，笔者认为，当我国刑事诉讼中简易程序的适用范围得以扩大、简易程序的形式得以多样化时，鉴定人便不会再从时间、精力上视出庭受质为畏途。

2. 证据开示制度的确立、完备与质证的有效性

事先知悉、了解将在法庭上出示并接受质证的物证及其鉴定结论的全部信息，并针对物证及其鉴定结论的具体特点做好充分的质证准备，才能实现诉讼双方的实质性对抗，才能使质证取得真正的效果。而对物证及其鉴定结论的事先知悉、了解，则依赖于证据开示制度。

证据开示是源自英美法系的一个舶来品，"指'了解原先所不知道的，揭露和展示原先隐藏起来的东西。'在审判制度中，'它是一种审判前的程序和机制，用于诉讼一方从另一方获得与案件有关的事实情况和其他信息'"⑤。如果以刑事诉讼为例寻找其在大陆法系的对应物，则是大陆法系国家刑事法律规定的，辩护人依法行使权利而在开庭审判前查阅控方案卷材料的一种活动；以民事诉讼为例，则类似于我国的证据交换。

---

① 何家弘主编，吴丹红、刘立霞、刘品新撰写：《证人制度研究》，116 页，北京，人民法院出版社，2004。

② 《最高法院公布民事案件适用简易程序司法解释》，载新华网，http://news.xin-huanet.com/legal/2003—09/19/content_1089103.htm。

③ 陈光中先生在《关于刑事诉讼法再修改的几点思考》（上）一文中，即认为"国外的辩诉交易实质上也是调解"。参见陈光中：《关于刑事诉讼法再修改的几点思考》（上），载《中国人民大学报刊复印资料》，2004（1），27 页。

④ 参见李金元：《对普通程序简易化审理的法律思考》，载http://www.qshxlawfirm.com/%E5%BE%8B%E5%B8%88%E8%AE%BA%E4%B8%9B/%E6%99%AE%E9%80%9A%E7%A8%8B%E5%BA%8F.htm。

⑤ 张卫平主编：《外国民事证据制度研究》，74 页，北京，清华大学出版社，2003。

就证据开示的主体和义务，证据开示的时间和地点，证据开示的内容和方式等作出详细的规定，将防止诉讼一方在庭审时搞突然袭击，有益于诉讼对方的实质对抗，进而有利于提高诉讼效率，有利于我们对实质正义的追求。正是因为证据开示有着如此优点，所以英美等国均就证据开示制度做了多次的改革与完善。随着世界各国法律文化交流的增多，随着英美法系对抗式诉讼的优点被越来越多的国家所认可，证据开示的做法也被许多大陆法系国家所效仿，如我国最高人民法院于1998年7月6日颁布的《关于民事经济审判方式改革问题的若干规定》中规定的"案情比较复杂、证据材料较多的案件，可以组织当事人交换证据"，便是证据开示的一种雏形。

尽管我国最高人民法院于2001年12月21日出台的《关于民事诉讼证据的若干规定》在第37条至第40条就证据交换的启动、主持、时间、次数等问题，作了较前面提到的《关于民事经济审判方式改革问题的若干规定》更为明确细致的规定，但相对于英国、美国的证据开示制度而言，仍存在着许多问题，如证据交换由法官主导、交换次数通常至多两次、交换的证据种类并不明确、交换双方的当事人大多互不见面等，这使得物证及其鉴定结论之质证赖以存在的事先知悉、事先了解并不能做得很全面。

再从我国刑事诉讼来看，我国于1996年修改的现行刑事诉讼法对诉讼模式进行了类似当事人主义的改造：将对抗制引入了庭审。为了防止法官形成预断、防止法官不能在对抗式庭审中处于中立地位，修订后的刑事诉讼法不再允许公诉方向法官移送全部案卷和证据材料，而只允许向法院提交起诉书及据以认定犯罪的证据目录、证人名单及主要证据的复印件或照片。"无疑，从案卷主义向复印件主义的这一变化，体现了预断排除思想，表面上也注重了诉讼双方的对抗问题。但是，审理法官仍能从主要证据的复印件或照片中觅得案情的蛛丝马迹，无法彻底中立；公诉方却能较为自由地决定'主要证据'的范围和内容，将具有杀伤力的控诉证据予以隐匿，有可能在庭审时使出令辩方措手不及的杀手锏；辩护律师较原刑事诉讼法的规定而言则反而不能全面知悉公诉方掌握的所有证据材料及至关重要的各种细节，难以作出充分的辩护准备。"[①] 在这种复印件主义的做法下，辩护方曾经拥有的、可从法院那里全盘知悉控方证据的大陆法系式做法下的权利为了配合预断的排除而被剥夺，却又没有因为当事人主义之对抗制因素的引进借证据开示制度的设立而重获新生，故辩护方完全有可能无法知悉包括物证及其鉴定结论在内的各种重要证据，进而根本无法就庭审上将要进行的物证及其鉴定结论的质证作出充分的、实质性的准备。

依笔者之见，意欲使物证及其鉴定结论的质证发挥真正的作用，即质证有实效，进而使得法官面对物证鉴定结论（特别是多份彼此存在差异的物证鉴定结论）不再为难，同时也为了使得现行刑事诉讼法确立的对抗式庭审真正实现控辩双方旗鼓相

---

① 李学军、刘建华：《预断排除法则若干问题浅析》，载《法学家》，2003（6），92页。

当地抗衡，我国刑事诉讼法中就必须尽早确立证据开示制度，就证据开示的具体方式、时间、地点、不开示证据的制裁措施等问题作出详细规定。

8.2.3 质证的内容选择

就物证及其鉴定结论的质证而言，诉讼双方质证的对象无疑是物证以及物证鉴定结论。但是，应从哪些方面或者从哪些内容着手，去质证物证及其鉴定结论，进而动摇或坚定其作为定案之根据的地位呢？笔者认为，应从形式及实质两个方面质疑物证及其鉴定结论的采纳、采信的可能性。

从形式来看，物证的发现、收集活动极易影响到物证的合法性，进而有可能使得物证被法庭排除，这在刑事诉讼中表现得尤其突出。出于人权保障的目的，各国刑事诉讼法均严格规定了警方发现、收集物证的程序，限定了警方发现、收集物证的手段，但实务中却不乏存在以非法手段获得的物证。尽管因为诉讼价值的不同，各国对这种非法物证的取舍有着不同的选择，或者同一国家不同时期有着不同的选择，但在质证时，针对物证发现和收集活动中的非法行为，均会引起裁判者的注意进而该物证有可能被排除。此外，物证自发现、收集时起，至送交鉴定及随后出示于法庭的整个阶段是否处于完整的保管链中，也有可能影响到物证被采纳的情况，即如若物证在此阶段有一环节出现"断裂"，无法排除物证被替换即被掉包的可能，那么该物证显然得不到法庭的认可。

至于物证鉴定结论，其形式上的一些要求，如鉴定启动的合法性、鉴定机构的资质、鉴定人的学识经验、鉴定活动的合乎程序性、鉴定书的格式要件等，则是影响其证据能力的关键。

从实质而言，物证的独特特点，如外形特征、所载字迹特征或其物质属性等，是其发挥证明作用也就是证明案件某一事实的基础。当然，物证的物质属性、字迹特征以及一部分外形特征等，并非是我们普通人能够分辨的，通常需要物证鉴定人的介入、需要物证鉴定人员的鉴定结论加以解说，但是，仍然有一些物证，如用作凶器的个人用品、被盗窃的物品等，却是普通人能够以辨认的方式加以识别进而加以质证的。也就是说，对这类物证，控辩双方的质证可围绕其独特特点而展开。

与物证相比较，物证鉴定结论作出的基础，也就是接受鉴定的物证本身状况，物证鉴定时所采用的方法、所基于的原理、所显示出的结果，以及物证鉴定人对这些结果的推理评判等，如提交鉴定的物证在发现、提取时所用的技术是否得当，是否已经腐败或被污染，所用的鉴定方法有无致命缺陷、是否得到普遍认可，物证鉴定人对物证所拥有的特征价值的评判、对物证在接受分析检验时所呈现出的现象的评判是否合乎经验法则、逻辑推断等，均将极大地影响物证鉴定结论的可靠性。为确保诉讼双方充分行使质证权，为保障法官对物证鉴定结论的认证确实是有据可依、而非空中楼台，就必须从实质上质证物证鉴定结论，也即质证物证接受鉴定时其自身的状况、鉴定时所采用的方法、鉴定所基于的原理等实质性内容，而这正是设立专家辅助人的意义所在——唯有专家辅助人或在专家辅助人的帮助下才能真正从这些实质内容上质证物证鉴定结论。

　　然而在我国，实际情况则是，诉讼双方更多只是选择从形式入手去质疑物证及其鉴定结论的证据能力，很少有案件能从实质内容方面去考量物证及其鉴定结论。当物证及其鉴定结论在证据能力方面有缺陷时，这无疑能起到一定的过筛作用，但如若物证及其鉴定结论在证据能力方面无懈可击，那么这种质证对物证及其鉴定结论之可靠性的评判就可以说是毫无价值；特别是当同一事项有多份不同的物证鉴定结论时，如若这些结论各异的物证鉴定结论均具有了证据资格，但诉讼双方因主观上未曾考虑到或客观上无法做到质疑它们的实质内容，那么在判断、确定这些物证鉴定结论的可靠性时，法官仍然会一筹莫展。为此，应大力宣传质疑物证及其鉴定结论之实质内容的重要性，并设立完善、科学的专家辅助人制度，以帮助诉讼双方完成对物证及其鉴定结论的实质内容的质证。唯有此，才能根本解决裁判者在物证专门知识方面的缺憾，才能真正有利于裁判者在"众说纷纭"的物证鉴定结论面前作出明智的抉择。

8.3　物证及其鉴定结论的认证

　　在主持了诉讼双方就物证、物证鉴定结论以及其他证据的质证之后[①]，法官对物证及其鉴定结论的可采性、证明力均应有了一定的认识，因而有必要就物证及其鉴定结论能否采纳为证据，以及如果采纳为证据则其证明力有多大等问题作出独立的判断。这便是物证及其鉴定结论的认证。之所以认为认证为法官的独立判断，是因为，在这一过程中法官只需凭借自己的心智、自己对法律的理解、自己的辨别能力及已有的经验。但是，我们还应深刻地认识到，这种独立判断并非是真空中的恣意行为，它必然受到一定的约束，就如同日本学者中村英郎对法官之自由心证的评价那般："虽为自由心证，但并非纵容法官恣意判断，而必须依照理论法则、经验法则来判断（违反此规定的事实认定可成为上告理由）。"[②] 尽管法官的认证凭借的是自己的心智、自己对法律的理解等，但他脱离不了个案中具体物证及其鉴定结论的特点和内容，他更脱离不了一国法律制度对其根深蒂固的深刻影响。从这个角度而言，有关物证及其鉴定结论的认证还是有共性可供我们探讨的——至少法律有关证据之证据能力及证明力的一些规定和立法精神，是法官在对物证及其鉴定结论进行认证时不得不加以考虑的重要内容。

---

　　① 出于论文之主题的限制，笔者在前文仅讨论了物证及其鉴定结论的质证。但实务中，物证及其鉴定结论的质证无疑是与其他证据一并在质证这一庭审阶段进行的。

　　② ［日］中村英郎著，陈刚译：《新民事诉讼法讲义》，199 页，北京，法律出版社，2001。

8.3.1　物证及其鉴定结论之证据能力的认证

如前所述，证据能力是指经由诉讼当事人提交法院的证据能够被法院接纳或采纳时所应达到的最低标准。它通常表现为在客观性、关联性和合法性三个方面满足法律对证据的基本要求。就物证及其鉴定结论而言，其客观性应该是不言而喻的，因为物证自身就是一种客观存在，而物证鉴定结论显然不是凭空而成，而是基于对物证的检验鉴定结果而给出的意见。至于物证及其鉴定结论的关联性，相较而言也不难认定：物证的发现、收集活动及相关的记录表明，物证与争诉之案有着形式上的关联——物证源自该案的现场、当事人或由当事人举证；物证之特点对争诉案件之某一事实的证明，则表明物证与该案件之间的实质性关联。经过质证，物证有无关联性应该是一目了然，不会令法官难以判定。至于物证鉴定结论，其基础是案件中的物证，以及鉴定时所必需的比对样本等相关材料，且鉴定是应聘请或委托方的要求而进行的，如要求鉴定某份文书上的签名是否原告张三书写、某枚从现场发现的指印是否犯罪嫌疑人李四所留、某颗从受害者体内提出的弹头是否某嫌疑枪支发射的，故根据这些具有关联性的物证及其相关材料，按照具体的鉴定要求作出的物证鉴定结论，无疑能很好地依次回答下列问题：某份文书是否张三签发、李四是否去过现场、嫌疑枪支是否便是击伤受害者的凶器。对这些问题的回答，便是物证鉴定结论对案件中相关事实的实质性证明，该实质性证明即是物证鉴定结论的关联性。同样，物证鉴定结论这种关联性的有无经质证就能得以确认，也不会给法官带来多大的认证难题。

相反，物证及其鉴定结论是否满足了法律为证据的准入而设定的合法性之标准，未能满足该标准是否还能将之采纳为证据，则是需要法官在认证时费一番心思加以权衡的问题：物证及其鉴定结论没有关联性自然不得采纳为证据，因为没有关联性者不能证明案件中的任何事实；但是，物证及其鉴定结论之合法性的丧失并不必然导致其证明力的丧失——虽然是经过刑讯逼供的方式得到线索并据此找到受害者的尸体及罪犯行凶的凶器，但受害者的尸体及凶器仍然能够证明杀人之事实的存在，此时，法官是应将尸体及凶器均排除在外呢，还是应将它们采纳为定案的依据？这便涉及非法证据的排除问题。

"非法证据"，有广义和狭义之分。广义的非法证据，是指收集或提供主体不合法、取证程序不合法、内容不合法或者表现形式不合法的证据。[①] 狭义的非法证据，则源自英文"evidence illegally obtained"，指以不合法方式取得的证据，并通常特指在取证过程中违反了被告人的合法权利而取得的证据。[②] 广义的非法证据虽然将现

---

① 参见冀祥德：《非法证据成因与价值思考》，载陈卫东主编：《司法公正与律师辩护》，539 页，北京，中国检察出版社，2002。

② 参见杨宇冠：《非法证据排除规则研究》，4 页，北京，中国人民公安大学出版社，2002。

实中①可能存在的各种形式的不合法证据均囊括其内，但却有可能使得过多的证据"涉嫌不合法"而处于可能被排除的不确定状态，或者干脆因此被排除，于是会有大量案件因缺少证据而得不到公正的处理，故笔者认为，狭义的非法证据概念应更合理：它不仅突出强调了取证时应保障被告人的合法权利，更符合社会安定的现实需要——它不会使实务中过多的证据因处于非法状态而被排除。再结合物证及其鉴定结论而言，物证及其鉴定结论的非法性也突出表现为，在取得物证及其鉴定结论的过程中对被告人之合法权利的侵犯，故本书只从狭义非法证据的角度讨论法官对物证及其鉴定结论的认证。

此外，民事诉讼、行政诉讼受刑事诉讼对非法证据之讨论的影响，也开始关注非法证据的取舍问题，但因为刑事诉讼中非法证据的取舍所造成的后果要较民事诉讼或行政诉讼严重得多，故本书只从刑事诉讼的视角讨论非法物证及其鉴定结论的取舍，对非法物证之类的非法证据在民事诉讼或行政诉讼中应否称作"瑕疵证据"、其证明力如何等问题不作探讨。②

对非法获得的言辞证据而言，如以酷刑、残忍及其他不人道方式取得的被告人或第三人的口供，以威胁、引诱、欺骗等方法取得的证人证言、被害人陈述和被告人口供等，能够达成的共识是，应该将这些非法言辞证据加以排除。理由是，前述取证手段不仅侵犯了被取证人的权利，而且还极可能影响言辞证据的真实可靠性。如若未将这种证据加以排除，则既侵犯了人权又没有实现实体的正义。

但对非法取得的包括物证在内的实物证据，如以刑讯逼供方式得到线索进而获得的凶器——也就是俗称的"毒树之果"、以违反搜查扣押程序获得的物证是否应该排除，学界及实务界均有不同的看法。赞同排除者认为，既然取证行为侵犯了被取证者的合法权利，那么从保障人权的角度而言，就应该毫不犹豫地将所取得的物证加以排除。③ 反对排除者认为，取证行为的非法性并不会使得物证的真实可靠性发生改变，从查明案情、保证实体正义进而打击犯罪的现实需要出发，应允许法官将这些程序上有瑕疵、但实质内容真实可靠的物证采纳为证据。

笔者认为，对非法物证的采纳与否，并不能简单地以"是"或"否"来回答，因为这其中涉及不同价值、不同利益的兼顾及衡平的问题。以何家弘先生在其一篇论文中介绍的一个英国案件为例：

"1997年1月23日凌晨，英国伦敦发生了一起入室盗窃强奸案。受害人是一个

---

① 特别指我国现实中，因为在美国等判例法国家，法律并未就证据的具体形式作出明确的规定，因而显然不存在"表现形式不合法的证据"。

② 在《论民事诉讼"瑕疵证据"及其证明力——兼及民事诉讼证据合法与非法的界线》一文中，作者吴英姿提出了"瑕疵证据"这样的概念，并对民事诉讼证据的合法与非法作了一定的阐释。参见吴英姿：《论民事诉讼"瑕疵证据"及其证明力——兼及民事诉讼证据合法与非法的界线》，载《中国人民大学报刊复印资料·诉讼法学、司法制度》，2004（3）。

③ 参见孙维萍：《意大利非法证据排除规则对我国的立法借鉴》，载《中国人民大学报刊复印资料·诉讼法学、司法制度》，2003（12），85页。

66 岁的老妇人。警方技术员对受害人的阴部进行检查并提取到强奸犯留下的精斑。
3 月 20 日，技术员从该精斑中获得了罪犯的 DNA 图谱。然而，警方经过调查没有
找到嫌疑人，只好把该图谱存入未破案件的 DNA 数据库。

　　1998 年 1 月 4 日，一个年轻人因涉嫌另外一起入室盗窃案被警方逮捕。在接受
警察讯问时，他提供了虚假姓名。如果他当时给出真实姓名，警察就会发现他本来
有犯罪前科。按照法律规定，对于有犯罪前科的嫌疑人，警察提取的 DNA 样本可以
长期保存，不受当前指控案件的审判结果的影响。但此为后话。按照前述法律的规
定，警察在他不同意的情况下强制提取了他的唾液样本。5 月 12 日，该样本送交实
验室检验并制作了 DNA 图谱。

　　1998 年 8 月 23 日，由于证据不足，法庭在那起入室盗窃案的审判中判该青年无
罪。但是，警察没有按照法律规定及时销毁其 DNA 样本，而是将其与未破案件数据
库中的 DNA 样本进行比对。10 月 6 日，鉴定人员发现该青年的 DNA 与 1997 年的
那起入室盗窃强奸案中犯罪人留下的 DNA 样本特征吻合。警察于 10 月 15 日再次逮
捕该青年。在审讯中，该青年不承认自己有罪，也拒绝了警方提取其体内样本的要
求。后来，警方依法强制提取了他的毛发样本，并于 10 月 18 日再次得出 DNA 鉴定
结论；二者同一的概率高达 1 比 1 700 万。于是，检察官以入室盗窃强奸罪又把该青
年送上法庭。

　　在该案中，由于那位 66 岁的受害人没有看清罪犯的相貌，不具备辨认条件，所
以 DNA 鉴定结论就成为审判的关键证据。在法庭上，一审法官认为该 DNA 证据的
取得违反了有关的证据规则，不能采用，并因此判被告人无罪。英国在刑事审判中
采用‘一罪不二审’的原则，所以检察官不能就法庭的无罪判决提出上诉，但是可
以就该证据裁定提出上诉。于是英国检察长将案件提交上诉法院审理，但是上诉法
院维持了原审法院的裁定。检察长不服，又把案件上诉到英国最高审判机关，即上
议院。

　　2000 年 12 月 14 日，英国上议院裁定：证据的采用与否属于法官的自由裁量权，
国会立法不能越俎代庖。在该案中，DNA 鉴定结论是至关重要的证据，而且该鉴定
结论也是确实可靠的，因此法官应该采用，尽管那是违反法律规定取得的证据。仅
仅因为取证不合法就让被告人逃避惩罚，这显然不符合司法公正的要求。”①

　　严格地说，该案涉及的是一个非法物证鉴定结论采纳与否的问题，但此物证鉴
定结论之所以成为非法，根源还在于物证（即 DNA）的取得违反了英国的相关法律
规定，因此可以说，对该 DNA 鉴定结论的排除、否定，实质上是对 DNA 的排除、
否定，其体现出的价值平衡之良苦用心应无二异，这就如同英国上议院在该案判决
中所陈述的那般：“人们必须记住，保护被告人的权利不是（刑事司法）要追求的唯
一价值目标。刑事司法的目标是要让每一个人在日常生活中免除犯罪对人身或财产
的侵害或由此带来的恐惧。而且，严重犯罪应该受到有效的侦查和起诉，这是符合

---

　　① 何家弘：《中国刑事证据规则体系之构想》，载《法学家》，2001 (6)，36～37 页。

每个人利益的。（司法）对各方都必须是公正的。在一个刑事案件中，它要求法官考虑三角形利益关系，包括被告人、受害人或其家庭，以及公众的利益定位。"①

诚然，刑事诉讼中，注重保障人权极为重要，但我们必须深刻地明了，保障人权并不意味着仅仅保障犯罪嫌疑人、被告人一方的人权。因为曾经有过的疏忽，我们现在要注重强调对犯罪嫌疑人、被告人之人权的保障，但这并不等于我们就应该放弃对受害人及社会公众之人权的保障。就连美国那般强调保障犯罪嫌疑人、被告人人权，并有着大量非法证据排除规则的发达国家，基于社会秩序、国家安全的考虑，也以判例的方式将非法证据排除规则的适用范围一再缩小——毒树之果的例外、善意之例外、必然发现之例外等例外的出现便是最好的说明；而"9·11"事件之后，美国更是外强调秩序、安全等大众利益，并赋予警方等侦查部门前所未有的一些权力，这不得不令我们深思！

我国是一个发展中国家，幅员辽阔、经济发展极不平衡，这使得我们对犯罪的追诉变得异常艰难，如果此时还大力倡导非法物证一律排除，那么犯罪分子就有可能逍遥法外，社会的安定就会不复存在。因此，笔者认为，我们应该教导侦查机关依法取证，并给予其充足的侦查取证手段，但对非法取得的物证，不要一刀切地全部排除，而是要结合具体的案情，考虑所要维护的利益，只对其中严重侵犯被取证者之人权者，才应果敢地排除。② 当然，笔者的这种做法有纵容侦查机关非法取证之嫌，但笔者认为，我们完全可以用其他措施教育并制止侦查机关的违法行为，如行业内部的惩戒、实体法上的定罪量刑等，而不应以这种"侦查机关取证行为违法——物证被排除——罪犯逍遥法外——社会公众惴惴不安"的方式来处理或预防非法取证行为。事实上，这种预防不仅收效甚微，而且还出现了"警察违法、公众吃苦药、罪犯乐逍遥"的现象。警察违法应受到处罚，罪犯犯罪更应受到刑事追究，这是两个问题，应分而处之而不应"二选一"。

如同前述英国案例所示，非法物证将导致针对该物证而为的鉴定结论也"沦为"非法。对这种非法物证鉴定结论的取舍，笔者的观点与前面对非法物证的取舍相同，即通常予以采纳，只是当它的作出基础，即具体物证因为严重违法而被排除时，依该物证得出的鉴定结论才应被排除。

实务中，还存在着这样的情况，即物证鉴定人受利诱而故意"指鹿为马"，出示颠倒黑白的物证鉴定结论，这显然也属于非法物证鉴定结论。笔者认为，对这类物证鉴定结论，则应一律排除，并依法追究物证鉴定人作伪证的刑事责任。

---

① 何家弘：《中国刑事证据规则体系之构想》，载《法学家》，2001（6），37 页。

② 我国台湾地区现行"刑事诉讼法"（经 2009 年修订）第 158 条之 4 规定："除法律另有规定外，实施刑事诉讼程序之公务员因违背法定程序取得之证据，其有无证据能力之认定，应审酌人权保障及公共利益之均衡维护。"这一规定虽然没有区分人证和物证，但却明确表明了这样的精神，即：无论是何种证据，法官均不应一律排除，而是应兼顾、衡平不同价值、不同利益来定夺。这与笔者的观点相一致。

8.3.2　物证及其鉴定结论之证明力的认证

证明力，又称证据效力，"指的是证据对案件中待证事实的证明效果和力量"①。证据的证明效果和力量无疑取决于证据本身的准确可靠性及证据与待证事实之间的关联程度。准确可靠的证据、与待证事实关联密切的证据，其证明力显然就强，反之则弱。具体到物证及其鉴定结论，其准确可靠性及与待证事实的关联程度又如何把握呢？

就物证而言，如若物证的发现、收集及保管均严格依照法律程序和技术规范而进行，那么物证的各种外在特征或内在属性等实质性影响其证据效力的因素也就没有发生变化，因而可以说该物证准确可靠。

就物证鉴定结论而言，如若鉴定人专业知识扎实、经验丰富，所用的方法和手段合乎相应的行业标准或规范，其所针对的物证及所依赖的物证比对样本等基础材料确实可靠，而且鉴定人在作出鉴定结论时所基于的实验数据、实验结果充分，推理也合乎逻辑，那么该物证鉴定结论自然准确可靠。

在论及证据与待证事实之间的关联程度时，也就是从关联性来判断证据的证明力大小时，我们必须首先明确待证事实是案件的主要事实、还是次要事实，其次还要明了证明力大小的比较是物证或物证鉴定结论本身的比较、还是物证或物证鉴定结论与案件中其他证据的比较。当待证事实是案件中的主要事实，而证明力大小的衡量判断又是围绕该主要事实来进行时，物证或物证鉴定结论因不能单独证明案件的主要事实，或者说与案件主要事实间的关联程度要弱，因而其证明力自然要小于能够单独证明案件主要事实的其他直接证据。但是，如若待证事实为案件中的次要事实，而证明力大小的衡量判断仅针对该次要事实而言，那么，物证或物证鉴定结论将因与该次要事实间的关联程度高，而具有不逊于直接证据之于主要事实的证明力。例如，指纹及指纹鉴定结论不能单独证明张三杀了受害者这一主要事实，因而与可以证明该主要事实的某录像带相比，其证明力显然要小；但是，指纹及指纹鉴定结论在证明张三到过杀人现场这一次要事实方面，其证明力堪与前述录像带对张三之杀人行为的证明力相媲美！

基于以上分析，笔者认为，对物证以及物证鉴定结论之证明力的认证，往往要将该物证或物证鉴定结论置于全案证据的大环境中加以综合分析，这与对物证或物证鉴定结论之证据能力的认证往往是从其本身的合法性及实质证明意义着眼有着很大的不同。因此，在判断物证以及物证鉴定结论的证明力时，法官绝对不能"就事论事"，而应"统揽全局"。

在论及证据之证明力时，还有个问题不能不提到，那就是，证明力的认证较证据能力的认证更需法官自由进行。因为证据能力从实质上说，"是一种国家意志的表现，它体现了立法者对某种证据是否能够作为认定事实的根据而产生可采性问题的

---

① 何家弘、刘品新：《证据法学》，256 页，北京，法律出版社，2004。

直接干预"①，故法官对证据能力的认证尽管就个案而言，可作一定的自由裁量，但总体而言却要遵守国家法律的规定。而对证明力的判断，则更多要依仗法官的心智、经验及职业道德。事实上，案件千差万别，证据的具体形式、内容各不相同，法律显然无力也不可能就证明力作出统一的规定。因此，如同我国最高人民法院《关于民事经济审判方式改革问题的若干规定》第 27 条所言，"物证、历史档案、鉴定结论、勘验笔录或者经过公证、登记的书证，其证明力一般高于其他书证、视听资料和证人证言"，则是机械、僵化而又盲目的——其盲目概源自对物证或物证鉴定结论之客观真实性或所谓"科学性"的绝对信从，而这种盲目自然会导致对物证以及物证鉴定结论的机械、僵化的采信，并最终可能导致实体的不公。

针对实务中就物证鉴定结论之证明力的认证难以把握的现实，笔者认为，物证鉴定结论之证明力的认证除了要在关联性上下工夫以外，还应从其准确可靠性上着重考察。而物证鉴定结论之准确可靠性的审查可从以下几个方面着手：

1. 物证鉴定人员的素质是否高。即其是否受过正规专业培训，是否从事物证鉴定工作多年并积累了丰富的经验，进而可以准确评判那些没有客观标准加以衡量的特征的价值。

2. 所用物证鉴定方法和程序是否合乎相应的国家标准、行业标准或规范（如果有的话），所用仪器设备是否正常运转没有任何故障且在测试前得到了应有的校准。

3. 物证鉴定结论所针对的物证以及所依赖的物证比对样本等是否真实可靠没有差池，即没有被损坏、没有被污染、没有被掉换，等等。

4. 适时动用现有的一些客观数据（如各种基因位点在不同人种中的出现率等）去评判诸如 DNA 物证鉴定之类的鉴定结论的准确性。

5. 物证鉴定结论的实验数据和实验结果是否充分、属实，结论的得出是否合乎逻辑性等。

---

① 何家弘主编：《新编证据法学》，428～429 页，北京，法律出版社，2000。

附录：专家证人小贴士[①]

　　法庭科学的实务工作者常常被要求到法庭作为专家证人作证。在法庭上作证是一种挑战，这对无经验者而言更是如此。培训和经验会使作证变得容易。而下列几点与专家证言的效率有很大的关系：

去法庭之前

- 保存好所有详尽的笔记、记录、图片及图解等。
- 仔细准备你的鉴定书，并考虑使用合适的语言，注意语言的完整性，突出你的意见。
- 在审前会议上为控方做准备。
- 在到法庭之前先回顾一下案情。
- 绝不允许控方或辩方让你陷入你的专业领域之外的问题中。问问你自己，我的证言能否经受住对方有资质的专家证人的询问？

给出专家证言

- 注意着装。应穿着显得稳健的服装。避免使用可能显示你的俱乐部、团体或宗教信仰的别针或珠宝。你的着装在陪审团是否愿意相信你所说的话方面起着很大的作用。
- 回答问题时，应面对陪审员而非律师。应讲给陪审团听并用眼睛与之交流。应目视每一名陪审团成员。
- 坐直。别没精打采或太舒适地坐着。

---

① See Barry A. J. Fisher, *Techniques of Crme Scene Investigation*, 7th ed., Baca Raton, CRC Press, 2003, pp. 20—22.

- 在回答问题前停顿一下。给对方律师要留有反驳的机会，这也好给自己留下考虑接下来说什么的时间。
- 讲话时避免使用"姆"、"嗯"等。
- 以专家的身份讲话。不仅你所说的内容很重要，而且你如何说及你看上去如何说也很重要。
- 注意你的体态——你的坐姿、你的身体语言，不要乱摸展示物或支撑物。
- 站着时不要烦躁不安或摇摆不定。
- 注意你的行为，不要表现得太自信（这可能会被视作骄傲自大）。
- 避免敌意。要表现出诚意、客观、礼貌且公正。如果你不知道答案，那就承认这一点。
- 注意语速、声高和节奏。要不慌不忙但忌慢。
- 突出你的意见，学会使用非专业语言，用类比使你的证言听起来有趣。
- 集中注意力地听。仔细听代理人的每一个字，不要抢着回答。
- 注意停下来阐释概念。
- 谨记：法庭书记员记下了你所说的每一句话，特别是你的证言。
- 直截了当地回答问题。

交叉询问
- 证人支配着节奏。你不必以是或否来回答任何问题。要解释你的基本理由。
- 小心使用"那样可能吗"或"那样说公平吗"之类的问句。
- 可以被人接受的回答是，"我认为我无法回答那个问题"。
- 仔细倾听假设性提问的各个方面内容；如果你无法确认问题是什么，可要求其阐释清楚。
- 如果你没有机会解释你的回答，那么可以问一问，看是否可以用回应的方式阐释你的陈述。
- 记住你的行为举止，你不得袒护某一方。
- 律师的嗓门越大、越显得好战，则你应该越镇定、越礼貌。不要发脾气。
- 如果你被问及一个特别长而又混乱的问题，你可简单地说，"我不明白你的问题，你能换一个问法吗?"

其他
- 以普通人能明白的方式说话，避免行话，尤其是"科学语词"（scientific-ese）。
- 在作证之前仔细察看先前的证人证言、鉴定书及展示物。尽量与控方开一个审前会议。
- 客观一点，记住你不是辩护人。案子最终是有罪还是无罪裁决应均与你无关。两种情况下你的薪酬是相同的；你的工作是为你自己的意见去辩护。
- 使用视觉帮助、比喻、源自每日生活的事例以及黑板。
- 注意法官的反应。其持续的反驳意味着你不能回答以前的问题。
- 别将自己逼入绝境。小心诸如这样的问题，如"你是否出过错"、"那是不可能的吧"。

- 别惦记着回避难以回答的问题。陪审团会对你避而不答的问题产生疑问。
- 警惕交叉询问时的小把戏，即从一个出版物中摘录一段文字或从一篇不存在的文章中摘录一段话。你总是可以要求律师将文章拿来以便你恢复记忆，甚至要求去阅读这篇文章。
- 可以说，"我不知道"或"我弄错了"。
- 带头与代理人碰头并交谈。
- 注意辅导新的、无经验的公诉人。如果他或她在相应领域内毫无经验且是新手，那么你作为专家证人应耐心地提供你的帮助。要记住，你在初次出庭时你的感受是怎样的。

参考文献

一、中文部分

1. 黄道秀译．俄罗斯联邦刑事诉讼法典．北京：中国政法大学出版社，2003

2. 张西安，程丽庄译．俄罗斯联邦民事诉讼法、执行程序法．北京：中国法制出版社，2002

3. 薛波主编．汉英法律词典．北京：外文出版社，1995

4. 杨良宜，杨大明．国际商务游戏规则：英美证据法．北京：法律出版社，2002

5. 薛波主编．元照英美法词典．北京：法律出版社，2003

6. 陈朴生．刑事证据法（重订版）．台北：三民书局，1995

7. 陈浩然．证据学原理．上海：华东理工大学出版社，2002

8. 孙言文主编．物证技术学．北京：中国人民大学出版社，2000

9. 纪敏主编．证据全书．北京：中国民主法制出版社，1999

10. 卞建林主编．证据法学．北京：中国政法大学出版社，2000

11. 何家弘主编．新编证据法学．北京：法律出版社，2000

12. 徐立根主编．物证技术学．2版．北京：中国人民

大学出版社，1999

13. 汪建成，刘广三．刑事证据学．北京：群众出版社，2000

14. 宋世杰．证据学新论．北京：中国检察出版社，2002

15. 樊崇义主编．证据法学．北京：法律出版社，2001

16. 冀祥德．非法证据成因与价值思考．见：陈卫东主编．司法公正与律师辩护．北京：中国检察出版社，2002

17. ［美］阿尔弗雷德·阿伦·刘易斯著．何家弘译．血痕、弹道、指纹、探奇．北京：群众出版社，1991

18. 最高人民法院民事审判第一庭编．民事诉讼证据司法解释及相关法律规范．北京：人民法院出版社，2002

19. 刘耀主编．物证鉴定科学．北京：群众出版社，1998

20. 中国社会科学院语言研究所词典编辑室编．现代汉语词典．5 版．北京：商务印书馆，2005

21. 滕桂兰．浅淡微量物证的寻找与提取．见：公安部科技局论文编审组，公安部科学技术情报研究所编．微量物证鉴定技术论文报告选编．北京：群众出版社，1988

22. 张文清．微量物证分析的发展及其人才的培养．见：微量物证检验学术交流会论文编审组编．第二届微量物证检验学术交流会论文汇编．北京：中国人民公安大学出版社，1990

23. 张惠芹等．从投毒杀人案件的多样性谈检验鉴定对策．见：中国人民公安大学学报（自然科学版），2003（2）

24. 白纪云等．计算机在微量物证定量分析中的应用．见：微量物证检验学术交流会论文编审组编．第二届微量物证检验学术交流会论文汇编．北京：中国人民公安大学出版社，1990

25. 中国刑事科学技术协会论文编审组编．中国刑事科学技术协会第二届学术研讨会论文汇编．北京：中国人民公安大学出版社，1998

26. 邹明理主编．我国现行司法鉴定制度研究．北京：法律出版社，2001

27. 刘文主编．中国刑事科学技术大全．北京：中国人民公安大学出版社，2003

28. 赵向欣主编．中华指纹学．北京：群众出版社，1997

29. 吴维蓉编．刑事物证技术学．北京：警官教育出版社，1998

30. 张毅等．刑事技术总论．北京：中国人民公安大学出版社，2001

31. 何家弘．同一认定——犯罪侦查方法的奥秘．北京：中国人民大学出版社，1989

32. 孙业群．司法鉴定制度改革研究．北京：法律出版社，2002

33. 罗亚平．物证技术及物证鉴定制度．北京：中国人民公安大学出版社，2003

34. 何家弘．犯罪鉴识大师：李昌钰．北京：法律出版社，1998

35. 王达人，曾粤兴．正义的诉求——美国辛普森案和中国杜培武案的比较．北京：法律出版社，2003

36．李学军主编．美国刑事诉讼规则．北京：中国检察出版社，2003

37．孙言文编著．生物物证技术．北京：中国人民大学出版社，1995

38．刘昊阳．犯罪行为同一认定理论与实践．北京：中国人民大学博士论文

39．盛骤等编．概率论与数理统计．3版．北京：高等教育出版社，2001

40．[美]乔耶·尼克尔等著．贾宗谊等译．犯罪案件侦破．北京：新华出版社，2002

41．高玉振．华东地区汉族D16S3391和D10S676基因座的遗传多态性．中国法医学杂志，2004（5）

42．黄玉立等．中国鄂温克族人群15个STR基因座多态性研究．法医学杂志，2004（3）

43．刘晓丹主编．美国证据规则．北京：中国检察出版社，2003

44．陈卫东．论刑事证据法的基本原则（上篇）．中国人民大学报刊复印资料·诉讼法学、司法制度，2005（1）

45．[美]约翰·W·斯特龙主编．汤维建等译．麦克密克论证据．5版．北京：中国政法大学出版社，2004

46．柴发邦主编．中国民事诉讼法学．北京：中国人民公安大学出版社，1992

47．张卫平主编．外国民事证据制度研究．北京：清华大学出版社，2003

48．肖建国．证据能力比较研究．中国人民大学报刊复印资料·诉讼法学、司法制度，2002（4）

49．陈卫东，李训虎．先例判决·判例制度·司法改革．中国人民大学报刊复印资料·诉讼法学、司法制度，2003（4）

50．毕玉谦．证据保全程序问题研究．中国人民大学报刊复印资料·诉讼法学、司法制度，2002（2）

51．吴英姿．论民事诉讼"瑕疵证据"及其证明力——兼及民事诉讼证据合法与非法的界线．中国人民大学报刊复印资料·诉讼法学、司法制度，2004（3）

52．[美]乔恩·R·华尔兹著．何家弘等译．刑事证据大全．2版．北京：中国人民公安大学出版社，2004

53．何家弘，刘品新．证据法学．北京：法律出版社，2004

54．李昌珂译．德国刑事诉讼法典．北京：中国政法大学出版社，1995

55．程味秋，陈瑞华等译校．英国刑事诉讼法（选编）．北京：中国政法大学出版社，2001

56．陈卫东，程雷．刑事诉讼的全球化趋势析评．中国人民大学报刊复印资料·诉讼法学、司法制度，2003（6）

57．[德]克劳斯·罗科信著．吴丽琪译．德国刑事诉讼法．台北：三民书局，1998

58．[美]Ellen Hochstedler Steury、Nancy Frank著．陈卫东，徐美君译．美国刑事法院诉讼程序．北京：中国人民大学出版社，2002

59．何家弘．中国刑事证据规则体系之构想．法学家，2001（6）

60. ［美］约翰·亨利·梅利曼著．顾培东等译．大陆法系．2 版．北京：法律出版社，2004

61. 宋英辉译．日本刑事诉讼法．北京：中国政法大学出版社，2000

62. 秦策．9·11 事件后美国刑事诉讼与人权保护．中国人民大学报刊复印资料·诉讼法学、司法制度，2004（3）

63. 谢鲁宁．科学与法律之间的妥协和互动——科学证据的采纳和采信之研究．中国人民大学硕士学位论文

64. 熊秋红．我国司法鉴定体制之重构．中国人民大学报刊复印资料·诉讼法学、司法制度，2004（9）

65. ［美］米尔建·R·达马斯卡著．李学军等译．漂移的证据法．北京：中国政法大学出版社，2003

66. 周云彪等．公安部物证鉴定中心代表团赴香港、新加坡考察情况介绍．刑事技术，2003（1）

67. 沈德咏．从审鉴分离到鉴定中立——关于深化司法鉴定体制改革的几点意见．http：//www. jcrb. com/zyw/n519/ca345731. htm

68. 胡健．期待司法鉴定改革的进一步深化．http：//gb. chinabroadcast. cn/3821/2004/12/23/115@400794. htm

69. 2003 年度北京市法学会立项课题成果汇编．2004

70. 李学军，陈霞．鉴定结论的证据地位及其质证、认证．中国人民公安大学学报，2002（4）

71. 陈卫东主编．刑事诉讼法模范法典．北京：中国人民大学出版社，2005

72. 贺信．司法鉴定"多龙治水"有望结束．http：//www. nanfangdaily. com. cn/southnews/dd/nfrb/A04/200503040103. asp

73. 司法鉴定走向有序．http：//www. cctv. com/news/china/20050302/ 101716. shtml

74. 魏立娜，李朝涛．人大代表认为目前多头鉴定情况已妨碍了司法公正．http：//cn. news. yahoo. com/050303/346/29jul. html

75. 沈丙友．质证规则研究．见：何家弘主编．证据学论坛．第 3 卷．北京：中国检察出版社，2001

76. 陈卫东，刘计划．控辩式庭审中辩护律师的诉讼权利及其制度保障．见：陈卫东主编．司法公正与律师辩护．北京：中国检察出版社，2002

77. 汪建成，孙远．刑事鉴定结论研究．中国刑事法杂志，2001（2）

78. 黄风译．意大利刑事诉讼法典．北京：中国政法大学出版社，1994

79. 何家弘主编．吴丹红等撰写．证人制度研究．北京：人民法院出版社，2004

80. 陈光中．关于刑事诉讼法再修改的几点思考（上）．中国人民大学报刊复印资料·诉讼法学、司法制度，2004（1）

81. 最高法院公布民事案件适用简易程序司法解释．http：//news. xinhuanet. com/legal/2003－09/19/content_1089103. htm

82. 李金元．对普通程序简易化审理的法律思考．http：//www. qshxlawfirm.

com/％E5％BE％8B％E5％B8％88％E8％AE％BA％E4％B8％9B/％E6％99％AE％
E9％80％9A％E7％A8％8B％E5％BA％8F. htm

83. 张卫平主编. 外国民事证据制度研究. 北京：清华大学出版社，2003

84. 李学军，刘建华. 预断排除法则若干问题浅析. 法学家，2003（6）

85. 佘祥林冤案本周重审，警方后悔未进行 DNA 鉴定. http：//news. sina.
com. cn/s/2005－04－04/10515549777s. shtml

86. 何家弘. 神证·人证·物证. 北京：大众文艺出版社，2003

87. ［美］黄锦就，梅建明著. 蒋文军译. 美国爱国者法案：立法、实施和影响. 北京：法律出版社，2008

88. ［日］松尾浩也著. 丁相顺译. 日本刑事诉讼法（上卷）. 北京：中国人民大学出版社，2005

89. 朱富美. 科学鉴定与刑事侦查. 北京：中国民主法制出版社，2006

90. 李学军等. 侦查机关强制采取物证比对样本的必要性及合法化路径研究. 证据科学，2009（2）

91. 徐立根主编. 物证技术学. 3 版. 北京：中国人民大学出版社，2008

92. 汪建成. 理想和现实——刑事证据理论的新探索. 北京：北京大学出版社，2006

93. 韩旭. 改革我国刑事鉴定启动权的思考——以被追诉人取证权的实现为切入. 法治研究，2009（2）

94. 钟朝阳. 程序公正与刑事诉讼中的鉴定启动权. 西南政法大学学报，2009（1）

95. 黄维. 刑事司法鉴定启动权配置的改革和完善. 中国司法鉴定，2008（4）

96. 吴俐，江轶. 论刑事司法鉴定启动权制度的构建. 中国司法鉴定，2007（5）

97. 谭世贵，陈晓彤. 优化司法鉴定启动权的构想——以刑事诉讼为视角. 中国司法鉴定，2009（5）

98. 蒋丽华. 刑事鉴定质量控制：法律制度研究. 北京：中国检察出版社，2007

99. 沈敏等编著. 司法鉴定机构质量管理与认证认可指南. 北京：科学出版社，2009

100. 肖良等. 中国实验室和检查机构认证认可概述. 中国司法鉴定，2008（5）

101. ［美］肯尼斯·R·福斯特等著. 王增森译. 对科学证据的认定——科学知识与联邦法院. 北京：法律出版社，2001

102. 何家弘. 论司法鉴定的规范化. 中国司法鉴定，2005（3）

103. 秦胜利，洪雪. 同一块林苗地 涉案价格被鉴定为 25.4 万元 占地拆迁鉴定价格不超 3 万元：一块地俩价钱 鉴定机构遭质疑. 北京法制晚报，2010－02－22

104. （公安部）物证鉴定中心组织 2007 年度鉴定人资格考试. http：//www. ifs. org. cn/news/view. asp? news _ id＝764

105. 张保生主编.《人民法院统一证据规定》司法解释建议稿及论证. 北京：中国政法大学出版社，2008

106. 国家认证认可监督管理委员会，司法部司法鉴定管理局主编．国家认监委认证认可技术研究所组编．司法鉴定机构资质认定工作指南．北京：中国计量出版社，2009

二、英文部分

1. United States v. Ford，312 U. S. App. D. C. 301

2. Howland v. State，51 Wis. 2d 162

3. People v. Nelson，233 Cal. App. 2d 440

4. Campbell v. Rust Engineering Co. ，927 F. 2d 603

5. United States v. Sadler，488 F. 2d 434

6. Peterson Novelties，Inc. v. City of Berkley，No. 00 － 2037，United States Court of Appeals for the Sixth Circuit，305 F. 3d 386

7. United States v. Perrotta，No. 00－2427，United States Court of Appeals for the First Circuit，289 F. 3d 155

8. Unites States v. Chiapetta，No 03 C 2886，United States District Court for the Northern District of Illinois，Eastern Division，2003 U. S. Dist.

9. D. B. Starr v. State，No. A－722，Court of Criminal Appeals of Oklahoma，5 Okla. Crim. 440

10. ［美］Bryan A. Garner 主编．牛津现代法律用语词典．2 版．影印本．北京：法律出版社，2003

11. Richard H. Fox and Carl L. Cunningham. *Crime Scene Search and Physical Evidence Handbook*. Colorado. Paladin Press，1988

12. Peter White. *Crime Scene to Court*：*the Essentials of Forensic Science*. Cambridge. The Royal Society of Chemistry，1998

13. Richard Saferstein. *Criminalistics*：*An Introduction to Forensic Science*. 5th ed. . New Jersey. Prentice Hall，1995

14. Fiona E. Raitt. *Evidence*. 3rd ed. . Edinburgh. W. Green & Son Limited，2001

15. William Bojczuk. *Evidence Textbook* . 4th ed. . London. HLT Publications，1992

16. Keith Inman and Norah Rudin. *Principles and Practice of Criminalistic*：*the Profession of Forensic Science*. Baca Raton. CRC Press，2001

17. ［美］Thomas A. Mauet & Warren D. Wolfson. *Trial Evidence*. 2 版．影印本．北京：中信出版社，2003

18. Mirijan R. Damaška. *Evidence Law Adrift*. New Haven & London. Yale University Press，1997

19. Horard Coleman & Eric Swenson. *DNA in the Courtroom*：*a Trial Watcher's Guide*. Seattle. GeneLex Press，1994

20. Barry A. J. Fisher，*Techniques of Crime Scene Investigation*，7th ed. . Baca Raton. CRC Press，2003

21. Michael D. Lyman. *Criminal Investigation：the Art and the Science*，2nd ed.. New Jersey. Prentice Hall，1999

22. Adrian Keane，*The Modern Law of Evidence*，4th ed.，London. Butterworths，1996

23. Mireille Delmas-Marty and J. R. Spencer. *European Criminal Procedures*. Cambridge. Cambridge University Press，2002

24. Ian Freckelton and Hugh Selby. *Expert Evidence：Law，Practice，Procedure and Advocacy*. 2nd ed.. Sydney. Thomson Legal and Regulatory Limited t/as Lawbook Co.，2002

25. Henry C. Lee and R. E. Gaensslen. *Advances in Fingerprint Technology*. Baca Raton. CRC Press，1994

26. Henry Lee & Jerry Labriola. *Famous Crimes，Revisited：from Sacco-Vanzetti to O. J. Simpson*. Southington. Strong Books，2001

27. Marvin Zalman and Larry J. Siegel. *Criminal Procedure：Constitution and Society*. St. Paul. West Publishing Company，1991

28. Israel，Jerold H.，Kamisar，Yale and Waryne R. LaFave. *Criminal Procedure and the Constitution：Leading Supreme Court Cases and Introductory Text*. St. Paul. West Publishing Company，1989

29. 〔美〕Steven L. Emanuel. *Criminal Procedure*. 影印本. 北京：中信出版社，2003

30. Jack V. Matson，Suha F. Daou and Jeffrey G. Soper. *Effective Expert Witnessing：Practices for the 21st Century*. Baca Raton. CRC Press，2003

31. David L. Faigman，Michael J. Saks，Joseph Sandes and Edward K. Cheng. *Modern Scientific Evidence：the Law and Science of Expert Testimony*. Forensics 2007－2008 edition. St. Paul. Thomson/West，Volume 1

32. David L. Faigman，Michael J. Saks，Joseph Sandes and Edward K. Cheng. *Modern Scientific evidence：the Law and Science of Expert Testimony*. Forensics 2007－2008 edition. St. Paul. Thomson/West，Volume 3

33. David L. Faigman，Michael J. Saks，Joseph Sandes and Edward K. Cheng. *Modern Scientific Evidence：the Law and Science of Expert Testimony*. Forensics 2007－2008 edition. St. Paul. Thomson/West，Volume 4

34. David L. Faigman，Michael J. Saks，Joseph Sandes and Edward K. Cheng. *Modern Scientific Evidence：the Law and Science of Expert Testimony*. Forensics 2007－2008 edition. St. Paul. Thomson/West，Volume 5

35. Phillip E. Johnson，Morgan Cloud. *Constitutional Criminal Procedure：from Investigation to Trial*，4th ed.. St. Paul. Thomson/West，2005

36. Graham C. Lilly. *Principles of Evidence*，4th ed.. St. Paul. Thomson/West，2006

37. Michael P. Reynolds and Philip S. D. King. *The Expert Witness and His Evidence*. Oxford. BSP Professional Books，1988

38. President Jones，47 Journal of Forensic Science 437，437（2002）

39. Risinger，Denbeaux. &. Saks. *Exorcism of Ignorance as a Proxy for Rational Knowledge：the Lessons of Handwriting Identification Expertise*，137 U. Pa. L. Rev. 731（1989）

40. Norman M. Garland. *Criminal Evidence*，5th ed. . New York. The McGraw Hill Companies，2006

41. Jon R. Waltz，Roger C. Park. *Evidence：Case and Materials*. Updated Tenth edition. New York. Foundation Press，2005

42. James W. Osterburg，Richard H. Ward. *Criminal Investigation：a Method for Reconstructiong the Past*，3rd ed. . Cincinnati. Anderson Publishing Co. ，2000

43. Jack Shafer，Laboratory Rats. http：//www. sfweekly. com/1995－09－27/calendar/laboratory-rats/

44. David L. Faigman，David H. Kaye，Michael J. Saks and Joseph Sanders. *Science in the Law：Forensic Science Issues*. St. Paul. West Group，2002

45. Peter R. De Forest and et al. . *Forensic Science：An Introduction to Criminalistics*. New York. McGraw Hill Book Company，1983

后　记

　　五年前，在前往美国哥伦比亚大学法学院、美国密歇根大学法学院做访问学者的前夕，我顺利通过了博士论文的答辩。其实，从那时起，便思考着要将博士论文转变为专著，因答辩前评阅专家周惠博教授、王彦吉教授、何家弘教授、王新清教授、甄贞教授，以及答辩委委员程荣斌教授、崔敏教授、王敏远研究员、王新清教授、甄贞教授在充分肯定了论文成绩的基础上，均中肯地提出了一些问题及意见。这些问题和意见虽在答辩时由我作出了一定回答，但我深知仅此远远不够，需要借专著给以更深入的探讨。只是无论如何，我未曾想到，博士论文的修改也即专著的诞生会如此漫长。虽然我的博士导师陈卫东先生就此只是偶尔旁敲侧击，虽然何家弘教授也以工作繁忙、家务较重为我做了开托，但我知道，专著迟迟不能付梓，更主要还是因为我懒惰、怕吃苦和能力的阙如。懒惰反映在思想上，就是不愿思考、不愿深入探究相关的学术问题；怕吃苦反映在行动中，则是很少因为论文的写作和修改去熬夜、去苦撑；能力的阙如，则集中表现在学术基础的单薄和看问题的单一、片面、肤浅上，突出表现在希冀事业发展顺畅、家庭和美安逸的二者兼得却又偏偏顾此失彼上。所以，当专著的主体内容得以全部完工，当朋友将初稿打印出来悉心装订完毕放在我眼前，以便我能方便地校正全文并修改已有的前言和后记时，我，是无比地汗颜：五年时间悄悄地从我的指尖溜了过去，而这本书却还毛病多多，还没有很好回答前述专家们提出的各种意见！

窗外的桃红柳绿、絮飞草长一次次地重复着，似乎没有什么差别，但我却先后送走了我的恩师徐立根教授和我的公公肖平先生。二位老先生与我均无血缘关系，但却无一不视我为女儿，不仅予以我生活上的细致照料和事业上的全力支持，更在我失意、受挫时娓娓开导、轻言安抚。徐老师从来没有责怪我将修改论文的时间拖得如此漫长，但我明白他老人家一直是盼望着我能尽快将专著呈上。肖爸爸只是偶尔问一下论文修改的进展，可我晓得肖爸爸始终以我为欣慰，更希望我在获得博士学位之后能有一个新的发展。始终记得徐老师在得知我怀孕后还以七十余岁高龄为我代课的情形——这很大程度上可避免我再次失去宝宝；更记得徐老师在学术上的专注、敏锐和执著，在鉴定时的认真、细心、公心。始终忘不了肖爸爸秉灯阅读我的博士论文初稿的画面，更记得自己的论文得到肖爸爸的肯定时我精神的放松：肖爸爸虽是外行，但其看问题总是视角独特，过不了这一关，也就不必提交导师审阅，更不要说是去答辩了！如果说，我能勤快一点、能吃点苦，早些完成论文的撰写修改，那么，两位老人该是多么开心！而如今，我唯有内疚。

一次偶然的谈话，我动了报考陈卫东教授博士生的念头，并最终如愿，这应该是我的幸运！师从陈老师之后，他不仅时常关心我论文的进展，而且随时为我提供各种资料，提供可以汲取营养、产生灵感的各种学术交流机会。至于论文的选题、大纲的拟定、初稿的修改完善，更是经过了导师之手并凝聚着导师的心血。难以想象，如果没有导师的督促及学术上的点拨、修正，我的论文会是怎样。当然，对导师的感激远远不止于论文。事实上，正是导师将我这名法学功底较差的人录取为弟子，并佐以严格的培养，才有了今天我对刑事诉讼法学之理论研究的浓厚兴趣，才有了今天我在诉讼法的框架及维度下向学生传授物证技术学之相关理论、相关技能的从容不迫和相得益彰。导师对我在学术上的引领可用"洞开一扇窗"来比喻，导师对我在学术上的感染可拿"润物细无声"来形容。虽然我不敢说能像博学、敏锐的导师那样，借理论上的研究去推动法律的进步①，但我想我能耐得住理论研究的枯燥和寂寞，并尝试着体会这当中的幸福。

何家弘先生虽不是我的博士导师，但何老师对我的关心和帮助使得我要专门向何老师致谢！何老师博学、多才，这使得近水楼台的我时不时可从何老师那"窃"得真传；何老师宽容、豁达，从不因我忙于博士学位的攻读、忙于博士论文的写作而分心于教研室的工作而有些许责备，相反却努力承担本应由我完成的工作，让我有更多的精力投入到刑事诉讼法学的学习和研究中，并时时为我提供最为充分的展示机会。特别是，每当我在前进的路途上出现不顺、遇到困难时，不动声色伸出援手、鼎力相助的，总会有何老师！

我有一个温馨的小集体。教研室的周惠博先生、孙言文女士不仅仅是我硕士时代的导师和老师，而且是我的长辈，他们对我继续接受教育、攻读博士学位的关心

---

① 导师陈卫东先生在一次国际学术研讨会的闭幕式上有过这样的话语："理论上的研讨是枯燥的，推动法律的进步是吃力的，而其中的过程却是充满幸福的！"

和专注绝不亚于我的父母。刘品新博士、刘晓丹女士给予的鼓励，提供的资料、意见和帮助，显示了他们对我的坦诚和无私。刘保平女士、许明先生为我提供了良好的教学"后勤"保障，使得我能有更多的时间用于论文及专著的写作；此外，我倍觉温暖的是，他们还在许多生活细节上予以我无私、细致的照顾。

程荣斌教授、崔敏教授、王新清教授、甄贞检察长、王敏远研究员、张甲天先生、刘刚先生、刘计划先生，都为我的博士论文及随后的专著提供了很好的建议、中肯的意见和实质的帮助。曾宪义院长更是细致地提醒我，在将博士论文修改为专著时，一定要记得添加各类图片，以便读者更好理解全书的思想和内容。我知道，仅仅一句谢谢并无法回报他们每一位的好！

我要特别感谢王彦吉先生，我本科时的启蒙老师。虽然他是一著名高校的党政一把手，有着繁重的工作负担，但王老师还时时不忘过问我的论文写作，不忘佐以严格的教诲并亲自为我的博士论文撰写评阅书。

我所在教研室的研究生们，个个都为我的论文及随后的专著操过心、费过力：廖明、杜春鹏、谢鲁宁、刘勇、戴同德、彭霄、吕蕴嵘、毛自荐、邓亦文、许雯、郑晶晶、张卫平……他们的帮助使我的论文及随后的专著得以最终顺利问世。

与我一道在沈阳市皇姑区那座佛塔边求学四年的同窗、校友，张吉林、张孝华、罗亚平、钟涛、胡占山、李敬阳、曾永涛、余沁洋、张桂勇等等，虽不是常常见面，但却始终感念于同窗、同校的情愫，为我的论文写作、专著修改提供各种资料、图片，更从技术的角度为我的写作出谋划策。

儿子木头聪慧更是懂事，小小年龄就学会了克制和容忍，即使是在得肺炎这样的非常时期，不满三岁的木头也只是要求坐在我的腿上、只是要求能将烧得滚烫的脸倚靠在我胸前，并不打搅我备考博士入学考试……漫长的求学、漫长的专著撰写过程中，体弱的他有太多生病的记录，而做妈妈的我更是亏欠他无数。同样令我倍感内疚的是，由于忙于攻读博士学位、忙于同期的教学科研、忙于博士论文的修改，我忽略了我先生汪元的存在和感受。幸而元宽容、迁就，幸而元理解、支持，我才最终能将专著画上句号。

我的父母和公婆，更是我的"御用消防员"，每当我这儿出现"火情"难以为继时，他们都及时从外地赶来，毫无怨言。我不知该如何报得三春晖？更何况，我已永不再有可能坐在肖爸爸的身旁听他老人家指教、与他一起读小说。

易琼、孙明珠、李绪兰，只是三个年龄不及二十、学历仅为小学的农村姑娘。为了自食其力，她们先后来到了我的家。她们真的很"渺小"，渺小得或许一辈子也不会有人将她们的名字变成铅字，但我却忍不住在此时要提及她们。她们没有多少文化，不懂得我所钟爱的法学研究是什么，更不知博士论文为何物、专著又是什么，但她们不乏朴实、勤劳、善良。当我以博士生的身份坐在教室里吸收养分时，当我端坐在电脑前为论文的写作冥思苦想时，是她们劳碌着准备一日三餐，陪伴、呵护我那牙牙学语的儿子……可以说，如果不是她们分担着理应由我承担的家务，那么我根本无暇、更无心于当初博士论文的写作。如今，我不知道这三个姑娘在离开我家后又去了哪里，但我真诚地感谢她们对我的照顾和帮助！

　　法学院韩大元院长及新的领导班子极为重视法学院的学术创作和学术氛围的构建。为鼓励我院老师出好书，韩老师等院领导争取到一定出版资助金专门资助入围的专著，胡锦光副院长更是为这些专著的出版速度与出版社沟通、联络。为此，要特别感谢韩老师、胡老师以及其他院领导，没有你们给予的实质性支持，我的专著不会如此顺利出版！

　　中国人民大学出版社法律出版分社的社长及编辑，放下了手头的许多其他工作，甚至牺牲休息时间加班加点，只为我的专著能够尽早问世。在此，我向他们致以深深的谢意！

　　《物证论——从物证技术学层面及诉讼法学的视角》即将付梓。回首过去的岁月，予以我帮助和支持的人太多、太多，尽管我一时无法在此将他们全都道来，但他们无一不被我铭记在心！

李学军

2010 年 4 月 6 日于北京红霞公寓 509

图书在版编目（CIP）数据

物证论——从物证技术学层面及诉讼法学的视角/李学军著.
北京：中国人民大学出版社，2010
（法律科学文库/曾宪义总主编）
"十一五"国家重点图书出版规划
ISBN 978-7-300-12187-1

Ⅰ.①物…
Ⅱ.①李…
Ⅲ.①物证－法的理论－研究
Ⅳ.①D915.13

中国版本图书馆 CIP 数据核字（2010）第 094116 号

"十一五"国家重点图书出版规划
法律科学文库
总主编　曾宪义

物证论
——从物证技术学层面及诉讼法学的视角

李学军　著

Wuzhenglun

出版发行	中国人民大学出版社			
社　　址	北京中关村大街 31 号		**邮政编码**	100080
电　　话	010－62511242（总编室）		010－62511398（质管部）	
	010－82501766（邮购部）		010－62514148（门市部）	
	010－62515195（发行公司）		010－62515275（盗版举报）	
网　　址	http://www.crup.com.cn			
	http://www.ttrnet.com（人大教研网）			
经　　销	新华书店			
印　　刷	北京联兴盛业印刷股份有限公司			
规　　格	170 mm×228 mm　16 开本		**版　　次**	2010 年 4 月第 1 版
印　　张	16.5 插页 3		**印　　次**	2013 年 9 月第 2 次印刷
字　　数	354 000		**定　　价**	39.00 元

图1—1

图1—3

图1—6

图1—7（c）

图2—1（a）

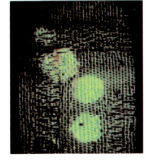

图2—1（b）

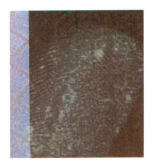

图2—2（a）

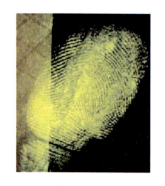

图 2—2（b）

图 4—2（a）

图 4—2（b）

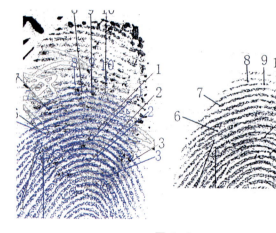

图 4—3

图 5—4